EL PODER MEDICINAL DE LOS JUGOS

Licuados, batidos, infusiones y otras bebidas saludables

Curas depurativas y de adelgazamiento

EL PODER MEDICINAL DE LOS JUGOS

Licuados, batidos, infusiones y otras bebidas saludables

Curas depurativas y de adelgazamiento

JORGE D. PAMPLONA ROGER

Doctor en Medicina y Cirugía (Universidad de Granada, España)
Médico especialista en Cirugía General y del Aparato Digestivo
(acreditado por la Unión Europea)
Especialista Universitario en Educación para la Salud
(Universidad Nacional de Educación a Distancia, España)
Máster en Salud Pública (Universidad de Loma Linda, California, Estados Unidos)
Miembro de la *Societé Vaudoise de Médecine* (Suiza)

Safeliz

Advertencia

La información proporcionada por este libro tiene propósitos educativos, y de ninguna manera puede sustituir las funciones de un profesional cualificado de la salud. Los consejos y tratamientos que se dan en este libro son de tipo general, y por tanto no pueden tener en cuenta las circunstancias específicas de cada persona. Es necesario que el diagnóstico de una enfermedad sea hecho por un profesional cualificado de la salud, por lo que ante síntomas patológicos no conviene autotratarse. El autor, los editores y los distribuidores de esta obra no se hacen responsables de los efectos adversos o de las consecuencias resultantes de la aplicación individual por parte de los lectores, de los tratamientos y consejos expuestos en este libro.

Alergias:
Cualquier alimento, incluso las frutas, pueden causar alergia alimentaria en personas sensibles.

Anticoagulantes orales:
Los pacientes en tratamiento con Sintrom o Warfarina (anticoagulantes orales) deben tomar precauciones a la hora de consumir bebidas ricas en verduras y otros alimentos ricos en vitamina K (ver pág. 19).

Colección: **Vida y Salud**
Título: **El poder medicinal de los jugos**

Autor: Jorge D. Pamplona Roger
Diseño y maquetación: Equipo de Editorial Safeliz
Se han usado fotografías e ilustraciones procedentes de Thinkstockphotos

Propiedad © **Editorial Safeliz S.L.**
Pradillo, 6 · Pol. Ind. La Mina
E-28770 · Colmenar Viejo, Madrid (España)
Tel.: [+34] 91 845 98 77 · Fax: [+34] 91 845 98 65
admin@safeliz.com · www.safeliz.com

Promueve: **Asociación Educación y Salud**

Febrero 2018: 6ª impresión de la 1ª edición

ISBN: 978-84-7208-562-6

IMPRESO EN CHINA
IMP03

Dedicado a mis alumnos
de la materia de Nutrición
en Sudamérica y Europa.

Al lector

Si comer es importante para la salud, beber lo es tanto o incluso más. Porque no es lo mismo comer que beber. Cada una de estas dos actividades cumple sus funciones fisiológicas, repercute de forma diferente sobre la salud física y mental y requiere ser considerada por separado. Por eso el apóstol Pablo escribe a los creyentes de Corinto: «Si, pues, coméis o bebéis o hacéis otra cosa, hacedlo todo para la gloria de Dios» (1 Corintios 10: 31).

Este libro está dedicado al beber, algo que todo ser humano hace desde incluso antes de nacer (se ha visto que el feto ya bebe líquido amniótico en el útero) y continúa haciendo hasta sus últimos días.

No todos pueden comer, pero todos deben beber. El bebé no puede masticar alimentos sólidos, pero puede deglutir líquidos. En ocasiones el anciano tampoco puede comer, pero sí que puede beber. Muchos enfermos tienen dificultades para ingerir alimentos sólidos, pero toman líquidos. Y el joven o adulto inmerso en las prisas de la vida moderna puede no encontrar tiempo para comer, pero sí al menos para beber.

Existen bebidas dotadas de poder curativo, al igual que alimentos pues, como líquidos que son, pueden limpiar el cuerpo eliminando toxinas. Esa capacidad de las bebidas saludables de depurar, la utilizamos para llevar a cabo con ellas curas de desintoxicación, de limpieza y de adelgazamiento, tal como se puede observar en los tres últimos capítulos de esta obra.

Beber es fácil, rápido, agradable y refrescante. Y, al igual que el comer, el beber puede ser causa de enfermedad o remedio curativo; dependerá de qué bebidas se elijan.

Es el deseo del autor que las bebidas propuestas en este libro aporten al lector salud, bienestar y placer.

Dr. Jorge D. Pamplona Roger

Plan general

Al lector 5
Prólogo 11

Capítulo 1
Las bebidas . . . . . pág. 12

Descripción de los diferentes tipos de bebidas, desde el agua hasta los cócteles.

- ¿Qué beber? 14
- Bebidas saludables 16
  - Agua 16
  - Jugos y licuados - 1 18
  - Jugos y licuados - 2 20
  - Jugos y licuados: máquinas 22
  - Endulzar las bebidas 24
  - Bebidas de cereales 26
  - Leches vegetales 28
- Leches vegetales 30
  - Leche de soja 30
  - Leche de almendra 31
  - Leche de avena 32
  - Leche de quinoa 33
- Bebidas sin alcohol 34
  - Vino y cerveza sin alcohol 34
  - Cócteles - 1 36
  - Cócteles - 2 38
  - Cócteles - 3 40
- Bebidas con inconvenientes 42
  - Leche de vaca 42
  - Refrescos 43
  - Café, té, mate y guaraná 44
- Bebidas perjudiciales 46
  - Bebidas alcohólicas 46

Capítulo 2
Bebidas para cada parte del cuerpo . . . . . pág. 48

Jugos, licuados (batidos), caldos, infusiones y otras bebidas saludables adecuadas para la prevención y tratamiento de las enfermedades más comunes de cada órgano o sistema del cuerpo.

- Bebidas para los ojos 50
- Bebidas para el sistema nervioso 56
- Bebidas para el sistema cardiovascular 76
- Bebidas para la sangre 92
- Bebidas para el aparato respiratorio 110
- Bebidas para el hígado 118
- Bebidas para el estómago 124
- Bebidas para el intestino 132
- Bebidas para el aparato urinario 148
- Bebidas para el aparato reproductor 156
- Bebidas para el metabolismo 178
- Bebidas para el aparato locomotor 194
- Bebidas para la piel 208
- Bebidas para el sistema inmunitario 216

de la obra

Capítulo 3

La Cura *detox* .... pág. 226

Consejos prácticos para llevar a cabo una cura de desintoxicación o depurativa a base de bebidas saludables.

Cura *detox* 228
Toxinas 228
Limpieza interior 230
Las cuatro vías de eliminación 232
Cuándo hacerla y cuándo no 234
Beneficios de la Cura *detox* 236
Modalidades y variantes 238
Tres días para desintoxicarse 240
Variantes de la Cura *detox* 242
Ayuno 242
Limonadas 244
Caldo depurativo total 246
Infusiones depurativas 247
Curas de fruta 248
Complementos de la Cura *detox* *250*
Tratamientos naturales acompañantes 250
Cura *detox* para casos particulares 252
Desintoxicación de la cafeína 252
Desintoxicación del tabaco 254
Desintoxicación del alcohol 256
Desintoxicación de pesticidas y de metales pesados 258

Capítulo 4

Curarse bebiendo .... pág. 260

Menús prácticos a base de bebidas para hacer curas de limpieza o prevención de diversos trastornos.

Cura de limpieza hepática 262
Cura de limpieza intestinal 264
Cura alcalinizante 266
Carga ácida 268
Alcalinizantes y acidificantes 270
Cura antidiabética 272
Cura para la vista 274
Cura neuroprotectora 275
Cura anticolesterol 276
Cura cardioprotectora 277
Cura para ganar peso 278
Cura contra la hipertensión arterial 279
Cura antienvejecimiento 280
Cura para la belleza de la piel 282
Cura antialérgica 283
Cura inmunoestimulante 284
Cura anticáncer - 1 286
Cura anticáncer - 2 288

Capítulo 5

Adelgazar bebiendo .... pág. 290

Consejos prácticos para perder peso a base de bebidas, sin riesgos para la salud.

Adelgazar con frutas 292
Bebidas para perder peso 294
Algunos jugos adelgazantes 296
Aplanar el vientre 298
Reemplazar comidas por licuados 300
Cómo enriquecer los licuados 302
Termogénicos 304
Jugos «quema-grasa» 304
Infusiones y suplementos «quema-grasa» .. 306
Especias «quema-grasa» 308
Cura de adelgazamiento 310
Consejos generales 310
Alimentos sólidos 312
Formas de seguir la cura 314
Beneficios de la cura 316
Vencer la adicción a la comida 318
Tipos de bebidas a utilizar 320
Bajar de peso en tres días 322

Epílogo *326*
Sinonimia hispánica 328
Ingredientes alternativos *329*
Unidades de medida y abreviaturas *330*
Valor diario de los nutrientes *331*
Índice de enfermedades *332*
Índice de tipos de bebida *334*
Índice por ingredientes *336*
Índice por propiedades medicinales *340*
Índice general alfabético *346*

Explicación de las

Enfermedades
Aunque las bebidas de esta obra se recomiendan para trastornos específicos, todas ellas son también apropiadas para personas en buen estado de salud.

Tipo de bebida

Máquinas
Se muestra un icono de las máquinas necesarias para elaborar la bebida (ver página 23).

Propiedades
- Ver la descripción de cada propiedad en la página 340.
- Aunque todas las bebidas vegetales son **alcalinizantes** en mayor o menor medida, solo cuando la carga ácida (PRAL) de una ración es inferior a -3,5 mEq/100 ml (por ejemplo, -3,6) se le atribuye la propiedad de alcalinizante.
- Aunque todas las bebidas vegetales son **antioxidantes** en mayor o menor medida, solo cuando una ración aporta más de 5.000 unidades ORAC se le atribuye la propiedad de antioxidante.

Gráficos CDO
- CDO quiere decir Cantidad Diaria Orientativa para un adulto basada en un aporte diario de 2.000 calorías (en inglés GDA, de *Guideline Daily Amount*).
- Las necesidades nutricionales para cada individuo pueden ser superiores o inferiores basándose en su sexo, edad, nivel de actividad física.
- Los gráficos CDO (GDA) constituyen un nuevo sistema de etiquetado nutricional de ámbito internacional que indica, de forma coherente y clara, la cantidad de energía y nutrientes que aporta una ración de un alimento en comparación con lo que necesitamos en un día.
- Los valores de referencia para el cálculo de los porcentajes se muestran en la página 331.
- La cantidad de azúcares que se muestra en las CDO/GDA corresponde únicamente a los azúcares naturalmente presentes en las frutas y hortalizas. Esta cifra no tiene en cuenta ningún azúcar que pueda haberse añadido.

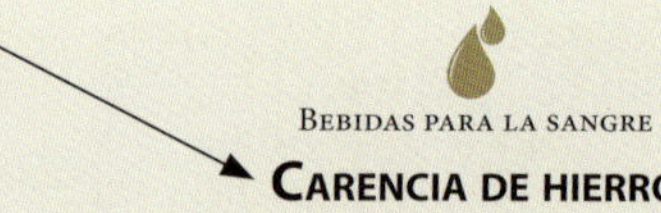

BEBIDAS PARA LA SANGRE

CARENCIA DE HIERRO

Los licuados a base de semillas como el anacardo (cajú o marañón) y frutas desecadas, junto con limón, son buenas fuentes de hierro.

Licuado (batido)

HIERRO AL ROJO VIVO

Existen muchos alimentos vegetales ricos en hierro, como los que forman parte del licuado (batido) HIERRO AL ROJO VIVO. Los **anacardos** (cajú o marañon), por ejemplo, aportan 6,68 mg de hierro por cada 100 g, unas tres veces más que el mismo peso de carne. El único inconveniente del hierro vegetal es su difícil absorción. Sin embargo, cuando los **anacardos** (cajú o marañon), las **uvas pasas** u otras buenas fuentes de hierro se ingieren junto con ácidos orgánicos como el ácido ascórbico (vitamina C) o el ácido cítrico de los **limones** o naranjas, la absorción del hierro vegetal resulta tan eficiente como la del hierro de la carne.

El limón y la remolacha (betabel) del licuado (batido) HIERRO AL ROJO VIVO favorecen la absorción del hierro de los **anacardos** (cajú o marañon) y de las **uvas pasas**. El cobre y el cinc que también aporta contribuyen a la asimilación del hierro para la producción de sangre. En conjunto, el licuado (batido) HIERRO AL ROJO VIVO ayuda a recuperar los niveles de hierro cuando se hallan bajos a causa de una pérdida de sangre o de una enfermedad crónica.

Propiedades
- Antianémica
- Antioxidante
- Energizante

Vitaminas y minerales por cada porción	% del Valor Diario
Cobre (0,565 mg)	63%
Folato (86 µg)	22%
Magnesio (83 mg)	20%
Hierro (2,3 mg)	13%
Cinc (1,45 mg)	13%
Potasio (540 mg)	11%
Vitamina C (9,9 mg)	11%
Vitamina B_1 (0,132 mg)	11%
Vitamina B_6 (0,175 mg)	10%
Selenio (4,6 µg)	8%

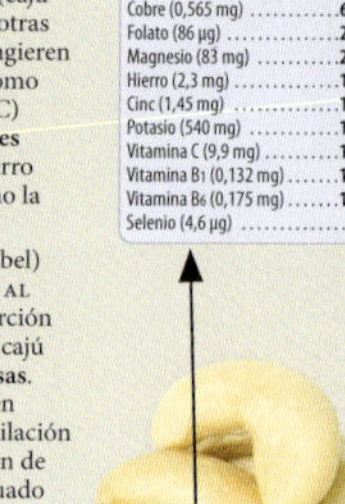

Cada porción (vaso o taza de 250 ml) contiene

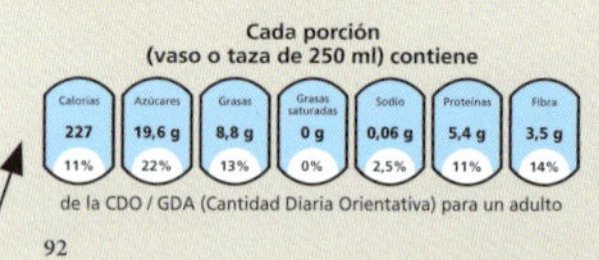

de la CDO / GDA (Cantidad Diaria Orientativa) para un adulto

Buena fuente de hierro
Una porción (un vaso) del licuado (batido) HIERRO AL ROJO VIVO aporta alrededor del 13% de las necesidades diarias de hierro, junto con otros nutrientes y fitoquímicos que favorecen su absorción.

92

Vitaminas y minerales
Se indica la cantidad absoluta y relativa (respecto al Valor Diario recomendado) de las vitaminas y minerales más abundantes en esta bebida.

Nota
El color y el aspecto de cada bebida puede variar según el tipo de ingredientes utilizados y la creatividad de quien la prepara. Por lo tanto, las fotografías de esta obra son simplemente orientativas y no tienen porqué coincidir exactamente con el resultado que se obtiene al elaborar la bebida.

páginas de recetas

Vegetariana

Vegetariana total; opcionalmente con lácteos; vegetariana (puede llevar algún ingrediente de origen animal).

Gluten

Las bebidas que contienen avena son objeto de una mención especial. Aunque la avena puede contener gluten, en general es muy bien tolerada por los celíacos, y estaría incluso recomendada según algunos estudios (ver pág. 32).

Diabetes

Recomendado; usar con moderación; no recomendado.

Alergia alimentaria

En teoría, cualquier alimento puede causar una reacción alérgica en personas sensibles. En esta obra se señalan únicamente los alimentos que con mayor frecuencia causan alergia alimentaria: cacahuete (maní), soja, apio, sésamo y las llamadas nueces de árbol (almendra, avellana, nuez común, nuez pecana, nuez del Brasil, anacardo [cajú, marañón], pistacho y nuez de macadamia).

Ingredientes

- Los pesos que se indican se refieren al producto completo en crudo, incluyendo su cáscara, hueso (carozo) u otras partes que deban ser desechadas.
- Se puede añadir agua a las bebidas para hacerlas más claras, pero entonces disminuye su contenido en vitaminas, minerales y otros nutrientes por porción.

Unidades ORAC (Poder antioxidante)

- Miden la capacidad antioxidante de una bebida o alimento. Cuantas más unidades ORAC tenga una bebida o alimento, tanto mayor será su capacidad para neutralizar los radicales libres.
- ORAC es el acrónimo inglés de *Oxygen Radical Absorbance Capacity*, capacidad de absorción de radicales de oxígeno.
- El sistema de unidades ORAC fue desarrollado por el *National Institutes of Health* de los Estados Unidos.[1]
- Los valores ORAC de cada receta se expresan en micromoles de equivalentes Trolox (µmolTE) por cada 100 gramos de alimento.
- Para tener un buen nivel de antioxidantes en la sangre ingerir cada día:
  - Mínimo 3.000 unidades ORAC.
  - Óptimo: 5.000 unidades ORAC.

1 USDA Database for the Oxygen Radical Absorbance Capacity (ORAC) of Selected Foods, Release 2 - Nutrient Data Laboratory, Beltsville Human Nutrition Research Center (BHNRC), Agricultural Research Service (ARS), U.S. Department of Agriculture (USDA) - Mayo 2010

Carga ácida (valor PRAL)

Indica el efecto acidificante o alcalinizante que una bebida produce en la sangre (ver pág. 270).

- Valor positivo: efecto acidificante.
- Valor negativo: efecto alcalinizante.

Prólogo

Dr. Ernie Medina
Director ejecutivo y profesor asistente de cuidados preventivos del Centro para la Nutrición, el Estilo de Vida Saludable y la Prevención de Enfermedades de la Escuela de Salud Pública de la Universidad de Loma Linda (California, EE. UU.)

Después de respirar, ingerir líquidos es lo primero que todo ser humano hace al nacer. A lo largo de la vida, los seres humanos siguen bebiendo, aun cuando no sea posible comer debido a la edad o la enfermedad. Es posible mantenerse vivo sin consumir alimentos sólidos durante unos días, pero no sin ingerir bebidas. Si comer es esencial para la salud y la prevención de enfermedades, tomar las bebidas adecuadas no es un asunto menor. Por ejemplo, el uso de bebidas nocivas para la salud, como el alcohol, es una de las principales causas de enfermedades e infelicidad de nuestro tiempo. En cambio, el consumo de bebidas saludables favorece el bienestar integral.

El cuerpo humano de un adulto promedio está compuesto por entre un 50 y un 65% de agua. El agua es el principal ingrediente de las bebidas saludables, siendo un solvente universal de toxinas. Además, junto con otras bebidas saludables, desintoxica el cuerpo. La depuración se lleva a cabo de una mejor manera ingiriendo líquidos que comiendo. Nuestros cuerpos necesitan estar constantemente desintoxicando las toxinas externas que entran en nuestro sistema a través del aire, los alimentos contaminados o el ambiente. Las bebidas propuestas en esta obra aumentarán las rutas de depuración de nuestro cuerpo, contribuyendo así a la prevención de muchas enfermedades.

En la primera parte de este libro se exponen los diferentes tipos de bebidas adecuadas y sus principales características, desde el agua hasta los jugos, licuados (batidos), leches vegetales y sopas frías, entre otras. De ahí en adelante se sugieren bebidas seleccionadas para prevenir las enfermedades más comunes, además, se ofrece abundante información nutricional sobre cada una de ellas. Los últimos capítulos están dedicados a las curas desintoxicantes y de adelgazamiento basadas en bebidas saludables. Todas las bebidas y tratamientos propuestos están científicamente sustentados de acuerdo con las investigaciones más recientes. Por supuesto, se considera cuidadosamente la seguridad de los ingredientes, incluyendo las posibles reacciones alérgicas de algunos de ellos.

Es la primera vez que veo un libro que explica con tanto detalle cómo el agua y otro tipo de bebidas saludables impactan nuestra salud. El poder medicinal de los jugos, del Dr. Jorge Pamplona, ayudará a los lectores a evitar problemas de salud y favorecerá su bienestar integral. Después de leer este libro, ¡el lector nunca volverá a ver una bebida de la misma manera!

Dr. Ernie Medina

Las bebidas

Fuente de placer y salud o de desdicha y enfermedad.

Después de respirar, beber es la siguiente actividad fisiológica que realiza el ser humano nada más nacer. Y a lo largo de toda su vida continuará bebiendo todos los días, ya sea agua o cualquier otro líquido de la amplia gama que la naturaleza y la industria alimentaria ponen a nuestra disposición.

Existen bebidas refrescantes, nutritivas y curativas como los jugos, licuados (batidos), caldos e infusiones; pero también otras que hacen engordar como los refrescos azucarados, o cuyo consumo se asocia a daños en diversos órganos, conducta violenta y accidentes, como ocurre con las bebidas alcohólicas. Hay bebidas que curan y bebidas que matan.

Puesto que estamos obligados a beber, conviene conocer las características de cada tipo de bebida para poder elegir sabiamente la que se vaya a tomar. A esta tarea descriptiva se dedica el primer capítulo de esta obra.

Sumario del capítulo

Agua 16
Alcohol 16
Almendra, leche 31
Amargos................ 35
Anticoagulantes orales... 19
Atole 26
Avena, leche 32
Batidos (licuados) 18
Bebidas alcohólicas 46
Bebidas con cafeína...... 44
Bebidas energizantes 45
Bebidas sin alcohol....... 34
Bebidas, tipos........... 14
Café 44
Cafeína 44
Cereales, bebidas 26
Cerveza sin alcohol....... 34
Cócteles 36
Emoliente peruano....... 27
Endulzar las bebidas 24
Guaraná 44
Jugos y licuados (batidos) 18
Horchata de chufa 29
Leche de vaca............ 42
Leches vegetales......... 28
Licores.................. 34
Licuados (batidos) 18
Malta 26
Máquinas para hacer jugos y licuados (batidos) 22
Mate 44
Mote con huesillos 26
Quinoa, leche 33
Refrescos 43
Sintrom, interacciones ... 19
Soja, leche 30
Té 45
Tereré 45
Vino 34
Vino sin alcohol 34

¿Qué beber?

Panorama de todas las bebidas de esta obra.
Ver el índice completo de tipos de bebidas en la página 334.

Agua (pág. 16)

La bebida por excelencia. Imprescindible en cualquier circunstancia, dieta o cura.

- Necesaria para la vida. Limpia y refresca el organismo.

Bebidas de cereales (pág. 26)

La malta en Europa, el atole en Centroamérica y la chicha en los países andinos de Sudamérica son algunas de ellas.

- Nutritivas y digestivas.

Jugos o zumos (pág. 18)

Líquidos obtenidos de las frutas y hortalizas mediante procedimientos mecánicos, ya sea centrifugado, exprimido o presionado.

- Ricos en vitaminas y antioxidantes.

Leches vegetales (pág. 28)

Elaboradas con granos, como la avena; semillas, como la soja; o tubérculos, como la chufa. Una alternativa saludable a la leche de vaca.

- Fuente de proteínas, grasas esenciales, vitaminas y minerales.

Licuados o batidos («smoothies», pág. 20)

Obtenidos mediante triturado o licuado (batido), generalmente de frutas, aunque también pueden ser de verduras. Opcionalmente, se les puede añadir agua, leche vegetal o leche de vaca.

- Su contenido en fibra, vitaminas y otros nutrientes es el mismo que el de las frutas u hortalizas con las que está elaborado, pero en estado semilíquido.

Bebidas sin alcohol

- Vino sin alcohol (pág. 34).
- Cerveza sin alcohol (pág. 35).
- Cócteles vírgenes (pág. 36).

Limonadas (pág. 244)

Bebidas elaboradas con jugo de limón disuelto en agua y, opcionalmente, con azúcar u otros ingredientes.

• Depurativas y desintoxicantes.

Caldos vegetales (pág. 246)

Líquidos obtenidos por la cocción de una o varias verduras en agua.

• Fuente de sales minerales.

Infusiones (pág. 247)

Obtenidas mediante agua caliente añadida a hojas, flores u otras partes de las plantas.

• Digestivas, laxantes, sedantes, etcétera.

Sopas frías

Elaboradas con hortalizas trituradas, como el gazpacho.

• Fuente de vitaminas y minerales.

Otras bebidas

• **Néctares:** Se llama néctar de frutas a una bebida elaborada industrialmente a base de:
  - Agua.
  - Pulpa y jugo de fruta (mínimo 50%).
  - Azúcares o edulcorantes artificiales.
  - Aditivos como el ácido cítrico.

Se puede decir que un néctar es un jugo de fruta con su pulpa, rebajado con agua. Su contenido en vitaminas, minerales y fitoquímicos antioxidantes es menor que el de los jugos de fruta. Si se puede disponer de un jugo fresco, resulta preferible al néctar.

• **Aguas frescas**: Típicas de México y Centroamérica, son bebidas no alcohólicas muy populares. Constituyen una buena alternativa a los refrescos carbonatados. Se elaboran con tamarindo, chía (pág. 178), arroz (pág. 138) o flor de Jamaica (pág. 86).

• **Jarabes**: Bebidas espesas a base de azúcar o miel con jugos de frutas, de hortalizas, u otros productos medicinales.

Bebidas con inconvenientes

• Leche de vaca (pág. 42).
• Refrescos (pág. 43).
• Té, café, mate y guaraná (pág. 44).
• Bebidas energizantes (pág. 45).

Bebidas perjudiciales

• Bebidas alcohólicas de cualquier tipo y graduación, desde la cerveza y el vino hasta el aguardiente y el tequila (pág. 46).

Agua

Ninguna bebida calma la sed como el agua fresca y pura.

Por muchos jugos, licuados (batidos) y otras bebidas que se tomen, hay un líquido que no debe nunca faltar: el agua. Cualquiera de las curas de desintoxicación, de tratamiento o de adelgazamiento descritas en los tres últimos capítulos, debe ir acompañada de varios vasos de agua al día.

El agua es el disolvente universal de la materia viva. Limpia el cuerpo por dentro y por fuera. Pero a la vez, el agua también puede ser el vehículo para que toxinas indeseables entren en el organismo. Por eso resulta importante elegir qué agua beber.

Qué agua beber

- **Agua potable**: Es la legalmente apta para el consumo humano. Las leyes sobre calidad del agua, en muchos países, toleran que el agua potable contenga cantidades pequeñas pero significativas de numerosas toxinas como el arsénico, el cadmio o el cianuro. Los efectos tóxicos acumulativos de pequeñas cantidades de toxinas tomadas a diario con el agua potable no se hallan bien estudiados aún.
- **Agua alcalina o ionizada**: Se obtiene tratando el agua potable mediante electrólisis u otros procedimientos eléctricos. Según sus proponentes, el pH alcalino (alrededor de 8,8) de este tipo de agua la hace capaz de neutralizar el exceso de ácidos en la sangre. Se le atribuye efecto antioxidante y antienvejecimiento, pero no existe suficiente apoyo científico que lo justifique.
- **Agua filtrada**: Agua potable que ha pasado por un filtro, generalmente de carbón activado. Los filtros generalmente eliminan las partículas en suspensión, los microorganismos (no los virus, que son filtrables), el cloro y los pesticidas, pero dejan pasar la mayor parte de los contaminantes químicos.
- **Agua mineral**: Procedente de manantiales, aporta una cantidad variable de minerales. Al estar embotellada se garantiza que no contiene gérmenes.
- **Agua tratada mediante ósmosis inversa**: Es un agua prácticamente pura. Gracias a unas membranas especiales

se elimina entre el 90% y el 95% de las sales minerales y contaminantes que hay en el agua potable.

- **Agua purificada**: Agua potable sometida a diversos procesos como cloración, filtración, ósmosis inversa y ozonización.
- **Agua destilada**: Es agua químicamente pura; agua y nada más que agua. El procedimiento de destilación consiste en hervir el agua y luego enfriar el vapor para que se condense y forme gotas de agua pura. El agua destilada es la bebida más pura y libre de toxinas que existe. Estas son sus ventajas:
  - No contiene ningún microorganismo, ni virus ni bacterias ni parásitos, pues ha sido hervida. Esto asegura que no transmita ni gastroenteritis ni ninguna otra enfermedad infecciosa.
  - No contiene metales pesados ni contaminantes químicos, pues quedan depositados en el recipiente de ebullición, o si son volátiles, en el filtro de carbono que incorporan los aparatos de destilación.
  - Es cierto que el agua destilada no aporta sales minerales de ningún tipo, ni de calcio ni de potasio ni otras, a diferencia del agua potable o del agua mineral. Pero a la vez que carece de sales también se halla libre de toxinas.

Cuánta agua beber

Beber solamente cuando se tiene sed puede no ser suficiente para mantener una buena hidratación. Si los riñones funcionan adecuadamente, conviene beber tanta agua como para que la orina sea de color claro. Si el color de la orina es amarillo intenso, significa que no se está bebiendo suficiente agua.

- En general, de seis a ocho vasos (1,5-2 litros) diarios es suficiente, pero esa cantidad depende de la temperatura ambiente y del tipo de alimentación.
- Durante las curas, de dos a cuatro vasos (de 0,5 a 1 litro) suele ser suficiente.

Agua destilada, la más segura

La falta de sales minerales en el agua destilada no supone ningún riesgo para la salud. Cualquier fruta u hortaliza, entera, en jugo o en caldo, compensa sobradamente la falta de minerales del agua destilada. Obtener minerales a partir del agua potable implica ingerir también muchas toxinas indeseables.

El agua destilada no contiene ni toxinas ni ningún tipo de gérmenes, y resulta perfectamente adecuada para el consumo humano.

Destilador de agua doméstico.

Jugos y licuados - 1

Después del agua, las bebidas más refrescantes y saludables.

La elaboración de jugos y licuados (batidos) supone tener que procesar mecánicamente las frutas y hortalizas. Y, como todo procesamiento de alimentos, presenta ventajas y algunos inconvenientes.

Ventajas de los jugos

- **Naturales**: Los jugos se elaboran con alimentos vegetales crudos y frescos, permitiendo aprovechar así todo su poder preventivo y curativo.
- **Altas dosis de vitaminas y antioxidantes**. Los jugos permiten ingerir cantidades de vitaminas, minerales y antioxidantes que difícilmente podrían obtenerse comiendo los alimentos enteros. Por ejemplo, masticar seis zanahorias requiere tiempo y una buena dentadura, pero beberlas en jugo está al alcance de todo el mundo. La alta concentración de principios activos en los jugos los hace adecuados para la prevención de muchas enfermedades.
- **Óptima absorción**. Al no contener fibra insoluble (fibra dura), los jugos permiten una digestión y absorción más fácil y rápida de vitaminas, minerales y antioxidantes que con los alimentos enteros.
- **Desintoxicantes y depurativos**, lo que los hace idóneos para eliminar toxinas y perder peso.
- **Aprovechamiento de todas las partes de las hortalizas**. Los tallos del brócoli, la base de la coliflor o los tallos de las alcachofas (alcauciles), por ejemplo, se suelen desechar. Sin embargo, pueden aprovecharse para jugo.
- **Mejor aceptación**: Los jugos de verduras son habitualmente mejor aceptados y tolerados que las mismas verduras enteras cocinadas, especialmente por parte de los niños.

Ventajas de los licuados (batidos)

- **Contienen toda la fibra**: Los licuados o batidos incluyen todos los componentes de las frutas u hortalizas enteras con los que han sido elaborados. La mayor cantidad de fibra garantiza una absorción más lenta de la glucosa y un efecto laxante más marcado.
- **Saciantes**: Al contener toda la fibra de las frutas y hortalizas, resultan más saciantes que los jugos, lo que conviene en las curas de adelgazamiento para disminuir el apetito.
- **Nutritivos**: Los licuados o batidos suelen incluir leches vegetales (opcionalmente de vaca), semillas y otros ingredientes nutritivos, por lo que pueden llegar a sustituir a una comida sólida (ver pág. 28).

Inconvenientes de los jugos y licuados (batidos)

- **Molestias en el estómago**: Si se beben muy rápido y sin diluir pueden causar una pasajera y leve incomodidad.
- **Subida de glucosa**: Los jugos y licuados (batidos) con azúcar añadido pueden provocar aumentos bruscos del nivel de glucosa en la sangre. En cambio, los jugos y licuados naturales y sin azúcar añadido son tolerados incluso por los diabéticos (ver pág. 272).
- **Exceso de nitratos**: Las verduras de hoja (como la espinaca), especialmente si han sido cultivadas en invernadero, y también los tubérculos o raíces como la remolacha (betabel) procedentes de cultivo convencional (no orgánico o no ecológico), pueden contener una elevada proporción de nitratos. Los nitratos son ingredientes naturales de las verduras y hortalizas, pero su nivel aumenta cuando se abusa de los fertilizantes o abonos químicos. Una mayor ingesta de nitratos de origen alimentario no supone problemas para la salud de la mayor parte de los adultos, pero sí para los niños de menos de 3 años de edad. Se recomienda que los niños no ingieran más de 200 g de espinacas al día, lo cual es poco probable que ocurra.
- **Interacción con los anticoagulantes orales**: Algunas verduras y frutas ricas en vitamina K pueden causar interacciones con los anticoagulantes orales (ver cuadro adjunto).

Sintrom o warfarina: interacciones con ciertos jugos

Los pacientes en tratamiento con Sintrom o Warfarina (anticoagulantes orales) deben tomar precauciones a la hora de consumir bebidas ricas en verduras y otros alimentos ricos en vitamina K. Se entiende que un alimento o bebida es rico en vitamina K cuando una porción aporta más del 20% de las necesidades diarias de esta vitamina.

Son ricos en vitamina K muchos de los jugos o batidos (licuados) con alguno de estos ingredientes:

- Espinacas.
- Coles o repollos.
- Otras verduras.
- Tomates y otras hortalizas.

El Sintrom o la Warfarina neutralizan la acción de la vitamina K, por lo que al tomar bebidas ricas en esta vitamina es necesario:

- Un control más frecuente del tiempo de protrombina (índice INR).
- Un posible aumento de la dosis de medicación anticoagulante.

Antes de tomar jugos ricos en vitamina K se debe consultar al médico. El alcohol y muchos medicamentos también causan interacción con el Sintrom o la Warfarina.

Energía matutina

Tomar un jugo por la mañana proporciona un impulso natural de energía que hace innecesario el uso de estimulantes como el café.

Jugos y licuados - 2

Excelente fuente de vitaminas, minerales y antioxidantes.

Nutrientes y antioxidantes en los jugos y licuados (batidos)

- **Proteínas**: Todos los jugos contienen una cantidad no despreciable de proteínas. Por ejemplo, un vaso de jugo de zanahoria aporta 2 g de proteínas, las mismas que dos cucharadas de yogur.

- **Azúcares**: Principalmente en los jugos de fruta.
- **Grasas**: Pocas, pero de alta calidad, como los ácidos grasos esenciales omega-3 en los jugos verdes.
- **Vitaminas**:
  - Hidrosolubles, principalmente la C y las del grupo B (excepto la B_{12}).
  - Liposolubles como la A (provitamina en forma de betacaroteno y otros carotenoides), la E y la K. Recientemente se ha descubierto que la vitamina K protege contra la osteoporosis y la diabetes.
- **Minerales:** magnesio, calcio, hierro y cinc, fácilmente absorbibles.
- **Fibra**: Principalmente de tipo soluble formada por pectinas, gomas y mucílagos.
  - Fibra insoluble: Aumenta el volumen de las heces y evita el estreñimiento (constipación).
  - Fibra soluble: Vuelve las heces más blandas, facilitando la defecación. Regula la absorción de glucosa; nutre las bacterias de la flora intestinal (efecto prebiótico).
- **Fitoquímicos antioxidantes**: Como el licopeno, los polifenoles, las antocianinas y la clorofila. Además de proporcionar color a los jugos, protegen contra el cáncer, las enfermedades degenerativas y el envejecimiento.
- **Enzimas**: Facilitan la digestión, aliviando el trabajo del estómago, del intestino y del páncreas.

Bajos en calorías

Los jugos y licuados (batidos) verdes («green smoothies») obtenidos de verduras y otras hortalizas frescas son desintoxicantes y muy bajos en azúcar, por lo que resultan esenciales en una cura de adelgazamiento (pág. 290).

Conservación de los jugos y licuados (batidos)

Lo ideal es consumir los jugos y licuados (batidos) recién hechos. Pero si no fuera posible, se logra prolongar hasta tres días su valor nutritivo y propiedades siguiendo estos sencillos consejos:

- **Añadir el jugo de medio limón** por cada vaso de jugo o licuado, en caso de que no forme parte de sus ingredientes. El limón es un poderoso antioxidante que evita la descomposición de los nutrientes.
- **Guardar en un recipiente cerrado**. El contacto con el oxígeno del aire favorece la oxidación de las vitaminas y fitoquímicos antioxidantes de los jugos o licuados (batidos), sus ingredientes más delicados.
- **Conservar en el refrigerador o frigorífico**. El calor y la luz también aceleran la descomposición de las vitaminas y antioxidantes, por lo que un lugar frío y oscuro favorece su conservación.

Los tres enemigos de la conservación
El aire, la luz y el calor son los tres grandes enemigos de la conservación de los jugos y licuados (batidos).

Elaboración de jugos y licuados (batidos)

Para elaborar correctamente un jugo o licuado (batido), conviene seguir los siguientes pasos:

- Lavar bien las frutas y hortalizas.
- Cuando se pueda, pelarlas si no son de cultivo orgánico (ecológico).
- Desechar las partes enmohecidas o dañadas.
- Eliminar los huesos (carozos) y semillas siempre que sea posible, especialmente de las frutas de la familia de las Rosáceas, como los melocotones (duraznos) y manzanas. Las semillas más suaves como las de los pepinos, las uvas y los cítricos pueden formar parte del jugo. Las semillas de la papaya son medicinales (antiparasitarias), pero dan sabor picante.

Jugos y licuados: máquinas

Sin la ayuda de máquinas, resulta muy difícil convertir las frutas y hortalizas en líquidos.

Extractor de jugo por centrifugación

Separa la fibra insoluble del jugo.

- Ventajas: Rapidez.
- Inconvenientes: El giro de las cuchillas a gran velocidad calienta el alimento y puede provocar la degradación de algunas vitaminas.
- El jugo contiene:
  - La mayor parte de las vitaminas, minerales, antioxidantes y enzimas del alimento sólido.
  - Solamente la fibra soluble, pero no la insoluble.

Licuadora (batidora)

Deshace la fruta íntegramente, sin eliminar ninguno de sus componentes.

- Ventajas: Los licuados (batidos) contienen todos los componentes de la fruta u hortaliza, pero en estado semilíquido.
- Inconvenientes: Algunas hortalizas, como la zanahoria, el apio o el rábano, y algunas frutas, como la manzana, quedan muy espesas y hay que diluirlas con otro líquido.
- El licuado (batido) contiene: Lo mismo que la fruta u hortaliza, pero triturado.

Extractor masticador

Obtiene el jugo presionando las frutas u hortalizas mediante unos rodillos que giran a baja velocidad.

- Ventaja: Al girar a bajas revoluciones, no se produce calentamiento como con los extractores y las licuadoras, con lo que no hay pérdida de nutrientes.
- Inconveniente: Lentitud; precio elevado.
- El jugo contiene:
  - La mayor parte de las vitaminas, minerales, antioxidantes y enzimas.
  - La fibra soluble y una parte de la insoluble.

Todas las máquinas usadas para elaborar bebidas

España	Hispanoamérica	Anglófonos	Características	Ilustración
Licuadora	**Extractor de jugo** Juguera	Juicer Juice extractor	• Electrodoméstico utilizado para extraer el zumo de las frutas y hortalizas por *centrifugación*.	
Batidora de vaso	**Licuadora**	Blender	• Electrodoméstico con un motor eléctrico que hace girar unas cuchillas que *muelen o trituran* los alimentos.	
Batidora de mano (brazo)	**Licuadora de mano** Batidora	Hand blender	• Electrodoméstico que permite moler los ingredientes de una receta en el *mismo recipiente* en el que esta se prepara.	
Extractor masticador	**Extractor masticador** Exprimidor masticador	Masticating juicer	• Electrodoméstico utilizado para extraer el jugo de frutas y hortalizas *por presión*.	
Exprimidor	**Exprimidor**	Citrus juicer	• Aparato para obtener el jugo de los cítricos.	
Picadora	**Picadora**	Food chopper (suitable for nuts)	• Electrodoméstico usado para triturar alimentos, especialmente adecuado para las semillas.	
Pasapuré	No se conoce este aparato. Su equivalente es el machacador o majador de papas.	Vegetable mill	• Filtro giratorio usado para triturar los alimentos blandos como los tomates, o las verduras y las legumbres cocidas convirtiéndolas en puré o sopa fría.	

* En negrita y destacado el término usado preferentemente en esta obra.

Endulzar las bebidas

Entre todas las opciones disponibles, la estevia y la melaza son las más recomendables.

Se calcula que en la alimentación moderna occidental, el 14% de todas las calorías proceden de azúcares añadidos,[1] una buena parte de ellos formando parte de bebidas. El café, los refrescos y las gaseosas o sodas contienen generalmente importantes cantidades de azúcar, lo cual aumenta el riesgo de:

- Obesidad.
- Diabetes tipo 2.
- Osteoporosis.
- Enfermedades cardiovasculares.

Recomendaciones

En los ingredientes de las bebidas de esta obra, solamente se incluye el edulcorante cuando cumple alguna función específica, aparte de la de endulzar, como es el caso de la melaza en algunos licuados (batidos).

Cuando no se incluye ningún edulcorante, se deja al usuario que elija el producto a utilizar y su cantidad, teniendo en cuenta estas recomendaciones:

- Reducir la cantidad de azúcar o edulcorantes añadidos a las bebidas. De esta forma se evita el exceso de calorías y se disfruta más del sabor natural de los jugos, licuados (batidos) e infusiones.
- Usar preferentemente edulcorantes no nutritivos (sin calorías), como la estevia.

1 Fitch C, Keim KS; Academy of Nutrition and Dietetics. Position of the Academy of Nutrition and Dietetics: use of nutritive and nonnutritive sweeteners. J Acad Nutr Diet. 2012 May;112(5):739-58. PubMed PMID: 22709780.

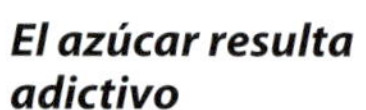

El azúcar resulta adictivo

El gusto por lo dulce es innato, pero atención: cuanto más se consume, más se necesita.

Edulcorantes no nutritivos (sin calorías)

De origen natural

Son extractos de diversas plantas de sabor muy dulce pero que no aportan calorías.

- **Estevia** (*Stevia rebaudiana*): Planta tropical recomendable para diabéticos e hipertensos. Se usa generalmente en forma de extracto líquido.
- **Luo han guo** (*Siraitia grosvenorii*): Fruto de una planta china cuyo extracto ha sido aprobado por la FDA estadounidense.
- **Yacón** (*Smallanthus sonchifolius*): Tubérculo andino de sabor dulce gracias a unos azúcares no asimilables. Se usa en forma de jarabe.

De origen artificial

- **Acelsulfame K, aspartame, neotame y sacarina**: Aunque no aportan calorías, algunos estudios han mostrado que favorecen la ganancia de peso porque hacen que se aumente el consumo de alimentos calóricos.
- **Sucralosa** (Splenda): Sustancia elaborada mediante una modificación química del azúcar de mesa (sacarosa) para que endulce sin aportar calorías.

Estevia, el edulcorante más utilizado (cero calorías)

Por su facilidad y seguridad de uso, la estevia es el edulcorante no calórico más usado y recomendable. Unas tres gotas equivalen a una cucharadita de azúcar blanco.

Edulcorantes nutritivos (con calorías)

Dan un sabor dulce a las bebidas o alimentos. Por contener azúcares, aportan calorías. Además de azúcares, todos contienen vitaminas y minerales en mayor o menor cantidad, excepto el azúcar blanco.

Melaza o miel de caña

- Se obtiene concentrando mediante cocción el jugo de la caña de azúcar.
- Es el más nutritivo de todos los edulcorantes: rico en hierro, magnesio y vitaminas del grupo B.

Piloncillo o panela

- Recibe también otros nombres como raspadura, chancaca, empanizao o tapa de dulce.
- Se obtiene solidificando la melaza.
- Su valor nutritivo es alto, igual que la melaza.

La melaza y el piloncillo o panela

De entre todos los edulcorantes calóricos, la melaza y su versión sólida, el piloncillo o panela, son los más nutritivos, seguidos por el azúcar integral.

Todos ellos, además, tienen una alta capacidad antioxidante.

Azúcar integral, negro, crudo

- Variantes: Azúcar mascabado o turbinado.
- Contiene una cierta cantidad de vitaminas y minerales, pero considerablemente menos que la melaza.

Azúcares

Unas 65 calorías por cucharada.

- Cuidado, existe un tipo de azúcar moreno, que en realidad se debe llamar azúcar rubio, que consiste en azúcar blanco con colorante de caramelo.

Sirope de arce

- Contiene polifenoles antioxidantes, especialmente el de color oscuro.
- Se usa en las curas depurativas (ver pág. 226).

Sirope de agave

- Obtenido de la savia de las pencas (hojas carnosas) del agave azul o maguey, una especie de cacto muy abundante en el norte de México.
- El sirope de agave crudo favorece el desarrollo de la flora intestinal beneficiosa (efecto prebiótico).
- Bien tolerado por los diabéticos.

Miel de abejas

- Es el edulcorante más antiguo. Aunque apenas aporta vitaminas y minerales, contiene unas proteínas de acción antimicrobiana.

Algarrobina

- Jarabe denso como la miel y de color oscuro obtenido de la algarroba peruana.
- Contiene proteínas y vitaminas, además de azúcares.

Arrope

- Jarabe obtenido mediante la cocción y deshidratación del mosto. Se le pueden añadir diversas frutas como tuna (higo chumbo) o melón.

Sirope de maíz

- El sirope de maíz, alto en fructosa, es el edulcorante calórico más usado por la industria alimentaria. Es un azúcar refinado y con escaso valor nutricional.

Azúcar blanco o refinado

- El menos nutritivo y saludable de todos los azúcares.
- Refinado mediante aditivos como el dióxido de azufre y el ácido fosfórico.
- Solamente aporta calorías vacías.

Melaza, miel o siropes

Unas 50 calorías por cucharada.

Capacidad antioxidante de diversos edulcorantes nutritivos (calóricos)[1]

- **Alta**: Melaza, azúcar integral.
- **Intermedia**: Sirope de arce, azúcar moreno, miel.
- **Baja**: Azúcar blanco, sirope de maíz, sirope o néctar de agave.

1 Phillips KM, Carlsen MH, Blomhoff R. Total antioxidant content of alternatives to refined sugar. J Am Diet Assoc. 2009 Jan;109(1):64-71. PubMed PMID: 19103324.

Bebidas de cereales

Todas las bebidas aquí mostradas son sin alcohol, aunque ¡atención!: existen bebidas de cereales con alcohol.

Se entiende por cereales las semillas o granos de las diversas especies de la familia botánica de las Gramíneas, como el trigo, el arroz o el maíz. Los cereales son la base de la alimentación humana, pero también la materia prima para elaborar nutritivas bebidas.

Malta

Bebida obtenida a partir de granos de cebada, un cereal semejante al trigo, germinados y tostados.

La malta contiene proteínas, vitaminas del grupo B (particularmente la B_9 o folato), y minerales como el hierro, cinc y calcio.

Por ser nutritiva y energizante, la malta se recomienda a deportistas, niños, mujeres embarazadas y que amamantan.

Malta espumosa

La malta con gas carbónico es similar a la cerveza sin alcohol, pero más dulce y sin el sabor amargo típico del lúpulo que caracteriza a todas las cervezas.

Mote con huesillos

Bebida típica chilena, muy refrescante, a base de mote de trigo con melocotones (duraznos) deshidratados llamados huesillos. Aporta hidratos de carbono y proteínas del trigo, así como vitaminas y antioxidantes del melocotón (durazno).

Elaboración

- Poner los huesillos a remojo toda una noche.
- Cocer los huesillos durante media hora en agua con azúcar (preferiblemente integral, panela o piloncillo, y en poca cantidad) y un palito de canela o un clavo de olor. En lugar de azúcar, puede usarse miel de caña (melaza) o de abejas.
- Añadir el mote cocido y tomar frío.

Atole

Bebida de origen prehispánico elaborada a base de maíz que se consume en México y toda Centroamérica. En su forma original es una cocción de granos de maíz en agua. Actualmente se suele elaborar con estos ingredientes:

- Harina de maíz (de 100 a 200 g por litro de líquido).
- Diversas frutas.
- Leche (puede ser de soja).
- Piloncillo, panela o azúcar de caña.
- Vainilla o canela.

La mezcla de ingredientes se calienta a fuego lento, sin que llegue a hervir, y se sirve caliente. El atole se toma como desayuno energizante, y se suele acompañar de tamales (masa de maíz rellena).

Existen diversas variantes de atole, por ejemplo:

- **Champurrado**: Es un derivado del atole que se obtiene añadiéndole cacao e hirviendo hasta que la mezcla se espese.
- **Chilate**: Al maíz tostado se le añade pimiento o morrón (chile), cacao en polvo, anís, jengibre y canela. Se sirve caliente con dulces típicos.

Emoliente peruano

Bebida medicinal del Perú a base de cebada y plantas medicinales, ejemplo de la mezcla de la cultura inca con la española. Se piensa que el emoliente ya era usado en el imperio inca, pero elaborado solamente con plantas medicinales. Y al llegar los españoles le agregaron los granos de cebada, las semillas de lino (linaza) y el limón para obtener así una bebida multicultural y completa.

Actualmente existen muchas variantes de emoliente, pero todas ellas tienen en común la cebada, el lino o linaza y las plantas medicinales. Se le puede añadir maca (*Lepidium meyenii*) para incrementar el vigor sexual, uña de gato (*Uncaria tomentosa*) para reforzar las defensas, u otras plantas medicinales.

El emoliente se toma principalmente caliente, pero también frío, tanto por la mañana en el desayuno como por la tarde.

Propiedades

- Diurético, previene los cálculos renales.
- Laxante.
- Digestivo.
- Baja el colesterol y previene la diabetes, gracias a la fibra soluble de la cebada (betaglucano) y de las semillas de lino (linaza), que retrasan la absorción de los azúcares.

Ingredientes de un emoliente tipo (para 4 raciones de 250 ml)

- 1 taza de cebada tostada
- 1 taza de semillas de lino (linaza)
- 6 hojas de boldo
- 1 taza de barbas de choclo (estigmas de maíz)
- 4 limones exprimidos
- Opcional: Membrillo y otras plantas medicinales

Elaboración

- En una olla con 1 litro de agua poner todos los ingredientes excepto el jugo de limón y hervir durante 1 hora o hasta que los granos de cebada se abran.
- Pasar por un colador.
- Añadir el jugo de limón.
- Endulzar a gusto, preferentemente con estevia, pero opcionalmente con melaza (miel de caña) o con miel de abejas (ver pág. 25).

Otras bebidas de cereales

- **Chicha morada** (pág. 80): Bebida no fermentada típica de Perú obtenida a partir del maíz morado. Es antioxidante y anticancerígena. Existen estas dos variantes de la chicha morada, igualmente sin alcohol:
  - **Chicha del oriente boliviano**: Elaborada con maíz morado y cacahuetes (maníes).
  - **Colada morada del Ecuador**: Además de maíz morado o negro, se le añaden arándanos andinos o mortiños y otras frutas que acentúan el color morado de la bebida volviéndola todavía más antioxidante que la chicha morada.
- **Horchata mexicana** (pág. 138): Elaborada a base de arroz, coco o almendras y canela. Se suele tomar en el desayuno como bebida energética y saludable. Muy recomendable en caso de diarrea.
- **Kurozu** (pág. 307): Bebida típica del Japón elaborada con arroz integral. Se le llama también vinagre negro y se usa como adelgazante.

Leches vegetales

Líquidos blancos cuyo valor nutritivo recuerda al de la leche de vaca, pero elaboradas con granos, semillas o tubérculos.

Leche de avellana
Más rica en ácidos grasos poliinsaturados y en vitamina E que otras leches vegetales. Contiene menos azúcares que la mayor parte de las leches. Recomendada en caso de dispepsia (mala digestión) y de diabetes.

Las leches vegetales, también llamadas horchatas o «bebidas de...», constituyen una alternativa saludable a la leche de vaca, tanto para niños como para adultos. Los **lactantes**, sin embargo, necesitan la leche materna por lo menos durante los seis primeros meses de vida, y ninguna otra bebida debe sustituirla, salvo las fórmulas lácteas cuando la lactancia materna es imposible.

Características comunes a todas las leches vegetales

- Todas contienen:
  - Proteínas y azúcares.
  - Ácidos grasos poliinsaturados omega-3 (apenas presentes en la leche de vaca).
  - Vitamina E (la leche de vaca apenas la contiene).
  - Hierro (más que la leche de vaca), calcio (menos que la leche de vaca) y otros minerales.
- Todas carecen de:
  - Lactosa.
  - Gluten (excepto la de avena).
  - Colesterol.
  - Vitamina B_{12} (salvo las enriquecidas).

Leche de arroz
La más digestiva de todas las leches vegetales. Ideal en caso de gastritis, gastroenteritis, colitis y siempre que haya diarrea. Recomendada para los hipertensos. Es baja en grasa y en proteínas.

Leche de alpiste
El alpiste es la semilla de una planta ('Phalaris canariensis') usada como alimento para pájaros, que se cultiva en México y Oriente medio. Existen indicios científicos de su efecto favorable sobre la diabetes, la hipertensión arterial y el exceso de colesterol, pero se le atribuyen muchas propiedades sin fundamento.
Para elaborar la leche de alpiste se deben usar semillas que no contengan fibras de silicio en su cáscara, pues esas fibras pueden causar cáncer de esófago.

Elaboración de las leches vegetales

1. Poner a remojo los granos, semillas o tubérculos (de 150 a 250 g para obtener 1 litro de bebida), usualmente durante una noche. Suelen ser suficientes 250 g.
2. Desechar el agua del remojo.
3. Opcionalmente, incorporar dátiles o pasas como fuentes de azúcares saludables (aproximadamente, un puñado por litro de agua).
4. Añadir una cierta cantidad de agua como para que cubra los granos, semillas o tubérculos, y triturarlos hasta obtener una pasta homogénea.
5. Colar mediante un filtro de paño o metálico.
6. Si se desea edulcorar, utilizar estevia (edulcorante no calórico); o bien melaza, azúcar integral, panela o piloncillo. Si se desea, añadir una pizca de canela o vainilla.

Horchata de chufa

Elaborada a partir de la chufa, pequeño tubérculo de la planta 'Cyperus esculentus', perteneciente a la misma familia botánica que el papiro. La región de Valencia (España) es famosa por su producción de chufas y su rica horchata.

Aporta, además de hidratos de carbono, grasas insaturadas, proteínas, vitaminas B y E y minerales como el calcio, el magnesio y el hierro.

Resulta muy digestiva por contener enzimas que facilitan la digestión. Recomendable en caso de diarrea o de colitis.

Otras leches vegetales

- Leche de soja (pág. 30).
- Leche de almendra (pág. 31).
- Leche de avena (pág. 32).
- Leche de quinoa (pág. 33).
- Leche de coco (pág. 222).

Leche de soja

La más popular de todas las leches vegetales y la más rica en proteínas. Recomendable usar la leche de soja envasada.

La leche o bebida de soja es la más nutritiva de todas las vegetales. Sus proteínas son completas y su grasa saludable gracias a su contenido en ácidos grasos omega-3.

Propiedades

Además de las comunes a todas las leches vegetales (pág. 28), la leche de soja:

- Contiene 15 veces más hierro que la leche de vaca.
- Suele estar enriquecida en calcio (la envasada), aportando la misma proporción que la leche de vaca (unos 120 mg por 100 ml). Existen marcas elaboradas con soja no transgénica.
- Está libre de hormonas animales, al contrario que la leche de vaca actual que contiene estrógenos y otras hormonas.

Nutritiva y preventiva del cáncer

La leche de soja es la única de las vegetales cuyo valor nutritivo resulta comparable al de la leche de vaca, pero con muchas ventajas para la salud. Destaca su capacidad para prevenir el cáncer de mama y de próstata, particularmente cuando se toma desde la adolescencia.

Cada porción (vaso o taza de 250 ml) contiene

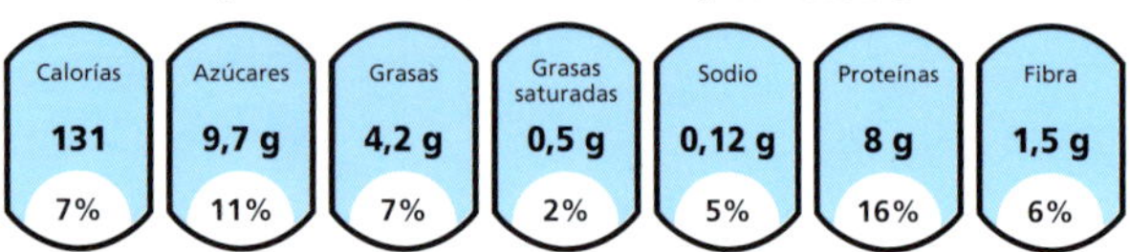

de la CDO/GDA (Cantidad Diaria Orientativa) para un adulto

- Protege contra el cáncer de mama, contra el de próstata (dos de los más frecuentes) y contra la osteoporosis.
- No favorece las alergias, el asma y la producción de moco, como lo hace la leche de vaca.

Aclaraciones sobre los fitoestrógenos

- Aunque su nombre puede llevar a confusión, los efectos de los fitoestrógenos no son iguales a los de los estrógenos animales.
- Los fitoestrógenos de la soja no favorecen el cáncer, como infundadamente se dice en algunos medios, sino todo lo contrario, protegen contra él. Numerosas investigaciones de laboratorio y estudios epidemiológicos en humanos lo confirman.
- Las isoflavonas y otros fitoestrógenos se hallan ampliamente distribuidos en los alimentos vegetales. Todas las semillas los contienen en mayor o menos cantidad, especialmente las legumbres. Si los fitoestrógenos fueran peligrosos, los que consumen semillas en abundancia como parte de una alimentación saludable tendrían mayor riesgo de cáncer; pero la realidad muestra exactamente lo contrario.
- La mayoría de los estudios negativos respecto al uso alimentario de la soja se han realizados en animales, y no son aplicables a los humanos.
- Los fitoestrógenos de la soja y de otras semillas no tienen efectos feminizantes ni cancerígenos. Por el contrario, sí que los pueden tener los auténticos estrógenos que contiene la leche de vaca, cuyo consumo se halla relacionado con el cáncer de próstata.
- Las mujeres que han pasado un cáncer de mama pueden tomar soja y sus derivados en cantidades normales.

Leche de almendra

De sabor muy agradable y propiedades medicinales.

La leche o bebida de almendra es una alternativa más a la leche de vaca, especialmente cuando esta es causa de alergia o intolerancia. Sin embargo, aunque tiene ventajas sobre la leche de vaca, su valor nutritivo es inferior.

Algunas marcas comerciales enriquecen la leche de almendra con calcio y vitaminas A, D y B_{12}. El inconveniente es que suelen llevar mucho azúcar añadido.

Propiedades

Además de las comunes a todas las leches vegetales (pág. 28), la leche de almendra:

- Es rica en vitaminas del grupo B y en vitamina E.
- Es fuente de calcio, magnesio y potasio.
- Es digestiva.
- Resulta adecuada para reponer minerales tras una gastroenteritis o diarrea.
- Recomendada en caso de eccema infantil.
- Baja el colesterol.
- Es prebiótica: contribuye a regenerar la flora intestinal.

Ingredientes (para cuatro porciones de 250 ml)

- 250 g de **almendras**
- 4-6 **dátiles** o un puñado de **uvas pasas** sin semillas o dos cucharadas de melaza o de azúcar integral
- 4 tazas de **agua**
- ½ cucharadita de **canela** o **vainilla**

Elaboración

La misma que para las leches vegetales en general. Se pueden pelar las almendras antes de triturarlas escaldándolas con agua hirviendo.

Advertencia: Aunque con mucha menor frecuencia que la leche de vaca, las leches de soja, de avellana o de almendra pueden desencadenar reacciones alérgicas en personas sensibles.

Para los niños
La leche de almendra es muy recomendable para los niños en caso de diarrea o de eccema.

Cada porción (vaso o taza de 250 ml) contiene

Calorías	Azúcares	Grasas	Grasas saturadas	Sodio	Proteínas	Fibra
91	15 g	2,5 g	0 g	0,15 g	1 g	1 g
5%	17%	4%	0%	6%	2%	4%

de la CDO/GDA (Cantidad Diaria Orientativa) para un adulto

Leche de avena

Aunque no es tan rica en proteínas y calcio como la leche de soja, resulta más digestiva y mejor tolerada por estómagos sensibles.

Aunque se encuentra en muchos comercios ya preparada, la leche o bebida de avena se puede elaborar fácilmente en casa. Aunque solamente aporta 1,2 g de proteínas por cada 100 g (la leche de vaca y la de soja alrededor de 3 g/100 g), la de avena resulta también nutritiva y muy digestiva.

Propiedades

Además de las comunes a todas las leches vegetales (pág. 28):

- Nutritiva: Fuente de proteínas y de vitaminas B.
- De más fácil digestión que la leche de vaca y que la de soja.
- Suavizante para el estómago e intestino.
- Generalmente bien tolerada por los que padecen intolerancia al gluten.
- No alergénica. Adecuada en casos de alergia a la leche de vaca o a la de soja.
- Rica en fibra soluble del tipo beta-glucano, de efecto prebiótico, que favorece el desarrollo de una flora intestinal equilibrada.
- Reduce el nivel de colesterol y de triglicéridos.
- Favorece la concentración mental y el trabajo intelectual.
- Ayuda a calmar la ansiedad por su ligero efecto sedante.

Cada porción
(vaso o taza de 250 ml) contiene

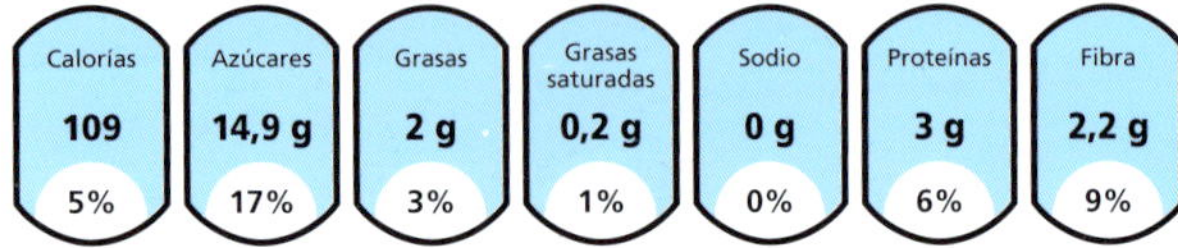

de la CDO/GDA (Cantidad Diaria Orientativa) para un adulto

Ingredientes (para cuatro porciones de unos 250 ml)

- 150 g (unas 10 cucharadas) de **copos de avena** crudos
- 4-6 **dátiles** o un puñado de **uvas pasas** sin semillas o dos cucharadas de **melaza** o de **azúcar integral**
- 4 tazas de **agua**
- ½ cucharadita de **canela**

Elaboración

- Poner la avena con los dátiles o pasas o azúcar y una taza de agua en la licuadora (batidora) y triturar hasta que se forma una pasta homogénea.
- Añadir el resto del agua, agitar, y dejar reposar de dos a cuatro horas.
- Pasar por un filtro de tela escurriendo bien.
- Añadir la canela y, opcionalmente, estevia.

La avena y el gluten

La avena es un cereal que en general no contiene gluten y resulta bien tolerado por los celíacos. Existen, sin embargo, raros tipos de avena que pueden causar intolerancia. Pero en general, ni los niños ni los adultos con enfermedad celíaca sufren efectos indeseables por el consumo regular de avena, siempre que se trata de granos de avena sin mezcla de trigo.[1]

La avena puede estar contaminada con trigo debido a que los granos de ambos cereales se mezclan durante la cosecha o procesamiento posterior.

- **Recomendación para celíacos**: Pueden consumir avena, pero conviene que el envase del producto esté etiquetado como libre de trigo y de gluten.

1 Kaukinen K, Collin P, Huhtala H, Mäki M. Long-term consumption of oats in adult celiac disease patients. Nutrients. 2013 Nov 6;5(11):4380-9. PMID: 24201240; PubMed Central PMCID: PMC3847736.

Leche de quinoa

Una bebida muy nutritiva que viene de los Andes.

La quinoa es junto con la patata (papa), el alimento tradicional de los pueblos andinos. Sus granos se asemejan a los de los cereales, pero en realidad no es un cereal, pues no pertenece a la familia botánica de las Gramíneas, sino a la de las Amarantáceas, al igual que la espinaca. Sin embargo, la riqueza nutritiva de la quinoa supera a la de los cereales como el trigo o el arroz.

La quinoa es muy baja en grasa, por lo que se recomienda añadir a su leche un poco de aceite; y lecitina para favorecer su dispersión.

Propiedades

Además de las comunes a todas las leches vegetales (pág. 28):

- Aporta unas 100 calorías por cada taza de 250 ml.
- Es de fácil digestión, ya que no contiene ni lactosa ni gluten.
- Muy bien tolerada por los celíacos e intolerantes al gluten.
- Sus proteínas son de alta calidad biológica. Su proporción de aminoácidos es muy equilibrada, pues no tiene carencia relativa de lisina como ocurre con la mayor parte de los cereales.
- Efecto saciante, lo que contribuye a su efecto adelgazante.
- No alergénica. Adecuada en casos de alergia a la leche de vaca o a la de soja.
- Bajo índice glucémico, lo que la hace muy recomendable para los diabéticos.
- Reduce el nivel de colesterol.

Ingredientes
(para cuatro porciones de unos 250 ml)

- 1 taza de **quinoa**
- 4 tazas de **agua**
- 1 pizca de **sal**
- 1 cucharada de **lecitina de soja**
- 1 cucharada de **aceite de soja** o de **girasol**
- 1 cucharada de **sirope de agave** o de **arce**

Elaboración

- Poner la quinoa a remojo durante unas dos horas.
- Hacer hervir la quinoa en la misma agua durante dos o tres minutos, a fuego lento.
- Dejar enfriar y pasar por un filtro de tela.
- Añadir la sal, la lecitina de soja, el aceite y el sirope. Remover para que la mezcla sea homogénea.
- Se conserva dos o tres días en la nevera.

La leche de quinoa destaca por la calidad de sus proteínas, más completas que las de los cereales.

VINO Y CERVEZA SIN ALCOHOL

Alternativas saludables a la versión con alcohol de estas bebidas.

Quienes no quieren prescindir del sabor de ciertas bebidas habitualmente alcohólicas, como el vino o la cerveza, pueden hoy encontrar versiones desalcoholizadas de esas mismas bebidas.

VINO SIN ALCOHOL

El vino sin alcohol es una alternativa saludable al consumo de vino común. Se elabora eliminando el alcohol del vino fermentado. El vino sin alcohol se diferencia del jugo de uva (mosto) en que ha estado sometido a fermentación y en que apenas contiene azúcares.

Esta claro que el efecto cardioprotector del vino no se debe al alcohol, sino a los polifenoles procedentes de la uva. El vino sin alcohol, o mejor aún el jugo de uva (mosto), protege más el corazón que el vino sin mostrar ninguno de sus muchos inconvenientes.

Ventajas

- Está exento de los efectos negativos del alcohol (destrucción de neuronas, aumento del riesgo de cáncer y daño hepático, entre otros).
- Conserva el resveratrol y los polifenoles del vino.
- Al contrario que el vino con alcohol, el sin alcohol reduce el estrés oxidativo en la sangre y previene la arteriosclerosis o estrechamiento de las arterias.[1]

SANGRÍA SIN ALCOHOL (PÁG. 102)

Bebida mediterránea muy refrescante a base de mosto y trozos de fruta.

LICORES SIN ALCOHOL

Generalmente elaborados con una mezcla de productos químicos y sabores naturales y/o artificiales. No tienen propiedad medicinal alguna, aparte de carecer completamente de alcohol.

1 Stocker R, O'Halloran RA. Dealcoholized red wine decreases atherosclerosis in apolipoprotein E gene-deficient mice independently of inhibition of lipid peroxidation in the artery wall. Am J Clin Nutr. 2004 Jan;79(1):123-30. PubMed PMID: 14684408.

Cerveza sin alcohol

Una alternativa saludable a la cerveza común con alcohol.

Ventajas

- Ideal para hidratarse después de hacer deporte.
- Estimula la producción de amilasa y de otras enzimas digestivas, cosa que no hace la cerveza con alcohol u otras bebidas alcohólicas.[2]
- Previene la trombosis (formación de coágulos dentro de los vasos sanguíneos), mejor que la cerveza con alcohol, según un estudio de la *Deutsche Klinik fuer Diagnostik* (Alemania).[3]
- Favorece la producción de leche en las madres que amamantan.

2 Gerloff A, Singer MV, Feick P. Beer but not wine, hard liquors, or pure ethanol stimulates amylase secretion of rat pancreatic acinar cells in vitro. Alcohol Clin Exp Res. 2009 Sep;33(9):1545-54. PubMed PMID: 19485972.

3 Bassus S, Mahnel R, Scholz T, Wegert W, Westrup D, Kirchmaier CM. Effect of dealcoholized beer (Bitburger Drive) consumption on hemostasis in humans. Alcohol Clin Exp Res. 2004 May;28(5):786-91. PubMed PMID: 15166655.

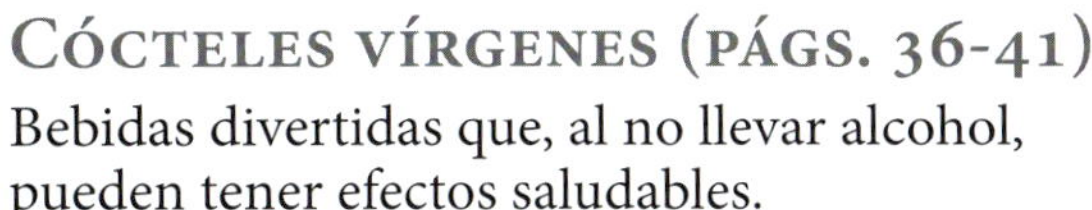

Cócteles vírgenes (págs. 36-41)

Bebidas divertidas que, al no llevar alcohol, pueden tener efectos saludables.

Amargos

Los amargos, llamados también aperitivos amargos o *bitter*, son bebidas concentradas de sabor intenso elaboradas a base de plantas de sabor amargo (manzanilla, tomillo, poleo y otras). Los amargos sin alcohol, como el «Amargo serrano» argentino se toman con hielo o diluidos con agua fría, y tienen estos efectos beneficiosos:

- Cuando se toman antes de comer, abren el apetito.
- Aumentan la producción de jugos digestivos, incluida la bilis.
- Facilitan la digestión.
- Combaten la flatulencia (exceso de gases intestinales).

Advertencia: El «Amargo de angostura» (originario de Venezuela) y el «Fernet» (de origen italiano) son de fuerte graduación alcohólica (hasta un 45% de alcohol), por lo que no recomendamos su uso como bebida saludable.

Cócteles - 1

Los cócteles sin alcohol, también llamados «mocktails» o cócteles vírgenes, están de moda y tienen muchas ventajas sobre los cócteles tradicionales.

Los cócteles tradicionales se elaboran con licores, a menudo con varios de ellos combinados. Pero, afortunadamente, existen alternativas saludables sin alcohol a los cócteles, que algunos llaman *mocktails*.

La elaboración de un cóctel, tanto *con* como *sin* alcohol, requiere de una cierta habilidad y creatividad. Los cócteles sin alcohol son bebidas divertidas que pueden dar un toque alternativo a una reunión de amigos.

Bloody Mary

El nombre de este cóctel, «María sangrienta», procede de la reina María I de Inglaterra (1516-1558), conocida como María Tudor, nieta de los Reyes Católicos de España. La reina María se hizo tristemente famosa por instaurar el catolicismo romano en Inglaterra, sometiendo el país a la autoridad papal y persiguiendo cruelmente a los protestantes.

Sabor fuerte

El Bloody Mary virgen (sin alcohol) es una bebida de sabor fuerte y estimulante con todas las propiedades del jugo de tomate.

El cóctel Bloody Mary original se elabora a base de tomate y vodka, pero podemos lograr una bebida sin alcohol y estimulante sin la necesidad de usar vodka.

Ingredientes (para una copa)

- 120 ml de **jugo de tomate**
- 1 cucharada de **jugo de limón**
- ¼ de cucharadita de **salsa Worcestershire** vegetariana total (ver recuadro).
- ¼ de cucharadita de **sal de hierbas**
- ¼ de cucharadita de **cayena**
- 2 cubos de **hielo**

Elaboración

- Incorporar todos los ingredientes en la coctelera y agitar.
- Servir en una copa adecuada, adornando con un tallo de apio y un gajo de limón.

Propiedades

- Aperitiva.
- Protectora del corazón.
- Anticancerígena.
- Moderada en calorías (unas 80 por copa de 125 ml).

TERREMOTO SIN ALCOHOL

Cóctel típico de la región de Santiago de Chile, usado para combatir el calor de la época estival. Si con la primera copa no es suficiente, se puede optar por tomar otras más pequeñas a las que se llama «réplicas»; o también se puede empezar por un «cataclismo» o por un «maremoto» del mismo cóctel, servido en jarras de gran tamaño.

Ingredientes

- Una rodaja (o una bola de helado) de **piña** (ananás)
- **Jugo de uva** (mosto) o vino sin alcohol
- Un chorro de jarabe de **granadina**.

Elaboración

- Mezclar los ingredientes en una coctelera.
- Servir en una copa adecuada decorada con media rodaja de piña (ananás).

Propiedades

- Energizante.
- Antianémica.
- Moderada en calorías (unas 90 por copa de 125 ml).

Salsa Worcestershire vegetariana total

La salsa Worcestershire, muy popular en Inglaterra, puede también hacerse sin ingredientes de origen animal como las anchoas, que forman parte de la composición original. Aunque la presencia de vinagre no la hacen muy saludable, la salsa Worcestershire puede usarse esporádicamente y en pequeña cantidad para amenizar ciertas bebidas o platos.

INGREDIENTES

- ½ taza de **vinagre de manzana**
- 2 cucharadas de **salsa de soja**
- 2 cucharadas de **agua**
- 1 cucharada de **azúcar moreno**
- ¼ de cucharadita de **jengibre** en polvo
- ¼ de cucharadita de **mostaza** (seca o en polvo)
- ¼ de cucharadita de **cebolla** en polvo
- ¼ de cucharadita de **ajo** en polvo (o medio diente de ajo machacado)
- ⅛ de cucharadita de **canela** en polvo
- ⅛ de cucharadita de **cayena** en polvo

ELABORACIÓN

- Colocar todos los ingredientes en un recipiente y calentar hasta la ebullición.
- Cocer a fuego lento durante unos minutos, removiendo sin cesar, hasta que el volumen se reduzca a la mitad.
- En la nevera se puede conservar durante tres meses en un recipiente. cerrado.

Consejos para elaborar un buen cóctel

Cócteles - 2

Un cóctel combina acertadamente varias bebidas de sabores diferentes para dar como resultado otra bebida con un nuevo sabor y aroma.

Piña colada virgen

La Piña colada es la bebida típica de Puerto Rico y de muchas islas del Caribe. La versión sin alcohol que ofrecemos es nutritiva y digestiva, además de deliciosa y refrescante.

Ingredientes (para tres copas de 125 ml)

- 1 taza de **jugo de piña** (ananás)
- ½ taza de **crema** (nata) o **leche de coco**
- 1 **plátano** (banana)
- ½ taza de **hielo picado**

Elaboración

- Introducir los ingredientes en la licuadora (batidora) y batir hasta que adquieran una textura algo densa.
- Endulzar al gusto (no resulta necesario).
- Decorar la copa con una rodaja de piña (ananás) y una cereza en almíbar.
- Opcionalmente, escarchar el borde de la copa con coco rallado.
- Servir en copas frías y beber con pajilla (cañita).

Propiedades

- Digestiva.
- Antiácida.
- Energizante (unas 162 calorías por copa de 125 ml.)

San Francisco virgen

El San Francisco virgen (sin alcohol) es una deliciosa bebida muy saludable, antioxidante y rica en vitamina C.

Ingredientes (para tres copas de 125 ml)

- ½ taza de **jugo de melocotón**
- ½ taza de **jugo de piña** (ananás)
- ½ taza de **jugo de naranja**
- Jarabe de **granadina**
- **Hielo** picado y en cubitos

Elaboración

- Colocar los cubitos de hielo en la coctelera y añadir los jugos de melocotón, piña (ananás) y naranja a partes iguales.
- Agitar la coctelera hasta que esté todo bien mezclado y las manos se enfríen.
- Escarchar el borde de la copa con una mezcla de azúcar y jarabe de granadina.
- Colocar hielo picado en la copa y verter el contenido de la coctelera sin abrir del todo, quitando solo el tapón para filtrar el cóctel.
- Añadir el jarabe de granadina.
- Decorar la copa con una rodaja de naranja y una guinda.

Propiedades

- Antioxidante.
- Vitamínica.
- Anticancerígena.
- Moderada en calorías (unas 78 por copa de 125 ml).

El San Francisco es una bebida refrescante y llena de color, ideal para las cálidas noches de verano.

Escarchado de la copa

El escarchado consiste en decorar el borde de la copa de cóctel con azúcar o sal, según el tipo de bebida.

Normalmente el escarchado se hace añadiendo canela o jugo de granadina al azúcar. En algunos cócteles como el BLOODY MARY se hace con sal y un poco de chile en polvo.

1. Después de haber humedecido el borde de la copa con una rodaja de naranja o de limón, invertir la copa y rozar su borde contra un plato en el que se ha colocado una capa fina del producto para escarchar (azúcar, sal, coco rallado, virutas de chocolate...).

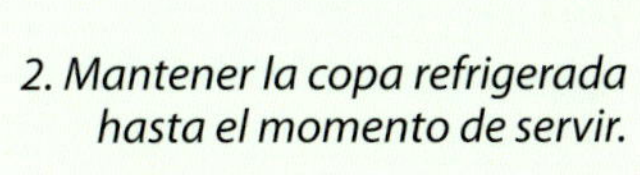

2. Mantener la copa refrigerada hasta el momento de servir.

CÓCTEL DE ALGARROBINA

Como en todas las bebidas de esta obra, ofrecemos la versión saludable sin alcohol del cóctel de algarrobina.

Este cóctel, típico del Perú, tiene como ingrediente principal la algarrobina, un jarabe sabroso y nutritivo obtenido de la algarroba peruana. La algarroba peruana, de color claro, procede del árbol llamado algarrobo pálido o americano (*Prosopis pallida*) perteneciente a la familia botánica de las Leguminosas, la misma que el algarrobo mediterráneo (*Ceratonia siliqua*).

Ingredientes (para seis copas de 125 ml)

- 5 cucharadas de **jarabe de algarrobina**
- 1 taza de **leche de soja** (*Alternativa*: **leche de vaca** evaporada)
- 3 cucharadas de **leche** o **crema de coco** (la receta original se elabora con dos yemas de huevo, pero no es recomendable usar huevo crudo)
- 2 cucharadas de **melaza** o de **miel**
- 8 cubitos de **hielo**
- **Canela** molida

Elaboración

- Licuar (batir) todos los ingredientes excepto el hielo y la canela. También se puede usar una coctelera para agitar y mezclar los ingredientes.
- Agregar los cubos de hielo y seguir licuando hasta que estén bien triturados.
- Servir en las copas y espolvorear un poco de canela en la superficie.

Propiedades

- Nutritiva.
- Antihipertensiva.
- Antianémica.
- Moderado en calorías (unas 70 por copa de 125 ml).

Cócteles - 3

Los cócteles virgen son unos refrescos muy adecuados para una noche de verano.

Mojito virgen

El mojito es una bebida de tipo cóctel muy refrescante típica de Cuba, que puede también elaborarse sin alcohol, llamándose entonces Mojito virgen.

Ingredientes (para una copa de 150 ml)

- 8 hojas de **menta** o **hierbabuena**
- 1 rodaja fina de **jengibre**
- 1 **lima** exprimida
- 1 cucharada de **azúcar moreno**
- 60 ml (unas 2 onzas) de **jugo de piña**
- 60 ml (unas 2 onzas) de **agua mineral con gas** (preferible a la soda)
- Hielo picado

Elaboración

- Poner la menta o hierbabuena, el jugo de lima, el jengibre y el azúcar en un mortero y machacarlos para que se mezclen bien y la menta suelte su esencia.
- Verter la mezcla anterior en una copa o vaso.
- Añadir el hielo, el jugo de piña y el agua mineral.
- Decorar con una hoja de menta y un gajo de lima.
- El borde de la copa o vaso se puede humedecer con la lima y escarchar con azúcar moreno (ver pág. 39).

Propiedades

- Digestiva.
- Sedante.
- Antihipertensiva.
- Moderada en calorías (unas 70 por copa de 125 ml).

Pisco sour virgen

El pisco sour es el cóctel nacional de Perú que se elabora con aguardiente de uvas cultivadas en los departamentos de la costa peruana. Pero, lamentablemente, su alta graduación alcohólica (entre el 38% y el 48%) lo hacen perjudicial para la salud. Por eso proponemos una alternativa saludable sin alcohol, el Pisco sour virgen.

Ingredientes (para una copa de unos 200 ml)

- 125 ml (unas 4 onzas) de **mosto** de uva sin alcohol
- Dos cucharadas de **jugo de limón**
- 1 cucharada de **jarabe de goma** (almíbar con goma arábiga)
- La mitad de la **clara** de un huevo (usar preferiblemente clara de huevo esterilizada)
- 2 cubitos de **hielo**

Elaboración

- Poner todos los ingredientes en una coctelera o licuadora (batidora) y batir de 5 a 10 segundos.

Propiedades

- Antianémica.
- Tonificante.
- Energizante (unas 190 calorías por copa de 200 ml).

Caipirinha sin alcohol

Ver en Limonadas, página 244.

Leche de vaca

Una bebida muy adecuada para los terneros.

La leche de vaca es una de las bebidas más consumidas en los países occidentales. Su valor nutritivo es muy elevado, pues aporta 18 de los 22 nutrientes más importantes.

Sin embargo, el hecho de que la leche de vaca sea nutritiva no resulta suficiente como para considerarla saludable. No hay duda de que la leche de vaca es recomendable para los terneros, pues ha sido diseñada para ellos. Precisamente por eso, la leche de vaca contiene unas tres veces más proteínas y unas cuatro veces más calcio que la leche materna humana.

Pero, por muy rica en nutrientes que sea, la leche de vaca no resulta apropiada para los humanos, y no se la puede recomendar como bebida saludable, ni para los niños,[1] ni por supuesto para los adultos.

Inconvenientes de la leche de vaca

De difícil digestión para muchos niños y adultos, mal tolerada debido al azúcar que contiene (la lactosa), causante de alergias, pobre en hierro... Cada vez son más los estudios que relacionan el consumo de leche de vaca con los accidentes cerebrovasculares, la enfermedad coronaria, el cáncer de endometrio, de ovario y de próstata, y con la osteoporosis.

1 Ver la obra del mismo autor *Sanos y fuertes: Guía de alimentación para las madres, los niños y los adolescentes*, págs. 99 y 216.

Efectivamente, las fracturas óseas son más frecuentes en las personas que consumen abundante leche de vaca, en contra de lo que se venía diciendo; y no solamente las fracturas, sino también las enfermedades cardiovasculares, el envejecimiento y la mortalidad en general aumentan en proporción al consumo de leche.

Estos inconvenientes de la leche de vaca han sido confirmados por uno de los mayores estudios realizados en todo el mundo sobre los efectos de su consumo, publicado por el *British Medical Journal*, después de seguir a unas 100.000 personas durante 20 años.[2]

Como otras investigaciones ya habían señalado, la ingesta de leche de vaca en la edad adulta no favorece la mineralización de los huesos ni protege contra la osteoporosis, sino al contrario: cuánta más se bebe, mayor es el riesgo de fractura ósea.

2 Michaëlsson K, Wolk A, Langenskiöld S, Basu S, Warensjö Lemming E, Melhus H, Byberg L. Milk intake and risk of mortality and fractures in women and men: cohort studies. BMJ. 2014 Oct 28;349. PubMed PMID: 25352269.

Huesos fuertes
Las leches vegetales, particularmente la de soja, sí que favorecen la mineralización del esqueleto y protegen contra la osteoporosis.

Bebidas con inconvenientes

Refrescos

Quizás refresquen, pero ni quitan la sed ni contribuyen a la salud.

Los llamados refrescos, sodas o gaseosas están elaborados a base de azúcares refinados como el jarabe de maíz (alto en fructosa), colorantes, extractos y gas carbónico. Su consumo habitual es causa de diversos efectos indeseables, entre los que destacan:

- Diabetes.
- Obesidad.
- Enfermedades renales, especialmente en el caso de los refrescos de cola.[1]
- Baja densidad mineral ósea.
- Osteoporosis.

El estudio Framingham sobre la osteoporosis mostró que las mujeres que consumen un refresco de cola al día, aunque sea sin cafeína o sin azúcar, tienen un 5,4% menos de densidad mineral ósea que las mujeres que toman menos de un refresco de cola al mes.[2] El ácido fosfórico que estas bebidas contienen es el principal responsable de su efecto descalcificador.

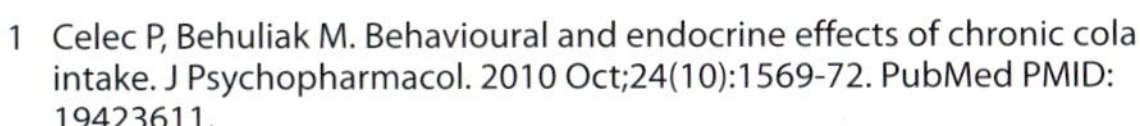

1 Celec P, Behuliak M. Behavioural and endocrine effects of chronic cola intake. J Psychopharmacol. 2010 Oct;24(10):1569-72. PubMed PMID: 19423611.

2 Tucker KL, Morita K, Qiao N, Hannan MT, Cupples LA, Kiel DP. Colas, but not other carbonated beverages, are associated with low bone mineral density in older women: The Framingham Osteoporosis Study. Am J Clin Nutr. 2006 Oct;84(4):936-42. PubMed PMID: 17023723.

Beber refrescos, un riesgo para la salud
Existen muchas bebidas refrescantes y saludables como para tener que recurrir a los refrescos elaborados a base de ingredientes artificiales.

Los refrescos azucarados con gas aceleran el envejecimiento

Un estudio realizado en la Universidad de California (Estados Unidos) con 5.309 personas ha puesto de manifiesto que el consumo habitual de refrescos azucarados con gas produce cambios en el ADN relacionados con el envejecimiento.[1]

Concretamente, una lata de 330 ml (12 oz) de refresco azucarado y efervescente (incluidos los refrescos de cola) al día, acorta los telómeros (una parte de los cromosomas relacionada con la longevidad) en una proporción equivalente al paso de 4,6 años. Este envejecimiento celular acelerado se produce por la combinación de azúcar y gas en la misma bebida, y predispone a enfermedades degenerativas como la diabetes, las cardiopatías y el cáncer.

Por el contrario, el mismo estudio mostró que el consumo de jugos de fruta incrementa la longitud de los telómeros de los cromosomas y, por lo tanto, aumenta la longevidad.

1 Leung CW, Laraia BA, Needham BL, Rehkopf DH, Adler NE, Lin J, Blackburn EH, Epel ES. Soda and Cell Aging: Associations Between Sugar-Sweetened Beverage Consumption and Leukocyte Telomere Length in Healthy Adults From the National Health and Nutrition Examination Surveys. Am J Public Health. 2014 Oct 16:e1-e7. PubMed PMID: 25322305.

Café, té, mate y guaraná

Bebidas con cafeína, un alcaloide psicoactivo especialmente nocivo para mujeres embarazadas y niños.

Las bebidas con cafeína son unas de las más consumidas en todo el mundo, y gozan de una promoción patrocinada por grandes compañías comerciales. Sin embargo, a pesar de algunos estudios que muestran efectos positivos del café y del té, la realidad es que se trata de bebidas con numerosos inconvenientes bien documentados, aunque poco divulgados.

Inconvenientes de las bebidas con cafeína

Estos son algunos de ellos:

- Trastornos del sueño.
- Gastritis y reflujo gastroesofágico (ardor de estómago).
- Ansiedad e hiperactividad (particularmente en niños).
- Arritmias cardíacas.
- Anemia (el café y el té interfieren con la absorción del hierro *no hem*).
- Pérdida de calcio con la orina.
- Trastornos de la gestación.
- Dependencia física y psicológica, posiblemente su efecto más indeseable, manifestada por:
  - Necesidad de aumentar la dosis para obtener los mismos efectos, lo que se conoce como tolerancia.
  - Síndrome de abstinencia al suspender el consumo.

La sensibilidad a la cafeína depende de factores hereditarios, lo que explica por qué a algunas personas les afecta más que a otras.

Por todo ello, las bebidas con cafeína no pueden ser consideradas saludables y, si es que se usan, debiera ser excepcionalmente, en casos muy concretos, pero no de forma habitual.

Existe una **cura de desintoxicación de la cafeína** (ver pág. 252), recomendable a todos los que resultan perjudicados por el consumo de café, té, mate u otras bebidas con cafeína.

Café

El efecto protector del café se debe a los polifenoles antioxidantes que contiene, pero solo se manifiesta cuando se toman menos de tres tazas diarias. No existe una relación dosis-respuesta lineal, a diferencia de lo que ocurre con las bebidas verdaderamente saludables.

Pero existen muchas fuentes vegetales de antioxidantes, más efectivas que el propio café y sin sus inconvenientes.

- Una taza de café contiene unos 100 mg de cafeína.

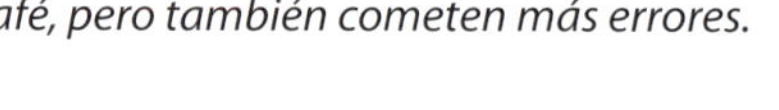

Efecto subjetivo

Bajo el efecto del café el estudiante lee más páginas y le parece avanzar más rápido, en realidad retiene y asimila menos conocimientos.

Ya se había comprobado antiguamente que las mecanógrafas pueden teclear más rápido después de tomar café, pero también cometen más errores.

Alternativas a las bebidas con cafeína

El café, el té, el mate y otras bebidas con cafeína no proporcionan ningún beneficio que no pueda obtenerse de otras bebidas con efecto antioxidante, pero no adictivas, como estas:

- Malta (pág. 26) o achicoria («café de cereales»).
- Té rooibos (pág. 306): Antioxidante, digestivo, no contiene cafeína, fuente de hierro, no precisa edulcorante.
- Infusiones de plantas medicinales.
- Café descafeinado.
- Jugos de frutas y verduras.

Té

El té, al igual que el mate, es una infusión obtenida a partir de las hojas de la planta, mientras que el café se obtiene mediante la torrefacción a alta temperatura (más de 200 °C) de las semillas. Esto hace que el té y el mate sean más ricos que el café en polifenoles antioxidantes, que lentifican la absorción de la cafeína y neutralizan parcialmente sus efectos indeseables. Así se explica que el té y el mate tengan menos efectos peligrosos que el café.

Una taza de té puede ser beneficiosa como medicamento en caso de nauseas, diarrea o mareo.

- Una taza de té negro contiene unos 50 mg de cafeína.
- Una taza de té verde contiene unos 40 mg de cafeína.

Antioxidante, pero innecesario

Aunque el té es un buen antioxidante, no resulta necesario consumirlo. Existen otras muchas plantas antioxidantes sin los efectos indeseables de la cafeína.

Kombucha

Té fermentado alto en azúcar. Además de cafeína, contiene alrededor de un 2% de alcohol etílico.

Guaraná

Con la denominación de Guaraná se entiende la bebida sin alcohol gasificada o no, preparada con el polvo de las semillas de la planta trepadora *Paullinia cupana*.

Se usa como estimulante para deportistas y como adelgazante. Puede causar hipertensión arterial, arritmias cardíacas e insomnio.

- Un vaso de bebida de guaraná contiene unos 40 mg de cafeína.

Mate

Bebida muy popular en Sudamérica obtenida de las hojas de la planta *Ilex paraguayensis*.

El mate es un estimulante del sistema nervioso que, al igual que el café o el té, puede proporcionar un alivio momentáneo en caso de fatiga mental o física. Se emplea también en dietas de adelgazamiento.

Debido a que se bebe muy caliente, su consumo se asocia con cáncer de esófago.

Existen alternativas tanto o más eficaces que el mate y sin sus efectos adictivos, que se manifiestan principalmente con cefalea y malestar al dejar de consumirlo.

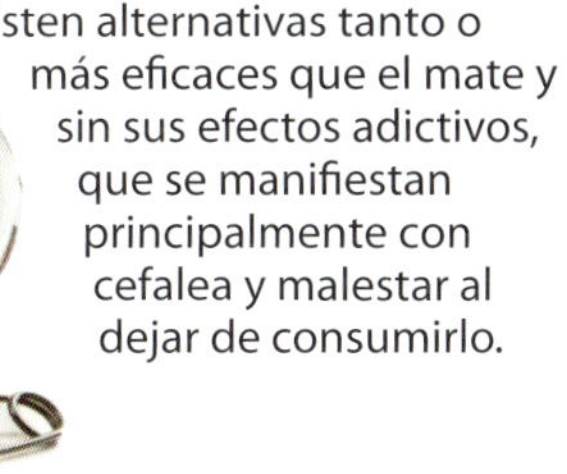

Tereré

Bebida típica de Paraguay a base de hierba mate (*Ilex paraguayensis*), hierbas aromáticas como el cedrón (*Aloysia triphylla*), la menta (*Mentha piperita*) o el cocu (*Allophyllus edulis*) y, opcionalmente, jugo de cítricos.

Aunque contiene hierba mate, el tereré tiene algunas particularidades que lo diferencian del mate clásico:

- Se toma frío, con lo que resulta muy refrescante y sin riesgo de lesionar el esófago.
- Contiene bastante menos cafeína que el mate.
- Las otras plantas que contiene le confieren más propiedades medicinales.

Bebidas Energizantes

Altas en cafeína y azúcar. Resultan peligrosas para las personas sensibles a la cafeína.

- Una lata de bebida energizante contiene unos 80 mg (o más) de cafeína.

Combinación peligrosa

Las bebidas energizantes combinadas con el alcohol tienen efectos muy tóxicos sobre el sistema nervioso y pueden llegar a provocar una parada cardíaca.

Bebidas alcohólicas

No existe un consumo mínimo seguro de alcohol. Cualquier cantidad tiene efectos perjudiciales para la salud física y mental.

Desde que Noé plantó una viña y se embriagó con el jugo fermentado de la uva, las bebidas alcohólicas no han cesado de causar todo tipo de desgracias a la humanidad. Actualmente, sabemos que las bebidas alcohólicas son causa de:

- Cáncer de boca, esófago, estómago y mama, entre otros.
- Cirrosis hepática y otras alteraciones del hígado.
- Accidentes de tráfico.
- Conducta violenta.
- Trastornos neurológicos y psiquiátricos.

La única conducta segura y saludable es la tolerancia cero. Los muchos riesgos de su consumo no compensan de ninguna manera los beneficios atribuidos a bebidas de baja graduación, como el vino o la cerveza.

Ninguna bebida alcohólica es saludable

La promoción del vino como cardiosaludable responde más a intereses comerciales que a criterios científicos.

Alcohol y cáncer

Mientras que algunos estudios muestran que dosis moderadas de bebidas alcohólicas pueden tener un efecto protector sobre el corazón en determinados grupos de población, no ocurre lo mismo con el cáncer. Todas las investigaciones muestran que, incluso en dosis moderadas o bajas, el alcohol aumenta el riesgo de cáncer.

Uno de los estudios que más claramente ha mostrado el efecto cancerígeno del alcohol en dosis moderadas o bajas se ha llevado a cabo con más de 350.000 europeos de ocho países. Los resultados muestran que los cánceres de esófago, estómago, hígado, mama, entre otros, son significativamente más frecuentes en bebedores moderados. En este estudio, publicado en el *British Medical Journal*,[1] se dice que no existe un nivel mínimo de consumo de alcohol por debajo del cual disminuya el riesgo de cáncer, y que el efecto neto del alcohol a cualquier dosis es dañino.

Por lo tanto, no se debería recomendar el consumo de bebidas alcohólicas como el vino tinto con el objetivo de reducir la mortalidad cardiovascular, pues su supuesto efecto cardioprotector queda anulado por el aumento que causa en cuanto al riesgo de cáncer.

1 Schütze M, Boeing H, Pischon T, *et al.* Alcohol attributable burden of incidence of cancer in eight European countries based on results from prospective cohort study. *BMJ.* 2011 Apr 7;342:d1584. PubMed PMID: 21474525.

Algunas bebidas alcohólicas

La presencia de ingredientes vegetales como frutas o plantas medicinales en algunas bebidas alcohólicas no les confiere ninguna propiedad medicinal.

- **Absenta**: Bebida alcohólica de alta graduación de origen europeo elaborada con varias hierbas, principalmente el ajenjo (*Artemisia absinthium*). Está prohibida en muchos países por ser muy tóxica para el sistema nervioso.
- **Aguardiente**: Bebida alcohólica destilada de cualquier jugo vegetal fermentado con una graduación del 30% al 60%.
- **Amarula**: Licor cremoso típico de Sudáfrica elaborado a partir de los frutos del árbol llamado marula o árbol elefante *(Sclerocarrya birrea)*. El amarula tiene fama de afrodisiaco, aunque la realidad es que debido a su contenido en alcohol (17%) actúa más bien como un inhibidor de la capacidad sexual.
- **Anís**: Bebida destilada a partir de los frutos del anís verde (*Pimpinella anisum*), de alta graduación alcohólica (entre el 38% y 70%).
- **Brandy**: Aguardiente obtenido por destilación del vino, que alcanza hasta el 60% de graduación alcohólica. El coñac es una de las variedades más conocidas.
- **Cachaza**: Bebida brasileña obtenida por destilación del jugo de la caña de azúcar fermentado. Graduación entre el 38% y el 51%.
- **Caña**: Bebida con graduación alcohólica del 35% al 54% obtenida por la fermentación alcohólica y posterior destilación de la melaza (miel de caña), a la que se puede añadir azúcar y/o caramelo. La caña argentina y la caña paraguaya son dos de las variantes más conocidas.
- **Chicha**: Se llama así en Latinoamérica a diversas bebidas obtenidas por la fermentación alcohólica del maíz o de ciertas frutas. La mayor parte de los tipos de chicha lleva alcohol, pero no la Chicha morada (ver págs. 26 y 80) que es muy saludable.
  - Presencia de alcohol metílico en la chicha. Debido a que para obtener la chicha se utilizan métodos rústicos de fermentación, es habitual que contenga una cierta proporción de alcohol metílico, más tóxico incluso que el alcohol etílico. El alcohol metílico, incluso en pequeñas dosis, produce deterioro cerebral irreversible y daña especialmente al nervio óptico, causando ceguera.
- **Guarapo**: Bebida típica de Colombia, Centroamérica y el Caribe a base de jugo de caña de azúcar fermentado. Se le puede añadir también maíz. Aunque existe una versión no fermentada del guarapo, en la mayor parte de los casos contiene una cierta cantidad de alcohol (hasta el 7%). El consumo habitual de guarapo fermentado es causa de cirrosis hepática. Interesante saber que en la isla canaria de La Gomera, el guarapo se elabora cociendo a fuego lento la savia de la palmera canaria (*Phoenix canariensis*), y no contiene alcohol.
- **Ginebra**: Obtenida por destilación de la cebada con bayas de enebro y otras plantas aromáticas. Graduación alcohólica del 43% al 47%.
- **Hidromiel**: Bebida alcohólica obtenida por fermentación de una mezcla de agua y miel. Su graduación va del 10% al 15%.
- **Mezcal**: Licor mexicano obtenido por destilación de las pencas de agave o maguey, con una graduación alcohólica superior al 45%.
- **Pisco**: Licor típico peruano obtenido por destilación del vino con una graduación alcohólica del 43%.
- **Ron**: Obtenido por fermentación y destilación del jugo de la caña de azúcar. Graduación alcohólica del 40%.
- **Tequila**: Similar al mezcal con una graduación del 55% o más.
- **Vodka**: Obtenido por fermentación de cebada, trigo o patata (papa), con una graduación alcohólica del 40%.
- **Whisky**: Obtenido por la destilación de malta de cebada o de otros cereales fermentada, con una graduación alcohólica del 40% al 62%.

Bebidas para cada parte del cuerpo

Jugos, licuados, caldos, sopas frías, infusiones y otras bebidas saludables adecuadas para restaurar la salud de cada órgano, aparato o sistema del organismo.

Es bien conocido el poder curativo de los alimentos vegetales, particularmente frutas y hortalizas. Sin embargo, no siempre resulta fácil tomarlas enteras. El hecho de convertirlas en líquidos hace que generalmente sean mejor aceptadas y más fáciles de ingerir.

Además, los jugos contienen menos fibra insoluble que los alimentos enteros, lo que facilita la rápida absorción de vitaminas y antioxidantes.

Cada jugo o licuado presentado en este capítulo es el resultado de una combinación acertada de frutas, hortalizas y semillas. Las propiedades curativas de estos ingredientes se potencian mutuamente para su aplicación en diversas enfermedades. Además se incluyen también sopas frías, caldos e infusiones con acción específica sobre algunos trastornos.

Por supuesto que existen otras muchas combinaciones de ingredientes, y que algunos de los indicados pueden ser reemplazados por otros para descubrir nuevos sabores y propiedades salutíferas.

Se permiten variaciones
Desarrolle su creatividad reemplazando algún ingrediente o añadiendo otros en las bebidas de este capítulo. Las combinaciones posibles son muchas y los resultados sorprendentes.

Combinación de frutas y verduras

En algunos jugos o licuados de este capítulo se combinan frutas y verduras, como mango y espinacas o fresas (frutillas) y brócoli. Estas combinaciones pueden resultar chocantes a los partidarios de ciertas corrientes dietéticas que rechazan comer frutas y verduras juntas. Para quienes tengan dudas sobre la conveniencia de tales combinaciones exponemos las siguientes consideraciones:

- Si bien la mezcla de frutas jugosas y verduras fibrosas puede resultar indigesta a personas con estómago sensible, no es el caso de los jugos y batidos en los que se combinan unas pocas frutas y verduras habiendo eliminado o triturado la fibra insoluble, que es lo más indigesto.
- No existe inconveniente alguno desde el punto de vista fisiológico en combinar una o dos frutas con una o dos verduras. Sin embargo, las intolerancias alimentarias son muy personales, por lo que cada cuál debe observar cómo reacciona su estómago a los diversos alimentos, solos o combinados.
- Una alimentación saludable basada en vegetales debe combinar necesariamente frutas y verduras u hortalizas junto con cereales y semillas. Sus propiedades se potencian mutuamente. Por ejemplo, los cítricos mejoran la absorción del hierro de las verduras, y las frutas y las verduras alcalinizantes deben neutralizar a los cereales y legumbres acidificantes.

Sumario del capítulo

Cardiovascular........... 76
Estómago.............. 124
Hígado 118
Inmunitario............ 216
Intestino............... 132
Locomotor............. 194
Metabolismo 178
Ojos..................... 50
Piel..................... 208
Reproductor............ 156
Respiratorio............ 110
Sangre................... 92
Sistema nervioso......... 56
Urinario................ 148

Trastornos de la visión

Los pigmentos vegetales son poderosos antioxidantes que protegen la retina y mejoran la visión.

  *Jugo*

Triple pigmento

La retina es la capa sensible de los ojos, el sensor biológico de la visión, que transforma los rayos luminosos en corrientes eléctricas. Las células de la retina sensibles a la luz, los llamados conos y bastones, necesitan pigmentos vegetales para regenerarse y mantener la visión.

El jugo Triple pigmento aporta precisamente los colorantes vegetales que necesitan las células de la retina:

- El **betacaroteno** de las zanahorias, de color anaranjado.
- La **luteína** de las espinacas, de color amarillo.
- Las **antocianinas** de los arándanos, de color azulado.

Es por ello que el jugo Triple pigmento ejerce estos efectos sobre la visión:

- Aumenta la agudeza visual.
- Mejora la percepción de los colores.
- Reduce la fatiga visual después de un deslumbramiento.
- Mejora la adaptación a la oscuridad.
- Protege contra la degeneración macular de la retina, la principal causa de pérdida de visión en los países desarrollados.

Propiedades

- Protectora de la visión
- Antioxidante
- Alcalinizante
- Mineralizante
- Anticancerígena
- Vitamínica

Vitaminas y minerales por cada porción

	% del Valor Diario
Vitamina K (233,8 µg)	**195%**
Vitamina A (1091 µg)	**121%**
Vitamina C (26,6 mg)	**30%**
Folato (108 µg)	**27%**
Vitamina B_6 (0,275 mg)	**16%**
Potasio (644 mg)	**14%**
Vitamina E (2,06 mg)	**14%**
Vitamina B_2 (0,178 mg)	**14%**
Magnesio (52 mg)	**12%**
Vitamina B_1 (0,136 mg)	**11%**
Hierro (1,71 mg)	**10%**
Calcio (82 mg)	**6%**
Cinc (0,62 mg)	**6%**

Comer colores para ver bien

Los pigmentos naturales de la zanahoria, las espinacas y los arándanos reparan el desgaste de las células sensibles de la retina y corrigen muchos trastornos visuales.

Cada porción (vaso o taza de 250 ml) contiene

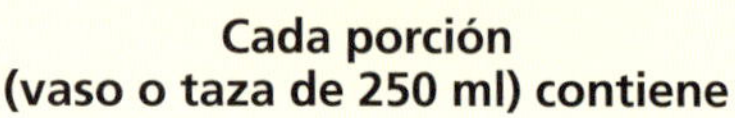

Calorías	Azúcares	Grasas	Grasas saturadas	Sodio	Proteínas	Fibra
116	14 g	0,7 g	0,1 g	0,11 g	2,8 g	0,9 g
6%	16%	1%	1%	4,6%	6%	4%

de la CDO/GDA (Cantidad Diaria Orientativa) para un adulto

Vegetariana
Total

Sin gluten
Apto para celíacos

Diabetes
Recomendado

Alergia alimentaria
Sin precauciones especiales

Poder antioxidante
7.113 unidades ORAC por porción (142% del Valor óptimo diario)

Carga ácida (PRAL)
-4,38 mEq/100 g

INGREDIENTES

para dos porciones de unos 250 ml

- 4 tazas de **espinacas** *[de unos 30 g cada una]*
- 5 **zanahorias** medianas *[de unos 61 g cada una]*
- 1 taza de **jugo de arándanos** *[de unos 250 ml]*

PREPARACIÓN

a. Pasar las espinacas y las zanahorias por el extractor o masticador de jugos.

b. Añadir el jugo de arándanos y mezclar. Si no se dispone de jugo, hacer un licuado (batido) con 1 taza (unos 150 g) de arándanos.

c. No es necesario endulzar, pero si se desea (ver la pág. 24).

Degeneración macular de la retina

Las vitaminas antioxidantes, los carotenoides y el cinc previenen la degeneración de la mácula y mejoran la visión.

Licuado (batido)

Vista de águila

La prodigiosa vista de las águilas les permite discernir un pequeño animal a más de un kilómetro de distancia. Los ojos humanos no alcanzan la capacidad visual de las águilas, pero pueden mantenerse en buen estado hasta edad avanzada consumiendo este licuado (batido) que aporta vitaminas antioxidantes (A, C y E), carotenoides y cinc.

Esta deliciosa bebida mejora la agudeza visual y previene la degeneración de la mácula, una causa frecuente de pérdida de visión en la tercera edad.

Propiedades

- Protectora de la visión
- Antioxidante
- Nutritiva

Vitaminas y minerales por cada porción

	% del Valor Diario
Vitamina C (105,6 mg)	117%
Vitamina K (53,1 µg)	44%
Folato (110 µg)	28%
Vitamina B1 (0,212 mg)	18%
Vitamina A (120 µg)	13%
Magnesio (38 mg)	9%
Vitamina E (1,27 mg)	8%
Hierro (1,14 mg)	6%
Calcio (57 mg)	4%
Cinc (0,45 mg)	4%

Carotenoides y cinc

El mango, la espinaca y la naranja se encuentran entre los alimentos más ricos en carotenoides, pigmentos de color anaranjado, amarillo, rojo o verde necesarios para el funcionamiento de la retina.

El sésamo es una fuente de cinc, el mineral más abundante en la retina de los ojos.

Cada porción (vaso o taza de 250 ml) contiene

Calorías	Azúcares	Grasas	Grasas saturadas	Sodio	Proteínas	Fibra
167	25,8 g	3,4 g	0,5 g	0,02 g	2,9 g	2,7 g
8%	29%	5%	3%	0,8%	6%	11%

de la CDO/GDA (Cantidad Diaria Orientativa) para un adulto

Vegetariana
Total

Sin gluten
Apto para celíacos

Diabetes
Recomendado

Alergia alimentaria
Precaución con el sésamo

Poder antioxidante
2.508 unidades ORAC por porción (50% del Valor óptimo diario)

Carga ácida (PRAL)
-3,27 mEq/100 g

INGREDIENTES

para tres porciones de unos 250 ml

- 1 **mango** *[de unos 336 g]*
- 1 taza de **espinacas** *[de unos 30 g]*
- 1 cucharada de **puré de sésamo** (tahini) *[de unos 15 g]*
- 1 ½ vaso de **jugo de naranja** *[de unos 248 ml por vaso]*

PREPARACIÓN

a. Poner en la licuadora (batidora) las espinacas, el puré de sésamo y el jugo de naranja. Licuar (batir) hasta obtener un líquido homogéneo.

b. Añadir entonces el mango pelado y troceado y continuar batiendo hasta que la mezcla sea uniforme.

c. No precisa ser endulzado (ver pág. 24).

GLAUCOMA

El aumento de la presión dentro del globo ocular puede frenarse mediante las bayas de color morado y los cítricos.

Licuado (batido)

Propiedades

- Protectora de la visión
- Protectora de las arterias
- Inmunoestimulante
- Anticancerígena
- Antioxidante

OJOS LIBRES

Cuidado de los ojos
Además de reducir la presión intraocular, el licuado OJOS LIBRES también mejora la calidad de las lágrimas y su acción protectora sobre la conjuntiva. De esta forma, alivia la irritación de los ojos y conserva la visión.

El glaucoma es una de las enfermedades más temibles de los ojos, pues causa una pérdida lenta y no recuperable de la visión, sin dolor ni otros síntomas. El aumento de la presión dentro del globo ocular que se produce en el glaucoma, medible solamente mediante dispositivos especiales, comprime y daña de forma permanente al nervio óptico.

Se ha comprobado que las antocianinas, esos pigmentos de color morado de ciertas bayas, como la **grosella**,[1] y la rutina, otro flavonoide presente en el **pomelo (toronja)** y las demás frutas cítricas, regulan la presión intraocular y contribuyen a evitar la pérdida de visión en caso de glaucoma.

El magnesio y las vitaminas B, abundantes en el **anacardo** (cajú o marañón) también ayuda a frenar la evolución del glaucoma.

Por todo ello, el licuado (batido) OJOS LIBRES resulta muy apropiado para quienes padecen de aumento de la presión dentro del ojo, evitando así que la visión resulte afectada.

Vitaminas y minerales por cada porción

	% del Valor Diario
Vitamina C (249,7 mg)	**277%**
Magnesio (80 mg)	**19%**
Hierro (2,84 mg)	**16%**
Potasio (647 mg)	**14%**
Vitamina B1 (0,16 mg)	**13%**
Vitamina B6 (0,182 mg)	**11%**
Cinc (1,11 mg)	**10%**
Vitamina E (1,24 mg)	**8%**
Calcio (78 mg)	**6%**
Selenio (2,6 µg)	**5%**

1 Yoshida K, Ohguro I, Ohguro H. Black currant anthocyanins normalized abnormal levels of serum concentrations of endothelin-1 in patients with glaucoma. J Ocul Pharmacol Ther. 2013 Jun;29(5):480-7. PubMed PMID: 23259919.

Cada porción (vaso o taza de 250 ml) contiene

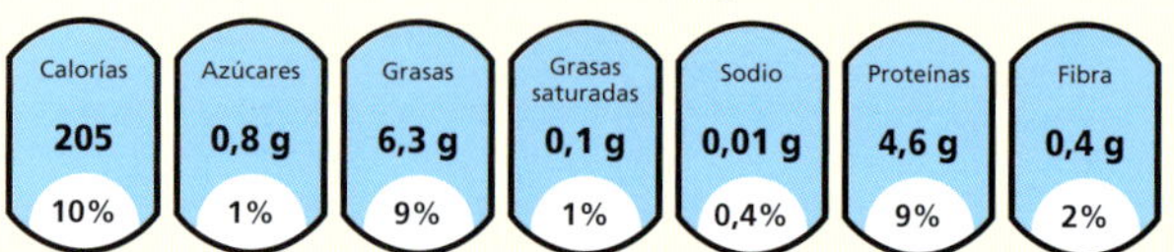

de la CDO/GDA (Cantidad Diaria Orientativa) para un adulto

Potente antioxidante
El licuado OJOS LIBRES es un potente antioxidante. Un solo vaso aporta casi el doble de la cantidad diaria recomendada de antioxidantes. Por ello, además de proteger los ojos, esta bebida refuerza las defensas y es un eficaz preventivo contra el cáncer.

INGREDIENTES

para una porción de unos 250 ml

- ½ taza de **jugo de pomelo (toronja)** (preferiblemente rosado) *[unos 123 ml]*
- 1 taza de **grosellas negras** *[de unos 112 g]*
  Alternativas: açaí, arándano o uva negra.
- 1 cucharada de **anacardos** (cajú o marañón) *[de unos 13 g]*
  Alternativas: almendras, nueces pecanas

PREPARACIÓN

a. Colocar las grosellas y los anacardos (cajú o marañón) en la licuadora (batidora) y licuar hasta formar un líquido homogéneo.

b. Añadir el jugo de pomelo (toronja) y mezclar bien.

c. Endulzar al gusto (ver pág. 24).

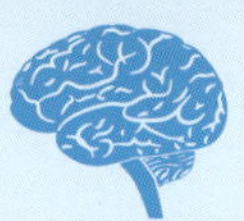

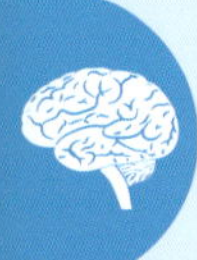

AGOTAMIENTO NERVIOSO

El nerviosismo, el estrés y la depresión requieren de una dosis suplementaria de vitaminas y neuroprotectores antioxidantes.

Licuado (batido)

Propiedades

- Neuroprotectora
- Favorece el rendimiento intelectual
- Antidepresiva
- Antioxidante
- Nutritiva
- Baja el colesterol

PODER CEREBRAL

La acertada combinación de vitaminas del grupo B procedentes de las **nueces** y del **germen de trigo** junto con las sustancias antioxidantes neuroprotectoras que se encuentran en las bayas y los nutrientes de la avena, hace del licuado (batido) PODER CEREBRAL un auténtico tonificante del sistema nervioso.

Siempre que se desee combatir el *agotamiento*, la *fatiga*, el *estrés*, el *nerviosismo* o la *depresión*, el licuado (batido) PODER CEREBRAL, tomado una o dos veces diarias, aportará energía natural a las neuronas.

Vitaminas y minerales por cada porción

	% del Valor Diario
Magnesio (33 mg)	8%
Vitamina B_1 (0,096 mg)	8%
Folato (30 µg)	8%
Cinc (0,78 mg)	7%
Vitamina B_6 (0,126 mg)	7%
Fósforo (71 mg)	6%
Hierro (0,83 mg)	5%
Vitamina E (0,56 mg)	4%

Mucho mejor que los estimulantes

Ningún estimulante artificial, como por ejemplo la cafeína, tiene un efecto tonificante comparable al del licuado (batido) PODER CEREBRAL.

Cada porción (vaso o taza de 250 ml) contiene

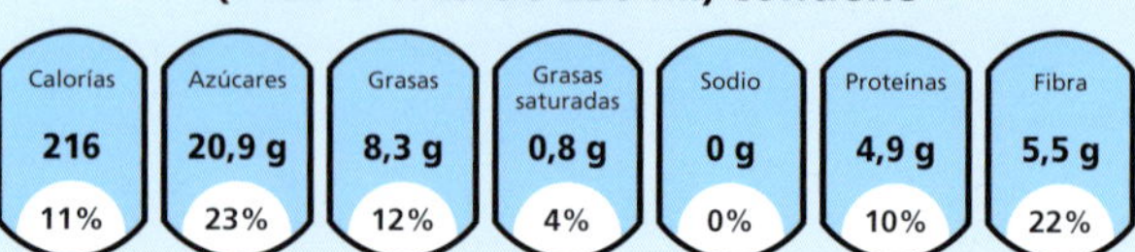

Calorías	Azúcares	Grasas	Grasas saturadas	Sodio	Proteínas	Fibra
216	20,9 g	8,3 g	0,8 g	0 g	4,9 g	5,5 g
11%	23%	12%	4%	0%	10%	22%

de la CDO/GDA (Cantidad Diaria Orientativa) para un adulto

INGREDIENTES

para tres porciones de unos 250 ml

- 2 tazas de **leche de avena** *[de unos 248 ml cada una]*
  La leche de avena puede ser comercial o elaborada en casa
  Alternativa: leche de quinoa
- ½ taza de **moras** *[unos 72 g]*
- ½ taza de **arándanos** frescos *[unos 74 g]*
  Alternativas: bayas de açaí o de goji
- ½ taza de **fresas** (frutillas) *[unos 72 g]*
  Alternativa: guayaba
- 1 cucharada de **germen de trigo** *[de unos 6 g]*
- 4 **dátiles** sin hueso (carozo) *[de unos 7 g cada uno]*
- 6 **nueces** *[de unos 5 g cada dos mitades]*
  Alternativas: castaña de Pará o nuez de Brasil

PREPARACIÓN

a. Triturar las nueces con una picadora o molinillo.

b. Colocar todos los ingredientes (excepto las nueces) en la licuadora (batidora), y triturarlos hasta obtener un líquido homogéneo.

c. Servir en vasos y añadir las nueces trituradas por encima. No se precisa añadir azúcar ni edulcorante.

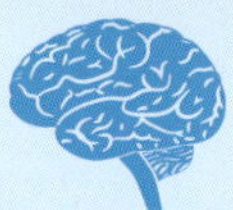

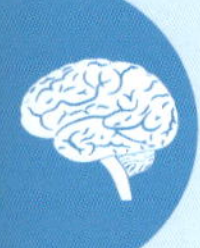

ANSIEDAD

Los licuados a base de frutas y cereales proporcionan los nutrientes necesarios para el equilibrio del sistema nervioso.

Licuado (batido)

SERENIDAD DULCE

Los estados de ansiedad pueden estar asociados a un nivel insuficiente de glucosa en las neuronas. Estas precisan de un suministro constante de glucosa y de oxígeno, y cuando falta alguno de estos dos compuestos, se produce irritabilidad, nerviosismo y ansiedad.

El licuado (batido) SERENIDAD DULCE aporta glucosa a partir de fuentes saludables como los **plátanos** (bananas), las **fresas** (frutillas) y la **miel**, así como fibra soluble que regula la absorción de la glucosa y otros azúcares. Además, es una buena fuente de vitaminas del grupo B, especialmente la B_6 necesaria para que las neuronas utilicen esa glucosa.

Por si fuera poco, el licuado SERENIDAD DULCE contiene **avena**, un sedante suave del sistema nervioso.

Niños o adultos que deseen combatir la ansiedad o el nerviosismo hallarán un buen remedio en este delicioso licuado (batido), que puede tomarse tanto por la mañana en el desayuno, como por la tarde como merienda.

Propiedades

- Ansiolítica
- Sedante
- Favorece el rendimiento intelectual
- Nutritiva

Vitaminas y minerales por cada porción

	% del Valor Diario
Vitamina C (34,4 mg)	38%
Vitamina B_6 (0,331 mg)	19%
Magnesio (44 mg)	10%
Folato (39 µg)	10%
Potasio (401 mg)	9%
Vitamina B_1 (0,112 mg)	9%
Hierro (1,34 mg)	7%
Cinc (0,8 mg)	7%
Vitamina B_2 (0,085 mg)	7%
Niacina (1,05 mg)	7%

Cada porción (vaso o taza de 250 ml) contiene

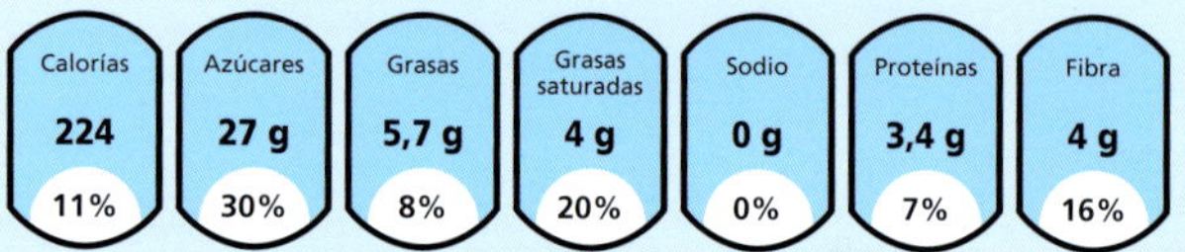

Calorías	Azúcares	Grasas	Grasas saturadas	Sodio	Proteínas	Fibra
224	27 g	5,7 g	4 g	0 g	3,4 g	4 g
11%	30%	8%	20%	0%	7%	16%

de la CDO/GDA (Cantidad Diaria Orientativa) para un adulto

Equilibrar el sistema nervioso

El licuado (batido) SERENIDAD DULCE proporciona nutrientes esenciales para equilibrar y fortalecer el sistema nervioso. Combate la ansiedad y la hiperactividad. Ideal como desayuno o merienda, tanto para niños como para adultos.

Vegetariana
Total

Contiene gluten
No apto para celíacos

Diabetes
Usar con moderación

Alergia alimentaria
Sin precauciones especiales

Poder antioxidante
2.309 unidades ORAC por porción (46% del Valor óptimo diario)

Carga ácida (PRAL)
-2,19 mEq/100 g

INGREDIENTES

para tres porciones de unos 250 ml

- 2 **plátanos** (bananas) pequeños *[de unos 101 g cada uno]*
- 1 taza de **fresas** (frutillas) *[de unos 144 g]*
- 4 cucharadas de **leche de coco** *[de unos 15 ml cada una]*
- 2 cucharadas de **germen de trigo** *[de unos 6 g cada una]*
- 2 cucharadas de **miel** *[de unos 21 g cada una]*
- 1 taza de **leche de avena** *[de unos 248 ml]*
  Alternativa: leche de soja

PREPARACIÓN

a. Colocar todos los ingredientes en la licuadora (batidora).
b. Licuar (batir) hasta obtener una consistencia homogénea.

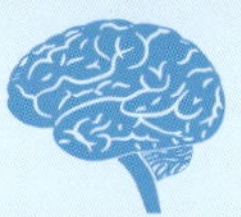

Insomnio

Ciertos jugos de fruta e infusiones constituyen una interesante alternativa a los medicamentos somníferos.

Jugo

Propiedades

- Somnífera
- Sedante
- Antiinflamatoria
- Antirreumática
- Antioxidante
- Alcalinizante

Jugo de cereza

Investigadores del Departamento de Psiquiatría del Centro Médico de la Universidad de Rochester (Estados Unidos) han descubierto una nueva propiedad de las **cerezas**.[1] Ya se sabía que son antiinflamatorias, antirreumáticas y antioxidantes, pero ahora se ha comprobado además que aumentan la producción de melatonina, la hormona que regula el sueño. Los mejores resultados se obtienen con las cerezas ácidas. Dos vasos diarios de Jugo de cereza hacen que la duración del sueño nocturno aumente unos 90 minutos. Quienes padecen de *insomnio*, trabajan en *turnos nocturnos* o sufren el *jet-lag*, se benefician especialmente de las propiedades del Jugo de cereza.

El Jugo de cereza resulta laborioso de obtener, por lo que se puede recurrir a adquirirlo envasado comercialmente.

Vitaminas y minerales por cada porción

	% del Valor Diario
Vitamina C (13,5 mg)	**15%**
Potasio (429 mg)	**9%**
Vitamina B6 (0,095 mg)	**6%**
Magnesio (21 mg)	**5%**
Vitamina B2 (0,064 mg)	**5%**
Hierro (0,7 mg)	**4%**

1 Howatson G, Bell PG, Tallent J, Middleton B, McHugh MP, Ellis J. Effect of tart cherry juice (Prunus cerasus) on melatonin levels and enhanced sleep quality. Eur J Nutr. 2012 Dec;51(8):909-16. PubMed PMID: 22038497.

Mejor que los somníferos
A diferencia de los somníferos de síntesis química, el Jugo de cerezas no causa pesadez a la mañana siguiente ni genera dependencia.

Cada porción (vaso o taza de 150 ml) contiene

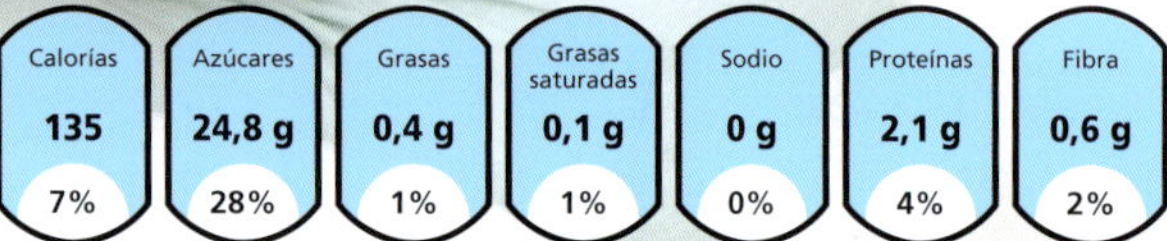

Calorías	Azúcares	Grasas	Grasas saturadas	Sodio	Proteínas	Fibra
135	24,8 g	0,4 g	0,1 g	0 g	2,1 g	0,6 g
7%	28%	1%	1%	0%	4%	2%

de la CDO/GDA (Cantidad Diaria Orientativa) para un adulto

Vegetariana
Total

Sin gluten
Apto para celíacos

Diabetes
Recomendado

Alergia alimentaria
Sin precauciones especiales

Poder antioxidante
6.501 unidades ORAC por porción (130% del Valor óptimo diario)

Carga ácida (PRAL)
-3,82 mEq/100 g

INGREDIENTES

para una porción de unos 150 ml

- 2 tazas de **cerezas** *[de unos 138 g cada una]*

PREPARACIÓN

a. Deshuesar las cerezas.
b. Pasarlas por la licuadora o la batidora de vaso.
c. Filtrar con un colador metálico o de tela.
d. Diluir con agua al gusto.

SEDANTE

Las plantas de esta infusión ayudan a conciliar el sueño y a mantenerlo sin causar efectos indeseables. Tomar de media a una taza una hora aproximadamente antes de dormir favorece un sueño reparador.

Propiedades

- Somnífera
- Sedante

INGREDIENTES

para una porción de unos 250 ml

- 1 cucharadita de raíz de **valeriana**
- 1 cucharadita de hojas de **melisa**
- 1 cucharadita de flores y hojas de **tilo**
- 1 cucharada de **miel**.
  Alternativas: melaza, panela (piloncillo), sirope de arce (ver pág. 25).
- 1 taza de **agua** *[de unos 250 ml]*

PREPARACIÓN

a. Llevar hasta la ebullición el agua y retirar del fuego.
b. Añadir las plantas y dejar reposar de 10 a 15 minutos.
c. Endulzar al gusto.

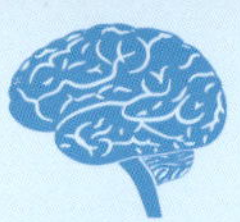

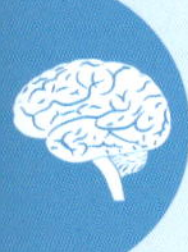

Pérdida de memoria

Todos los alimentos antioxidantes, como las frutas y hortalizas, favorecen la memoria y las funciones intelectuales.

Licuado (batido)

Disco duro

Todos los ingredientes de este licuado (batido) han mostrado favorecer la memoria y las funciones cognitivas, ya sea en animales de experimentación o en humanos. El **mango** aumenta la memoria y favorece las funciones intelectuales,[1] posiblemente por su elevado poder antioxidante. Igualmente la **manzana** y las **uvas**,[2] ya sean frescas o secas como las pasas, que además reducen la *ansiedad*. La **leche de coco**, gracias a la grasa tan especial que aporta (triglicéridos de cadena media), es también un neuroprotector, recomendable incluso cuando la pérdida de memoria es importante, como ocurre en caso de enfermedad de Alzheimer.

Por todo ello, el licuado (batido) Disco duro resulta muy nutritivo y agradable de tomar, ideal para el desayuno o la merienda de jóvenes o ancianos que deseen mejorar su memoria y su capacidad intelectual.

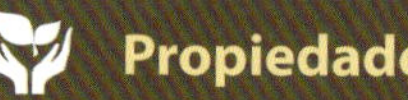

Propiedades

- Neuroprotectora
- Favorece el rendimiento intelectual
- Antioxidante
- Nutritiva

Vitaminas y minerales por cada porción

	% del Valor Diario
Vitamina C (37,5 mg)	42%
Magnesio (61 mg)	15%
Selenio (8,1 µg)	15%
Hierro (2,45 mg)	14%
Folato (56 µg)	14%
Vitamina B_6 (0,196 mg)	12%
Niacina (1,664 mg)	10%
Cinc (0,96 mg)	9%
Vitamina E (1 mg)	7%
Vitamina B_1 (0,086 mg)	7%
Vitamina B_2 (0,074 mg)	6%

1 Wattanathorn J, Muchimapura S, Thukham-Mee W, Ingkaninan K, Wittaya-Areekul S. Mangifera indica fruit extract improves memory impairment, cholinergic dysfunction, and oxidative stress damage in animal model of mild cognitive impairment. Oxid Med Cell Longev. 2014;2014:132097. PubMed PMID: 24672632.

2 Allam F, Dao AT, Chugh G, Bohat R, Jafri F, Patki G, Mowrey C, Asghar M Alkadhi KA, Salim S. Grape powder supplementation prevents oxidative stress-induced anxiety-like behavior, memory impairment, and high blood pressure in rats. J Nutr. 2013 Jun;143(6):835-42. PubMed PMID: 23596160.

Cada porción (vaso o taza de 250 ml) contiene

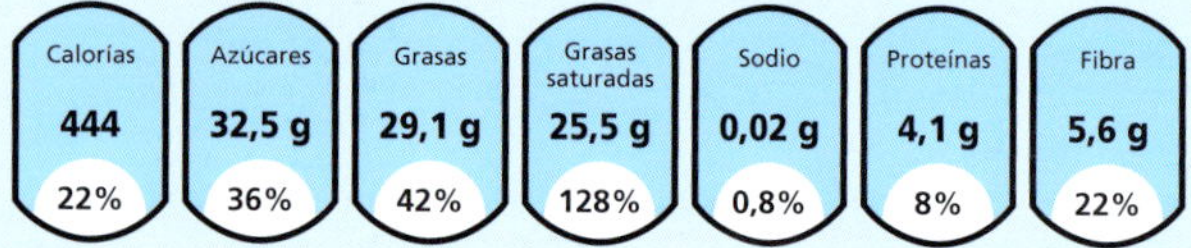

Calorías	Azúcares	Grasas	Grasas saturadas	Sodio	Proteínas	Fibra
444	32,5 g	29,1 g	25,5 g	0,02 g	4,1 g	5,6 g
22%	36%	42%	128%	0,8%	8%	22%

de la CDO/GDA (Cantidad Diaria Orientativa) para un adulto

Cerebro joven

Varios estudios muestran que el mango, la manzana y la uva (no el vino), el jugo de uva (no el vino), mejoran la memoria y retrasan el deterioro cognitivo asociado a la edad; es decir, mantienen el cerebro joven.

El Alzheimer se puede prevenir
Bebidas como el licuado (batido) Disco duro contribuyen a mantener la memoria y a evitar la enfermedad de Alzheimer.

Vegetariana
Total

Sin gluten
Apto para celíacos

Diabetes
Usar con moderación

Alergia alimentaria
Sin precauciones especiales

Poder antioxidante
3.626 unidades ORAC por porción (73% del Valor óptimo diario)

Carga ácida (PRAL)
-2,59 mEq/100 g

INGREDIENTES

para dos porciones de unos 250 ml

- ½ **mango** *[unos 168 g]*
- 1 **manzana** *[de unos 161 g]* sin pelar, si proceden de agricultura ecológica (orgánica)
- 2 cucharadas de **uvas pasas** (mejor sin semillas) *[de unos 15 g cada una]*
- 1 taza de **leche de coco** *[de unos 226 ml]* *Alternativas*: leche de soja o de avena
- 2 hojas de **menta** *[de unos 0,05 g cada una]*

PREPARACIÓN

a. Pelar y trocear el mango y la manzana.
b. Licuar (batir) todos los ingredientes.

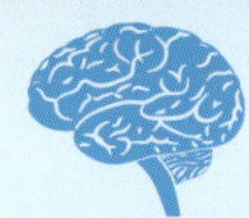

Enfermedad de Alzheimer

Los jugos antioxidantes como el de manzana natural, protegen al cerebro contra el Alzheimer.

Jugo

Jugo de manzana

«Una manzana al día mantiene al médico lejos», dice el proverbio inglés. Pero, a la luz de investigaciones recientes, bien podemos decir que «una manzana al día mantiene el Alzheimer lejos».

Hay estudios que muestran cómo el consumo habitual de Jugo de manzana frena el declive cognitivo (la pérdida de facultades intelectuales) asociado al envejecimiento. Además, el **jugo de manzana** se ha revelado como un eficaz neuroprotector, que mantiene los niveles de acetilcolina y otros neurotransmisores en el cerebro y reduce la degeneración neuronal causante de la enfermedad de Alzheimer.

Estudios realizados en la Universidad de Massachusetts (Estados Unidos) con pacientes de Alzheimer mostraron que, quienes consumieron dos vasos de unos 120 ml al día (unas 4 onzas) de Jugo de manzana durante un mes, mejoraron su conducta y su estado de ánimo.[1]

Además de sus muchos beneficios para el *intestino*, para el *corazón* y como preventivo del *cáncer*, el Jugo de manzana mantiene el cerebro joven.

Preventivo y curativo

El Jugo de manzana no solamente reduce el riesgo de padecer la enfermedad de Alzheimer, sino que además mejora la función cerebral de los que ya la padecen. Un solo vaso aporta el 119% de la cantidad de antioxidantes recomendada para un día.

Propiedades

- Neuroprotectora
- Antioxidante
- Baja el colesterol
- Protectora del corazón
- Antidiarréica
- Anticancerígena

Vitaminas y minerales por cada porción

	% del Valor Diario
Vitamina C (13,1 mg)	**15%**
Cobre (0,07 mg)	**8%**
Vitamina B2 (0,065 mg)	**5%**
Vitamina B6 (0,088 mg)	**5%**
Vitamina B1 (0,046 mg)	**4%**
Magnesio (10 mg)	**2%**
Fósforo (26 mg)	**2%**

1 Remington R, Chan A, Lepore A, Kotlya E, Shea TB. Apple juice improved behavioral but not cognitive symptoms in moderate-to-late stage Alzheimer's disease in an open-label pilot study. Am J Alzheimers Dis Other Demen. 2010 Jun;25(4):367-71. PubMed PMID: 20338990.

Cada porción (vaso o taza de 250 ml) contiene

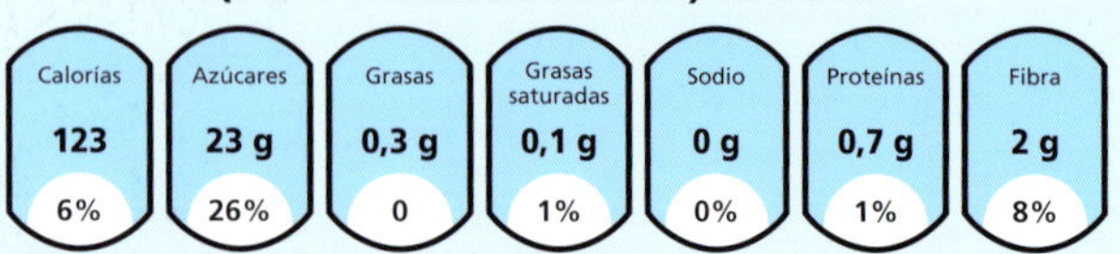

Calorías	Azúcares	Grasas	Grasas saturadas	Sodio	Proteínas	Fibra
123	23 g	0,3 g	0,1 g	0 g	0,7 g	2 g
6%	26%	0	1%	0%	1%	8%

de la CDO/GDA (Cantidad Diaria Orientativa) para un adulto

Mejor el turbio

El Jugo de manzana natural es turbio porque contiene abundante fibra soluble (pectina) y polifenoles antioxidantes.

Sin embargo, el jugo de manzana comercial es generalmente de aspecto claro porque se ha refinado, pero a costa de perder propiedades curativas.

Vegetariana
Total

Sin gluten
Apto para celíacos

Diabetes
Recomendado

Alergia alimentaria
Sin precauciones especiales

Poder antioxidante
5.929 unidades ORAC por porción (119% del Valor óptimo diario)

Carga ácida (PRAL)
-1,54 mEq/100 g

INGREDIENTES
para una porción de unos 250 ml

- 2 **manzanas** medianas *[de unos 161 g cada una]* sin pelar si proceden de agricultura ecológica (orgánica)
- 1 cucharada de **jugo de limón** *[de unos 15 ml]*

PREPARACIÓN

a. Pelar las manzanas si no son de cultivo ecológico (orgánico).

b. Eliminar las semillas (contienen pequeñas cantidades de ácido cianhídrico).

c. Pasar por el extractor de jugos o masticador.

d. Añadir el jugo de limón.

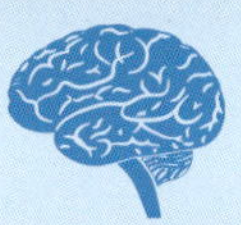

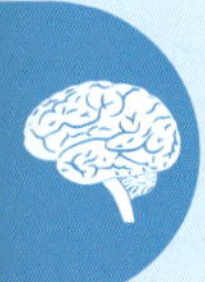

DEPRESIÓN - 1

Lo que se bebe o se come influye definitivamente sobre el estado de ánimo y sobre la salud mental.

  *Licuado (batido)*

SONRÍA, POR FAVOR

El cerebro deprimido precisa de un aporte abundante de nutrientes de alto valor biológico, como los que se encuentran en el licuado (batido) SONRÍA, POR FAVOR.

- Vitaminas del grupo B y vitamina E, del **germen de trigo** y de la **almendra**.
- Folato del **jugo de naranja**.
- Ácidos grasos esenciales omega-6 y omega-3 del **lino** (linaza) o la **chía**.
- Además, los **arándanos** completan este extraordinario surtido de nutrientes con antocianinas (pigmento morado) neuroprotectoras.

El licuado (batido) SONRÍA, POR FAVOR tonifica el sistema nervioso y todo el organismo por su contenido en hierro, calcio y otros minerales indispensables para el buen estado de ánimo.

Propiedades

- Antidepresiva
- Tonificante
- Antianémica
- Nutritiva
- Antioxidante
- Alcalinizante

Vitaminas y minerales por cada porción

	% del Valor Diario
Vitamina C (69,3 mg)	**77%**
Vitamina B_1 (0,442 mg)	**37%**
Magnesio (141 mg)	**34%**
Selenio (11,7 µg)	**21%**
Vitamina B_6 (0,354 mg)	**21%**
Folato (79 µg)	**20%**
Potasio (782 mg)	**17%**
Vitamina E (2,53 mg)	**17%**
Hierro (2,61 mg)	**15%**
Cinc (1,64 mg)	**15%**
Vitamina B_2 (0,177 mg)	**14%**
Niacina (1,931 mg)	**12%**
Calcio (114 mg)	**9%**

Para tener buen ánimo

Todos los ingredientes del nutritivo y sabroso licuado (batido) SONRÍA, POR FAVOR contribuyen a vencer los estados depresivos y a mantener una actitud mental positiva.

Cada porción (vaso o taza de 250 ml) contiene

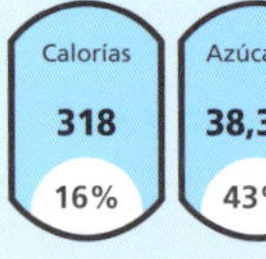
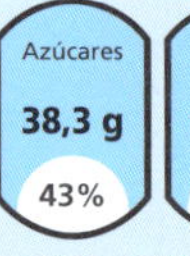
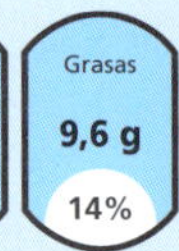
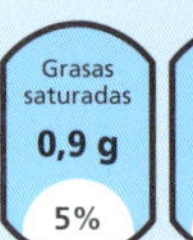

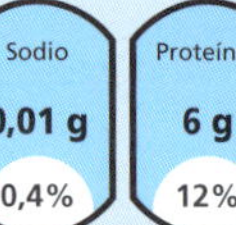

Calorías	Azúcares	Grasas	Grasas saturadas	Sodio	Proteínas	Fibra
318	38,3 g	9,6 g	0,9 g	0,01 g	6 g	6,4 g
16%	43%	14%	5%	0,4%	12%	26%

de la CDO/GDA (Cantidad Diaria Orientativa) para un adulto

Vegetariana
Total

Contiene gluten
No apto para celíacos

Diabetes
Usar con moderación

Alergia alimentaria
Precaución con la almendra

Poder antioxidante
5.749 unidades ORAC por porción (115% del Valor óptimo diario)

Carga ácida (PRAL)
-4,64 mEq/100 g

INGREDIENTES

para dos porciones de unos 250 ml

- 1 taza de **arándanos** *[de unos 148 g]*
  Alternativa: el mismo peso en jugo de arándanos
- 2 cucharadas de **semillas de lino** (linaza) molidas *[de unos 10,3 g cada una]*
  Alternativa: semillas de chía
- 2 cucharadas de **germen de trigo** *[de unos 6 g cada una]*
- 2 cucharadas de **puré de almendras** *[de unos 15 g cada una]*
- 2 cucharadas de **melaza** *[de unos 20 g cada una]*
  Alternativas: panela (piloncillo), sirope de arce (ver pág. 25)
- 1 taza de **jugo de naranja** *[de unos 248 ml]*

PREPARACIÓN

a. Moler las semillas de lino (linaza) o de chía en un triturador de semillas.

b. Colocar todos los ingredientes en la licuadora (batidora) y batir hasta obtener un líquido homogéneo.

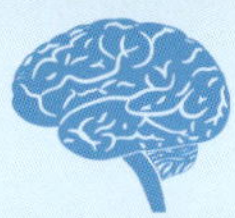

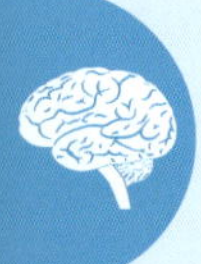

DEPRESIÓN - 2

Los licuados (batidos) verdes ejercen un efecto tonificante natural que resulta beneficioso en caso de depresión.

Licuado (batido)

ENERGÍA VERDE

Algunas bebidas que se comercializan como «funcionales» o «tonificantes» contienen ingredientes de dudoso efecto saludable, como edulcorantes artificiales, jarabe de fructosa, conservantes, vitaminas sintéticas o estimulantes. Por el contrario, el licuado ENERGÍA VERDE contra la *depresión* contiene solamente ingredientes saludables con un efecto tonificante natural.

Sea que se padece depresión o no, el licuado (batido) ENERGÍA VERDE levanta el ánimo gracias a ser una buena fuente de vitaminas del grupo B, incluida la vitamina B_9 o folato que contribuye al tratamiento de la misma.

ENERGÍA VERDE es un licuado (batido) nutritivo y sabroso que dinamiza todas las funciones del organismo, particularmente las relacionadas con el sistema nervioso.

Propiedades

- Antidepresiva
- Tonificante
- Neuroprotectora
- Nutritiva
- Alcalinizante

Vitaminas y minerales por cada porción

	% del Valor Diario
Vitamina K (76,7 µg)	64%
Vitamina B_6 (0,563 mg)	33%
Vitamina C (20,3 mg)	23%
Folato (78 µg)	20%
Magnesio (76 mg)	18%
Vitamina B_2 (0,201 mg)	15%
Potasio (665 mg)	14%
Selenio (7,2 µg)	13%
Vitamina B_1 (0,125 mg)	10%
Niacina (1,53 mg)	10%
Hierro (1,5 mg)	8%
Calcio (53 mg)	4%
Cinc (0,41 mg)	4%

Ideal por la mañana

El licuado (batido) ENERGÍA VERDE resulta ideal por la mañana como desayuno, para tonificar el organismo de forma natural.

En caso de depresión, se recomienda tomar un vaso de licuado (batido) ENERGÍA VERDE cada mañana durante al menos quince días seguidos.

Cada porción (vaso o taza de 250 ml) contiene

Calorías	Azúcares	Grasas	Grasas saturadas	Sodio	Proteínas	Fibra
191	19,7 g	2,6 g	0,4 g	0,08 g	5,7 g	4,2 g
10%	22%	4%	2%	3,3%	11%	17%

de la CDO/GDA (Cantidad Diaria Orientativa) para un adulto

Vegetariana
Total

Sin gluten
Apto para celíacos

Diabetes
Recomendado

Alergia alimentaria
Precaución con la soja

Poder antioxidante
1.448 unidades ORAC por porción (29% del Valor óptimo diario)

Carga ácida (PRAL)
-3,79 mEq/100 g

INGREDIENTES
para dos porciones de unos 250 ml

- 1 taza de **espinacas** *[de unos 30 g]*
- 2 **plátanos** (bananas) medianos *[de unos 118 g cada uno]*
- 1 taza de **leche de soja** *[de unos 243 ml]*
- 2 cucharadas de **jugo de limón** *[de unos 15 ml cada una]*

PREPARACIÓN
a. Poner las espinacas, los plátanos (bananas) y media taza de leche de soja en en la licuadora (batidora) y batir hasta obtener una consistencia uniforme.

b. Añadir la leche de soja restante y el jugo de limón mientras se continúa batiendo.

c. No precisa edulcorante, pero si se desea, añadir uno a gusto (ver pág. 24).

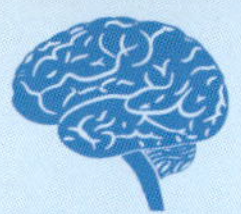

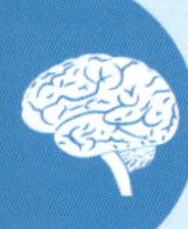

Depresión - 3

Las bebidas a base de almendra tienen efecto antidepresivo gracias a su equilibrada proporción de vitaminas y minerales.

Sopa fría

Ajo blanco

El Ajo blanco es una sopa fría típica española, original de Andalucía. A pesar de su nombre, su ingrediente más importante es la **almendra**. A ella debe sobre todo su efecto tonificante sobre el sistema nervioso y antidepresivo de esta sopa. La **almendra** es una buena fuente de calcio y de fósforo en una proporción idónea, además de ácidos grasos esenciales, principalmente omega-6, de proteínas y de vitamina E. El **aceite de oliva** y el propio **ajo** complementan el efecto tonificante y equilibrador sobre el sistema nervioso de la **almendra**.

Propiedades

- Antidepresiva
- Antihipertensiva
- Protectora de las arterias
- Mineralizante
- Depurativa

Vitaminas y minerales por cada porción

	% del Valor Diario
Vitamina E (12,38 mg)	**83%**
Vitamina B_2 (0,489 mg)	**38%**
Magnesio (135 mg)	**32%**
Selenio (14 µg)	**25%**
Fósforo (276 mg)	**22%**
Vitamina B_1 (0,266 mg)	**22%**
Niacina (3,438 mg)	**21%**
Cinc (2,01 mg)	**18%**
Hierro (2,62 mg)	**15%**
Calcio (183 mg)	**14%**
Vitamina B_6 (0,173 mg)	**10%**
Folato (37 µg)	**9%**
Potasio (394 mg)	**8%**

Refresca y tonifica
En los calurosos días de verano, la sopa fría Ajo blanco tonifica y refresca, a la vez que aporta vitaminas y minerales.

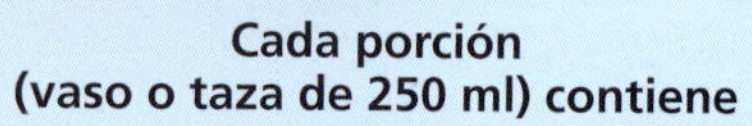

Cada porción (vaso o taza de 250 ml) contiene

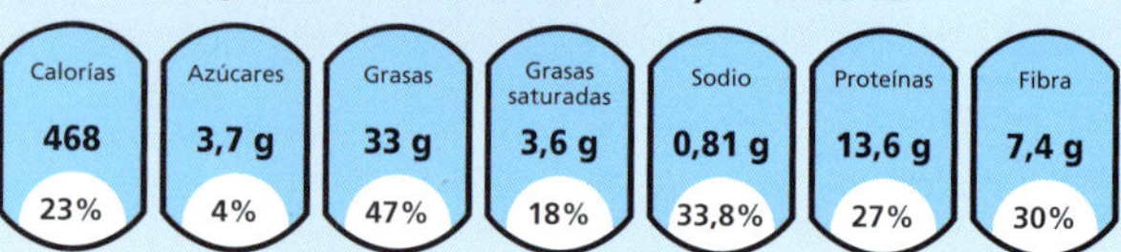

Calorías	Azúcares	Grasas	Grasas saturadas	Sodio	Proteínas	Fibra
468	3,7 g	33 g	3,6 g	0,81 g	13,6 g	7,4 g
23%	4%	47%	18%	33,8%	27%	30%

de la CDO/GDA (Cantidad Diaria Orientativa) para un adulto

INGREDIENTES

para cuatro porciones de unos 250 ml

- 1 taza de **almendras** *[de unos 143 g]*
- 2 dientes de **ajo** *[de unos 3 g cada uno]*
- 4 cucharadas de aceite de oliva *[de unos 13,5 g cada una]*
- 6 rebanadas de **pan integral** *[de unos 32 g cada una]*
- 1 cucharada de **jugo de limón** *[de unos 15 ml]* ***Alternativa***: vinagre de manzana
- 3 tazas de **agua** *[de unos 250 ml cada una]*
- 1 cucharadita de **sal** de mesa *[de unos 6 g]* preferiblemente sal marina

PREPARACIÓN

a. Escaldar las almendras vertiendo sobre ellas agua hirviendo. Dejarlas unos minutos y, cuando se enfríen, eliminar las pieles una a una.

b. Poner a remojo el pan, preferiblemente solo miga (sin corteza) durante unos minutos, hasta que se halle bien empapado.

c. Poner en una licuadora (batidora) todos los ingredientes, pero con una sola taza de agua. Como alternativa, se puede usar una licuadora (batidora) de mano.

d. Triturar hasta obtener una masa homogénea e ir añadiendo poco a poco el agua restante.

e. Dejar enfriar en la nevera y servir fría.

f. Como guarnición lo típico es poner unas uvas o unas bolas de melón.

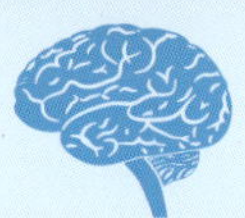

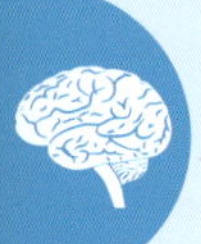

Ataque cerebral

Los jugos a base de tomate previenen la trombosis causante de la mayor parte de los ataques cerebrales.

Jugo

Riego aumentado

La mayor parte de los ataques cerebrales, llamados en términos médicos ictus o accidentes vasculares cerebrales (*stroke* en inglés) están causados por una trombosis en las arterias, que irrigan el cerebro. A partir de un deterioro en la pared de las arterias asociado a la edad, pero favorecido por el tabaco, la hipertensión, el exceso de colesterol o la diabetes, se forma un trombo o coágulo de sangre. Las plaquetas son las células de la sangre que, al agregarse unas a otras, forman el trombo.

Existe evidencia científica de que el **tomate**,[1] el **ajo** y la **albahaca** frenan la tendencia de las plaquetas a pegarse unas a otras formando un trombo. De esta forma, se previenen los ataques cerebrales causados por trombosis arterial,[2] que tan frecuentemente dejan secuelas e invalidez.

El jugo Riego aumentado favorece la buena circulación sanguínea no solamente en las arterias cerebrales, sino también en las coronarias que irrigan el corazón.

Propiedades

- Antitrombótica
- Antiagregante plaquetaria
- Protectora de las arterias
- Protectora del corazón
- Anticancerígena

Vitaminas y minerales por cada porción

	% del Valor Diario
Vitamina C (49,7 mg)	55%
Vitamina K (27,3 µg)	23%
Vitamina B6 (0,372 mg)	22%
Potasio (846 mg)	18%
Vitamina A (153 µg)	17%
Folato (57 µg)	14%
Niacina (2,126 mg)	13%
Hierro (2,08 mg)	12%
Vitamina E (1,86 mg)	12%
Magnesio (42 mg)	10%
Cinc (0,73 mg)	7%
Calcio (63 mg)	5%

1 O'Kennedy N, Crosbie L, Whelan S, Luther V, Horgan G, Broom JI, Webb DJ, Duttaroy AK. Effects of tomato extract on platelet function: a double-blinded crossover study in healthy humans. Am J Clin Nutr. 2006 Sep;84(3):561-9. PubMed PMID: 16960170

2 Karppi J, Laukkanen JA, Sivenius J, Ronkainen K, Kurl S. Serum lycopene decreases the risk of stroke in men: a population-based follow-up study. Neurology. 2012 Oct 9;79(15):1540-7. PubMed PMID: 23045517.

El tomate, protector del cerebro y del corazón

Aunque el tomate es más conocido como preventivo del cáncer de próstata, también es un eficaz favorecedor de la circulación sanguínea y un preventivo contra los ataques cerebrales y cardíacos. El ajo y la albahaca potencian su acción y su sabor.

Cada porción (vaso o taza de 250 ml) contiene

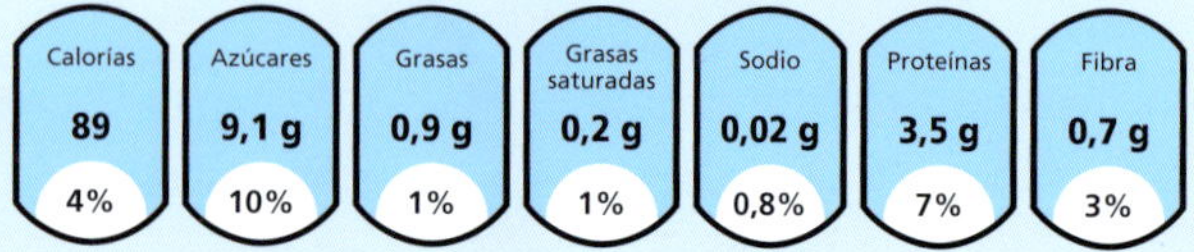

Calorías	Azúcares	Grasas	Grasas saturadas	Sodio	Proteínas	Fibra
89	9,1 g	0,9 g	0,2 g	0,02 g	3,5 g	0,7 g
4%	10%	1%	1%	0,8%	7%	3%

de la CDO/GDA (Cantidad Diaria Orientativa) para un adulto

Aperitivo lleno de vitaminas

El jugo Riego aumentado puede tomarse como aperitivo antes de las comidas, constituye una forma agradable de ingerir vitaminas y de prevenir los ataques cerebrales y del corazón.

Vegetariana
Total

Sin gluten
Apto para celíacos

Diabetes
Recomendado

Alergia alimentaria
Sin precauciones especiales

Poder antioxidante
1.610 unidades ORAC por porción (32% del Valor óptimo diario)

Carga ácida (PRAL)
0 mEq/100 g

INGREDIENTES

para una porción de unos 250 ml

- 4 **tomates** medianos *[de unos 123 g cada uno]*
- 2 dientes de **ajo** *[de unos 3 g cada uno]*
- 2 cucharadas de **albahaca** *[de unos 1,8 g cada una]* Usar preferiblemente hojas frescas troceadas. Si se usan hojas secas, añadirlas directamente al jugo una vez extraído.

PREPARACIÓN

a. Pasar todos los ingredientes por el extractor o masticador de jugos.

b. Opcionalmente se puede añadir la pizca de sal marina al jugo ya elaborado.

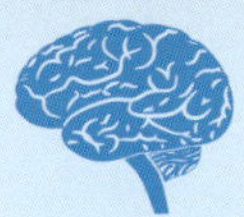

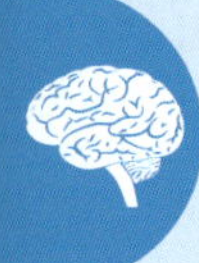

ALCOHOLISMO

Las bebidas a base de ciertas frutas como la tuna o higo chumbo, ayudan a abandonar el consumo de bebidas alcohólicas.

Licuado (batido)

AGUA DE TUNA

La **tuna** o **higo chumbo** es el fruto de un cacto muy frecuente en terrenos secos, el nopal o chumbera. Aunque en apariencia no cabe esperar mucho de este humilde fruto, hoy se sabe que rebosa de propiedades medicinales. Una de ellas es la de proteger al cerebro y al hígado cuando se hallan sobrecargados por el alcohol u otras toxinas.[1] Además, fortalece el corazón y tiene acción antioxidante y antiinflamatoria.

La persona que tiene problemas con el alcohol puede contribuir a su desintoxicación bebiendo AGUA DE TUNA, que además de aliviar los efectos de la resaca alcohólica, contribuye a recuperar el hígado y el cerebro de los daños causados por el alcohol.

1 Wiese J, McPherson S, Odden MC, Shlipak MG. Effect of Opuntia ficus indica on symptoms of the alcohol hangover. Arch Intern Med. 2004 Jun 28;164(12):1334-40. PubMed PMID: 15226168.

Propiedades

- Neuroprotectora
- Antiinflamatoria
- Cardiotónica
- Baja el colesterol

Vitaminas y minerales por cada porción

	% del Valor Diario
Vitamina C (41,7 mg)	46%
Magnesio (115 mg)	27%
Potasio (352 mg)	7%
Vitamina B2 (0,091 mg)	7%
Calcio (80 mg)	6%
Vitamina B6 (0,108 mg)	6%
Folato (20 µg)	5%
Niacina (0,661 mg)	4%
Hierro (0,48 mg)	3%
Vitamina B1 (0,033 mg)	3%

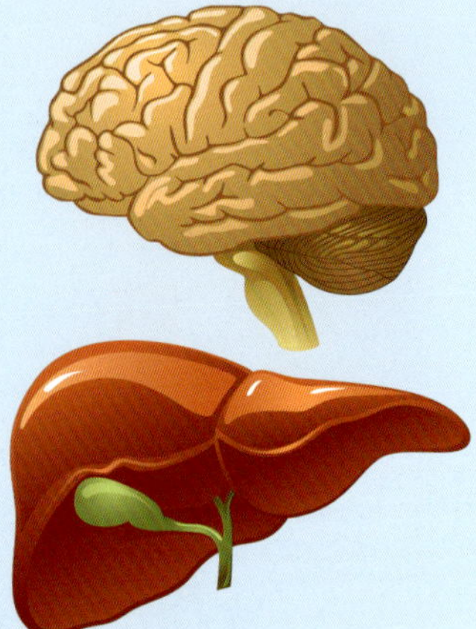

Rica en minerales y vitaminas

El AGUA DE TUNA es rica en minerales sedantes como el magnesio y en vitaminas del grupo B necesarias para recuperar el buen funcionamiento del cerebro y del hígado intoxicados por el alcohol.

De dos a cuatro vasos

En el tratamiento del alcoholismo se recomienda tomar de dos a cuatro vasos diarios de AGUA DE TUNA.

Cada porción (vaso o taza de 250 ml) contiene

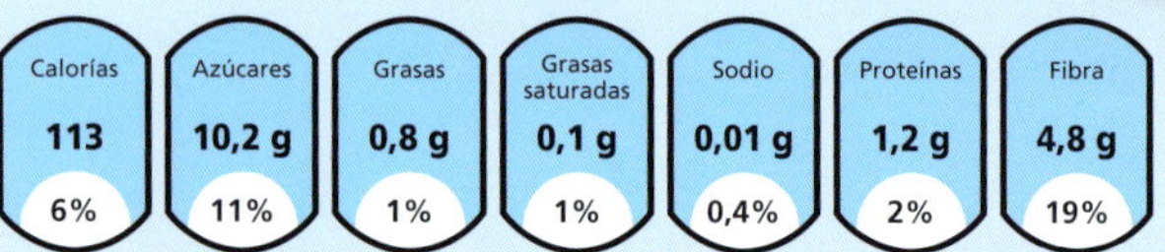

Calorías	Azúcares	Grasas	Grasas saturadas	Sodio	Proteínas	Fibra
113	10,2 g	0,8 g	0,1 g	0,01 g	1,2 g	4,8 g
6%	11%	1%	1%	0,4%	2%	19%

de la CDO/GDA (Cantidad Diaria Orientativa) para un adulto

Lo primero es eliminar el alcohol

El AGUA DE TUNA contribuye a restituir el daño causado por el alcohol en el cerebro y en el hígado. Pero para ello, se requiere que la persona que sufre a causa del alcohol, deje de beber.

Vegetariana
Total

Sin gluten
Apto para celíacos

Diabetes
Recomendado

Alergia alimentaria
Sin precauciones especiales

Poder antioxidante
747 unidades ORAC por porción (15% del Valor óptimo diario)

Carga ácida (PRAL)
-2,92 mEq/100 g

INGREDIENTES

para cuatro porciones de unos 250 ml

- 5 **tunas** (higos chumbos) *[de unos 103 g cada una]*
  Alternativas: higo, guayaba
- 1 taza de **jugo de limón** *[de unos 244 ml]*
- 2 cucharadas de **miel** *[de unos 21 g cada una]*
- 2 tazas de **agua** *[de 250 ml cada una]*

PREPARACIÓN

a. Pelar las tunas (higos chumbos) y trocearlas.
b. Licuar (batir) todos los ingredientes, añadiendo el agua poco a poco a medida que se trituran.
c. Colar mediante un colador metálico.
d. Servir en los vasos y decorar con rodajas de limón.

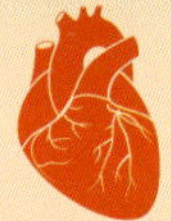

Corazón estresado

El corazón sufre cuando se lo somete a estrés físico o mental, y precisa que se le aporten ciertos nutrientes de forma equilibrada.

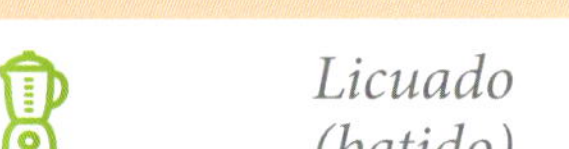

Latidos firmes

Cuando el corazón se halla sometido a tensión necesita una ayuda a base de vitaminas, ácidos grasos, aminoácidos y azúcares naturales en una proporción ideal, como la que proporciona el licuado Latidos firmes.

Además de la acción tonificante del **melocotón** (durazno), la **tuna** o higo chumbo es capaz de mejorar el rendimiento del corazón. Se ha visto que el consumo de **tuna** (higo chumbo) aumenta el volumen de sangre bombeado en cada latido y, de esta forma, reduce el número de latidos por minuto que el corazón debe dar cuando hace frente a un esfuerzo o al estrés.

El licuado Latidos firmes tonifica de forma natural el corazón a la vez que protege las arterias coronarias evitando su obstrucción.

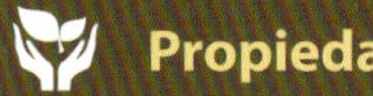

- Protectora del corazón
- Cardiotónica
- Antioxidante

Vitaminas y minerales por cada porción

	% del Valor Diario
Magnesio (88 mg)	21%
Vitamina C (16,2 mg)	18%
Vitamina B_2 (0,13 mg)	10%
Niacina (1,547 mg)	10%
Potasio (440 mg)	9%
Selenio (4,4 µg)	8%
Vitamina B_6 (0,129 mg)	8%
Vitamina B_1 (0,083 mg)	7%
Calcio (65 mg)	5%
Vitamina E (0,82 mg)	5%

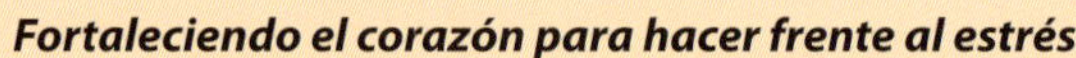

Fortaleciendo el corazón para hacer frente al estrés
El licuado (batido) Latidos firmes conviene tanto a enfermos del corazón como a personas sanas sujetas a estrés físico o mental. En todos estos casos, el corazón debe hacer frente a una gran demanda de rendimiento y necesita nutrientes como los que aporta este licuado.

Cada porción (vaso o taza de 250 ml) contiene

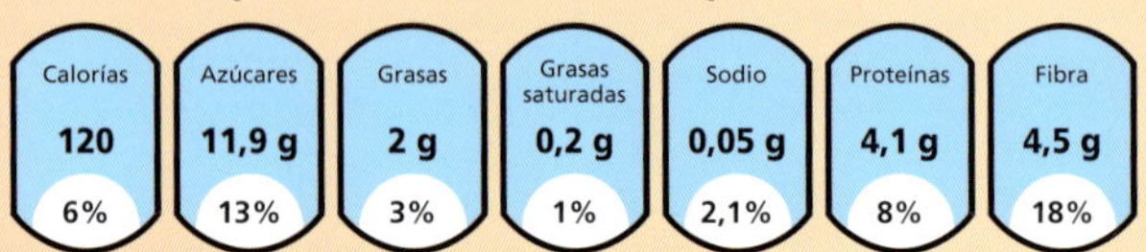

Calorías	Azúcares	Grasas	Grasas saturadas	Sodio	Proteínas	Fibra
120	11,9 g	2 g	0,2 g	0,05 g	4,1 g	4,5 g
6%	13%	3%	1%	2,1%	8%	18%

de la CDO/GDA (Cantidad Diaria Orientativa) para un adulto

Vitaminas y minerales para el corazón
Un vaso de Latidos firmes proporciona una dosis equilibrada de vitaminas B y minerales como el magnesio, el potasio y el calcio necesarios para el buen funcionamiento del corazón.

Vegetariana
Total

Sin gluten
Apto para celíacos

Diabetes
Recomendado

Alergia alimentaria
Precaución con la soja

Poder antioxidante
4.466 unidades ORAC por porción (89% del Valor óptimo diario)

Carga ácida (PRAL)
-2,99 mEq/100 g

INGREDIENTES

para tres porciones de unos 250 ml

- 2 **melocotones** (duraznos) medianos *[de unos 150 g cada uno]*
  Alternativa: 4 medios melocotones en conserva
- 2 **tunas** (higos chumbos) *[de unos 103 g cada una]*
  Alternativas: 4 higos, 2 guayabas o 1 plátano (banana)
- 1 taza de **leche de soja** *[de unos 243 ml]*
  Alternativas: leche de avena o de arroz
- ½ cucharada de **vainilla** en polvo *[unos 6,5 g]*

PREPARACIÓN

a. Pelar y deshuesar el melocotón (durazno), y pelar la tuna (higo chumbo).
b. Licuar (batir) todos los ingredientes.
c. Endulzar si se desea (ver pág. 24).

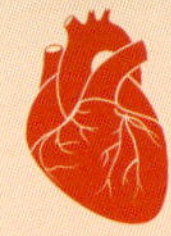

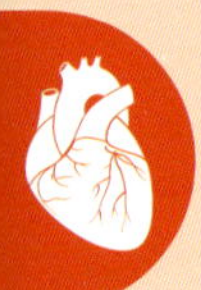

Hipertensión arterial - 1

Las bebidas ricas en potasio y bajas en sodio resultan muy convenientes para los hipertensos.

Licuado (batido)

Banana exprés

El licuado Banana exprés combina acertadamente tres productos estrella para combatir la hipertensión arterial, como el **plátano** (banana), el **arroz** y el **mango**. Además, el **germen de trigo** enriquece esta bebida en vitaminas del grupo B, necesarias para el buen funcionamiento del corazón.

Banana exprés es rica en potasio y magnesio, a la vez que apenas contiene sodio, lo cual la hace muy recomendable en caso de *hipertensión arterial.*

Propiedades

- Hipotensora
- Protectora de las arterias
- Nutritiva

Vitaminas y minerales por cada porción

	% del Valor Diario
Vitamina C (35,7 mg)	40%
Vitamina B_6 (0,383 mg)	23%
Vitamina B_2 (0,253 mg)	19%
Vitamina A (123 µg)	14%
Calcio (158 mg)	12%
Magnesio (42 mg)	10%
Potasio (400 mg)	9%
Vitamina E (1,39 mg)	9%
Vitamina B_1 (0,103 mg)	9%

Para desayunar o cenar

Ya sea para desayunar o para cenar, la bebida Banana exprés contribuye a regular la presión arterial, a la vez que aporta nutrientes y un delicioso sabor.

Cada porción (vaso o taza de 250 ml) contiene

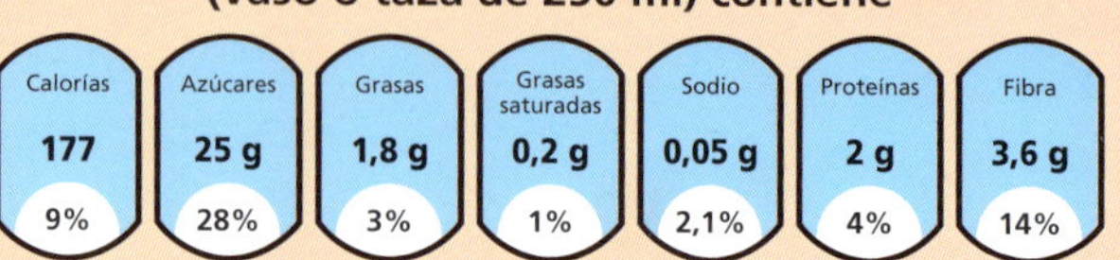

Calorías	Azúcares	Grasas	Grasas saturadas	Sodio	Proteínas	Fibra
177	25 g	1,8 g	0,2 g	0,05 g	2 g	3,6 g
9%	28%	3%	1%	2,1%	4%	14%

de la CDO/GDA (Cantidad Diaria Orientativa) para un adulto

Vegetariana
Total

Sin gluten
Apto para celíacos

Diabetes
Recomendado

Alergia alimentaria
Sin precauciones especiales

Poder antioxidante
2.038 unidades ORAC por porción (41% del Valor óptimo diario)

Carga ácida (PRAL)
-2,5 mEq/100 g

INGREDIENTES

para cuatro porciones de unos 250 ml

- 2 tazas de **leche de arroz** *[de unos 240 ml cada una]* (elaborada en casa, pág. 28, o comprada en el comercio)
- 2 **plátanos** (bananas) *[de unos 118 g cada uno]*
- 1 **mango** *[de unos 336 g]*
- 1 cucharada de **germen de trigo** *[de unos 6 g]*
- ½ cucharadita de **canela** en polvo *[unos 1,3 g]*

PREPARACIÓN

a. Pelar y trocear los plátanos (bananas) y el mango.
b. Licuar (batir) todos los ingredientes.
c. Servir en los vasos y espolvorear la canela por encima.
d. Endulzar al gusto (ver pág. 24).

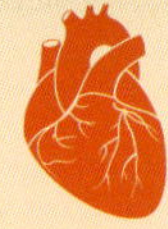

Hipertensión arterial - 2

Las bebidas tradicionales como la chicha morada ayudan a evitar la hipertensión, además de prevenir la diabetes si se toman sin azúcar.

Bebida

Chicha morada

La Chicha morada es una de las bebidas más típicas y saludables de Perú, elaborada a partir de una variedad de **maíz**, llamado culli, de color intensamente morado que crece en los Andes. Es sabido que los pueblos prehispánicos de Perú ya bebían Chicha morada. Con ese mismo tipo de maíz, con harina y con fruta se elabora también un postre semisólido, la mazamorra morada.

Por su riqueza en antocianinas, pigmentos flavonoides de color morado, la Chicha morada es un eficaz vasodilatador arterial. Así se ha comprobado en diversas investigaciones, una de ellas en la Universidad Nacional de San Agustín en Arequipa (Perú).[1] Al dilatar las arterias, la Chicha morada baja la presión arterial y mejora el riego sanguíneo en el cerebro, corazón, riñones y otros órganos. El consumo de esta bebida protege contra la *hipertensión arterial* y la *diabetes*.

La Chicha morada previene el cáncer
Diversos estudios científicos, realizados principalmente en Japón, han mostrado que la Chicha morada es capaz de frenar el desarrollo de las células cancerosas, principalmente del cáncer de próstata, de mama y de colon.

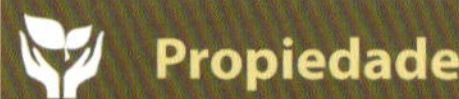

Propiedades

- Hipotensora
- Vasodilatadora
- Antidiabética
- Antioxidante
- Anticancerígena

Vitaminas y minerales por cada porción

	% del Valor Diario
Vitamina C (25 mg)	**28%**
Hierro (1,6 mg)	**9%**
Calcio (59 mg)	**5%**
Magnesio (12 mg)	**3%**
Potasio (120 mg)	**3%**

1 Moreno-Loaiza O, Paz-Aliaga A. [Vasodilator effect mediated by nitric oxide of the Zea mays L (andean purple corn) hydroalcoholic extract in aortic rings of rat]. Rev Peru Med Exp Salud Publica. 2010 Oct-Dec;27(4):527-31. PubMed PMID: 21308191.

Solamente la chicha morada
La Chicha morada puede ser fácilmente diferenciada de la chicha, bebida alcohólica de color generalmente claro. La chicha fermentada con alcohol no es una bebida saludable.

Cada porción (vaso o taza de 250 ml) contiene

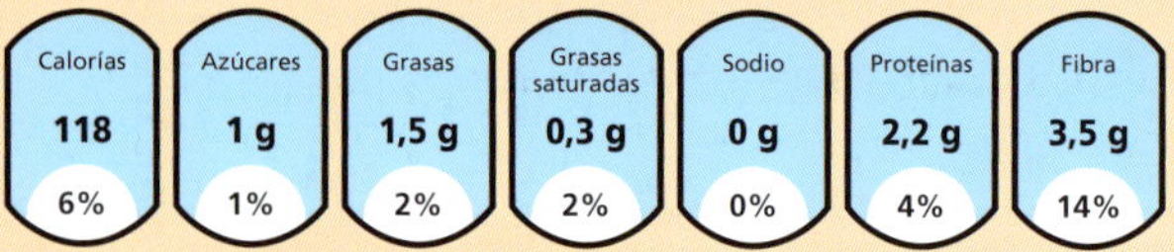

Calorías	Azúcares	Grasas	Grasas saturadas	Sodio	Proteínas	Fibra
118	1 g	1,5 g	0,3 g	0 g	2,2 g	3,5 g
6%	1%	2%	2%	0%	4%	14%

de la CDO/GDA (Cantidad Diaria Orientativa) para un adulto

Vegetariana
Total

Sin gluten
Apto para celíacos

Diabetes
Recomendado

Alergia alimentaria
Sin precauciones especiales

Poder antioxidante
4.525 unidades unidades ORAC por porción (91% del Valor óptimo diario)

Carga ácida (PRAL)
-1,09 mEq/100 g

INGREDIENTES
para doce porciones de unos 250 ml

- 4 mazorcas de **maíz morado.** *Alternativa*: moras
- Cáscara de una **piña** (ananás)
- 4 litros de **agua**
- 4 **clavos de olor**
- 2 palos de **canela** en rama
- ½ taza de **jugo de limón**
- Trozos de fruta (opcional)

PREPARACIÓN

a. Desgranar las mazorcas y hervir el maíz en dos litros de agua de 15 a 30 minutos, hasta que pierda todo el color.
b. Filtrar y colocar el líquido en un recipiente.
c. Hervir en otra olla con otros dos litros de agua durante una hora la corteza de la piña con los clavos y la canela.
d. Filtrar el líquido y añadirlo al obtenido tras hervir el maíz.
e. Dejar enfriar y añadir el jugo de limón. Opcionalmente se pueden añadir trozos de manzana o de otras frutas.
f. Edulcorar preferiblemente con estevia o con otro edulcorante no calórico (ver pág. 24).
g. Se puede conservar unos días en el refrigerador (frigorífico).

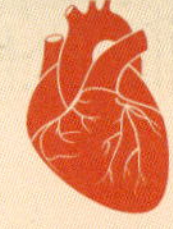

Hipertensión arterial - 3

Regulando la tensión arterial mediante jugos naturales se protege el corazón y las arterias.

Jugo

Regulador de tensión

Este jugo es una combinación idónea de alimentos para combatir la hipertensión:

- La **remolacha** (betabel), que gracias a su contenido en nitrato de acción vasodilatadora, reduce significativamente la tensión de adultos hipertensos, según un estudio de la Universidad de Newcastle (Reino Unido).[1]
- El **tomate**, en cuyo jugo se ha encontrado una sustancia inhibidora de la enzima conversora de la angiotensina, de acción similar a la de los modernos medicamentos contra la hipertensión.[2]
- El **apio**, de conocido efecto diurético y depurativo.

De forma natural y sin efectos secundarios, el jugo Regulador de tensión tomado a diario puede hacer innecesaria la medicación antihipertensora en muchos casos, con los beneficios añadidos de las propiedades curativas de sus ingredientes.

Propiedades

- Hipotensora
- Vasodilatadora
- Alcalinizante
- Depurativa

Vitaminas y minerales por cada porción

	% del Valor Diario
Folato (138 µg)	35%
Vitamina K (40,3 µg)	34%
Vitamina C (24,9 mg)	28%
Potasio (701 mg)	15%
Vitamina B6 (0,189 mg)	11%
Magnesio (40 mg)	10%
Hierro (1,27 mg)	7%
Vitamina A (67 µg)	7%
Niacina (1,192 mg)	7%
Cinc (0,61 mg)	6%

1 Siervo M, Lara J, Ogbonmwan I, Mathers JC. Inorganic nitrate and beetroot juice supplementation reduces blood pressure in adults: a systematic review and meta-analysis. J Nutr. 2013 Jun;143(6):818-26. Apr 17. Review. PubMed PMID: 23596162.

2 Biswas D, Uddin MM, Dizdarevic LL, Jørgensen A, Duttaroy AK. Inhibition of angiotensin-converting enzyme by aqueous extract of tomato. Eur J Nutr. 2014 Dec;53(8):1699-706. PubMed PMID: 24573416.

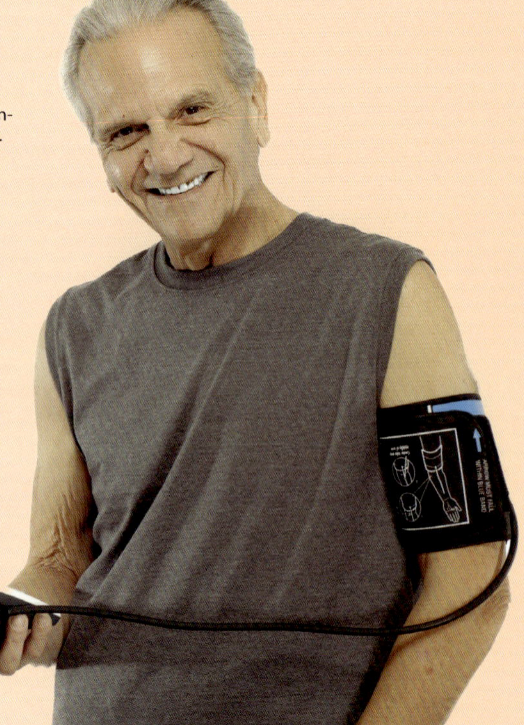

Depurativo y preventivo

El jugo Regulador de tensión limpia y depura la sangre, además de regular la tensión arterial de forma natural. De esta forma previene los ataques cardíacos y los accidentes cerebrovasculares (ictus o trombosis cerebral), relacionados con la hipertensión arterial.

Cada porción (vaso o taza de 250 ml) contiene

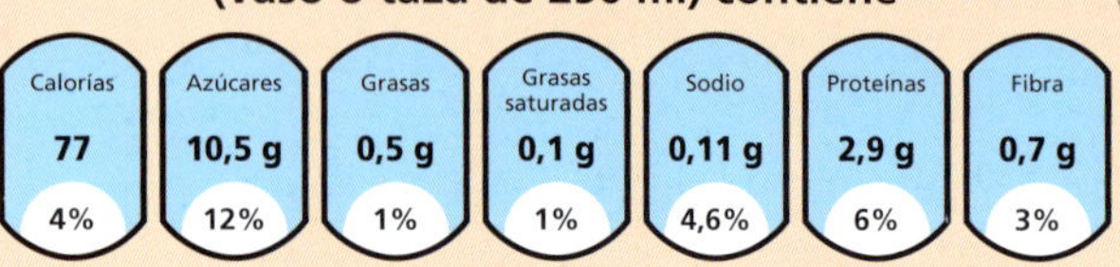

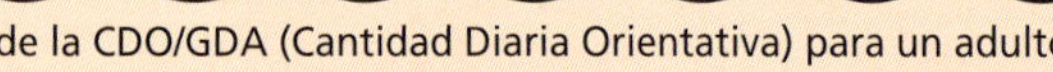

Vegetariana
Total

Sin gluten
Apto para celíacos

Diabetes
Recomendado

Alergia alimentaria
Precaución con el apio

Poder antioxidante
2.347 unidades ORAC por porción (47% del Valor óptimo diario)

Carga ácida (PRAL)
-4,73 mEq/100 g

INGREDIENTES

para dos porciones de unos 250 ml

- 1 **remolacha roja** (betabel) grande *[de unos 280 g]*
- 2 **tomates** grandes *[de unos 182 g cada uno]*
- 2 tallos de **apio** *[de unos 40 g cada uno]*
- 1 cucharada de **perejil** *[de unos 3,8 g]*

PREPARACIÓN

a. Pasar todos los ingredientes por el extractor de jugos o masticador.

b. Servir en los vasos y añadir el perejil troceado por encima.

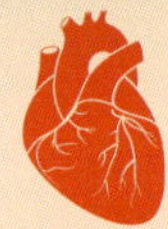

HIPERTENSIÓN ARTERIAL - 4

Las sopas frías a base de hortalizas son buenos remedios contra la hipertensión arterial.

Sopa fría

GAZPACHO ANDALUZ

El gazpacho es una sopa de hortalizas crudas aderezada con aceite de oliva típicamente española. Aunque existen diversas variedades de gazpacho, el más conocido internacionalmente, y también el más refrescante, es el GAZPACHO ANDALUZ que presentamos.

Un estudio realizado en la Universidad de Barcelona[1] (España) ha mostrado que el consumo habitual de gazpacho se asocia con una reducción, tanto de la tensión sistólica (máxima) como de la diastólica (mínima), en las personas con elevado riesgo cardiovascular. Ese efecto regulador del gazpacho sobre la tensión arterial se debe al efecto del **tomate**, que ya es de por sí antihipertensor, potenciado por los otros ingredientes.

Tomar GAZPACHO ANDALUZ es una forma muy agradable de hidratarse, de cargarse de vitaminas y de fitonutrientes y de depurar la sangre, a la vez de prevenir la hipertensión arterial.

Propiedades

- Antihipertensiva
- Depurativa
- Protectora de las arterias

Vitaminas y minerales por cada porción

	% del Valor Diario
Vitamina C (60,9 mg)	68%
Vitamina E (3,04 mg)	20%
Vitamina K (22,2 µg)	19%
Vitamina B6 (0,284 mg)	17%
Vitamina B1 (0,151 mg)	13%
Folato (50 µg)	13%
Potasio (497 mg)	11%
Vitamina A (101 µg)	11%
Magnesio (38 mg)	9%
Selenio (4,5 µg)	8%
Hierro (1,09 mg)	6%
Cinc (0,71 mg)	6%

1 Medina-Remón A, Vallverdú-Queralt A, Arranz S, Ros E, et al. Gazpacho consumption is associated with lower blood pressure and reduced hypertension in a high cardiovascular risk cohort. Cross-sectional study of the PREDIMED trial. Nutr Metab Cardiovasc Dis. 2013 Oct;23(10):944-52. PubMed PMID: 23149074.

Cada porción (vaso o taza de 250 ml) contiene

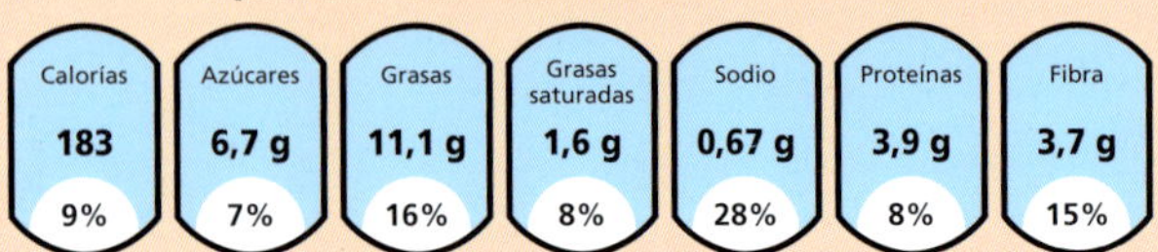

de la CDO/GDA (Cantidad Diaria Orientativa) para un adulto

Refrescante y regulador de la tensión

Pocas bebidas tan refrescantes y saludables, además de reguladoras de la tensión, como el tradicional GAZPACHO ANDALUZ.

Vegetariana
Total

Contiene gluten
No apto para celíacos

Diabetes
Recomendado

Alergia alimentaria
Sin precauciones especiales

Poder antioxidante
867 unidades ORAC por porción (17% del Valor óptimo diario)

Carga ácida (PRAL)
-2,19 mEq/100 g

INGREDIENTES

para cuatro porciones de unos 250 ml

- 4 **tomates** medianos *[de unos 123 g cada uno]*, preferiblemente de la variedad llamada «de pera»
- 1 **pepino** mediano *[de unos 201 g]*
- 1 **pimiento** dulce (morrón) mediano *[de unos 119 g]* preferiblemente de color verde
- ½ cebolla *[unos 55 g]*
- 2 rebanadas de **pan** *[de unos 32 g cada una]*
- 2 dientes de **ajo** *[de unos 3 g cada uno]*
- 3 cucharadas de **aceite de oliva** *[de unos 13,5 g cada una]*
- 1 cucharadita de **sal** de mesa *[de unos 6 g]*, preferiblemente marina
- 2 cucharadas de **jugo de limón** *[de unos 15 ml cada una]*
  Alternativa: vinagre de manzana
- 1 taza de **agua** *[de unos 250 ml]*

PREPARACIÓN

a. Poner todos los ingredientes en la licuadora (batidora) excepto el aceite. Batir hasta obtener una pasta homogénea. Como alternativa se puede usar una licuadora (batidora) de mano.

b. Añadir el aceite a medida que se trituran los ingredientes, de forma que se vaya fundiendo con ellos (emulsionando).

c. Pasar por un colador.

d. Una vez servido en la taza, se puede añadir una guarnición de pimiento (morrón), cebolla, pepino u otras hortalizas finamente troceadas, y pequeños trozos de pan tostado.

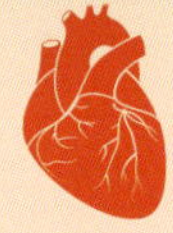

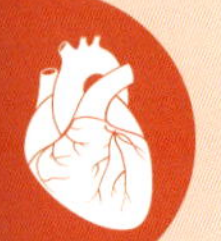

Hipertensión arterial - 5

Existen infusiones muy eficaces para evitar la hipertensión.

Infusión

Agua de Jamaica

Es sabido que los polifenoles de las flores de *Hibiscus sabdariffa*, llamada flor de Jamaica en el Caribe, protegen el endotelio, la capa interna que recubre las arterias, lo que previene la arteriosclerosis. Pero además, se ha confirmado que el Agua de Jamaica reduce la tensión de los pacientes hipertensos. Diversos estudios lo confirman, particularmente el llevado a cabo en la *Tufts University* (Boston, Estados Unidos).[1] Después de seis semanas tomando tres tazas diarias de Agua de Jamaica, la hipertensión arterial se reduce significativamente.

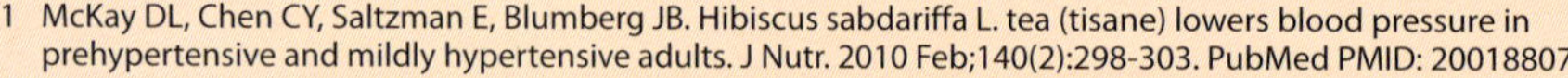

1 McKay DL, Chen CY, Saltzman E, Blumberg JB. Hibiscus sabdariffa L. tea (tisane) lowers blood pressure in prehypertensive and mildly hypertensive adults. J Nutr. 2010 Feb;140(2):298-303. PubMed PMID: 20018807.

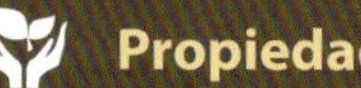

Propiedades

- Hipotensora
- Protectora de las arterias
- Baja el colesterol
- Antioxidante
- Antidiabética
- Protectora hepática
- Adelgazante

El Agua de Jamaica se obtiene por infusión de la flor del hibisco o Jamaica. Se suele tomar fría, añadiéndole unas gotas de limón y una hojita de menta.

Síndrome metabólico

Además de combatir la hipertensión arterial, el Agua de Jamaica también reduce el colesterol y los triglicéridos, por lo que conviene en caso de síndrome metabólico.

PREPARACIÓN

a. Hacer hervir durante dos minutos ½ taza de cálices secos de flor de Jamaica en dos litros de agua.
b. Dejar reposar durante 10 minutos y colar.
c. Endulzar preferentemente con estevia (pág. 24).

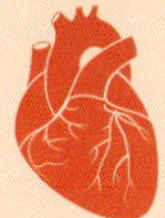

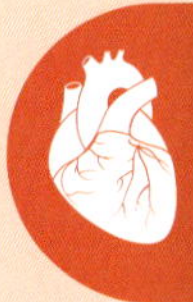

HIPOTENSIÓN ARTERIAL

Se puede regular la tensión arterial baja mediante una infusión.

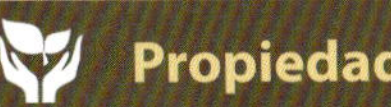

Propiedades

- Reguladora de la tensión
- Antiinflamatoria
- Tonificante

Infusión de jengibre y cúrcuma

Cuando la hipotensión (tensión arterial baja) no se debe a causas graves suele regularse por sí sola. Hay que evitar la deshidratación, la hipoglucemia (bajo nivel de glucosa en al sangre) y la anemia, que pueden provocar bajadas de tensión.

La Infusión de jengibre y cúrcuma ayuda a normalizar la tensión cuando se halla baja. Esta infusión no produce hipertensión, solamente la regula cuando está baja. Tiene además efecto antiinflamatorio y tonificante.

INGREDIENTES

para dos porciones de unos 250 ml

- ½ cucharadita de **jengibre** en polvo *[unos 1 g]*. Se puede usar también raíz de jengibre fresca rallada
- ½ cucharadita de **cúrcuma** en polvo *[unos 1,5 g]*
- 1 **jugo de limón** *[de unos 15 ml]*
- ¼ cucharadita de **canela** en polvo *[unos 0,7 g]*
- 2 cucharadas de **melaza** *[de unos 20 g cada una]* *Alternativas*: panela (piloncillo), sirope de arce (ver pág. 25), miel
- 2 tazas de **agua** *[de unos 250 ml cada una]*

PREPARACIÓN

a. Añadir todos los ingredientes sobre dos tazas de agua hirviendo.

b. Remover y dejar reposar mientras se enfría durante unos 5 minutos.

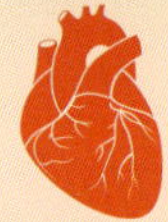

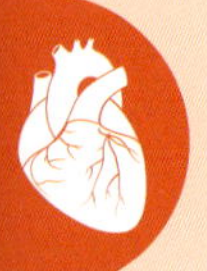

ARTERIOSCLEROSIS

Un vaso al día del jugo que aquí proponemos protege las arterias coronarias contra el infarto.

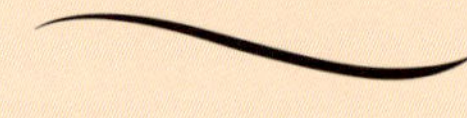

SIMPLEMENTE ZANAHORIA

Aunque el jugo de zanahoria por sí solo no reduce el nivel de colesterol, sí que impide que este se oxide y dañe las arterias. Estos fueron los resultados de un estudio realizado en la Universidad de Texas (Estados Unidos), en el que los participantes tomaron un vaso de jugo de zanahoria al día durante tres meses.[1]

El jugo de zanahoria protege la capa interna de las arterias, la llamada íntima, de los efectos del colesterol oxidado, reduciendo así el riesgo de embolias, trombosis, infartos y otros accidentes cardiovasculares.

Y es que para tener las arterias sanas no resulta tan importante reducir el nivel de colesterol, como impedir que este se oxide y se deposite en las arterias, iniciando el proceso de la arteriosclerosis.

1 Potter AS, Foroudi S, Stamatikos A, Patil BS, Deyhim F. Drinking carrot juice increases total antioxidant status and decreases lipid peroxidation in adults. Nutr J. 2011 Sep 24;10:96. PubMed PMID: 21943297.

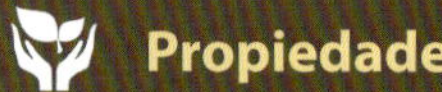

Propiedades

- Alcalinizante
- Protectora de las arterias
- Protectora de la visión
- Antianémica
- Hipotensora

Vitaminas y minerales por cada porción

	% del Valor Diario
Vitamina A (1783 µg)	198%
Vitamina K (28,2 µg)	24%
Vitamina C (16,7 mg)	19%
Vitamina B6 (0,3 mg)	18%
Vitamina B1 (0,144 mg)	12%
Folato (43 µg)	11%
Vitamina E (1,43 mg)	10%
Calcio (71 mg)	5%
Hierro (0,65 mg)	4%

Vitamina A

Un solo vaso de JUGO DE ZANAHORIA cubre casi el doble de las necesidades diarias de vitamina A.

Anticáncer

El JUGO DE ZANAHORIA es un eficaz protector contra diversos tipos de cáncer, incluido el de mama.

Carotenemia

Cuando se toma más de un vaso de jugo de zanahoria al día, el hígado puede no ser capaz de transformar todo ese betacaroteno en vitamina A, y la piel adquiere un tono anaranjado. No suele revestir gravedad, reduciendo la dosis de jugo desaparece espontáneamente.

Cada porción (vaso o taza de 250 ml) contiene

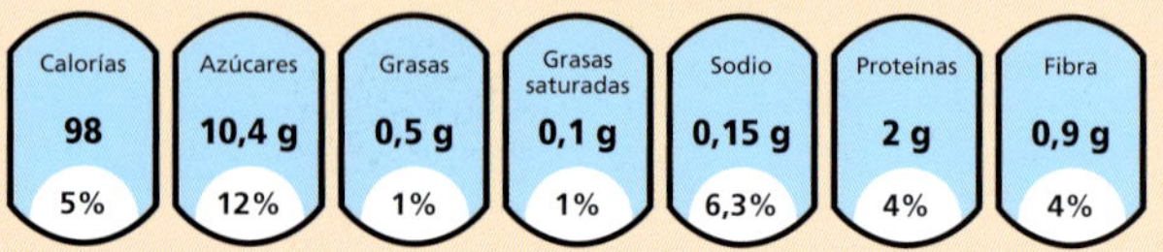

de la CDO/GDA (Cantidad Diaria Orientativa) para un adulto

Vegetariana
Total

Sin gluten
Apto para celíacos

Diabetes
Recomendado

Alergia alimentaria
Sin precauciones especiales

Poder antioxidante
1.617 unidades ORAC por porción (32% del Valor óptimo diario)

Carga ácida (PRAL)
-5,44 mEq/100 g

Antioxidante
El jugo de zanahoria es un potente antioxidante que, además de proteger los ojos, las mucosas respiratorias y la piel, evita que el colesterol se oxide y dañe las arterias.

INGREDIENTES

para una porción de unos 250 ml

- 5 **zanahorias** medianas *[de unos 61 g cada una]*
- 1 cucharada de **jugo de limón** *[de unos 15 ml]*

PREPARACIÓN

a. Lavar y pelar las zanahorias y pasarlas por el extractor de jugos o masticador.
b. Añadir el jugo de limón para dar sabor y evitar la oxidación de los nutrientes de la zanahoria.

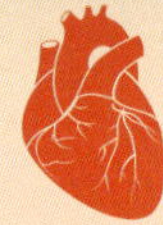

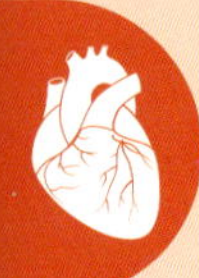

ENFERMEDAD CORONARIA

Las arterias coronarias que nutren al propio corazón necesitan una buena dosis de antioxidantes para permanecer abiertas.

Jugo

CORAZÓN VERDE

Entre todas las variedades de **col** o **berza**, la rizada que no forma cogollo o cabeza, llamada en inglés *kale* es, junto con el brócoli, la que ha sido objeto de más investigaciones por sus numerosas propiedades saludables.

Uno de esos estudios, realizado en la Y*onsei University* de Seul (Corea),[1] muestra que los hombres que beben 150 ml de jugo de col (repollo) rizada al día durante doce semanas mejoran sus niveles de colesterol y de lípidos en la sangre, aumentan su capacidad antioxidante y ven reducido significativamente su riesgo de *enfermedad coronaria* y de *ataque cardíaco*.

El jugo CORAZÓN VERDE conviene a todos aquellos que tienen factores de *riesgo coronario*, o que ya han sufrido un *infarto*.

1 Kim SY, Yoon S, Kwon SM, Park KS, Lee-Kim YC. Kale juice improves coronary artery disease risk factors in hypercholesterolemic men. Biomed Environ Sci. 2008 Apr;21(2):91-7.PubMed PMID: 18548846.

Propiedades

- Protectora de las arterias
- Protectora del corazón
- Antiinflamatoria
- Depurativa
- Anticancerígena

Vitaminas y minerales por cada porción

	% del Valor Diario
Vitamina K (330,7 µg)	276%
Vitamina C (63,9 mg)	71%
Vitamina A (235 µg)	26%
Folato (72 µg)	18%
Magnesio (55 mg)	13%
Calcio (103 mg)	8%
Hierro (1,07 mg)	6%
Selenio (1,7 µg)	3%

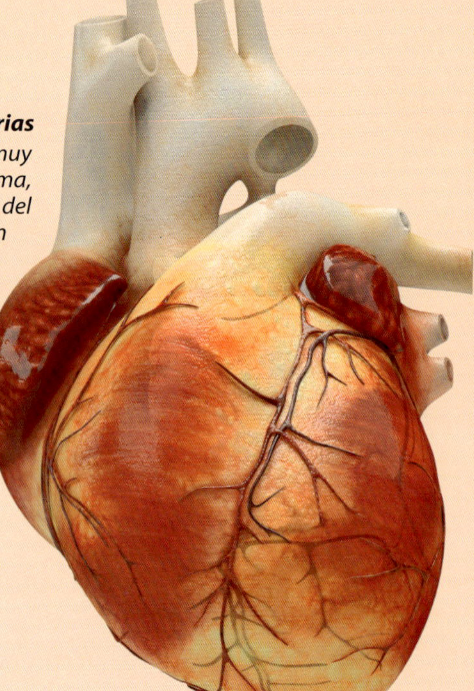

Protectores de las coronarias
El jugo de col o berza rizada ('kale') combina muy bien con el agua de coco y con el jugo de lima, también protectores de las arterias coronarias del corazón, para dar lugar a una bebida muy baja en calorías y llena de propiedades para la salud.

Cada porción (vaso o taza de 250 ml) contiene

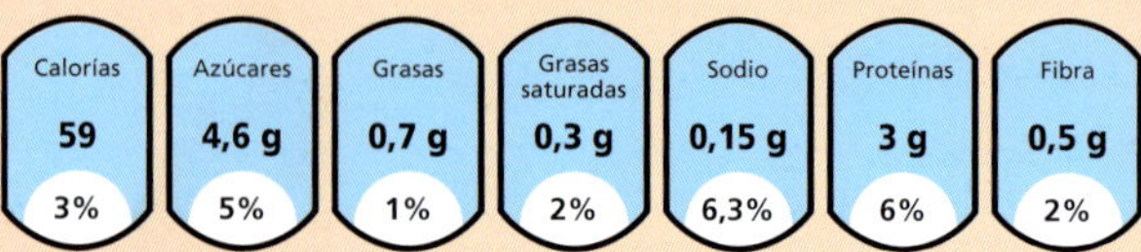

Calorías	Azúcares	Grasas	Grasas saturadas	Sodio	Proteínas	Fibra
59	4,6 g	0,7 g	0,3 g	0,15 g	3 g	0,5 g
3%	5%	1%	2%	6,3%	6%	2%

de la CDO/GDA (Cantidad Diaria Orientativa) para un adulto

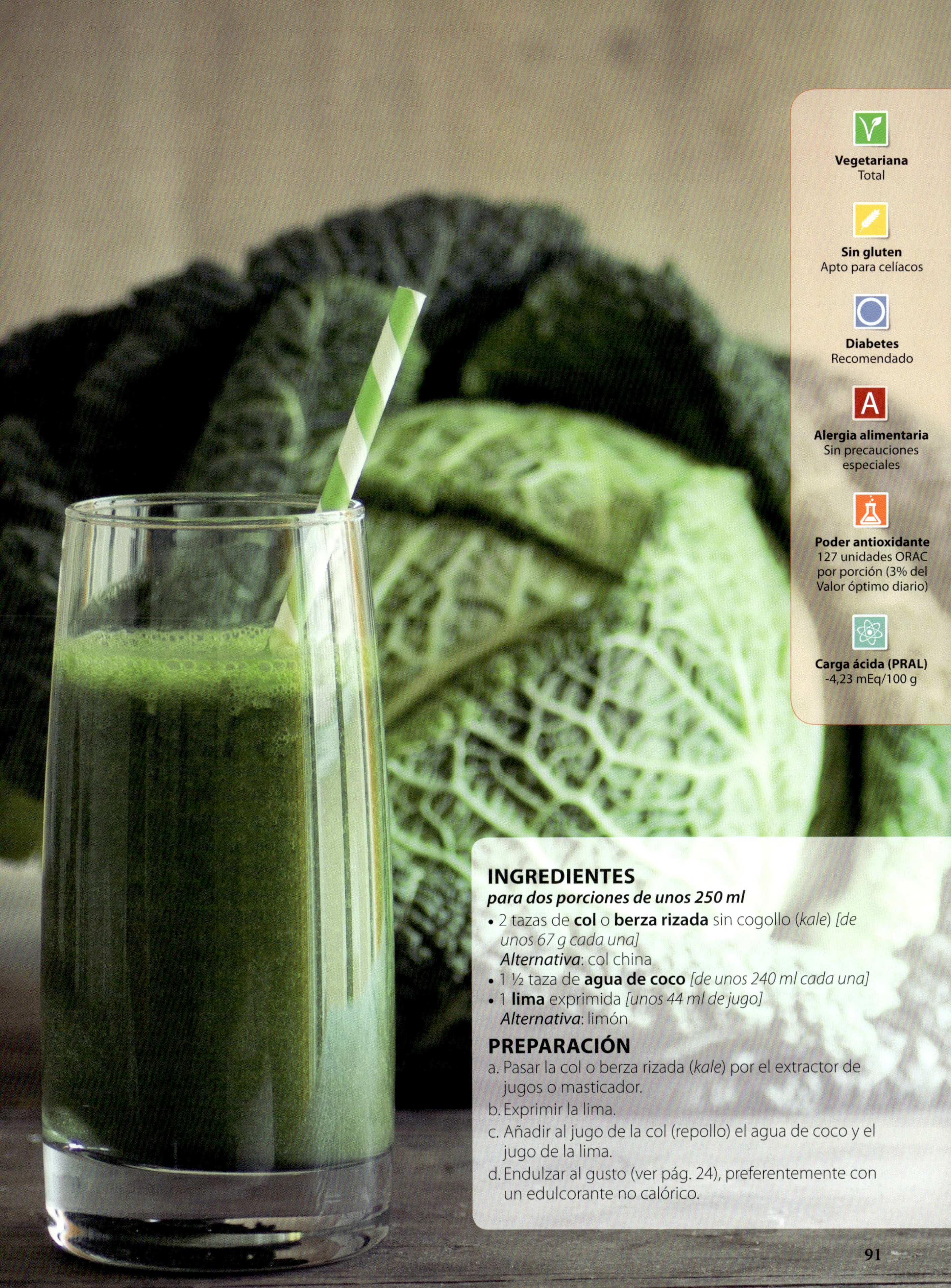

Vegetariana
Total

Sin gluten
Apto para celíacos

Diabetes
Recomendado

Alergia alimentaria
Sin precauciones especiales

Poder antioxidante
127 unidades ORAC por porción (3% del Valor óptimo diario)

Carga ácida (PRAL)
-4,23 mEq/100 g

INGREDIENTES

para dos porciones de unos 250 ml

- 2 tazas de **col** o **berza rizada** sin cogollo (*kale*) *[de unos 67 g cada una]*
  Alternativa: col china
- 1 ½ taza de **agua de coco** *[de unos 240 ml cada una]*
- 1 **lima** exprimida *[unos 44 ml de jugo]*
  Alternativa: limón

PREPARACIÓN

a. Pasar la col o berza rizada (*kale*) por el extractor de jugos o masticador.
b. Exprimir la lima.
c. Añadir al jugo de la col (repollo) el agua de coco y el jugo de la lima.
d. Endulzar al gusto (ver pág. 24), preferentemente con un edulcorante no calórico.

CARENCIA DE HIERRO

Los licuados a base de semillas como el anacardo (cajú o marañón) y frutas desecadas, junto con limón, son buenas fuentes de hierro.

  *Licuado (batido)*

HIERRO AL ROJO VIVO

Existen muchos alimentos vegetales ricos en hierro, como los que forman parte del licuado (batido) HIERRO AL ROJO VIVO. Los **anacardos** (cajú o marañon), por ejemplo, aportan 6,68 mg de hierro por cada 100 g, unas tres veces más que el mismo peso de carne. El único inconveniente del hierro vegetal es su difícil absorción. Sin embargo, cuando los **anacardos** (cajú o marañon), las **uvas pasas** u otras buenas fuentes de hierro se ingieren junto con ácidos orgánicos como el ácido ascórbico (vitamina C) o el ácido cítrico de los **limones** o naranjas, la absorción del hierro vegetal resulta tan eficiente como la del hierro de la carne.

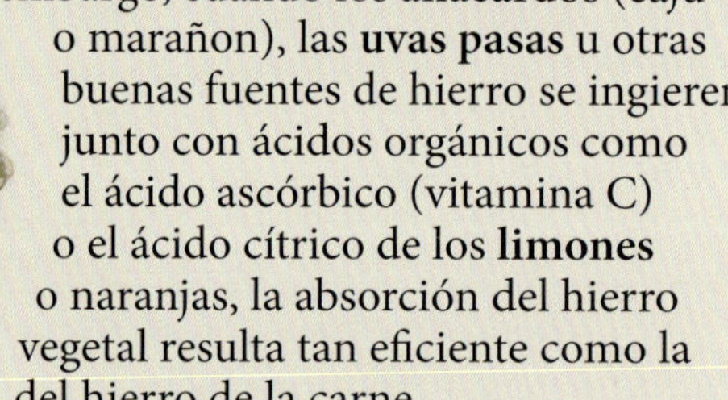

El limón y la remolacha (betabel) del licuado (batido) HIERRO AL ROJO VIVO favorecen la absorción del hierro de los **anacardos** (cajú o marañon) y de las **uvas pasas**. El cobre y el cinc que también aporta contribuyen a la asimilación del hierro para la producción de sangre. En conjunto, el licuado (batido) HIERRO AL ROJO VIVO ayuda a recuperar los niveles de hierro cuando se hallan bajos a causa de una pérdida de sangre o de una enfermedad crónica.

 **Propiedades**

- Antianémica
- Antioxidante
- Energizante

Vitaminas y minerales por cada porción

	% del Valor Diario
Cobre (0,565 mg)	63%
Folato (86 µg)	22%
Magnesio (83 mg)	20%
Hierro (2,3 mg)	13%
Cinc (1,45 mg)	13%
Potasio (540 mg)	11%
Vitamina C (9,9 mg)	11%
Vitamina B1 (0,132 mg)	11%
Vitamina B6 (0,175 mg)	10%
Selenio (4,6 µg)	8%

Cada porción (vaso o taza de 250 ml) contiene

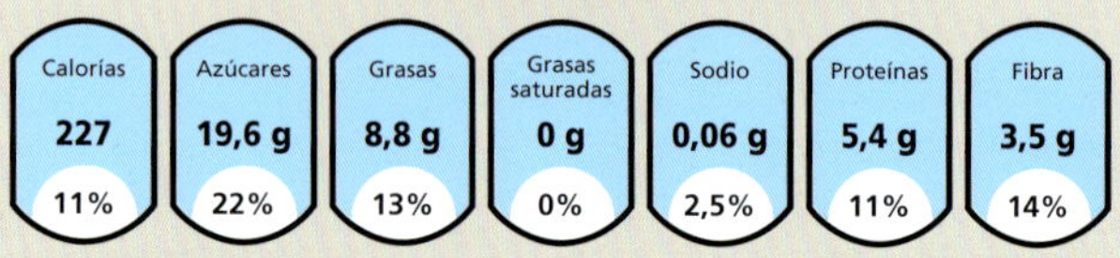

Calorías	Azúcares	Grasas	Grasas saturadas	Sodio	Proteínas	Fibra
227	19,6 g	8,8 g	0 g	0,06 g	5,4 g	3,5 g
11%	22%	13%	0%	2,5%	11%	14%

de la CDO/GDA (Cantidad Diaria Orientativa) para un adulto

Buena fuente de hierro

Una porción (un vaso) del licuado (batido) HIERRO AL ROJO VIVO aporta alrededor del 13% de las necesidades diarias de hierro, junto con otros nutrientes y fitoquímicos que favorecen su absorción.

Vegetariana
Total

Sin gluten
Apto para celíacos

Diabetes
Recomendado

Alergia alimentaria
Precaución con el anacardo

Poder antioxidante
2.491 unidades ORAC por porción (50% del Valor óptimo diario)

Carga ácida (PRAL)
-2,04 mEq/100 g

INGREDIENTES

para dos porciones de unos 250 ml

- ½ **remolacha roja** (betabel) grande *[unos 140 g]* cocida, para que resulte más fácil triturarla
- 3 cucharadas de **uvas pasas** *[de unos 15 g cada una]* preferiblemente sin semillas
- 3 cucharadas de **anacardos** (cajú o marañón) *[de unos 13 g cada una]*
- 2 cucharadas de **jugo de limón** *[de unos 15 ml cada una]*
- 1 taza de **agua** *[de unos 250 ml]*

PREPARACIÓN

a. Poner los anacardos (cajú o marañón) y las pasas en la licuadora (batidora) y cubrirlos de agua. Triturar hasta obtener una pasta homogénea. Como alternativa se puede utilizar una picadora o trituradora, y añadirlos después a la licuadora (batidora).

b. Añadir la remolacha (betabel), el jugo de limón y el resto del agua y licuar (batir) hasta que se halle todo bien mezclado.

Anemia

Los jugos y licuados (batidos) de color verde pueden favorecer la producción de sangre roja.

Licuado (batido)

Verde antianémico

El color verde de las plantas se debe a la clorofila que contiene, un pigmento a base de magnesio. El color rojo de la sangre se debe a la hemoglobina, un pigmento a base de hierro. Resulta curiosa la similitud estructural entre la molécula de la clorofila y la de la hemoglobina. Posiblemente por ello, las hojas y frutos de color verde, como las **espinacas** o el **aguacate**, favorecen la producción de sangre. Además, todos los ingredientes del licuado (batido) Verde antianémico aportan hierro, mineral indispensable para la sangre.

El **kiwi** es una de las frutas más ricas en vitamina C, que favorece la absorción del hierro de las **espinacas**, el **aguacate** y la **uva**. En su conjunto, el licuado (batido) Verde antianémico tiene una acción tonificante y revitalizadora, no solamente sobre los que padecen anemia, sino sobre todo aquel que precise una dosis suplementaria de energía.

Propiedades

- Antianémica
- Tonificante
- Antidepresiva
- Energizante
- Alcalinizante
- Baja el colesterol

Vitaminas y minerales por cada porción

	% del Valor Diario
Vitamina K (111,3 µg)	93%
Vitamina C (73,4 mg)	82%
Cobre (0,328 mg)	36%
Magnesio (99 mg)	24%
Vitamina B_6 (0,377 mg)	22%
Folato (87 µg)	22%
Potasio (967 mg)	21%
Vitamina E (2,35 mg)	16%
Hierro (2,16 mg)	12%
Calcio (100 mg)	8%
Selenio (4,1 µg)	7%
Cinc (0,65 mg)	6%

Tonificante

El licuado (batido) Verde antianémico es una nutritiva y deliciosa bebida que tonifica y da energía, recomendable para quienes padecen anemia, depresión y fatiga crónica.

Cada porción (vaso o taza de 250 ml) contiene

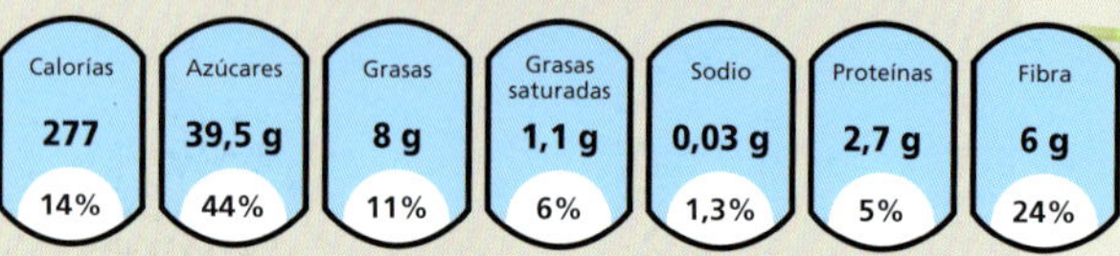

Calorías	Azúcares	Grasas	Grasas saturadas	Sodio	Proteínas	Fibra
277	39,5 g	8 g	1,1 g	0,03 g	2,7 g	6 g
14%	44%	11%	6%	1,3%	5%	24%

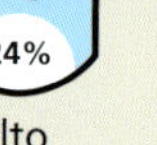

de la CDO/GDA (Cantidad Diaria Orientativa) para un adulto

Vegetariana
Total

Sin gluten
Apto para celíacos

Diabetes
Usar con moderación

Alergia alimentaria
Sin precauciones especiales

Poder antioxidante
1.807 unidades ORAC por porción (36% del Valor óptimo diario)

Carga ácida (PRAL)
-7,05 mEq/100 g

INGREDIENTES

para dos porciones de unos 250 ml

- 2 **kiwis** medianos *[de unos 69 g cada uno]*
- ½ **aguacate** mediano *[unos 100,5 g]*
- 1 taza de **espinacas** *[de unos 30 g]*
- 1 taza de **jugo de uva** (mosto) *[de unos 253 ml]* si es posible, prepararlo a partir de uvas frescas
- 2 cucharadas de **melaza** *[de unos 20 g cada una]* *Alternativas*: panela (piloncillo), sirope de arce (ver pág. 25)

PREPARACIÓN

a. Pelar los kiwis y el aguacate, eliminando el hueso (carozo).
b. Introducir todos los ingredientes en la licuadora (batidora) y batir hasta obtener un líquido homogéneo.

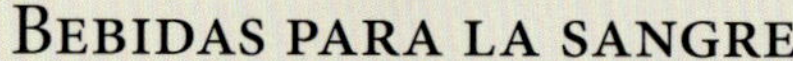

SOBRECARGA DE TOXINAS - 1

Nada como los jugos naturales para favorecer la eliminación de toxinas.

Jugo

SÚPER *DETOX*

Resulta muy verosímil la teoría de que muchas enfermedades se deben a una sobrecarga de toxinas en el organismo, procedentes tanto del exterior (contaminación ambiental, tabaco, alcohol y otras drogas, pesticidas, productos de limpieza, etc.) como de nuestro propio cuerpo (residuos metabólicos como el ácido úrico y la urea que aumentan con las dietas ricas en proteínas, toxinas resultantes de la inflamación, etc.).

Afortunadamente, nuestro organismo dispone de vías de eliminación (ver pág. 232) para deshacerse de tantas sustancias extrañas, principalmente el hígado y los riñones. Pero si existe una sobrecarga de toxinas en la sangre, los procesos fisiológicos de depuración quedan saturados. Los jugos como SÚPER *DETOX* y otros constituyen un excelente remedio para favorecer la eliminación de las toxinas que circulan por la sangre, causantes de enfermedad.

Propiedades

- Desintoxicante
- Depurativa
- Antioxidante
- Alcalinizante
- Anticancerígena

Vitaminas y minerales por cada porción

	% del Valor Diario
Vitamina A (907 µg)	101%
Vitamina C (28,2 mg)	31%
Vitamina K (31,2 µg)	26%
Vitamina B6 (0,254 mg)	15%
Potasio (629 mg)	13%
Folato (44 µg)	11%
Magnesio (26 mg)	6%
Calcio (71 mg)	5%
Hierro (0,69 mg)	4%
Cinc (0,41 mg)	4%

Cada porción (vaso o taza de 250 ml) contiene

Calorías	Azúcares	Grasas	Grasas saturadas	Sodio	Proteínas	Fibra
130	18,2 g	0,6 g	0,1 g	0,12 g	2 g	0,9 g
7%	20%	1%	1%	5%	4%	4%

de la CDO/GDA (Cantidad Diaria Orientativa) para un adulto

Admite variaciones

SÚPER DETOX es un clásico de los jugos depurativos, fácil de preparar y muy agradable de tomar. Su composición admite muchas variantes creativas, como añadirle remolacha roja (betabel), pepino o un poco de jengibre.

Vegetariana
Total

Sin gluten
Apto para celíacos

Diabetes
Recomendado

Alergia alimentaria
Precaución con el apio

Poder antioxidante
4.318 unidades ORAC por porción (86% del Valor óptimo diario)

Carga ácida (PRAL)
-3,72 mEq/100 g

INGREDIENTES

para dos porciones de unos 250 ml

- 5 **zanahorias** medianas *[de unos 61 g cada una]*.
- 2 **manzanas** medianas *[de unos 161 g cada una]*. con piel si procede de agricultura biológica (orgánica)
- 4 tallos de **apio** *[de unos 40 g cada uno]*.
- 1 **limón** mediano *[de unos 84 g]*. Si procede de agricultura ecológica (orgánica), se puede dejar una parte de la corteza.

PREPARACIÓN

a. Pasar todos los ingredientes por el extractor de jugos o masticador.

b. Eliminar una parte de la corteza del limón, pues le da un gusto muy fuerte.

Sobrecarga de toxinas - 2

Los cítricos en general, y el pomelo en particular, son posiblemente las frutas que más favorecen la eliminación de toxinas.

Jugo

Propiedades

- Desintoxicante
- Depurativa
- Adelgazante
- Antioxidante
- Anticancerígena

Vitaminas y minerales por cada porción	% del Valor Diario
Vitamina C (93,9 mg)	**104%**
Potasio (400 mg)	**9%**
Vitamina B_1 (0,099 mg)	**8%**
Magnesio (30 mg)	**7%**
Vitamina B_6 (0,109 mg)	**6%**
Vitamina B_2 (0,049 mg)	**4%**
Hierro (0,49 mg)	**3%**

Jugo de pomelo (toronja)

El **pomelo (toronja)** es posiblemente el jugo con mayor capacidad para eliminar toxinas y otras sustancias extrañas de la sangre. De esta forma se comporta como un auténtico antídoto contra muchas toxinas, incluidas las causantes de *cáncer*, debido a su capacidad para activar ciertas enzimas hepáticas. El hígado es el principal órgano encargado de descomponer y eliminar las sustancias extrañas que circulan por la sangre, como el alcohol. Experimentos llevados a cabo en la Universidad Hebrea de Jerusalén[1] (Israel) muestran que el **pomelo** activa las enzimas encargadas de la desintoxicación química en el hígado.

El Jugo de pomelo resulta ideal para comenzar una cura de desintoxicación y limpieza, y también de adelgazamiento: nada de grasa ni de sodio, poco azúcar, muchas vitaminas e ingredientes naturales capaces de neutralizar y eliminar toxinas.

1. Hahn-Obercyger M, Stark AH, Madar Z. Grapefruit and oroblanco enhance hepatic detoxification enzymes in rats: possible role in protection against chemical carcinogenesis. J Agric Food Chem. 2005 Mar 9;53(5):1828-32. PubMed PMID:15740081.

Pomelo rosado

El pomelo rosado contiene licopeno, además de los mismos nutrientes que el blanco. Su sabor es igualmente único, una combinación de dulce, ácido y amargo. El licopeno es el pigmento protector contra el cáncer que también se encuentra en el tomate y en la sandía.

Elimina toxinas y adelgaza

Además de desintoxicar, el Jugo de pomelo adelgaza. Un jugo de pomelo al día, preferiblemente por la mañana, limpia la sangre y acelera el metabolismo, reduciendo la acumulación de grasa corporal.

Cada porción (vaso o taza de 250 ml) contiene

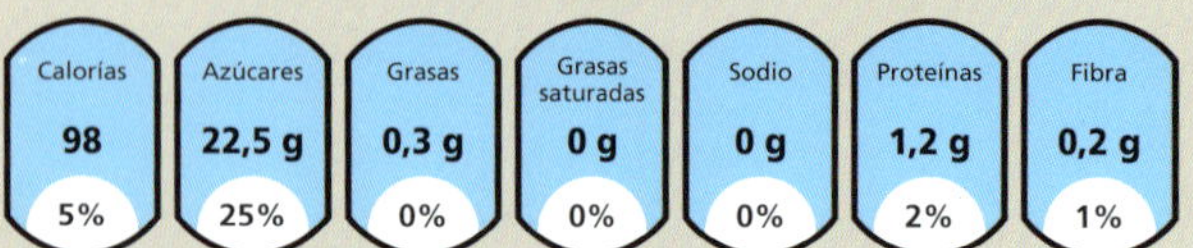

Calorías	Azúcares	Grasas	Grasas saturadas	Sodio	Proteínas	Fibra
98	22,5 g	0,3 g	0 g	0 g	1,2 g	0,2 g
5%	25%	0%	0%	0%	2%	1%

de la CDO/GDA (Cantidad Diaria Orientativa) para un adulto

Precaución: El pomelo (toronja) es incompatible con muchos medicamentos

El pomelo es un ejemplo típico de un alimentos saludable, pero que interactúa con muchos medicamentos, haciendo que resulte incompatible con su uso.

Más de 80 medicamentos diferentes son afectados por el pomelo o su jugo, principalmente todos aquellos que son metabolizados mediante el citocromo P450. Cuando se toma pomelo con estos medicamentos, aumenta o disminuye su nivel en la sangre y pueden producirse más efectos secundarios o una efecto insuficiente.

Recomendaciones

- Antes de empezar a tomar jugo de pomelo (toronja), consultar a un profesional de la salud y leer atentamente el prospecto de los medicamentos que se están tomando, para ver si existen interacciones.
- Suspender la ingesta de jugo de pomelo al menos tres días antes de empezar a tomar cualquiera de los medicamentos incompatibles.

Algunos medicamentos incompatibles con el pomelo

- Anticonceptivos orales.
- Antihipertensivos.
- Antiarrítmicos.
- Antiepilépticos.
- Inmunosupresores.
- Hipolipemiantes (estatinas contra el colesterol).
- Quimioterápicos contra el cáncer.

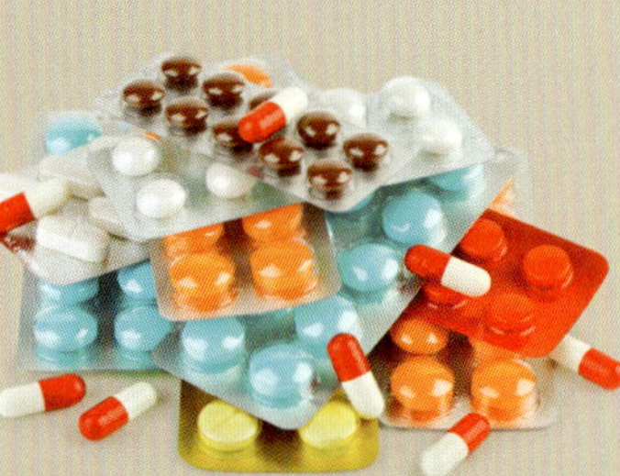

La buena noticia es que cuanto más jugo de pomelo se tome, menos necesario será tomar muchos medicamentos, y menos riesgo de interacciones habrá.

Vegetariana
Total

Sin gluten
Apto para celíacos

Diabetes
Recomendado

Alergia alimentaria
Sin precauciones especiales

Poder antioxidante
3.058 unidades ORAC por porción (61% del Valor óptimo diario)

Carga ácida (PRAL)
0,37 mEq/100 g

PREPARACIÓN

a. Puede usarse jugo envasado, o mejor aún, exprimir directamente los pomelos.

COLESTEROL ELEVADO - 1

El colesterol resulta imprescindible para la vida. El problema es su nivel excesivo acompañado de una carencia de antioxidantes.

Licuado (batido)

COLESTEROL BAJO CONTROL

No resulta fácil encontrar productos deliciosos que combatan el exceso de colesterol. Pero el licuado COLESTEROL BAJO CONTROL es uno de ellos, pues resulta muy agradable de tomar. Por su riqueza en fibra soluble, este licuado (batido) retiene las sales biliares en el intestino, impidiendo que sean absorbidas y sirvan de base para la producción de colesterol en el hígado. Los polifenoles de las **fresas** (frutillas) regulan la producción y por su efecto antioxidante, protegen las arterias de las consecuencias del exceso de colesterol.

Además, COLESTEROL BAJO CONTROL regula la función intestinal y combate el estreñimiento (constipación).

Propiedades

- Baja el colesterol
- Antioxidante
- Intestinal regulative
- Protectora de las arterias
- Nutritiva

Vitaminas y minerales por cada porción

	% del Valor Diario
Vitamina C (46,6 mg)	52%
Magnesio (33 mg)	8%
Selenio (3,8 µg)	7%
Vitamina B_1 (0,088 mg)	7%
Folato (24 µg)	6%
Hierro (0,97 mg)	5%
Potasio (254 mg)	5%
Cinc (0,6 mg)	5%
Vitamina B_2 (0,059 mg)	5%

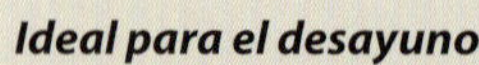

Ideal para el desayuno

El licuado (batido) COLESTEROL BAJO CONTROL resulta ideal para empezar bien el día con un desayuno nutritivo y saludable.

Cada porción (vaso o taza de 250 ml) contiene

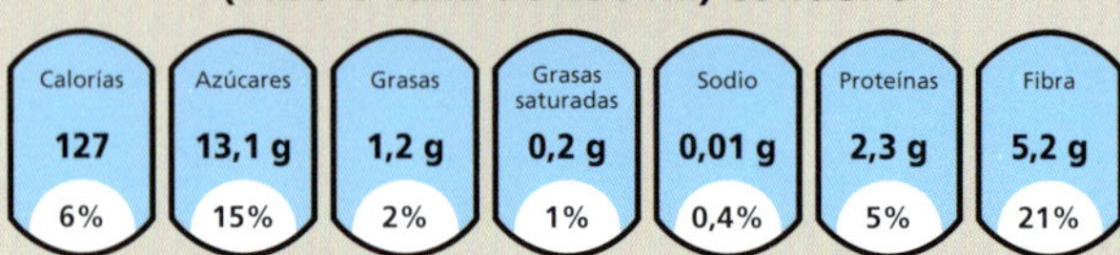

Calorías	Azúcares	Grasas	Grasas saturadas	Sodio	Proteínas	Fibra
127	13,1 g	1,2 g	0,2 g	0,01 g	2,3 g	5,2 g
6%	15%	2%	1%	0,4%	5%	21%

de la CDO/GDA (Cantidad Diaria Orientativa) para un adulto

Antioxidantes y fibra

Un solo vaso de COLESTEROL BAJO CONTROL aporta todos los antioxidantes y una quinta parte de la fibra necesarios para el día.

Vegetariana
Total

Gluten
Puede contenerlo
(ver pág. 32)

Diabetes
Recomendado

Alergia alimentaria
Sin precauciones especiales

Poder antioxidante
6.234 unidades unidades ORAC por porción (125% del Valor óptimo diario)

Carga ácida (PRAL)
0 mEq/100 g

INGREDIENTES
para dos porciones de unos 250 ml

- 4 cucharadas de **copos de avena** *[de unos 6 g cada una]*
- 1 **manzana** *[de unos 182 g]* sin pelar si procede de agricultura ecológica (orgánica)
- 1 taza de **fresas** (frutillas) *[de unos 144 g]*
- ½ cucharadita de **canela** en polvo *[unos 1,3 g]*
- ¾ taza de **agua** *[unos 187,5 ml]*

PREPARACIÓN

a. Licuar (batir) la avena con el agua hasta obtener un líquido blanco.

b. Añadir los restantes ingredientes y licuar hasta que se forme un líquido homogéneo.

c. Colar con un colador metálico.

d. Endulzar al gusto, preferiblemente con estevia (de 4 a 8 gotas).

Colesterol elevado - 2

Los antioxidantes de la fruta regulan la producción de colesterol.

Propiedades

- Baja el colesterol
- Antioxidante
- Protectora de las arterias
- Protectora del corazón

Vitaminas y minerales por cada porción

	% del Valor Diario
Vitamina C (65,9 mg)	**73%**
Potasio (414 mg)	**9%**
Vitamina B_1 (0,104 mg)	**9%**
Folato (31 µg)	**8%**
Magnesio (31 mg)	**7%**
Niacina (0,887 mg)	**6%**
Vitamina B_6 (0,11 mg)	**6%**
Hierro (0,87 mg)	**5%**
Vitamina B_2 (0,062 mg)	**5%**

Sangría sin alcohol

La sangría es una clásica bebida mediterránea para tomar en las cálidas tardes de verano, que combina las propiedades del **jugo de uva** con las de otras frutas. Aunque se le puede añadir cualquier fruta, lo típico que no debe faltar son los **melocotones** (duraznos) y las **fresas** (frutillas).

El **jugo de uva negra** o mosto tinto contiene un poderoso antioxidante, el resveratrol, que reduce el nivel de colesterol y protege las arterias contra la oxidación. Las restantes frutas de la sangría también aportan flavonoides antioxidantes que regulan la producción de colesterol en el organismo.

Conviene no añadir azúcar a la Sangría sin alcohol, pues las frutas ya contienen azúcares naturales en la proporción idónea, y el exceso de azúcar favorece la producción de colesterol. En todo caso, si desea un sabor más dulce, añadir un edulcorante no calórico como la estevia.

Cada porción (vaso o taza de 250 ml) contiene

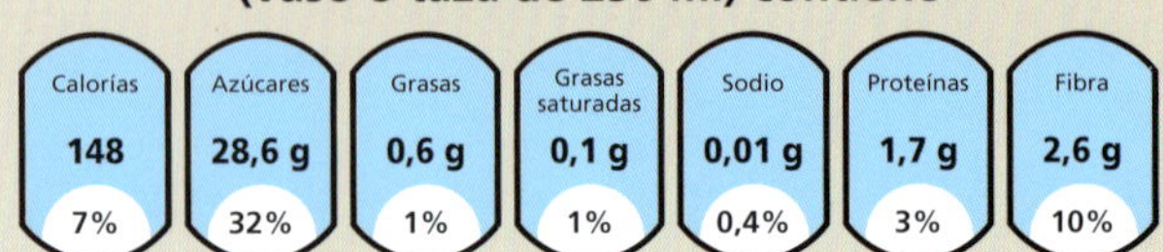

Calorías	Azúcares	Grasas	Grasas saturadas	Sodio	Proteínas	Fibra
148	28,6 g	0,6 g	0,1 g	0,01 g	1,7 g	2,6 g
7%	32%	1%	1%	0,4%	3%	10%

de la CDO/GDA (Cantidad Diaria Orientativa) para un adulto

Mucho mejor que la sangría con alcohol

La Sangría sin alcohol aporta muchos más antioxidantes que el vino sin los muchos inconvenientes del alcohol. Además resulta muy refrescante y de delicioso sabor.

Vegetariana
Total

Sin gluten
Apto para celíacos

Diabetes
Recomendado

Alergia alimentaria
Sin precauciones especiales

Poder antioxidante
3.272 unidades unidades ORAC por porción (65% del Valor óptimo diario)

Carga ácida (PRAL)
-2,13 mEq/100 g

INGREDIENTES

para cuatro porciones de unos 250 ml

- 2 tazas de **jugo de uva negra** (tinta) *[de unos 253 ml cada uno]*
- 1 taza de **jugo de naranja** *[de unos 248 ml]*
- 1 taza de **agua** *[de 250 g]*. Opcionalmente con gas
- 1 taza de **fresas** (frutillas) *[de unos 144 g]*
- 1 **melocotón** (durazno) *[de unos 150 g]*
  Alternativa: 2 cascos de melocotón (durazno) en conserva
- 1 **limón** mediano *[de unos 84 g]*
- 1 cucharadita de **canela** en polvo *[de unos 2,6 g]*
  Alternativa: una ramita de canela

PREPARACIÓN

a. Mezclar el jugo de uva, el de naranja y el agua.
b. Añadir la fruta troceada, incluido el limón en rodajas, y la canela.
c. Dejar reposar en la nevera para que los fragmentos de fruta liberen su sabor.
d. Opcionalmente, endulzar con estevia (de 12 a 16 gotas de extracto líquido de estevia, ver pág. 24).
e. Servir con hielo.

Colesterol elevado - 3

Existen estudios que confirman la eficacia de la hierba de trigo y de las semillas de chía contra el exceso de colesterol.

Jugo

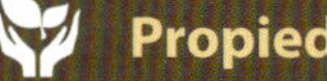

Propiedades

- Baja el colesterol
- Antihipertensiva
- Antianémica
- Desintoxicante
- Antioxidante
- Anticancerígena
- Suavizante intestinal

Hierba de trigo

El jugo de Hierba de trigo es una fuente natural de minerales, vitaminas y clorofila concentrados. La hierba que se usa para el jugo debe de ser tierna, antes de que haya producido granos de trigo. De esta forma, la hierba de trigo no contiene gluten y concentra todos los elementos vitales necesarios para el crecimiento de la planta.

El jugo de Hierba de trigo puede comprarse ya preparado en comercios especializados, o elaborarse en casa (ver Preparación).

Este jugo es un poderoso desintoxicante del organismo al que se le atribuyen muchas propiedades medicinales. Existen estudios que lo recomiendan contra diversos trastornos como el exceso de *colesterol*, la *hipertensión* arterial, la *colitis* ulcerosa, la *talasemia* (un tipo de anemia) o el *eccema*.

Cuando la hierba de trigo alcanza los 10 cm o 15 cm de altura, ya se puede obtener su jugo.

Aumentar la dosis progresivamente

Se recomienda empezar tomando dos cucharadas de jugo de hierba de trigo (unos 30 g) al día. Aumentar progresivamente hasta 4 o 6 cucharadas (60 ml o 90 ml) diarias.

PREPARACIÓN

a. Poner granos de trigo a germinar (se puede usar un germinador de semillas). Normalmente es suficiente con tener los granos de trigo a remojo durante 24 horas.
b. Poner los granos sobre una bandeja con tierra preparada y cubrir con un paño. Regar dos veces al día.
c. Cuando los brotes alcanzan 1 cm o 2 cm, exponerlos a la luz solar (no directa).
d. Esperar unos 10 días hasta que los brotes alcancen los 10 cm o 15 cm de altura.
e. Poner las plantitas de trigo en un mortero y machacarlas para obtener su jugo, filtrando con una gasa o colador. También se puede usar un extractor para obtener el jugo.

TRIGLICÉRIDOS ELEVADOS

Los triglicéridos son el tipo de grasa más abundante en todo el organismo, y también en la sangre.

Licuado (batido)

SANGRE CLARA

Es normal tener una cierta cantidad de este tipo de grasa, los triglicéridos, en la sangre. Pero se sabe que su exceso (por encima de los 150 mg por 100 ml) es un factor de riesgo cardiovascular, es decir, de daño de las arterias manifestado como arteriosclerosis o ataques cardíacos.

Los factores genéticos, el consumo abundante de aceite o de grasa, las bebidas alcohólicas, el azúcar (especialmente la fructosa) y la diabetes son algunos de los factores que hacen aumentar el nivel de triglicéridos en la sangre.

Tanto la **guayaba**, como la **soja** y el **lino** con los que se elabora el licuado (batido) SANGRE LIMPIA son conocidos por disminuir la cantidad de grasa (triglicéridos) de la sangre. De esta forma, la sangre se hace más fluida y se reduce el riesgo de sufrir un *ataque al corazón*.

Propiedades

- Baja el colesterol
- Protectora de las arterias
- Laxative
- Nutritiva

Vitaminas y minerales por cada porción

	% del Valor Diario
Vitamina C (263,7 mg)	293%
Folato (75 µg)	19%
Vitamina B1 (0,188 mg)	16%
Magnesio (61 mg)	15%
Potasio (612 mg)	13%
Vitamina B6 (0,21 mg)	12%
Niacina (1,8 mg)	11%
Hierro (1,05 mg)	6%
Cinc (0,52 mg)	5%

Desayuno ideal

El licuado (batido) SANGRE CLARA resulta ideal como desayuno de quienes tienen elevado el nivel de triglicéridos, ya sea por causas genéticas, por diabetes o por alimentación desequilibrada.

Chayote y piña para bajar los triglicéridos

El chayote es un hortaliza de la familia de la calabaza muy usado en México. Con medio chayote (unos 100 g) y una rodaja de piña o ananás (unos 84 g) se elabora un sabroso licuado (batido) muy eficaz para disminuir el nivel de triglicéridos en la sangre. Añadir de medio a un cuarto de vaso de agua y licuar hasta obtener una consistencia homogénea. Tomar un vaso cada día, sin endulzar.

Cada porción (vaso o taza de 250 ml) contiene

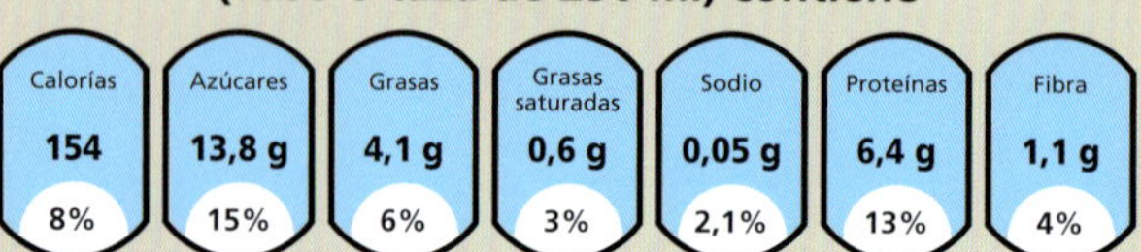

Calorías	Azúcares	Grasas	Grasas saturadas	Sodio	Proteínas	Fibra
154	13,8 g	4,1 g	0,6 g	0,05 g	6,4 g	1,1 g
8%	15%	6%	3%	2,1%	13%	4%

de la CDO/GDA (Cantidad Diaria Orientativa) para un adulto

Vegetariana
Total

Sin gluten
Apto para celíacos

Diabetes
Recomendado

Alergia alimentaria
Precaución con la soja

Poder antioxidante
0 unidades unidades ORAC por porción (0% del Valor óptimo diario)

Carga ácida (PRAL)
-3,2 mEq/100 g

INGREDIENTES
para dos porciones de unos 250 ml

- 2 tazas de **guayaba** pelada y troceada *[de unos 165 g cada una]*
  Alternativa: 1 taza de pera
- 1 cucharada de **semillas de lino** (linaza) molidas *[de unos 10,3 g]*
  Alternativas: semillas de chía o de sésamo
- 1 taza de **leche de soja** *[de unos 243 ml]*

PREPARACIÓN

a. Pelar y trocear la guayaba.
b. Colocar la guayaba y las semillas de lino en la licuadora (batidora) o procesador de alimentos.
c. Colar el líquido obtenido.
d. Añadir la leche de soja y remover para que se mezcle bien.
e. Endulzar con estevia u otro edulcorante no calórico (ver pág. 24).

Nutrientes de alta calidad

Sangre clara aporta vitaminas como la C y la B3 o niacina, conocidas por su capacidad para disminuir los triglicéridos. Además, es una buena fuente de proteínas y de ácidos grasos omega-3.

TROMBOSIS

Los jugos de fruta, especialmente el de uva, evitan la formación de trombos o coágulos en el interior de las arterias y venas.

INTEGRAL DE UVA

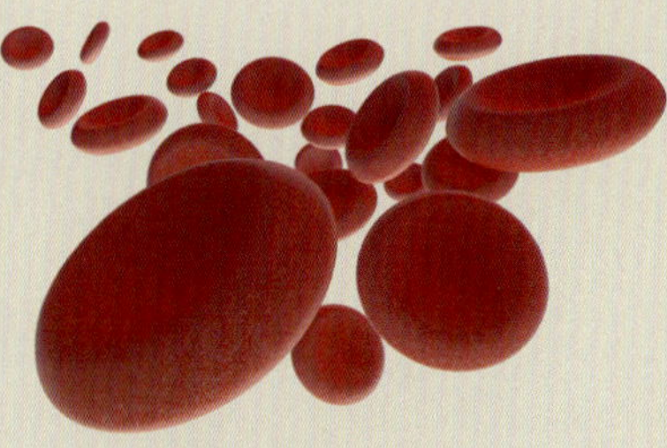

Las tres partes del grano
Al igual que ocurre con el grano de trigo, formado por tres partes que se complementan, el grano de uva también se halla constituido por tres partes que conviene consumir juntas, como sucede en este jugo, la piel, la pulpa y la semilla.

Al jugo de uva hecho en casa le llamamos integral porque contiene las tres partes que conforman el grano de **uva**: la piel, la pulpa y las semillas o pepitas. Cada una de estas tres partes tiene una composición y unos ingredientes definidos y, combinadas entre sí, dan como resultado un poderoso alimento-medicina, como ocurre con el grano de trigo integral. Por el contrario, el jugo de uva comercial suele estar desprovisto de la piel, de las semillas y de la fibra de la pulpa, lo que le da un aspecto claro, pero a costa de perder una parte de sus beneficios para la salud.

Gracias a los polifenoles, como el resveratrol, y a otros fitoquímicos, el jugo INTEGRAL DE UVA hace la sangre más fluida, evita que se formen trombos o coágulos, dilata y protege las *arterias* contra los efectos del exceso de colesterol, tonifica el *corazón*, limpia el *hígado*, activa la *circulación* en sistema portal que recoge la sangre del intestino, protege contra el *cáncer* y un largo etcétera de efectos beneficiosos. Hasta los *diabéticos* pueden y deben tomar el jugo INTEGRAL DE UVA, pues protege sus arterias.

Cuando existe riesgo de trombosis (formación de trombos dentro de las arterias o venas), como durante un largo viaje en avión, un vaso diario de jugo INTEGRAL DE UVA contribuye a prevenirla.

Propiedades

- Antitrombótica
- Protectora del corazón
- Protectora de las arterias
- Vasodilatadora
- Baja el colesterol
- Antianémica
- Protectora hepática
- Antioxidante
- Anticancerígena

Vitaminas y minerales por cada porción

	% del Valor Diario
Vitamina K (33,1 µg)	28%
Vitamina B_1 (0,156 mg)	13%
Vitamina B_2 (0,159 mg)	12%
Vitamina B_6 (0,195 mg)	11%
Potasio (433 mg)	9%
Vitamina C (7,2 mg)	8%
Hierro (0,82 mg)	5%
Magnesio (16 mg)	4%

Preferible con uva roja o tinta
El jugo INTEGRAL DE UVA*, es decir, completo, es uno de los alimentos más curativos de la naturaleza. Si se elabora con uvas rojas (tintas) resulta especialmente beneficioso para la sangre, el corazón y las arterias.*

Cada porción (vaso o taza de 250 ml) contiene

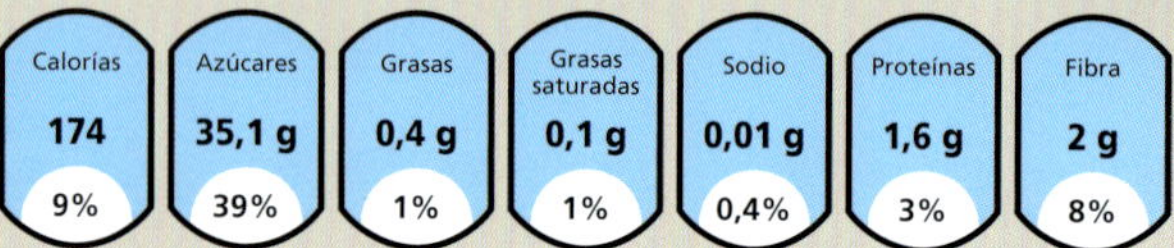

de la CDO/GDA (Cantidad Diaria Orientativa) para un adulto

Vegetariana
Total

Sin gluten
Apto para celíacos

Diabetes
Usar con moderación

Alergia alimentaria
Sin precauciones especiales

Poder antioxidante
2.854 unidades ORAC por porción (57% del Valor óptimo diario)

Carga ácida (PRAL)
-3,23 mEq/100 g

INGREDIENTES
para una porción de unos 250 ml

- 1 ½ taza de **uva** *[de unos 151 g cada una]* Preferiblemente negra, morada o roja.

PREPARACIÓN

a. Una vez desgranada la uva, se introduce en la licuadora (batidora) y se tritura hasta obtener un líquido homogéneo.
b. Pasar por un colador para eliminar los fragmentos más gruesos de las pepitas.
c. Lo ideal es consumirlo de inmediato; pero refrigerado se puede conservar durante varios días. Hervido se conserva durante más tiempo, aunque pierde una parte de sus vitaminas y fitoquímicos.

Muy superior al vino

El jugo Integral de uva *resulta muy superior al vino como protector del corazón y preventivo del infarto de miocardio, y además se halla exento de los inconvenientes derivados del alcohol.*

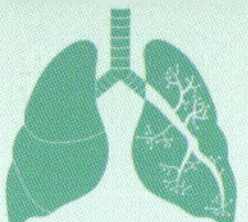

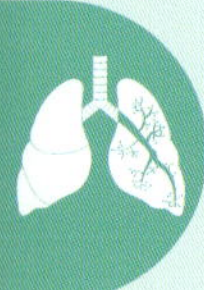

SINUSITIS

Además de las inhalaciones de vapor de agua con esencias, los jugos con acción mucolítica resultan eficaces contra la sinusitis.

Jugo

LIMPIA MOCOS

Propiedades

- Mucolítico
- Antiinflamatoria

Los senos paranasales son unas cavidades excavadas en los huesos de la cara. Normalmente están llenos de aire, pero cuando la capa mucosa que los tapiza interiormente se inflama, se llenan de mucosidad espesa. El jugo LIMPIA MOCOS tiene la capacidad de disolver la mucosidad de la nariz y de los senos paranasales, facilitando así su expulsión (efecto mucolítico). El **rábano** y la **cebolla** son potentes mucolíticos. La **piña** (ananás) actúa como antiinflamatorio, favoreciendo la curación de la *sinusitis*.

El jugo LIMPIA MOCOS conviene no solamente en caso de sinusitis, sino también de *otitis*, *bronquitis* e *infecciones respiratorias* en general.

Vitaminas y minerales por cada porción

	% del Valor Diario
Vitamina C (82,1 mg)	**91%**
Vitamina B_6 (0,216 mg)	**13%**
Vitamina B_1 (0,14 mg)	**12%**
Folato (36 µg)	**9%**
Niacina (0,886 mg)	**6%**
Magnesio (23 mg)	**5%**
Potasio (233 mg)	**5%**
Hierro (0,59 mg)	**3%**
Cinc (0,28 mg)	**3%**

Sin lácteos

Al menos durante el tratamiento de la sinusitis, como de la bronquitis y otras infecciones respiratorias, conviene evitar la leche y los productos lácteos, ya que aumentan la producción de moco.

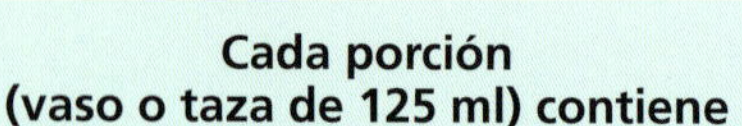

Cada porción (vaso o taza de 125 ml) contiene

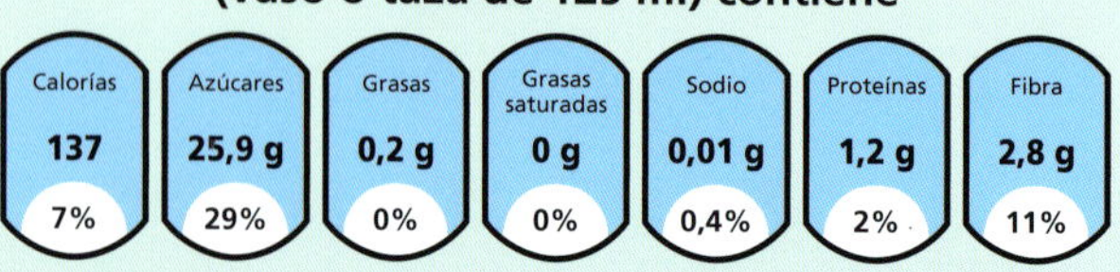

Calorías	Azúcares	Grasas	Grasas saturadas	Sodio	Proteínas	Fibra
137	25,9 g	0,2 g	0 g	0,01 g	1,2 g	2,8 g
7%	29%	0%	0%	0,4%	2%	11%

de la CDO/GDA (Cantidad Diaria Orientativa) para un adulto

Vegetariana
Total

Sin gluten
Apto para celíacos

Diabetes
Recomendado

Alergia alimentaria
Sin precauciones especiales

Poder antioxidante
976 unidades ORAC por porción (20% del Valor óptimo diario)

Carga ácida (PRAL)
-3,05 mEq/100 g

INGREDIENTES

para dos porciones de unos 125 ml

- 2 rodajas de **piña** (ananás) grandes *[de unos 166 g cada uno]*
- 4 **rábanos** medianos *[de unos 4,5 g cada uno]* Normalmente se usan los rabanitos. Para un efecto más potente se puede usar de 5 a 10 g de rábano rusticano o rábano negro.
- ½ **cebolla** pequeña *[unos 35 g]*
- 1 cucharada de **miel** *[de unos 21 g]*

PREPARACIÓN

a. Pasar por el extractor de jugos o masticador la piña (ananás), los rábanos y la cebolla.

b. Añadir y disolver la miel.

c. Puesto que se trata de un jugo concentrado, lo recomendable es no tomar un vaso entero sino medio (unos 125 ml) dos o tres veces al día.

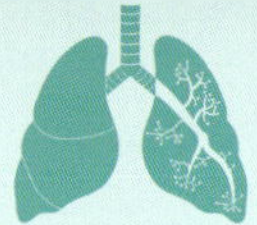

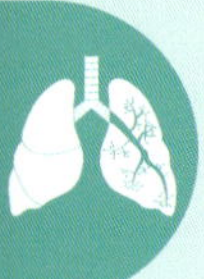

Tos

Además de los clásicos jarabes, los jugos también ayudan a combatir la tos y a limpiar las vías respiratorias.

Jugo

RESPIRACIÓN PROFUNDA

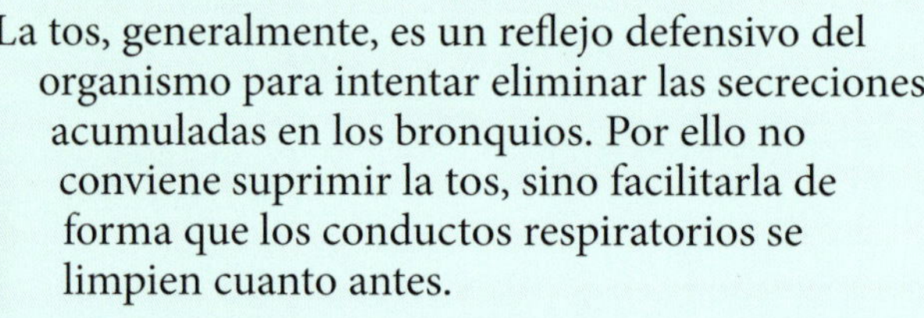

La tos, generalmente, es un reflejo defensivo del organismo para intentar eliminar las secreciones acumuladas en los bronquios. Por ello no conviene suprimir la tos, sino facilitarla de forma que los conductos respiratorios se limpien cuanto antes.

El jugo RESPIRACIÓN PROFUNDA no suprime la tos, sino que, gracias al **hinojo** y a la **cebolla**, vuelve más fluida la mucosidad respiratoria y facilita su expulsión. De esta forma, la tos se hace menos intensa y llega a desaparecer. La **zanahoria** promueve la reparación de la mucosa bronquial dañada, y facilita la curación de la *bronquitis*, la causa más frecuente de tos.

La **miel** contiene proteínas antiinfecciosas que contribuyen a limpiar los bronquios. De esta forma, el jugo RESPIRACIÓN PROFUNDA favorece la limpieza bronquial y alivia la tos.

Propiedades

- Antitusiva
- Mucolítico
- Pectoral
- Alcalinizante
- Digestiva

Vitaminas y minerales por cada porción

	% del Valor Diario
Vitamina A (1149 µg)	128%
Vitamina K (119,9 µg)	100%
Vitamina C (29,2 mg)	32%
Potasio (1132 mg)	24%
Folato (73 µg)	18%
Vitamina B6 (0,287 mg)	17%
Vitamina E (1,8 mg)	12%
Magnesio (45 mg)	11%
Calcio (129 mg)	10%
Hierro (1,69 mg)	9%
Cinc (0,71 mg)	6%

Cada porción (vaso o taza de 250 ml) contiene

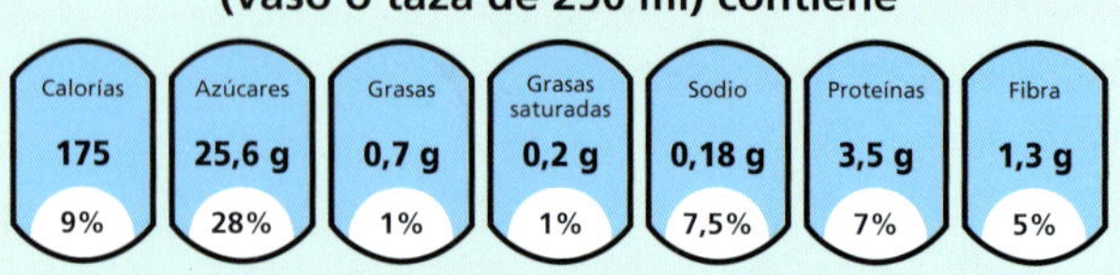

Calorías	Azúcares	Grasas	Grasas saturadas	Sodio	Proteínas	Fibra
175	25,6 g	0,7 g	0,2 g	0,18 g	3,5 g	1,3 g
9%	28%	1%	1%	7,5%	7%	5%

de la CDO/GDA (Cantidad Diaria Orientativa) para un adulto

Recomendable para resfriados y bronquitis

Uno o dos vasos diarios del jugo RESPIRACIÓN PROFUNDA *ayudan a suavizar la tos, favoreciendo a la vez la limpieza de las vías respiratorias.*

El agua que este jugo aporta también contribuye a eliminar el exceso de mucosidad.

Vegetariana
Total

Sin gluten
Apto para celíacos

Diabetes
Usar con moderación

Alergia alimentaria
Sin precauciones especiales

Poder antioxidante
1.649 unidades ORAC por porción (33% del Valor óptimo diario)

Carga ácida (PRAL)
-5,89 mEq/100 g

INGREDIENTES

para una porción de unos 250 ml

- 1 bulbo de **hinojo** *[de unos 234 g]*
- ½ **cebolla** *[unos 35 g]*
- 3 **zanahorias** *[de unos 61 g cada una]*
- 1 cucharada de **miel** *[de unos 21 g]*
  Alternativa: melaza

PREPARACIÓN

a. Pasar el hinojo, la cebolla y las zanahorias por el extractor de jugos o masticador.

b. Añadir la miel.

c. Conviene tomar el jugo a temperatura ambiente (no frío).

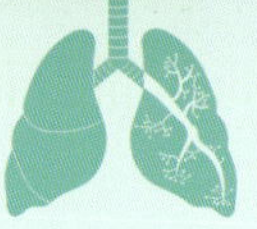

ASMA

Las frutas en general protegen contra el asma, mientras que las hamburguesas y embutidos la favorecen.

Licuado (batido)

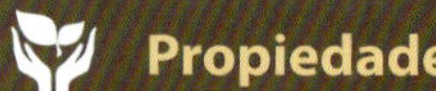

Propiedades

- Antiasmática
- Pectoral
- Antialérgica
- Inmunoestimulante

Vitaminas y minerales por cada porción

	% del Valor Diario
Vitamina C (38,3 mg)	43%
Vitamina B6 (0,261 mg)	15%
Potasio (444 mg)	9%
Magnesio (29 mg)	7%
Vitamina B2 (0,073 mg)	6%
Folato (21 µg)	5%
Vitamina E (0,58 mg)	4%

ANTIASMÁTICO

El consumo de cualquier tipo de fruta reduce el riesgo de asma. Pero especialmente el de **manzanas** y **plátanos** (bananas). En un estudio realizado en el *Imperial College* de Londres (Reino Unido)[1] con más de 2.600 niños de 5 a 10 años de edad se ha visto que los niños que consumen al menos una manzana y un plátano (banana) al día tienen menos trastornos respiratorios relacionados con el asma.

Por otra parte, un estudio con más de 18.000 niños realizado en la Universidad de Milán (Italia) y en otros centros de investigación de este país,[2] ha puesto de manifiesto que los que toman cítricos o **kiwi** de cinco a siete veces por semana presentan menos infecciones respiratorias y menos crisis de asma. El efecto protector de los cítricos o del kiwi es aún más evidente en los niños susceptibles a los ataques de asma.

El licuado ANTIASMÁTICO combina acertadamente las frutas más protectoras contra el asma y resulta agradable y fácil de tomar por los niños con *problemas respiratorios.*

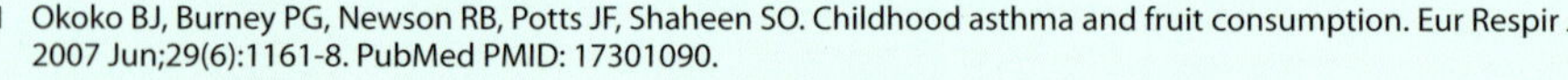

1 Okoko BJ, Burney PG, Newson RB, Potts JF, Shaheen SO. Childhood asthma and fruit consumption. Eur Respir J. 2007 Jun;29(6):1161-8. PubMed PMID: 17301090.

2 Forastiere F, Pistelli R, Sestini P, Fortes C, Renzoni E, Rusconi F, Dell'Orco V, Ciccone G, Bisanti L. Consumption of fresh fruit rich in vitamin C and wheezing symptoms in children. SIDRIA Collaborative Group, Italy (Italian Studies on Respiratory Disorders in Children and the Environment). Thorax. 2000 Apr;55(4):283-8. PubMed PMID: 10722767.

Para niños y adultos

El licuado (batido) ANTIASMÁTICO resulta ideal en el desayuno o merienda para los niños o adultos propensos al asma, especialmente en la época invernal de resfriados.

Cada porción (vaso o taza de 250 ml) contiene

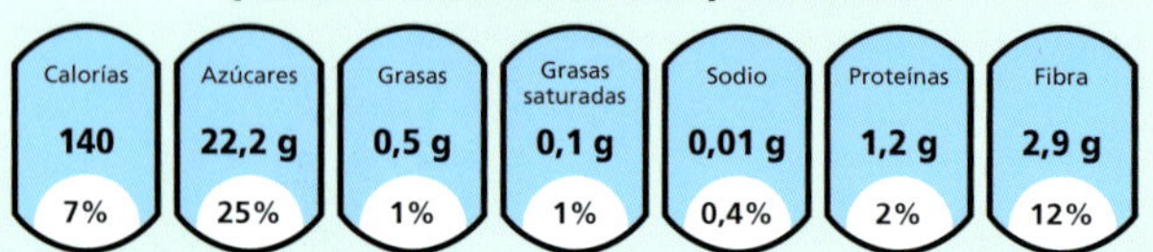

Calorías	Azúcares	Grasas	Grasas saturadas	Sodio	Proteínas	Fibra
140	22,2 g	0,5 g	0,1 g	0,01 g	1,2 g	2,9 g
7%	25%	1%	1%	0,4%	2%	12%

de la CDO/GDA (Cantidad Diaria Orientativa) para un adulto

Vegetariana
Total

Sin gluten
Apto para celíacos

Diabetes
Recomendado

Alergia alimentaria
Sin precauciones especiales

Poder antioxidante
1.329 unidades ORAC por porción (27% del Valor óptimo diario)

Carga ácida (PRAL)
-3,05 mEq/100 g

INGREDIENTES

para dos porciones de unos 250 ml

- 1 **plátano** (banana) mediano *[de unos 118 g]* puede estar congelado, para dar más cremosidad al licuado
- 1 **kiwi** *[de unos 69 g]*
- 1 taza de **jugo de manzana** *[de unos 248 ml]* Puede ser hecho en casa o envasado
- ½ taza de **agua** *[unos 125 ml]*

PREPARACIÓN

a. Colocar el plátano (banana), el kiwi y el jugo de manzana en la licuadora (batidora).

b. Triturar hasta obtener un líquido homogéneo.

c. Añadir el agua y seguir batiendo hasta que adquiera una consistencia agradable de tomar, especialmente para los niños.

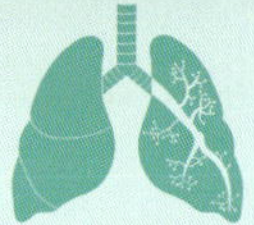

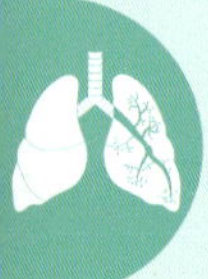

TABAQUISMO

Los jugos vitamínicos son una gran ayuda para dejar de fumar.

Jugo

SIN HUMOS

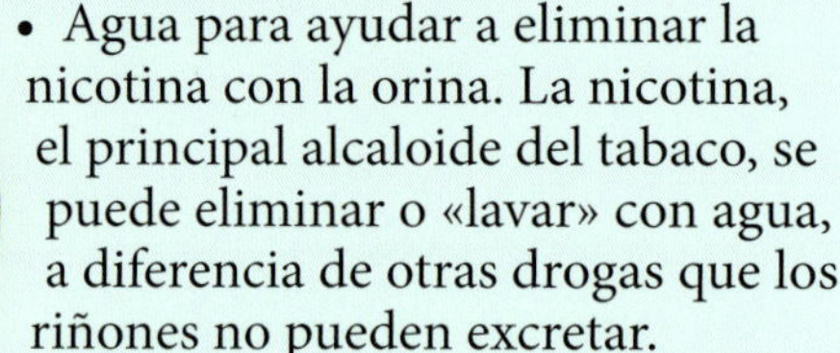

Para dejar de fumar, el organismo necesita fundamentalmente dos cosas: agua y determinadas vitaminas.

- Agua para ayudar a eliminar la nicotina con la orina. La nicotina, el principal alcaloide del tabaco, se puede eliminar o «lavar» con agua, a diferencia de otras drogas que los riñones no pueden excretar.
- Vitamina C para neutralizar los efectos de la nicotina que aún queda en el cuerpo. La vitamina C es el gran antídoto de la nicotina.
- Vitamina A, para reparar las células mucosas de las vías respiratorias dañadas por el humo del tabaco.
- Vitaminas del grupo B, para evitar la ansiedad y favorecer la fuerza de voluntad.

El jugo SIN HUMOS aporta precisamente todos estos ingredientes en una proporción idónea para ayudar al exfumador. La vitamina C de la **lima**, la A de la **zanahoria** y la B del **germen de trigo**. Además, las **limas** tienen un efecto comparable al del chicle de nicotina para vencer el deseo de fumar, según un estudio realizado en la *Srinakharinwirot University* de Tailandia.[1]

Propiedades

- Desintoxicante
- Depurativa
- Deshace los cálculos
- Alcalinizante
- Tonificante
- Vitamínica

Vitaminas y minerales por cada porción

	% del Valor Diario
Vitamina A (1428 µg)	**159%**
Vitamina C (37,4 mg)	**42%**
Vitamina B6 (0,425 mg)	**25%**
Potasio (885 mg)	**19%**
Vitamina B1 (0,226 mg)	**19%**
Magnesio (70 mg)	**17%**
Niacina (2,284 mg)	**14%**
Folato (52 µg)	**13%**
Hierro (1,99 mg)	**11%**
Vitamina B2 (0,139 mg)	**11%**
Cinc (1,07 mg)	**10%**
Vitamina E (1,34 mg)	**9%**

1 Rungruanghiranya S, Ekpanyaskul C, Sakulisariyaporn C, Watcharanat P. Akkalakulawas K. Efficacy of fresh lime for smoking cessation. J Med AssocThai. 2012 Dec;95 Suppl 12:S76-82. PubMed PMID: 23513469.

Frutas para dejar de fumar
Hasta tres vasos diarios del jugo SIN HUMOS harán que dejar de fumar resulte más fácil. Está comprobado que cuantas más frutas se consumen, particularmente limas o limones, menor es el deseo de fumar.

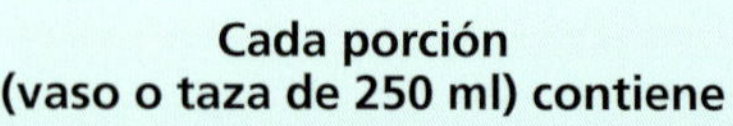

Cada porción (vaso o taza de 250 ml) contiene

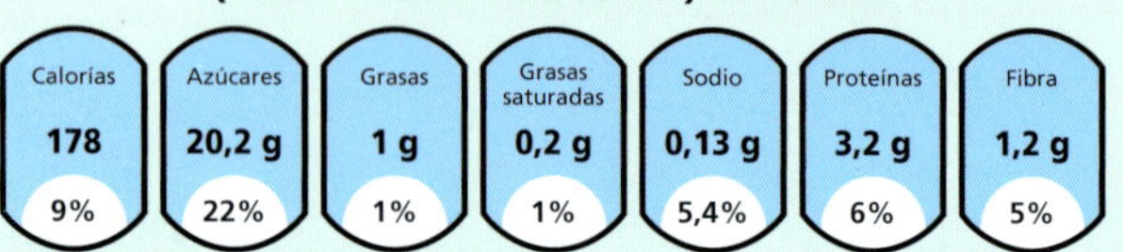

Calorías	Azúcares	Grasas	Grasas saturadas	Sodio	Proteínas	Fibra
178	20,2 g	1 g	0,2 g	0,13 g	3,2 g	1,2 g
9%	22%	1%	1%	5,4%	6%	5%

de la CDO/GDA (Cantidad Diaria Orientativa) para un adulto

Vegetariana
Total

Contiene gluten
No apto para celíacos

Diabetes
Recomendado

Alergia alimentaria
Sin precauciones especiales

Poder antioxidante
1.277 unidades ORAC por porción (26% del Valor óptimo diario)

Carga ácida (PRAL)
-5,52 mEq/100 g

INGREDIENTES

para una porción de unos 250 ml

- 2 **limas** *[de unos 67 g cada una]*. ***Alternativa***: limones
- 4 **zanahorias** medianas *[de unos 61 g cada una]*
- 1 cucharada de **germen de trigo** *[de unos 6 g]*
- 1 cucharada de **melaza** *[de unos 20 g]*
  Alternativas: panela (piloncillo), sirope de arce (ver pág. 25)
- 2 hojas de **menta** *[de unos 0,05 g cada una]*

PREPARACIÓN

a. Pelar las limas (al menos eliminar una parte de la corteza para evitar un sabor demasiado fuerte).

b. Pasar las limas y las zanahorias por un extractor de jugos o masticador.

c. Añadir le germen de trigo y la melaza y remover hasta que se disuelvan.

d. Añadir las hojas de menta.

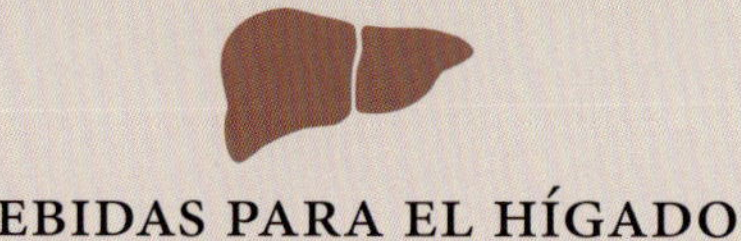

Inflamación del hígado - 1

La sobrecarga de toxinas, medicamentos, alcohol y grasas de mala calidad puede ser aliviada con jugos de hortalizas y frutas.

Jugo

Limpiador hepático

El hígado, junto con los riñones, es el órgano encargado de filtrar muchas de las toxinas y sustancias extrañas que circulan por la sangre. El alcohol, los medicamentos, los pesticidas y otros contaminantes deben ser inactivados en el hígado. La vida moderna y la alimentación a base de productos procesados supone un trabajo añadido para el hígado que, finalmente, puede llegar a la inflamación por sobrecarga. El cansancio, la falta de energía y las erupciones en la piel son algunas de las manifestaciones de la inflamación del hígado.

El hígado es un filtro que necesita ser limpiado, y nada mejor para ello que el jugo Limpiador hepático. Tanto la **col lombarda** o repollo morado como la **zanahoria** y la **manzana** han mostrado en investigaciones de laboratorio su capacidad para desintoxicar y proteger las células del hígado.

Propiedades

- Protectora hepática
- Desintoxicante
- Depurativa
- Antioxidante
- Inmunoestimulante
- Protectora del estómago
- Anticancerígena

Vitaminas y minerales por cada porción

	% del Valor Diario
Vitamina A (1109 µg)	**123%**
Vitamina C (57,1 mg)	**63%**
Vitamina K (43,5 µg)	**36%**
Vitamina B_6 (0,369 mg)	**22%**
Potasio (719 mg)	**15%**
Vitamina B_1 (0,152 mg)	**13%**
Vitamina B_2 (0,153 mg)	**12%**
Folato (43 µg)	**11%**
Magnesio (32 mg)	**8%**
Vitamina E (1,18 mg)	**8%**
Calcio (79 mg)	**6%**
Hierro (1,05 mg)	**6%**
Cinc (0,51 mg)	**5%**

Un jugo muy saludable

El jugo Limpiador hepático no solo desinflama el hígado, sino que además ayuda al estómago contra la acidez y la gastritis, sube las defensas y protege contra el cáncer.

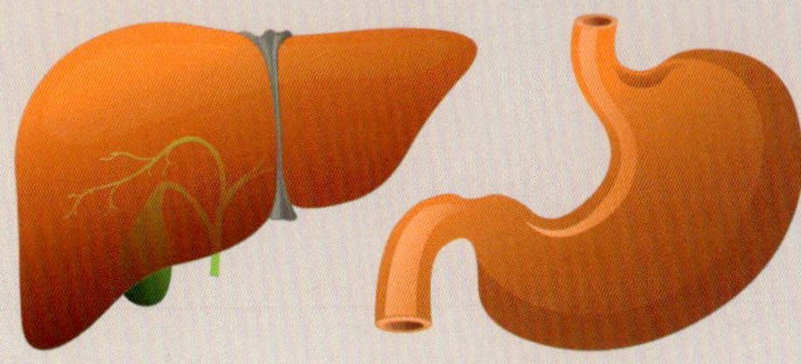

Cada porción (vaso o taza de 250 ml) contiene

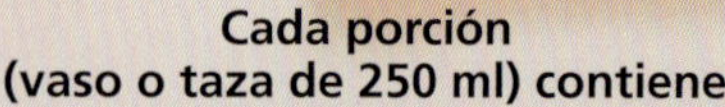

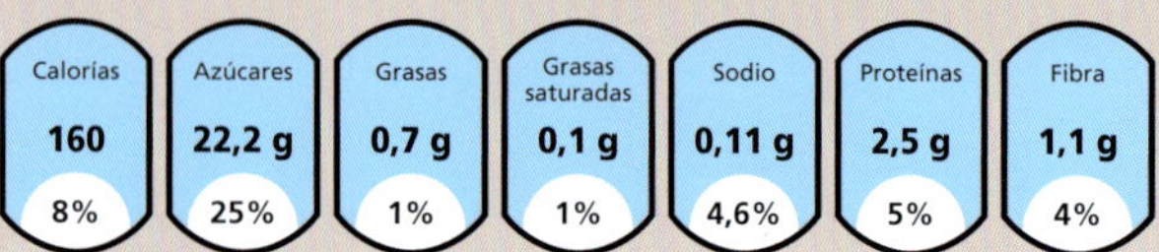

Calorías	Azúcares	Grasas	Grasas saturadas	Sodio	Proteínas	Fibra
160	22,2 g	0,7 g	0,1 g	0,11 g	2,5 g	1,1 g
8%	25%	1%	1%	4,6%	5%	4%

de la CDO/GDA (Cantidad Diaria Orientativa) para un adulto

Vegetariana
Total

Sin gluten
Apto para celíacos

Diabetes
Recomendado

Alergia alimentaria
Sin precauciones especiales

Poder antioxidante
6.479 unidades ORAC por porción (130% del Valor óptimo diario)

Carga ácida (PRAL)
-3,68 mEq/100 g

Curas de limpieza
Un vaso al día de LIMPIADOR HEPÁTICO resulta indispensable en cualquier cura de desintoxicación o de adelgazamiento, para regenerar la capacidad depuradora del hígado.

INGREDIENTES
para una porción de unos 250 ml

- 1 taza de **col lombarda** (repollo morado) *[de unos 89 g cada una]*
- 3 **zanahorias** *[de unos 61 g cada una]*
- 1 **manzana** *[de unos 182 g]* sin pelar si proceden de agricultura ecológica (orgánica)
- 2 cucharadas de **jugo de limón** *[de unos 15 ml cada una]*

PREPARACIÓN
a. Una vez lavados, pasar los ingredientes por el extractor o masticador de jugos.
b. Añadir el jugo de limón y remover.

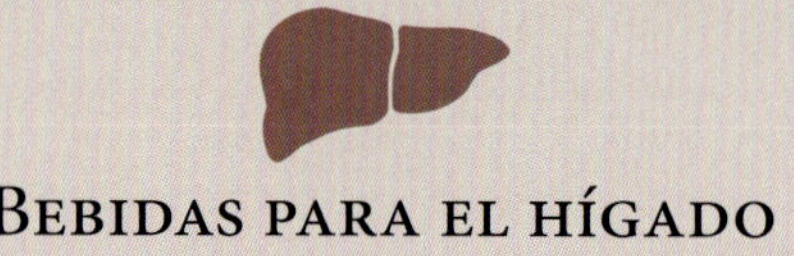

Inflamación del hígado - 2

Las infusiones de plantas medicinales y los caldos de ciertas verduras resultan eficaces para descongestionar el hígado.

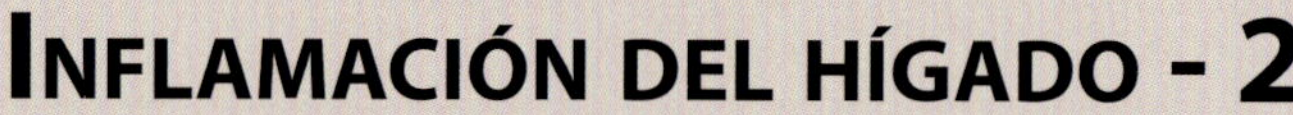

Infusión

Infusión de cardo mariano

El **cardo mariano** (*Silybum marianum*) es como todos los cardos un protector del hígado. Pero entre todos los cardos, posiblemente sea este el más estudiado. Se ha visto que el cardo mariano es capaz de *regenerar las células del hígado* dañadas por el alcohol u otras toxinas. El **jengibre** y el **romero** son antiinflamatorios naturales que potencian el efecto beneficioso de esta infusión sobre el hígado.

Precaución: Esta infusión favorece el vaciamiento de la vesícula biliar y no debería tomarse en caso de obstrucción de las vías biliares.

Propiedades

- Protectora hepática
- Colerética
- Colagoga
- Digestiva

INGREDIENTES

para una porción de unos 250 ml

- 1 cucharadita de **cardo mariano**
- 1 cucharadita de **jengibre**
- 1 cucharadita de **romero**
- 1 taza de **agua** *[de unos 250 ml]*

PREPARACIÓN

a. Verter una cucharadita de cada una de estas plantas sobre una taza de agua hirviente recién retirada del fuego.

b. Dejar reposar 10 minutos y filtrar.

c. Endulzar al gusto (ver pág. 24).

d. Tomar de una a tres tazas diarias durante varias semanas. Descansar una antes de tomarla de nuevo.

Depurativo para el hígado

La **alcachofa** es un auténtico limpiador del hígado. Gracias a la cinarina que contiene, aumenta la producción de bilis y favorece su eliminación, lo que descongestiona y desinflama el hígado. Con la bilis se eliminan muchas de las toxinas filtradas por el hígado, lo que contribuye a potenciar la función limpiadora de este órgano.

Propiedades

- Protectora hepática
- Colerética
- Digestiva
- Baja el colesterol
- Alcalinizante
- Diurética

Alcachofa y cebolla
La alcachofa y la cebolla potencian mutuamente sus propiedades para desinflamar el hígado.

INGREDIENTES

para cuatro porciones de unos 200 ml

- 2 **alcachofas** *[de unos 128 g cada una]*
  Usar las hojas exteriores de la alcachofa, el tallo y también las hojas de la planta.
- 1 **cebolla** mediana *[de unos 110 g]*
- 2 cucharadas de **jugo de limón** *[de unos 15 ml cada una]*
- 1 litro de **agua**

PREPARACIÓN

a. Separar las hojas exteriores de las alcachofas, el tallo y algunas hojas de la planta. El corazón de la alcachofa se puede guardar para cocinar.
b. Pelar y trocear la cebolla.
c. Hervir a fuego lento en una olla tapada durante 10 o 15 minutos.
d. Colar para obtener el caldo.
e. Añadir el jugo de limón.
f. Tomar de una a tres tazas diarias.

Hígado graso

La acumulación de grasa en el hígado puede detenerse con alimentos protectores y con un cambio en el estilo de vida.

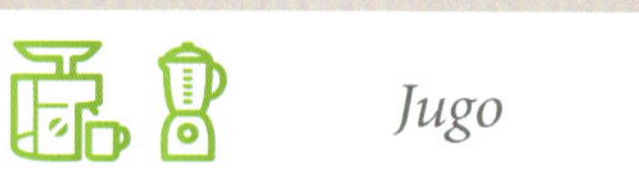

Jugo

Regenerador hepático

La degeneración grasa del hígado, comúnmente llamada «hígado graso» es actualmente la enfermedad más frecuente de cuantas afectan a este órgano. Consiste en que el hígado se llena de grasa, lo que dificulta su función desintoxicadora y le predispone a la *cirrosis*.

La causa más importante de degeneración grasa del hígado es el consumo de bebidas alcohólicas. Pero en las sociedades opulentas es frecuente la degeneración grasa del hígado incluso en personas que no beben alcohol, relacionada con estos factores:

- Obesidad.
- Síndrome metabólico y diabetes.
- Alimentación rica en grasas saturadas y azúcares añadidos (como el jarabe de maíz alto en fructosa).
- Carencia de antioxidantes naturales como los que se encuentran en frutas y hortalizas.

Existe evidencia científica de que los ingredientes del jugo Regenerador hepático favorecen la función de los hepatocitos (células del hígado) y contribuyen a que se desprendan del exceso de grasa, iniciando así su regeneración. Una alimentación saludable y la práctica de ejercicio físico complementan la acción reparadora de este sabroso jugo.

Propiedades

- Protectora hepática
- Depurativa
- Colerética
- Baja el colesterol
- Alcalinizante

Vitaminas y minerales por cada porción

	% del Valor Diario
Vitamina C (55,4 mg)	62%
Magnesio (78 mg)	19%
Potasio (552 mg)	12%
Vitamina B_1 (0,127 mg)	11%
Vitamina B_2 (0,145 mg)	11%
Vitamina B_6 (0,192 mg)	11%
Calcio (68 mg)	5%
Hierro (0,74 mg)	4%

Cada porción (vaso o taza de 250 ml) contiene

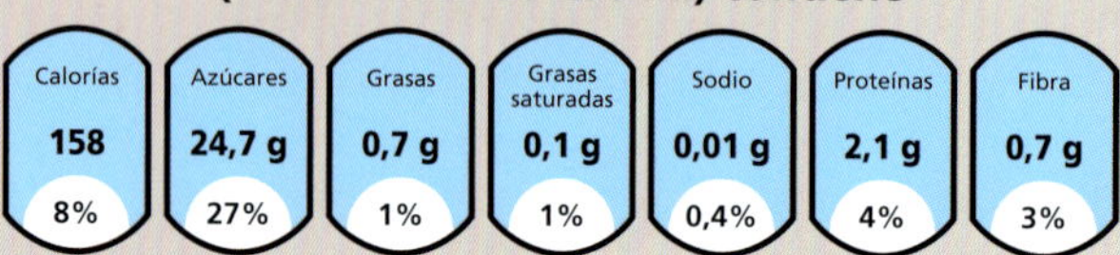

de la CDO/GDA (Cantidad Diaria Orientativa) para un adulto

Previene la cirrosis

Un vaso diario del jugo Regenerador hepático favorece la función del hígado, da energía y previene la cirrosis en los que padecen degeneración grasa del hígado.

Vegetariana
Total

Sin gluten
Apto para celíacos

Diabetes
Recomendado

Alergia alimentaria
Sin precauciones especiales

Poder antioxidante
1.551 unidades ORAC por porción (31% del Valor Optimo Diario)

Carga ácida (PRAL)
-3,79 mEq/100 g

INGREDIENTES

para una porción de unos 250 ml

- 1 **tuna** *[de unos 103 g]*. ***Alternativas***: Dos higos (a remojo, si son secos) o una guayaba
- 1 taza de **uvas** *[de unos 151 g]* preferiblemente, negra por su mayor riqueza en antioxidantes
- 1 **pomelo (toronja)** mediano *[de unos 166 g]* preferiblemente, rosado
- 2 **rábanos** *[de unos 9 g cada uno]*

PREPARACIÓN

a. Pelar la tuna y el pomelo y pasarlos por el extractor de jugos o masticador junto con el resto de ingredientes.

b. Si no se dispone de extractor, se pueden triturar todos los ingredientes en una licuadora (batidora), filtrando después el líquido obtenido.

c. Edulcorar si se desea, preferiblemente con un edulcorante no calórico como la estevia (ver pág. 24).

Digestión pesada

Tomadas antes de las comidas, estas bebidas preparan el estómago para una buena digestión.

Bebida

Propiedades

- Digestiva
- Antiácida
- Antiflatulenta
- Alcalinizante

Estómago feliz

Estómago feliz combina un jugo de **hinojo** y **col** obtenido por extracción con un jugo de fruta (la **piña** o ananás) y un licuado (batido) de **papaya**. El resultado es una bebida que facilita la *digestión*, desinflama el *estómago* y evita las *flatulencias*.

Vitaminas y minerales por cada porción

	% del Valor Diario
Vitamina C (72,8 mg)	81%
Vitamina K (50,6 µg)	42%
Folato (74 µg)	19%
Vitamina B_6 (0,201 mg)	12%
Magnesio (44 mg)	10%
Vitamina B_1 (0,106 mg)	9%
Vitamina A (66 µg)	7%
Hierro (1,08 mg)	6%
Calcio (67 mg)	5%

La papaya y la piña (ananás) contienen enzimas digestivas que facilitan el trabajo del estómago y aligeran la digestión.

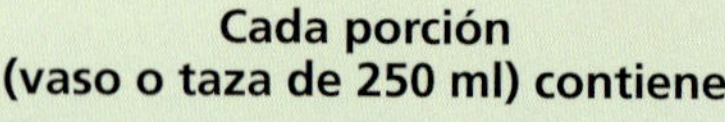

Cada porción (vaso o taza de 250 ml) contiene

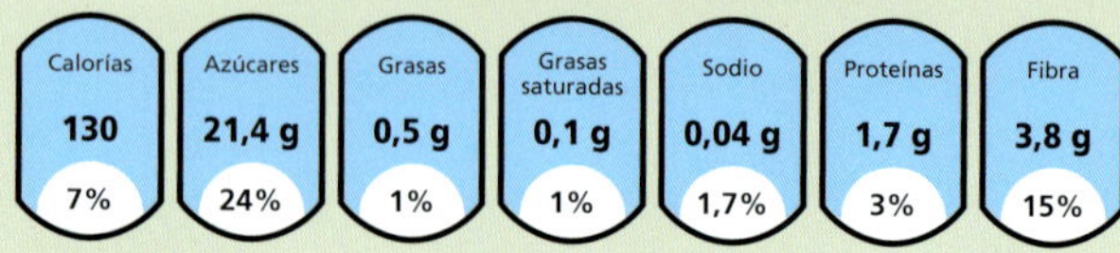

Calorías	Azúcares	Grasas	Grasas saturadas	Sodio	Proteínas	Fibra
130	21,4 g	0,5 g	0,1 g	0,04 g	1,7 g	3,8 g
7%	24%	1%	1%	1,7%	3%	15%

de la CDO/GDA (Cantidad Diaria Orientativa) para un adulto

Vegetariana
Total

Sin gluten
Apto para celíacos

Diabetes
Recomendado

Alergia alimentaria
Sin precauciones especiales

Poder antioxidante
1.201 unidades ORAC por porción (24% del Valor óptimo diario)

Carga ácida (PRAL)
-4,49 mEq/100 g

INGREDIENTES
para dos porciones de unos 250 ml

- ½ bulbo de **hinojo** *[unos 117 g]*
- 2 hojas de **col** (repollo) *[de unos 15 g cada una]*
- 1 **papaya** pequeña *[de unos 157 g]* pelada y sin semillas
- 1 vaso de **jugo de piña** (ananás) *[de unos 250 ml]* sin endulzar

PREPARACIÓN

a. Pasar el bulbo de hinojo y las hojas de col por el extractor de jugos o masticador.
b. Triturar la papaya en la licuadora (batidora) y añadirle el jugo de piña (ananás).
c. Añadir después el jugo del bulbo de hinojo y de la col, batiendo hasta obtener una mezcla homogénea.
d. Servir fresco, pero no helado, para no irritar el estómago.
e. Tomarla preferiblemente de 5 a 15 minutos antes de la comida.

Infusión 

Digestiva

Propiedades

- Digestiva
- Carminativa (antiflatulenta)
- Alivia las náuseas

La combinación del regaliz, el anís y el jengibre desinflama el estómago y facilita la digestión.

INGREDIENTES
para una taza de unos 150 ml

- 1 cucharadita de raíces secas y trituradas de **regaliz** *(Glycyrrhiza glabra)*
- ½ cucharadita de semillas de **anís verde** *(Pimpinella anisum)*
- ½ cucharada de **jengibre** rallado *(Zingiber officinale)*

PREPARACIÓN Y EMPLEO

a. Hervir los ingredientes en agua durante 2 o 3 minutos.
b. Dejar reposar durante unos minutos y colar.
c. Tomar de 2 a 3 tazas diarias, preferiblemente antes de las comidas.

ACIDEZ DE ESTÓMAGO

Para combatir la acidez es preferible tomar medio vaso de jugo antiácido varias veces al día, que un gran vaso de una sola vez.

Jugo

CORTAFUEGOS

Los que padecen de acidez de estómago la describen como una sensación de fuego en la boca del estómago que, en ocasiones, asciende hasta la garganta. Es lo que en términos médicos se llama *reflujo gastroesofágico*, normalmente causado por una hernia de hiato en el esófago.

El jugo CORTAFUEGOS neutraliza el exceso de acidez en el estómago y, además, ayuda a cerrar ese esfínter o válvula que separa el esófago del estómago para que el jugo gástrico ácido no ascienda. En resumen, una buena alternativa a los fármacos químicos usados habitualmente para combatir al acidez.

Propiedades

- Antiácida
- Alcalinizante
- Digestiva
- Depurativa
- Antidiarréica

Vitaminas y minerales por cada porción

	% del Valor Diario
Vitamina A (513 µg)	57%
Vitamina C (15,1 mg)	17%
Vitamina B_6 (0,238 mg)	14%
Vitamina K (14,3 µg)	12%
Magnesio (23 mg)	5%
Calcio (33 mg)	3%

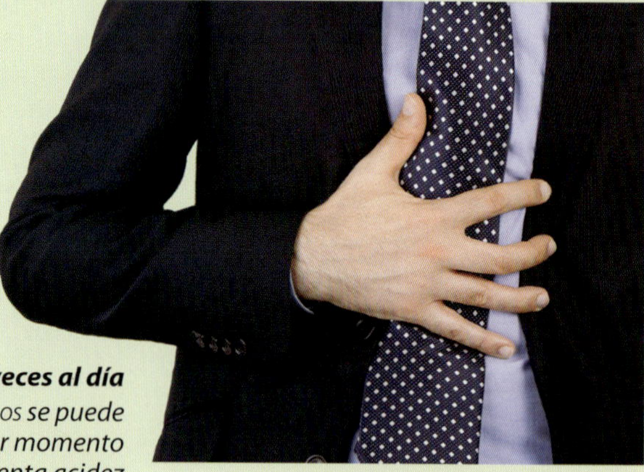

Medio vaso varias veces al día

El jugo CORTAFUEGOS se puede tomar en cualquier momento del día, cuando se sienta acidez en el estómago, pero conviene hacerlo de forma regular, de tres a seis veces a lo largo del día.

Cada porción (vaso o taza de 125 ml) contiene

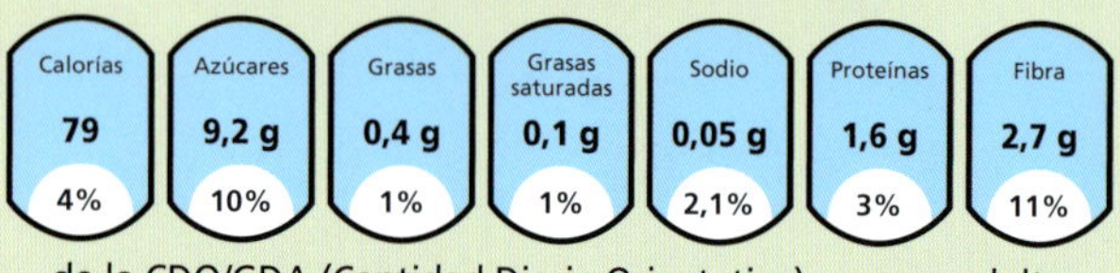

Calorías	Azúcares	Grasas	Grasas saturadas	Sodio	Proteínas	Fibra
79	9,2 g	0,4 g	0,1 g	0,05 g	1,6 g	2,7 g
4%	10%	1%	1%	2,1%	3%	11%

de la CDO/GDA (Cantidad Diaria Orientativa) para un adulto

Evitar la acidez

Evitar el café, los refrescos de cola, las grasas y, sobre todo, no cenar, también ayudan a combatir la acidez de estómago además del jugo CORTAFUEGOS.

INGREDIENTES

para seis porciones de unos 125 ml

- 5 **zanahorias** medianas *[de unos 61 g cada una]*
- 1 **calabacín** (zapallito) mediano *[de unos 196 g]*
- 1 **patata** (papa) pequeña *[de unos 170 g]*
- 1 taza de **jugo de granada** *[de unos 249 ml]*

PREPARACIÓN

a. Pasar por el extractor de jugos o masticador las zanahorias, el calabacín (zapallito) y la patata (papa).

b. Al jugo obtenido, añadirle el jugo de granada y remover bien para que se mezcle.

c. Guardar refrigerado y tomar medio vaso de tres a seis veces diarias.

Helicobacter

Erradicar la bacteria más tenida del estómago es posible con batidos vegetales.

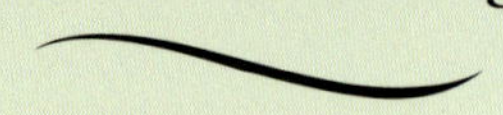

Licuado (batido)

Erradicador vegetal

Muchas personas sufren *pesadez de estómago*, *mala digestión* y hasta *úlcera gástrica* debido a que una bacteria, recientemente descubierta, prolifera adherida a las paredes del estómago. El tratamiento para eliminar esa bacteria, a base de una combinación de antibióticos con omeprazol, logra buenos resultados. Sin embargo, el tratamiento Erradicador vegetal logra resultados comparables al del tratamiento farmacológico,[1] pero con algunas ventajas:

- Gracias al efecto antiinflamatorio del **brócoli**, el Erradicador vegetal añade un efecto beneficioso sobre el estómago que no poseen los medicamentos.
- Tanto el brócoli como el **arándano** son poderosos antioxidantes que protegen contra la *degeneración cancerosa* del estómago, uno de los riesgos de la infección por *Helicobacter*.
- El **brócoli** reduce el nivel de *colesterol* y de *triglicéridos*, a la vez que contribuye a regular la *tensión arterial*, efectos que el tratamiento farmacológico no logra.

Por otra parte, se ha visto que, tanto el **arándano azul** como el **rojo** (llamado en inglés *cranberry*) disminuyen la adherencia de las bacterias *Helicobacter* a la mucosa gástrica, al igual que hace con las *Escherichia coli* en la vejiga de la orina.

Por todo ello, el tratamiento de la infección de estómago por *Helicobacter pylori* con el licuado (batido) Erradicador vegetal es una alternativa válida al tratamiento farmacológico, con ventajas añadidas.

Propiedades

- Protectora del estómago
- Antiinflamatoria
- Antioxidante
- Baja el colesterol
- Inmunoestimulante
- Anticancerígena

Vitaminas y minerales por cada porción

	% del Valor Diario
Vitamina C (64,3 mg)	71%
Vitamina K (65,5 µg)	55%
Vitamina B_6 (0,251 mg)	15%
Folato (59 µg)	15%
Vitamina B_1 (0,136 mg)	11%
Potasio (378 mg)	8%
Magnesio (30 mg)	7%
Vitamina E (0,84 mg)	6%
Hierro (0,96 mg)	5%

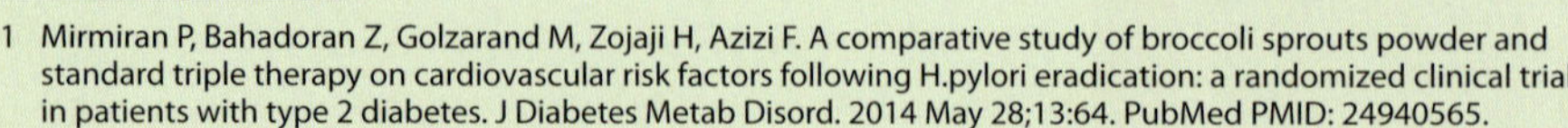

1 Mirmiran P, Bahadoran Z, Golzarand M, Zojaji H, Azizi F. A comparative study of broccoli sprouts powder and standard triple therapy on cardiovascular risk factors following H.pylori eradication: a randomized clinical trial in patients with type 2 diabetes. J Diabetes Metab Disord. 2014 May 28;13:64. PubMed PMID: 24940565.

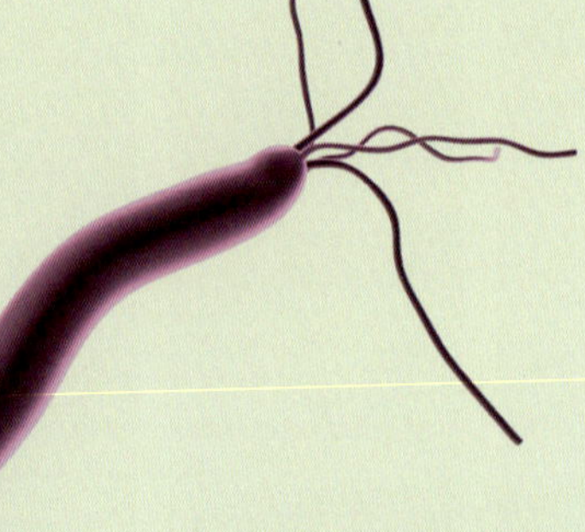

De uno a dos meses

Un vaso de licuado (batido) Erradicador vegetal tomado a diario durante uno o dos meses combate la infección gástrica por la bacteria 'Helicobacter', además de reducir los factores de riesgo cardiovascular.

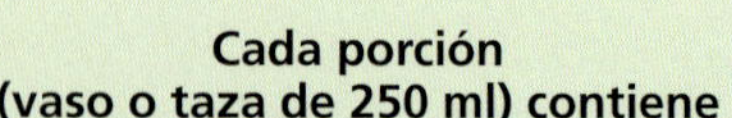

Cada porción (vaso o taza de 250 ml) contiene

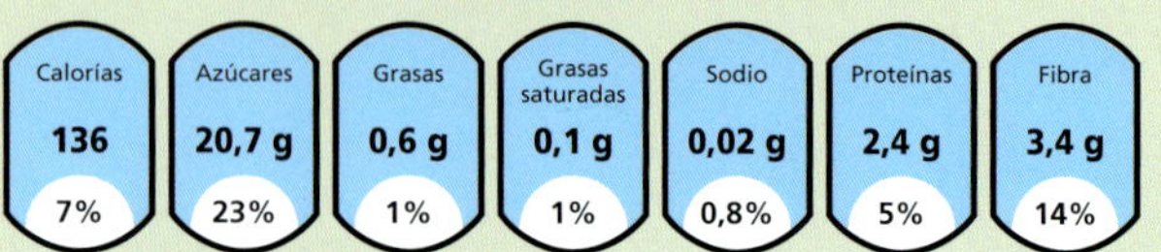

Calorías	Azúcares	Grasas	Grasas saturadas	Sodio	Proteínas	Fibra
136	20,7 g	0,6 g	0,1 g	0,02 g	2,4 g	3,4 g
7%	23%	1%	1%	0,8%	5%	14%

de la CDO/GDA (Cantidad Diaria Orientativa) para un adulto

Vegetariana
Total

Sin gluten
Apto para celíacos

Diabetes
Recomendado

Alergia alimentaria
Sin precauciones especiales

Poder antioxidante
6.240 ORAC por porción (125% del Valor óptimo diario)

Carga ácida (PRAL)
-2,49 mEq / 100 g

INGREDIENTES

para dos porciones de unos 250 ml

- 1 ramo de **brócoli** *[de unos 100 g]* preferiblemente, cocido al vapor
- 1 taza de **jugo de piña** *[de unos 250 ml]*
- 1 taza de **arándanos** *[de unos 148 g]* (azules o rojos)

PREPARACIÓN

a. Cocer el ramo de brócoli durante unos 10 minutos, preferiblemente al vapor, con poca agua y tapada la olla, y esperar que se enfríe.

b. Licuar (batir) el brócoli, los arándanos y el jugo de piña.

c. Filtrar si se desea.

d. No es necesario endulzar, pero si se desea, usar preferiblemente un edulcorante no calórico como la estevia (ver pág. 24).

GASTRITIS Y ÚLCERA

Proteger el estómago con jugos vegetales resulta posible, pero además se deben evitar todos los irritantes como el alcohol, el tabaco y el café.

Jugo

PROTECTOR GÁSTRICO

El **jugo de col** (repollo) contiene ingredientes naturales que protegen la mucosa del estómago y favorecen la secreción de moco protector. El ingrediente de la **col** (repollo) capaz de curar las *úlceras de estómago* fue primeramente llamado vitamina U en el siglo pasado; actualmente ha sido identificado químicamente como el aminoácido S-metilmetionina.

La **zanahoria** también protege eficazmente al estómago, y la vitamina A que contribuye a reparar las células dañadas en la mucosa que recubre el interior del estómago. La **patata** (papa) es rica en almidón, que neutraliza el exceso de acidez.

La **col** (repollo), la **patata** (papa) y la **zanahoria** combinados en el jugo PROTECTOR GÁSTRICO resultan eficaces para desinflamar el estómago y cicatrizar la úlcera gastroduodenal.

Propiedades

- Protectora del estómago
- Antiulcerosa
- Digestiva
- Alcalinizante
- Vitamínica

Vitaminas y minerales por cada porción

	% del Valor Diario
Vitamina A (1432 µg)	159%
Vitamina K (118,6 µg)	99%
Vitamina C (67,5 mg)	75%
Vitamina B6 (0,567 mg)	33%
Folato (96 µg)	24%
Potasio (1009 mg)	21%
Vitamina B1 (0,237 mg)	20%
Magnesio (49 mg)	12%
Calcio (113 mg)	9%
Hierro (1,56 mg)	9%
Cinc (0,8 mg)	7%

Antes de las comidas

Se recomienda tomar de medio a un vaso de PROTECTOR GÁSTRICO antes de las comidas principales. La duración habitual del tratamiento contra la gastritis o la úlcera de estómago es de dos a cuatro semanas.

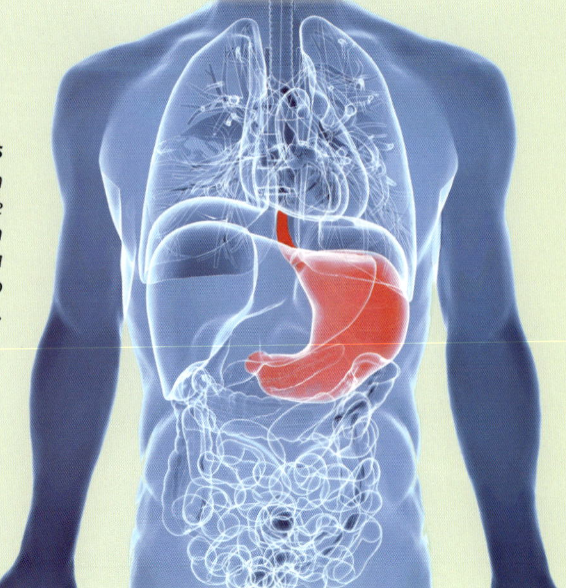

Cada porción (vaso o taza de 250 ml) contiene

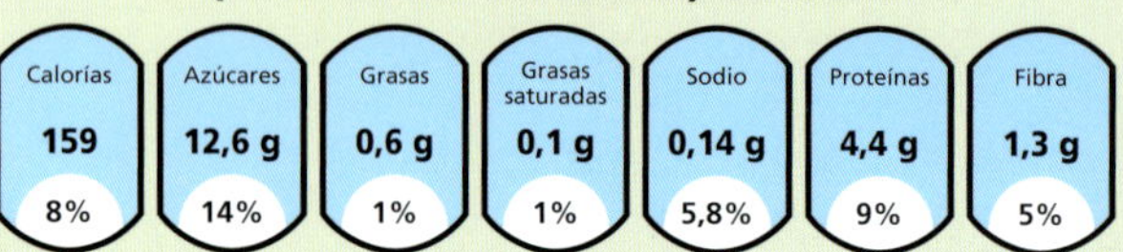

de la CDO/GDA (Cantidad Diaria Orientativa) para un adulto

Vegetariana
Total

Sin gluten
Apto para celíacos

Diabetes
Recomendado

Alergia alimentaria
Sin precauciones especiales

Poder antioxidante
1.825 unidades ORAC por porción (37% del Valor óptimo diario)

Carga ácida (PRAL)
-4,84 mEq/100 g

INGREDIENTES

para una porción de unos 250 ml

- ¼ **col** (repollo) *[unos 178,5 g]* puede ser de hojas blancas o verdes
- 4 **zanahorias** medianas *[de unos 61 g cada una]*
- ½ **patata** (papa) cruda y pelada *[unos 85 g]*
  No usar las patatas (papas) con color verdoso en la piel, pues pueden contener solanina, un alcaloide.

PREPARACIÓN

a. Pasar la col (repollo), la patata (papa) y las zanahorias por el extractor de jugos o masticador.
b. Endulzar si se desea, preferiblemente con estevia (ver pág. 24).

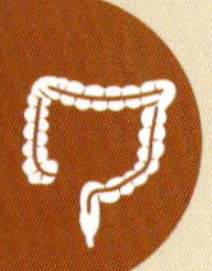

ESTREÑIMIENTO (CONSTIPACIÓN) - 1

Convienen en general los licuados o batidos por contener más fibra que los jugos, así como el agua y ciertas infusiones.

Licuado (batido)

FIBRA A LO GRANDE

Este licuado (batido) destaca por su alto contenido en fibra. Cada porción aporta 6,2 g de fibra, lo que supone el 25% de las necesidades diarias para un adulto. La fibra de esta bebida es tanto soluble, que suaviza el intestino y reduce el nivel de colesterol, como insoluble (procedente sobre todo del salvado), que retiene agua y aumenta el volumen de las heces. Por ambos mecanismos, el licuado (batido) FIBRA A LO GRANDE facilita el *tránsito intestinal* y hace trabajar el *colon*.

Propiedades

- Laxante
- Baja el colesterol
- Nutritiva
- Antioxidante
- Alcalinizante
- Saciante

Vitaminas y minerales por cada porción

	% del Valor Diario
Vitamina C (53,2 mg)	59%
Vitamina B_1 (0,245 mg)	20%
Magnesio (73 mg)	17%
Vitamina B_6 (0,286 mg)	17%
Potasio (594 mg)	13%
Folato (47 µg)	12%
Hierro (1,2 mg)	7%
Cinc (0,71 mg)	6%

Vitaminas y minerales

Esta bebida es una buena fuente de vitaminas C y B, de magnesio y de potasio, lo que también contribuye a su efecto laxante.

Cada porción (vaso o taza de 250 ml) contiene

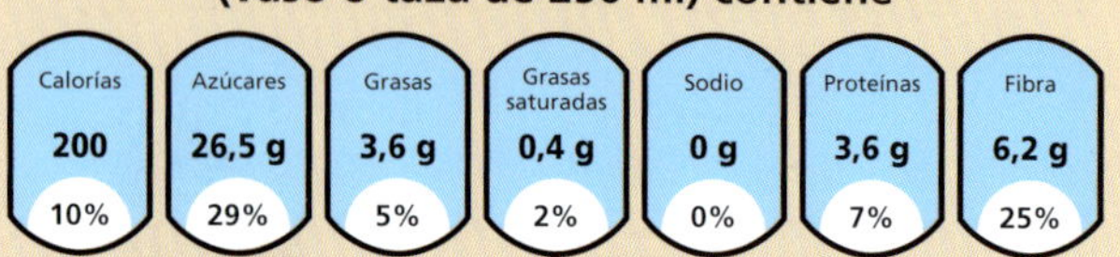

de la CDO/GDA (Cantidad Diaria Orientativa) para un adulto

Vegetariana
Total

Contiene gluten
No apto para celíacos

Diabetes
Usar con moderación

Alergia alimentaria
Sin precauciones especiales

Poder antioxidante
6.817 unidades ORAC por porción (136% del Valor óptimo diario)

Carga ácida (PRAL)
-3,56 mEq/100 g

INGREDIENTES

para tres porciones de unos 250 ml

- 4 **ciruelas** grandes *[de unos 66 g cada una]*
- 4 **dátiles** sin hueso (carozo) *[de unos 7,1 g cada uno]*
- 1 **plátano** (banana) mediano *[de unos 118 g]*
- 2 cucharadas de **semillas de lino** (linaza) molidas *[de unos 10,3 g cada una]*
- 2 cucharadas de **salvado de trigo** *[de unos 4 g cada una]*
- 1 vaso de **jugo de naranja** *[de unos 248 ml]*

PREPARACIÓN

a. Poner la semillas de linaza a remojo en una taza de agua durante al menos tres horas.

b. Introducir las semillas de lino con el agua en la licuadora (batidora) y triturarlas hasta que formen una pasta homogénea.

c. Añadir las ciruelas, los dátiles, la banana y el salvado y triturar hasta obtener una pasta homogénea.

d. Añadir el jugo de naranja y mezclarlo bien.

ESTREÑIMIENTO (CONSTIPACIÓN) - 2

Lo fundamental de estas bebidas es que contengan abundante fibra u otros estimulantes del movimiento intestinal.

Licuado (batido)

INTESTINO LIGERO

Ningún intestino quedará indiferente después de haber tomado este licuado. Recomendamos hacerlo por la noche, a modo de cena ligera, quizás acompañado de unas galletas o tostadas integrales ricas en fibra. De esta forma, se notará su efecto ya por la mañana, lo que permitirá salir de casa con las tareas fisiológicas cumplidas.

Además de un eficaz laxante, el licuado INTESTINO LIGERO es una buena fuente de minerales valiosos como el hierro y el calcio, y de vitaminas C y B.

Propiedades

- Laxante
- Mineralizante
- Energizante
- Nutritiva
- Antioxidante
- Alcalinizante

Vitaminas y minerales por cada porción

	% del Valor Diario
Vitamina C (94,3 mg)	105%
Vitamina K (28 µg)	23%
Vitamina B_1 (0,145 mg)	12%
Folato (48 µg)	12%
Magnesio (39 mg)	9%
Vitamina B_6 (0,128 mg)	8%
Calcio (61 mg)	5%
Hierro (0,88 mg)	5%

Cada porción (vaso o taza de 250 ml) contiene

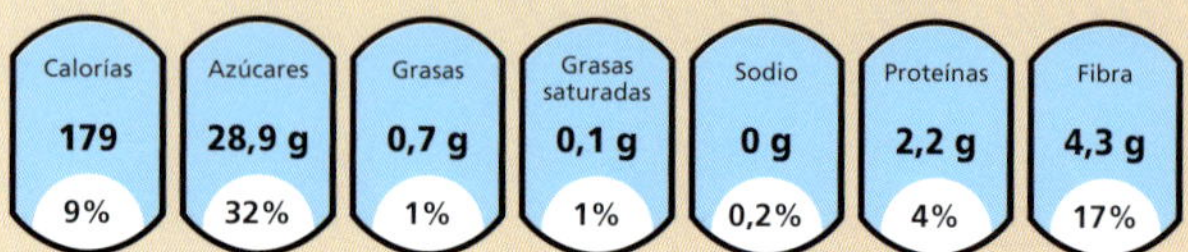

Calorías	Azúcares	Grasas	Grasas saturadas	Sodio	Proteínas	Fibra
179	28,9 g	0,7 g	0,1 g	0 g	2,2 g	4,3 g
9%	32%	1%	1%	0,2%	4%	17%

de la CDO/GDA (Cantidad Diaria Orientativa) para un adulto

Vegetariana
Total

Sin gluten
Apto para celíacos

Diabetes
Usar con moderación

Alergia alimentaria
Sin precauciones especiales

Poder antioxidante
2.736 unidades ORAC por porción (55% del Valor óptimo diario)

Carga ácida (PRAL)
-4,56 mEq/100 g

INGREDIENTES

para dos porciones de unos 250 ml

- 4 **ciruelas secas** sin hueso (carozo) *[de unos 9,5 g cada una]*
- 4 **higos secos** *[de unos 8,4 g cada uno]*. Si se dispone de higos frescos, se pueden usar en lugar de los secos sin necesidad de ponerlos a remojo.
- 1 **kiwi** mediano *[de unos 70 g]*
- 1 vaso de **jugo de naranja** *[de unos 250 ml]*

PREPARACIÓN

a. Poner las ciruelas y los higos secos a remojo durante unas horas de forma que queden cubiertos por agua.

b. Colocar las ciruelas y los higos con su agua, y el kiwi en la licuadora (batidora) y triturar hasta que se forme una pasta homogénea.

c. Añadir el jugo de naranja a medida que se mezcla con los otros ingredientes. Se puede añadir también agua para alcanzar la consistencia deseada.

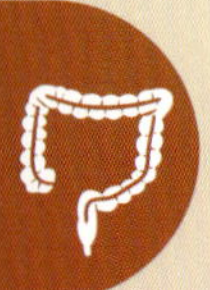

Estreñimiento (constipación) - 3

La infusiones de plantas tienen ventajas sobre los laxantes artificiales, pues no suelen provocar colitis en la dosis adecuada.

Infusión

Propiedades

- Laxante
- Antiflatulenta
- Colagoga

Boldo, sen e hinojo

Además de seguir una dieta rica en fibra, de beber suficiente agua y de hacer ejercicio, hay infusiones que combaten la pereza intestinal. Esta infusión combina el eficaz efecto laxante de las hojas de **sen**, planta usada desde hace milenios en la India, con el **boldo**, que facilita la evacuación de la bilis y con el **hinojo**, que protege frente a las *flatulencias* y *molestias intestinales*.

Hojas de boldo

Semillas de hinojo

Agua pura

Ninguna bebida resulta tan efectiva como el agua pura para combatir la pereza intestinal. En realidad, muchos casos de estreñimiento o constipación se deben solo a una ingesta insuficiente de líquido.

Cuando le falta agua al organismo, antes incluso de llegar a un estado de deshidratación, el colon absorbe una mayor proporción de agua de las heces, con lo que estas se vuelven más secas y duras y, por lo tanto, más difíciles de expulsar.

Contra el estreñimiento, tan simple como el agua

Tomar dos buenos vasos de agua del tiempo (no muy fría) de 10 a 15 minutos antes de cada comida, además de otros líquidos que habitualmente se toman durante el día, puede ser suficiente para lograr una defecación regular y suave.

Laxante suave

La infusión de boldo, sen e hinojo tiene un suave efecto laxante y, además, alivia, las molestias intestinales que suelen acompañar al estreñimiento o constipación.

INGREDIENTES

para una taza de unos 150 ml

- 1 cucharadita de **hojas de sen** *(Cassia angustifolia)* o 3 g de polvo de hojas
- 1 cucharadita de **hojas de boldo** *(Peumus boldus)*
- 1 cucharadita de **semillas de hinojo** *(Foeniculum vulgare)*

PREPARACIÓN Y EMPLEO

a. Verter el agua caliente a punto de hervir sobre la mezcla de las tres plantas.
b. Dejar reposar durante unos 10 minutos y colar.
c. Endulzar con una cucharada de miel de caña o de abejas, que potencia el efecto laxante.
d. Tomar de una a dos tazas diarias. Se si toma por la noche, el efecto se obtiene a la mañana siguiente.

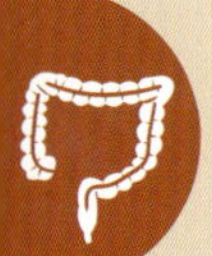

Gastroenteritis y diarrea

Para cortar la diarrea simple o epidémica convienen bebidas con almidones de fácil digestión, como los del arroz.

Bebida

Horchata mexicana

A diferencia de la horchata valenciana de España, elaborada a base de chufa (ver pág. 29), la horchata mexicana utiliza como base el **arroz**, lo que la hace ideal contra la diarrea. En lugar de la leche de vaca que se le suele añadir, proponemos elaborarla con **leche de soja**, lo que la hace más recomendable en caso de trastornos intestinales.

La **canela** y el **coco** le brindan un delicioso sabor a esta refrescante y saludable bebida.

Opcionalmente se pueden añadir fresas (frutillas) u otra fruta.

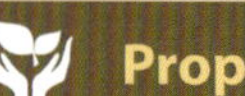

Propiedades

- Antidiarréica
- Reguladora intestinal
- Nutritiva

Vitaminas y minerales por cada porción

	% del Valor Diario
Vitamina B_2 (0,214 mg)	**16%**
Calcio (163 mg)	**13%**
Fósforo (110 mg)	**9%**
Magnesio (33 mg)	**8%**
Vitamina B_6 (0,099 mg)	**6%**
Hierro (0,9 mg)	**5%**
Vitamina E (0,66 mg)	**4%**
Cinc (0,35 mg)	**3%**

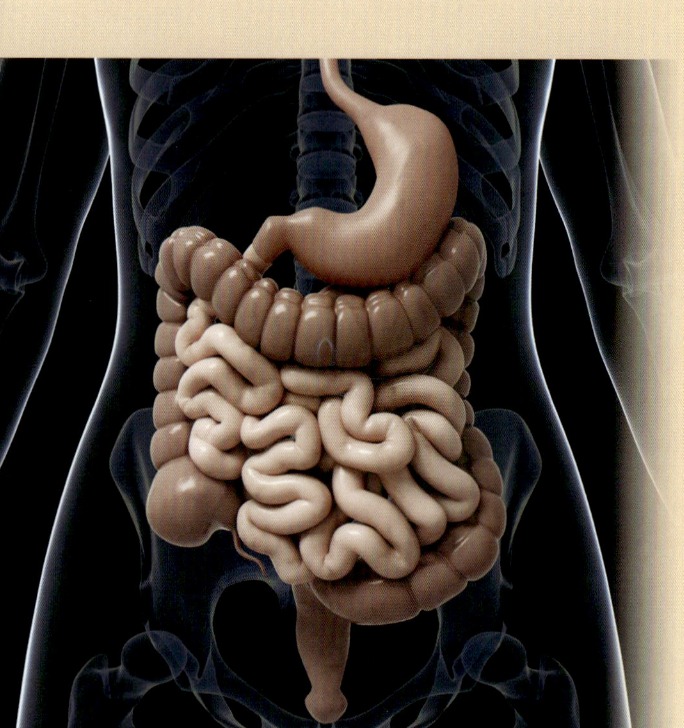

Para hidratar y cortar la diarrea

De cuatro a seis vasos diarios de esta bebida ayudan a cortar la diarrea a la vez que reponen los minerales y vitaminas perdidas.

Cada porción (vaso o taza de 250 ml) contiene

Calorías	Azúcares	Grasas	Grasas saturadas	Sodio	Proteínas	Fibra
127	9,4 g	5,6 g	3,1 g	0,08 g	2,7 g	1,8 g
6%	10%	8%	16%	3,3%	5%	7%

de la CDO/GDA (Cantidad Diaria Orientativa) para un adulto

Vegetariana
Total; opcionalmente con lácteos

Sin gluten
Apto para celíacos

Diabetes
Usar con moderación

Alergia alimentaria
Sin precauciones especiales

Poder antioxidante
427 unidades ORAC por porción (9% del Valor óptimo diario)

Carga ácida (PRAL)
-0,21 mEq/100 g

INGREDIENTES

para ocho porciones de unos 250 ml

- 1 taza de **arroz** blanco crudo *[de unos 200 g]*
- 6 tazas de **agua** *[de unos 237 ml cada una]*
- 1 taza de **leche de soja** *[de unos 243 ml]*. ***Alternativa***: leche de vaca, preferiblemente evaporada
- 1 taza de **coco rallado** *[de unos 80 g]*. ***Alternativa***: almendras
- 1 cucharadita de **canela** en polvo *[de unos 2 g]*
- 1 cucharada de **corteza de limón** rallada *[de unos 6 g]*

PREPARACIÓN

a. Poner la taza de arroz a remojo en 1,5 litros de agua de 6 a 8 horas.

b. Poner en la licuadora (batidora) una taza del agua de arroz con todo el arroz, el coco, la canela, la corteza de limón y la panela o azúcar de caña (si se usa este edulcorante). Batir hasta que se forma un líquido homogéneo.

c. Filtrar con un filtro de tela o de metal.

d. Añadir el agua de arroz restante y la leche de soja, y remover para que se mezcle bien.

e. Si no se ha echado panela o azúcar de caña, endulzar al gusto (ver pág. 24).

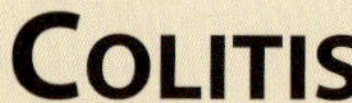

COLITIS

Además de alimentos suavizantes para el intestino, en caso de colitis es necesario restituir el agua y las sales minerales perdidas.

Licuado (batido)

CALMA INTESTINAL

La colitis es la inflamación del colon, el segmento más importante del intestino grueso. La colitis puede ser de causa infecciosa o inflamatoria, como la colitis ulcerosa. En algunos casos se debe a intolerancias alimentarias o al abuso de antibióticos o de laxantes.

En cualquier caso, el intestino inflamado necesita que se ingieran alimentos suavizantes para la mucosa intestinal, como la **papaya** o la **manzana**. El gel de **aloe vera** es un poderoso antiinflamatorio, ya sea que se aplique sobre la piel o internamente sobre el tubo digestivo. Y el **agua de coco** aporta sales minerales en una proporción idónea para compensar las perdidas con la diarrea que suele acompañar a la colitis.

Por todo lo anterior, el licuado (batido) CALMA INTESTINAL es un alimento ideal en caso de colitis. Durante la fase aguda se pueden tomar tres o cuatro vasos diarios.

Propiedades

- Suavizante intestinal
- Astringente
- Antiflatulenta
- Alcalinizante

Vitaminas y minerales por cada porción

	% del Valor Diario
Vitamina C (39,2 mg)	**44%**
Magnesio (45 mg)	**11%**
Potasio (472 mg)	**10%**
Vitamina B_2 (0,106 mg)	**8%**
Folato (24 µg)	**6%**
Calcio (44 mg)	**3%**
Hierro (0,54 mg)	**3%**

Ni piel ni semillas
Tanto la piel como las semillas de estos frutos pueden resultar irritantes para el colon, por lo que conviene eliminarlas para elaborar el licuado (batido).

Reposo intestinal
En caso de colitis conviene dejar el colon en reposo, ingiriendo únicamente alimentos muy suaves y de fácil digestión como los que contiene el licuado (batido) CALMA INTESTINAL.

Cada porción (vaso o taza de 250 ml) contiene

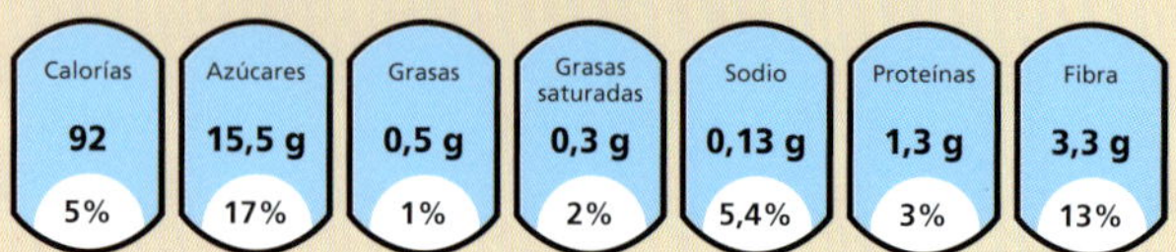

Calorías	Azúcares	Grasas	Grasas saturadas	Sodio	Proteínas	Fibra
92	15,5 g	0,5 g	0,3 g	0,13 g	1,3 g	3,3 g
5%	17%	1%	2%	5,4%	3%	13%

de la CDO/GDA (Cantidad Diaria Orientativa) para un adulto

Vegetariana
Total

Sin gluten
Apto para celíacos

Diabetes
Recomendado

Alergia alimentaria
Sin precauciones especiales

Poder antioxidante
2.235 unidades ORAC por porción (45% del Valor óptimo diario)

Carga ácida (PRAL)
-3,76 mEq/100 g

INGREDIENTES

para cuatro porciones de unos 250 ml

- 1 ½ taza de **papaya** pelada y sin semillas *[de unos 145 g cada una]*
- 2 **manzanas** peladas y sin semillas *[de unos 161 g cada una]*
- 2 tazas de **agua de coco** *[de unos 240 ml cada una]*
- 8 cucharadas de **aloe vera** (gel) *[de unos 15 g cada una]*

PREPARACIÓN

a. Pelar y quitar las semillas de la papaya y de la manzana.

b. Licuar todos los ingredientes.

c. Endulzar al gusto (ver pág. 24).

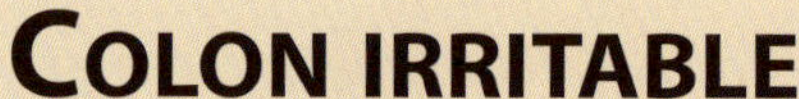

COLON IRRITABLE

El intestino, como todo el tubo digestivo, guarda una estrecha relación con el estado mental, además de con los alimentos ingeridos.

Licuado (batido)

NO MÁS CÓLICOS

No se puede decir que exista una dieta específica para aliviar o evitar los desagradables síntomas del colon irritable: dolores cólicos, gases y diarrea repentina. Pero sí que se sabe que empeora con las comidas grasas, los productos lácteos, las coles y otras verduras cocinadas, el café y otras bebidas con cafeína y el alcohol.

Entre los alimentos mejor tolerados por los pacientes de colon irritable se encuentran el **arroz**, las **fresas** (frutillas) y el **lino**. Gracias a ellos, los que padecen de colon irritable pueden disfrutar de un delicioso y nutritivo licuado (batido), que además de no desencadenar los temidos síntomas, contribuye a evitarlos cuando se toma de forma regular.

Añadir probióticos

Los probióticos son bacterias amigas del colon que lo hacen menos sensible a los alimentos potencialmente causantes del síndrome del colon irritable.

Se puede añadir un suplemento de 'Lactofilus' u otras bacterias probióticas a cada vaso de NO MÁS CÓLICOS antes de tomarlo, para aumentar así su efecto protector sobre el colon.

Propiedades

- Suavizante intestinal
- Baja el colesterol
- Hipotensora
- Antioxidante

Vitaminas y minerales por cada porción

	% del Valor Diario
Vitamina C (42,5 mg)	47%
Vitamina B_1 (0,22 mg)	18%
Vitamina B_2 (0,204 mg)	16%
Magnesio (63 mg)	15%
Vitamina B_6 (0,13 mg)	8%
Niacina (1,065 mg)	7%
Hierro (1,13 mg)	6%
Potasio (227 mg)	5%

Cada porción (vaso o taza de 200 ml) contiene

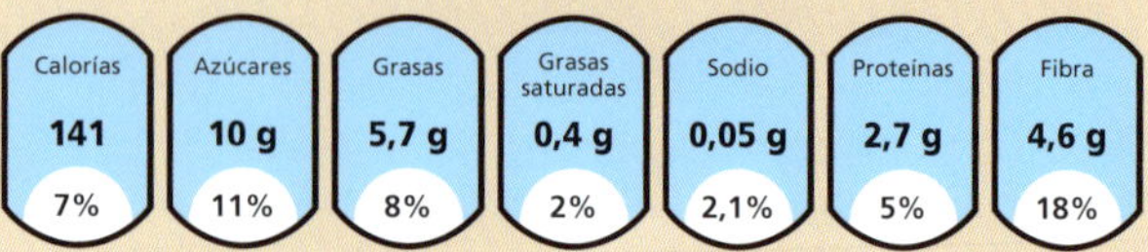

de la CDO/GDA (Cantidad Diaria Orientativa) para un adulto

Vegetariana
Total

Sin gluten
Apto para celíacos

Diabetes
Recomendado

Alergia alimentaria
Sin precauciones especiales

Poder antioxidante
2.590 unidades ORAC por porción (52% del Valor óptimo diario)

Carga ácida (PRAL)
-0,92 mEq/100 g

INGREDIENTES

para dos porciones de unos 200 ml

- 1 taza de **fresas** (frutillas) *[de unos 144 g]*
- 2 cucharadas de **semillas de lino** (linaza) molidas *[de unos 10,3 g cada una]*. ***Alternativa***: semillas de chía
- 1 taza de **leche de arroz** *[de unos 240 ml]* (ver pág. 28)
- 4 hojas de **menta** *[de unos 0,05 g cada una]*

PREPARACIÓN

a. Moler las semillas de lino (o de chía) en una picadora hasta convertirlas en polvo.

b. Introducir el lino molido junto con las fresas (frutillas), la leche de arroz y las hojas de menta en una licuadora (batidora) y licuar hasta obtener un líquido homogéneo.

c. Endulzar al gusto, preferiblemente con un edulcorante no calórico como la estevia (ver pág. 24).

ANTIESPASMÓDICA

La **menta** (*Mentha piperita*) o hierbabuena, la **manzanilla** (*Matricaria chamomilla*) y el **anís verde** (*Pimpinella anisum*) relajan los músculos que recubren el intestino y evitan sus molestas contracciones bruscas, a las que llamamos espasmos. Además, reducen la producción de gas y las flatulencias. Todo ello conviene a quienes padecen de *colon irritable* o de *trastornos intestinales*, que en algunas ocasiones están causados por el abuso de laxantes artificiales.

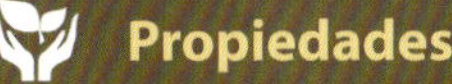

Propiedades

- Antiespasmódica
- Antiflatulenta

INGREDIENTES

para una porción de unos 250 ml

- 4 hojas de **menta** *[de unos 0,05 g cada una]*
- 1 cucharadita de **semillas de anís** verde *[de unos 3 g]*

PREPARACIÓN

a. Añadir el agua a punto de hervir sobre los ingredientes.

b. Dejar reposar de 3 a 5 minutos.

c. Endulzar al gusto, preferiblemente con estevia (ver pág. 24).

d. Tomar después de las comidas.

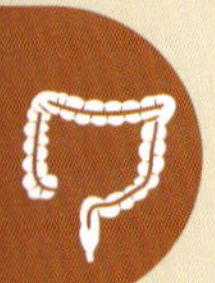

Intolerancia al gluten

La intolerancia al gluten o celiaquía requiere evitar por completo cualquier cantidad de trigo, cebada y centeno.

Antiinflamatorio intestinal

El gluten es un conjunto de proteínas propias del trigo, la cebada, el centeno y todas sus variedades. El gluten se caracteriza por su elasticidad, lo que permite que la masa adquiera una consistencia esponjosa en los panes.

La avena contiene una pequeña proporción de gluten pero, curiosamente, a pesar de ello, es en general bien tolerada por los celíacos.

Existen indicios de que el gluten de las variedades modernas de trigo, obtenidas por selección genética, causa intolerancia en personas sensibles.

Se debe de distinguir entre estos dos trastornos causados por el gluten:

- la enfermedad celíaca, de origen hereditario, en la que se produce una grave inflamación del intestino con atrofia de la mucosa, y
- la intolerancia al gluten, más correctamente llamada «sensibilidad al gluten no celíaca», cuyos síntomas son parecidos a los de la enfermedad celíaca (diarrea intermitente, dolor abdominal, anemia y otros), pero que no se acompaña de un daño importante en la mucosa intestinal.

En ambos casos resulta beneficioso el jugo Antiinflamatorio intestinal, tanto para niños como para adultos.

Propiedades

- Suavizante intestinal
- Antidiarréica
- Antiinflamatoria

Vitaminas y minerales por cada porción

	% del Valor Diario
Vitamina C (18,6 mg)	21%
Vitamina B_2 (0,206 mg)	16%
Vitamina B_6 (0,266 mg)	16%
Magnesio (59 mg)	14%
Potasio (469 mg)	10%
Selenio (4,6 µg)	8%
Hierro (1,14 mg)	6%
Vitamina B_1 (0,073 mg)	6%
Cinc (0,41 mg)	4%

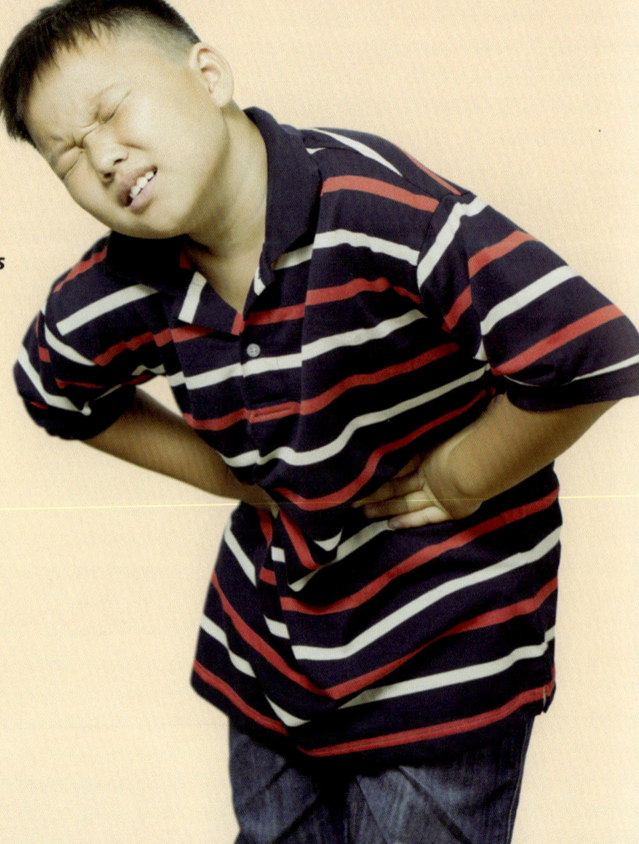

Para niños y adultos

Quienes padecen de intolerancia al gluten o de inflamación intestinal (colitis) en cualesquiera de sus formas pueden disfrutar y beneficiarse del delicioso jugo Antiinflamatorio intestinal.

Cada porción (vaso o taza de 250 ml) contiene

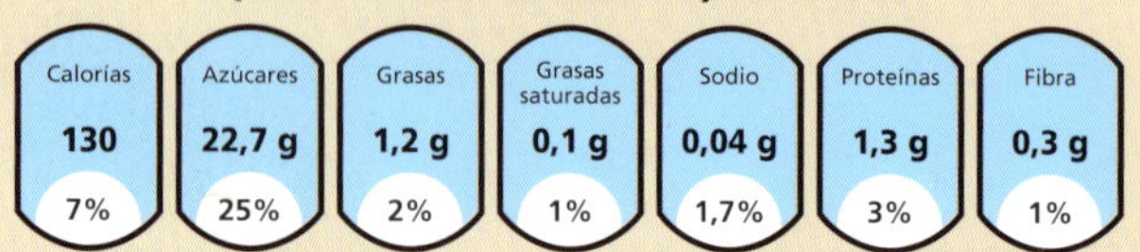

Calorías	Azúcares	Grasas	Grasas saturadas	Sodio	Proteínas	Fibra
130	22,7 g	1,2 g	0,1 g	0,04 g	1,3 g	0,3 g
7%	25%	2%	1%	1,7%	3%	1%

de la CDO/GDA (Cantidad Diaria Orientativa) para un adulto

Vegetariana
Total

Sin gluten
Apto para celíacos

Diabetes
Recomendado

Alergia alimentaria
Sin precauciones especiales

Poder antioxidante
1.702 unidades ORAC por porción (34% del Valor óptimo diario)

Carga ácida (PRAL)
-2,92 mEq/100 g

INGREDIENTES

para dos porciones de unos 250 ml

- 1 **manzana** mediana *[de unos 161 g]*
- 1 **calabacín** (zapallito) mediano *[de unos 196 g]*
- 1 taza de **leche de arroz** *[de unos 248 ml]*
- 2 cucharadas de **jugo de limón** *[de unos 15 ml cada una]*
- 2 cucharadas de **melaza** *[de unos 20 g cada una]*
  Alternativas: panela (piloncillo), sirope de arce (ver pág. 25)

PREPARACIÓN

a. Obtener la leche de arroz (ver pág. 28).
b. Pasar la manzana y el calabacín (zapallito) por el extractor de jugos o masticador.
c. Mezclar la leche de arroz con el jugo obtenido, el limón y la melaza.

CÁNCER DE COLON

El cáncer digestivo más frecuente en los países desarrollados puede ser tanto causado como prevenido por ciertos alimentos.

PROTECTOR INTESTINAL

Se ha comprobado que a mayor consumo de manzanas, menor riesgo de cáncer de colon.[1] Probablemente, son los polifenoles y la pectina (un tipo de fibra soluble) los dos componentes de la **manzana** más activos contra el cáncer de colon. Ambas sustancias protectoras se encuentran en el jugo de manzana natural, el que presenta aspecto turbio (no tanto en el jugo claro que se vende envasado).

Las **espinacas** son uno de los alimentos más ricos en luteína, un carotenoide especialmente protector contra este tipo de cancer.

El **brócoli**, además de su bien demostrado efecto protector contra el cáncer de mama, también previene el de colon.[2]

Estos tres eficaces protectores contra el cáncer de colon (la manzana, las espinacas y el brócoli), se combinan con el **salvado de avena** (rico en fibra soluble) para dar lugar a una deliciosa y nutritiva bebida, el jugo PROTECTOR INTESTINAL.

1 Koch TC, Briviba K, Watzl B, Fähndrich C, Bub A, Rechkemmer G, Barth SW. Prevention of colon carcinogenesis by apple juice in vivo: impact of juice constituents and obesity. Mol Nutr Food Res. 2009 Oct;53(10):1289-302. PubMed PMID: 19753605.

2 Wu QJ, Yang Y, Vogtmann E, Wang J, Han LH, Li HL, Xiang YB. Cruciferous vegetables intake and the risk of colorectal cancer: a meta-analysis of observational studies. Ann Oncol. 2013 Apr;24(4):1079-87. PubMed PMID: 23211939.

Propiedades

- Anticancerígena
- Suavizante intestinal
- Antianémica
- Antioxidante
- Nutritiva

Vitaminas y minerales por cada porción

	% del Valor Diario
Vitamina K (279,8 µg)	233%
Vitamina C (85,9 mg)	95%
Folato (137 µg)	34%
Vitamina A (227 µg)	25%
Magnesio (81 mg)	19%
Vitamina B_1 (0,224 mg)	19%
Vitamina B_2 (0,245 mg)	19%
Vitamina B_6 (0,323 mg)	19%
Potasio (776 mg)	17%
Hierro (2,41 mg)	13%
Vitamina E (1,94 mg)	13%
Selenio (6 µg)	11%
Cinc (0,87 mg)	8%

Prevención del cáncer

Siempre que exista riesgo aumentado de cáncer de colon, el más frecuente después del de mama y del de próstata, se recomienda tomar un vaso diario de PROTECTOR INTESTINAL.

Cada porción (vaso o taza de 250 ml) contiene

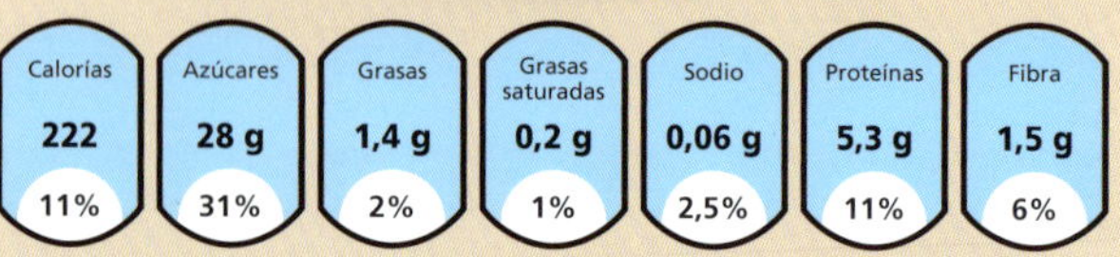

Calorías	Azúcares	Grasas	Grasas saturadas	Sodio	Proteínas	Fibra
222	28 g	1,4 g	0,2 g	0,06 g	5,3 g	1,5 g
11%	31%	2%	1%	2,5%	11%	6%

de la CDO/GDA (Cantidad Diaria Orientativa) para un adulto

Mucho más que anticancerígeno

El jugo PROTECTOR INTESTINAL *no solamente previene el cáncer de colon, sino que también conviene en caso de pólipos, divertículos, colon irritable, colitis ulcerosa y otros trastornos intestinales.*

Vegetariana
Total

Sin gluten
Apto para celíacos

Diabetes
Recomendado

Alergia alimentaria
Sin precauciones especiales

Poder antioxidante
9.441 unidades ORAC por porción (189% del Valor óptimo diario)

Carga ácida (PRAL)
-2,98 mEq/100 g

INGREDIENTES
para una porción de unos 250 ml

- 2 **manzanas** medianas *[de unos 182 g cada una]*
- 2 tazas de **espinacas** *[de unos 30 g cada una]*
- 1 tallo de **brócoli** *[de unos 100 g]*
- 2 cucharadas de **salvado de avena** *[de unos 6 g cada una]*. ***Alternativa***: Salvado de trigo

PREPARACIÓN

a. Pasar las manzanas, las espinacas y el brócoli por el extractor o masticador de jugos.

b. Añadir el salvado de avena al jugo y remover hasta que se disuelva.

c. No resulta necesario endulzar este jugo, pero si se desea, usar preferiblemente un edulcorante no calórico como la estevia (ver pág. 24).

RETENCIÓN DE LÍQUIDOS

Los alimentos diuréticos eliminan el exceso de líquidos, limpian la sangre de toxinas y ayudan a perder peso.

Jugo

AGUA VA

Se dice que, antiguamente, antes de que existieran los alcantarillados, en los pueblos del sur de Europa existía la costumbre de gritar en voz alta «¡Agua va!» cada vez que se vertían las orinas a la vía pública.

Aunque afortunadamente para la salud pública hoy ya no se realizan tales vertidos, bien podría anunciar igualmente AGUA VA quien consigue liberarse del líquido retenido en el cuerpo. Por diversas razones, entre las que destaca una alimentación recargada en proteínas y grasas de origen animal, los riñones se vuelven «perezosos» y disminuyen su producción de orina. Al retardar la eliminación de líquido, este se acumula en los tejidos causando unas hinchazones llamadas edemas.

El jugo AGUA VA es un eficaz diurético capaz de estimular a los riñones para que aumenten su producción de orina; pero, a diferencia de los diuréticos artificiales, no provoca ningún desequilibrio en el nivel de sales minerales en la sangre.

Propiedades

- Diurética
- Depurativa
- Hipotensora
- Alcalinizante

Vitaminas y minerales por cada porción

	% del Valor Diario
Vitamina A (1096 µg)	**122%**
Vitamina K (91,7 µg)	**76%**
Vitamina C (23,9 mg)	**27%**
Potasio (656 mg)	**14%**
Magnesio (32 mg)	**8%**
Calcio (76 mg)	**6%**
Fósforo (74 mg)	**6%**
Hierro (0,86 mg)	**5%**
Cinc (0,53 mg)	**5%**

Para los días anteriores a la regla

Los días antes de la menstruación se suele producir una molesta retención de líquidos, particularmente en párpados, mamas y tobillos, por efecto hormonal. El jugo AGUA VA ayuda a eliminar ese exceso de líquido y a aliviar la tensión mamaria.

Para la hipertensión

Los hipertensos se benefician del jugo AGUA VA, pues al perder líquido corporal se reduce la tensión arterial.

Cada porción (vaso o taza de 250 ml) contiene

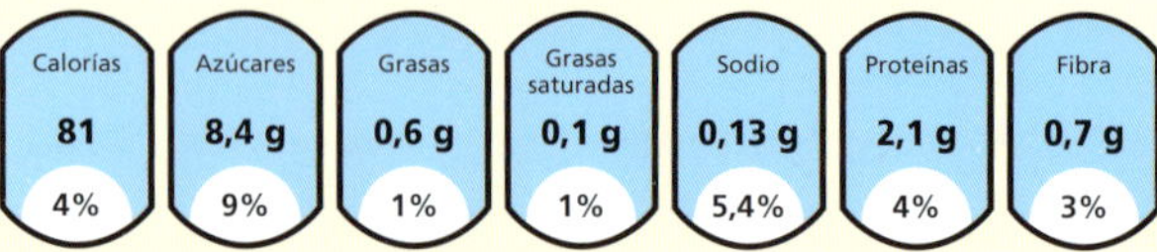

Calorías	Azúcares	Grasas	Grasas saturadas	Sodio	Proteínas	Fibra
81	8,4 g	0,6 g	0,1 g	0,13 g	2,1 g	0,7 g
4%	9%	1%	1%	5,4%	4%	3%

de la CDO/GDA (Cantidad Diaria Orientativa) para un adulto

Vegetariana
Total

Sin gluten
Apto para celíacos

Diabetes
Recomendado

Alergia alimentaria
Precaución con el apio

Poder antioxidante
1.448 unidades ORAC por porción (29% del Valor óptimo diario)

Carga ácida (PRAL)
-4,32 mEq/100 g

INGREDIENTES

para dos porciones de unos 250 ml

- 6 **zanahorias** medianas *[de unos 61 g cada una]*
- 1 **pepino** mediano *[de unos 201 g]*
- 3 tallos de **apio** medianos *[de unos 40 g cada uno]*
- 10 ramitas de **perejil** fresco *[de aproximadamente 1 g cada una]*
- 4 cucharadas de **jugo de limón** *[de unos 15 ml cada una]*

PREPARACIÓN

a. Preparar las zanahorias, el pepino, el apio y el perejil, y pasarlos por el extractor de jugos o masticador.

b. Añadir el jugo de limón.

c. Endulzar a gusto (ver pág. 24).

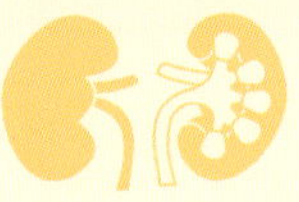

Pérdida de sales

La pérdida de sales minerales debido a la transpiración, diarrea u otros trastornos, debe compensarse con jugos de frutas y hortalizas.

Riñones felices

¿Ha probado alguna vez a lavar un trapo sucio con poca agua? Difícil, ¿verdad? Pues eso es lo que ocurre cuando no se bebe suficiente líquido como para compensar las pérdidas, como puede ocurrir en los calurosos días de verano, siempre que se transpira abundantemente, o cuando se tiene diarrea.

Refresca y mineraliza
Un vaso de Riñones felices en un día caluroso o después de hacer deporte, refresca y aporta las sales minerales perdidas. De esta forma, los riñones pueden seguir cumpliendo su función limpiadora.

El jugo Riñones felices no solamente aporta agua, lo que por supuesto es importante para los riñones. Además, es rico en diuréticos naturales que les ayudan a producir orina, y en sales minerales para contribuir a mantener el nivel de electrolitos de la sangre. Los riñones son los principales encargados de esta tarea.

Así que si ha transpirado mucho y su orina se vuelve algo concentrada, haga felices a sus riñones facilitando su constante tarea mediante este rico jugo.

Propiedades

- Mineralizante
- Diurética
- Depurativa

Vitaminas y minerales por cada porción

	% del Valor Diario
Vitamina C (19,4 mg)	22%
Vitamina K (17,7 µg)	15%
Magnesio (45 mg)	11%
Vitamina B_6 (0,184 mg)	11%
Potasio (459 mg)	10%
Hierro (1,38 mg)	8%
Selenio (2,7 µg)	5%
Calcio (46 mg)	4%
Cinc (0,39 mg)	4%

Cada porción (vaso o taza de 250 ml) contiene

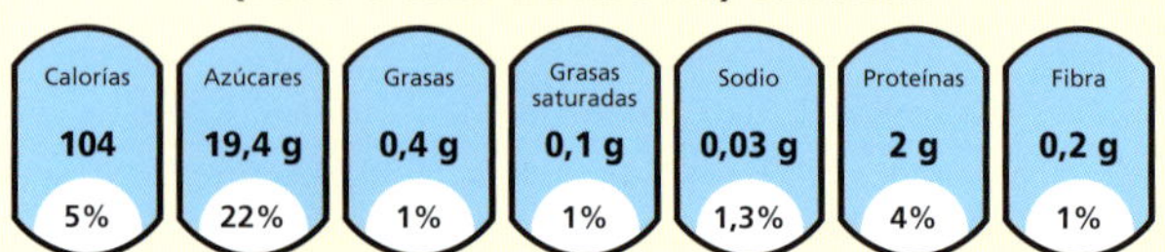

Calorías	Azúcares	Grasas	Grasas saturadas	Sodio	Proteínas	Fibra
104	19,4 g	0,4 g	0,1 g	0,03 g	2 g	0,2 g
5%	22%	1%	1%	1,3%	4%	1%

de la CDO/GDA (Cantidad Diaria Orientativa) para un adulto

Vegetariana
Total

Sin gluten
Apto para celíacos

Diabetes
Usar con moderación

Alergia alimentaria
Precaución
con el apio

Poder antioxidante
923 unidades ORAC
por porción (18% del
Valor óptimo diario)

Carga ácida (PRAL)
-3,22 mEq/100 g

INGREDIENTES

para dos porciones de unos 250 ml

- 4 tazas de **sandía** a trozos, sin corteza y sin semillas *[de unos 152 g cada una]*
- 4 **espárragos** medianos *[de unos 16 g cada una]* preferiblemente verdes
- 2 tallos de **apio** medianos *[de unos 40 g cada uno]*
- 1 cucharada de **melaza** *[de unos 20 g]*
  Alternativas: panela (piloncillo), sirope de arce (ver pág. 25)

PREPARACIÓN

a. Preparar la sandía y el resto de ingredientes.
b. Pasarlos por el extractor de jugos o masticador.
c. Añadir la melaza y disolver. Endulzar más si se desea (ver pág. 24).

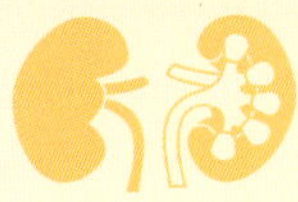

INFECCIONES URINARIAS

Los licuados y jugos a base de arándanos ayudan a evitar que se repitan las infecciones urinarias.

Licuado (batido)

CALMANTE URINARIO

Las bacterias que suelen causar la mayor parte de las infecciones urinarias tienen la capacidad de adherirse a la capa interna de la vejiga de la orina. De ahí la facilidad con que repiten, dando lugar a esas molesta *cistitis* de repetición.

Los **arándanos**, tanto el azul como el rojo (*cranberry* en inglés), tienen la capacidad de despegar las bacterias de la pared de la vejiga, contribuyendo así a que no se reproduzca la infección urinaria.

Además, la **leche de coco** contiene sustancias de acción antibiótica y potenciadoras de las defensas antiinfecciosas. Todo ello unido al **limón**, poderoso antiséptico urinario, hace del licuado (batido) CALMANTE URINARIO un remedio efectivo contra la *cistitis* y otras *infecciones del aparato urinario*.

Propiedades

- Antibiótica
- Inmunoestimulante
- Antianémica
- Antioxidante

Vitaminas y minerales por cada porción

	% del Valor Diario
Vitamina C (13,6 mg)	15%
Hierro (2,08 mg)	12%
Magnesio (33 mg)	8%
Potasio (197 mg)	4%
Cinc (0,46 mg)	4%
Vitamina B1 (0,044 mg)	4%
Vitamina B6 (0,062 mg)	4%
Folato (16 µg)	4%

Cada porción (vaso o taza de 250 ml) contiene

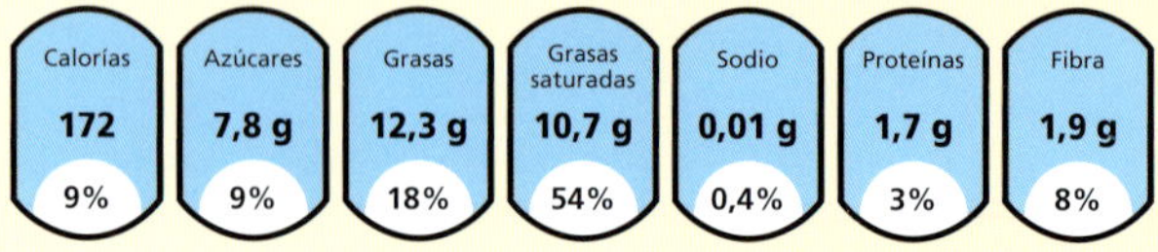

Calorías	Azúcares	Grasas	Grasas saturadas	Sodio	Proteínas	Fibra
172	7,8 g	12,3 g	10,7 g	0,01 g	1,7 g	1,9 g
9%	9%	18%	54%	0,4%	3%	8%

de la CDO/GDA (Cantidad Diaria Orientativa) para un adulto

Para tratar la infección o para prevenirla

En caso de infección aguda se recomiendan tomar dos vasos diarios del licuado CALMANTE URINARIO*. Como preventivo de nuevos episodios, de tres a cinco vasos semanales.*

Vegetariana
Total

Sin gluten
Apto para celíacos

Diabetes
Recomendado

Alergia alimentaria
Sin precauciones especiales

Poder antioxidante
5.033 unidades ORAC por porción (101% del Valor óptimo diario)

Carga ácida (PRAL)
-0,73 mEq/100 g

INGREDIENTES
para dos porciones de unos 250 ml

- 1 taza de **arándanos** *[de unos 148 g]*
  Alternativa: 1 taza de jugo de arándanos (preferiblemente sin azúcar)
- ½ taza de **leche de coco** *[unos 113 ml]*
- 1 taza de **agua** *[de unos 250 ml]*
- 2 cucharadas de **jugo de limón** *[de unos 15 ml cada una]*

PREPARACIÓN
a. Colocar todos los ingredientes en la licuadora.
b. Licuar hasta obtener un líquido homogéneo.
c. Endulzar al gusto (ver pág. 24).

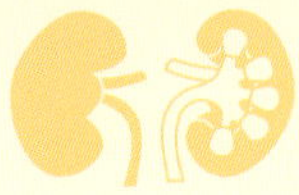

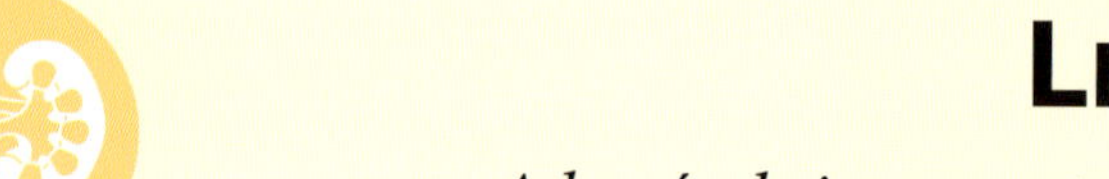

LITIASIS RENAL

Además de incrementar la ingesta de agua y de reducir la de sal, existen jugos para eliminar los cálculos renales.

Jugo

DISOLVIENDO PIEDRAS

Se sabe que todos cítricos impiden la formación de cálculos o piedras en las vías urinarias, gracias al ácido cítrico y sus sales (citratos) que todos ellos contienen. Los cítricos pueden incluso disolver los cálculos que ya existen. Entre ellos, el **limón** y la **naranja** son los más efectivos. Los efectos del **limón** se complementan con los de la **naranja**, y ambos se potencian mutuamente en su capacidad para evitar la formación de cálculos, según un estudio realizado en el Centro Médico de la Universidad de Texas (Estados Unidos).[1]

Entre las frutas no cítricas, el **melón** es la más eficaz para tratar y prevenir las piedras del riñón.[2] De esta forma, el jugo DISOLVIENDO PIEDRAS es una combinación idónea de las tres frutas más eficaces contra los cálculos renales.

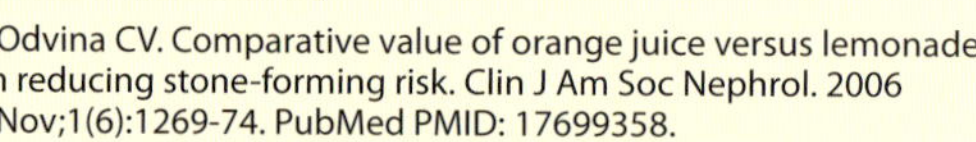

1 Odvina CV. Comparative value of orange juice versus lemonade in reducing stone-forming risk. Clin J Am Soc Nephrol. 2006 Nov;1(6):1269-74. PubMed PMID: 17699358.

2 Baia Lda C, Baxmann AC, Moreira SR, Holmes RP, Heilberg IP. Noncitrus alkaline fruit: a dietary alternative for the treatment of hypocitraturic stone formers. J Endourol. 2012 Sep;26(9):1221-6. PubMed PMID: 22500592.

Propiedades

- Deshace los cálculos
- Depurativa
- Diurética
- Alcalinizante
- Antioxidante

Vitaminas y minerales por cada porción

	% del Valor Diario
Vitamina C (139,4 mg)	155%
Folato (73 µg)	18%
Vitamina B_1 (0,201 mg)	17%
Vitamina A (141 µg)	16%
Potasio (563 mg)	12%
Vitamina B_6 (0,185 mg)	11%
Calcio (88 mg)	7%
Magnesio (30 mg)	7%
Hierro (0,51 mg)	3%

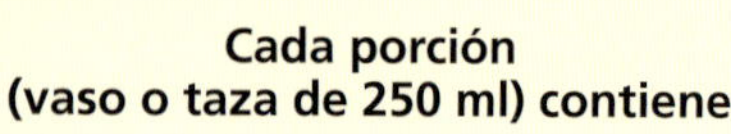

Cada porción (vaso o taza de 250 ml) contiene

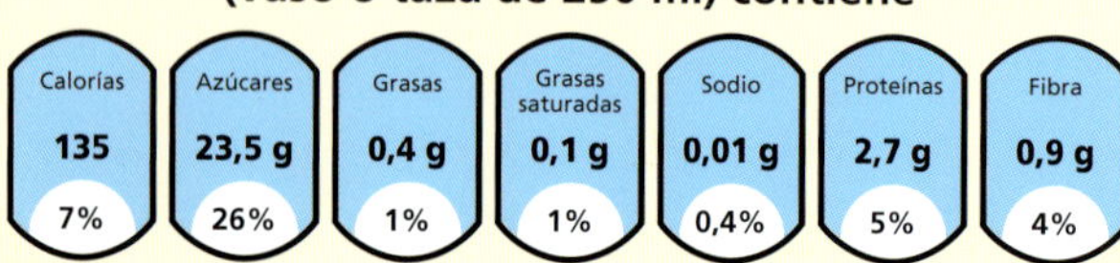

Calorías	Azúcares	Grasas	Grasas saturadas	Sodio	Proteínas	Fibra
135	23,5 g	0,4 g	0,1 g	0,01 g	2,7 g	0,9 g
7%	26%	1%	1%	0,4%	5%	4%

de la CDO/GDA (Cantidad Diaria Orientativa) para un adulto

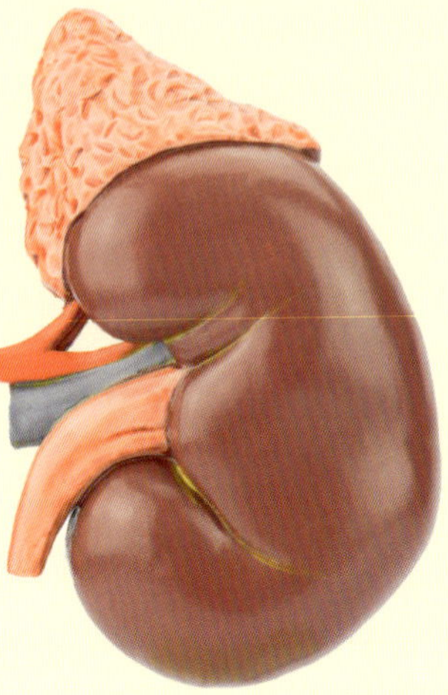

Para evitar que el cólico repita

Uno o dos vasos diarios durante varias semanas del jugo DISOLVIENDO PIEDRAS después de un cólico renal puede hacer desaparecer los cálculos renales.

Vegetariana
Total

Sin gluten
Apto para celíacos

Diabetes
Recomendado

Alergia alimentaria
Sin precauciones especiales

Poder antioxidante
4.481 unidades ORAC por porción (90% del Valor óptimo diario)

Carga ácida (PRAL)
-4,05 mEq/100 g

INGREDIENTES
para dos porciones de unos 250 ml

- 4 **naranjas** medianas *[de unos 131 g cada una]*
- 1 **limón** mediano *[de unos 84 g]*
- 2 tajadas de **melón** *[de unos 102 g cada una]* puede ser de tipo cantalupo u otro

PREPARACIÓN

a. Pelar las naranjas y el limón.

b. Pasar todos los ingredientes por el extractor de jugos o masticador. ***Alternativa***: Obtener el jugo de los cítricos mediante un exprimidor y añadirle el jugo del melón.

DISMINUCIÓN DEL DESEO SEXUAL - 1

Es posible recuperar un buen nivel de hormonas a base de jugos de fruta.

Jugo

Propiedades

- Afrodisiaca
- Baja el colesterol
- Protectora de las arterias
- Protectora del corazón
- Antioxidante
- Anticancerígena

VITALIDAD RECOBRADA

El descenso en los niveles de hormonas sexuales, tanto en el hombre como en la mujer, es una de las causas de la falta de deseo sexual. No solamente la edad contribuye a ese descenso hormonal; también la falta de ejercicio físico, una alimentación pobre en frutas, hortalizas y semillas, las toxinas (especialmente el tabaco y el alcohol) y el estrés reducen la producción y liberación de las hormonas necesarias para la vida sexual.

Pero afortunadamente existen alimentos capaces de estimular la producción hormonal, como la **granada** y la **maca**. Su efecto se potencia con el abandono de los factores negativos anteriormente mencionados.

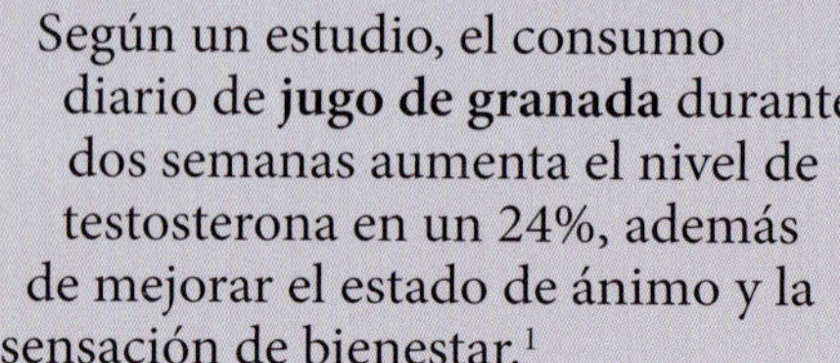

Según un estudio, el consumo diario de **jugo de granada** durante dos semanas aumenta el nivel de testosterona en un 24%, además de mejorar el estado de ánimo y la sensación de bienestar.[1]

El jugo VITALIDAD RECOBRADA incluye, además de la **granada** y la **maca**, la **fruta de la pasión (maracuyá)**, cuyo intenso aroma predispone a la pasión amorosa.

Vitaminas y minerales por cada porción

	% del Valor Diario
Vitamina C (24,8 mg)	**28%**
Vitamina K (16,6 µg)	**14%**
Folato (45 µg)	**11%**
Potasio (404 mg)	**9%**
Vitamina B_2 (0,116 mg)	**9%**
Vitamina B_6 (0,123 mg)	**7%**
Hierro (1,08 mg)	**6%**
Magnesio (27 mg)	**6%**
Cinc (0,4 mg)	**4%**

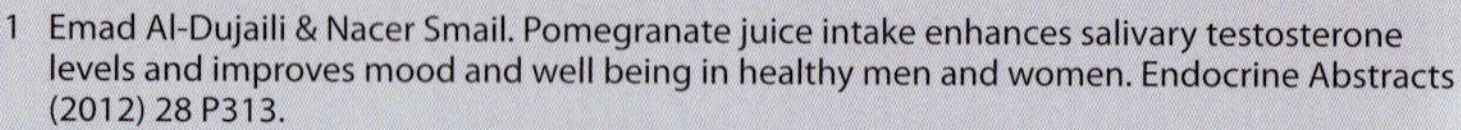

1 Emad Al-Dujaili & Nacer Smail. Pomegranate juice intake enhances salivary testosterone levels and improves mood and well being in healthy men and women. Endocrine Abstracts (2012) 28 P313.

Combinación perfecta

El jugo VITALIDAD RECOBRADA favorece una adecuada respuesta sexual que, cuando va acompañada de amor auténtico, colma de satisfacción a la pareja.

Cada porción (vaso o taza de 150 ml) contiene

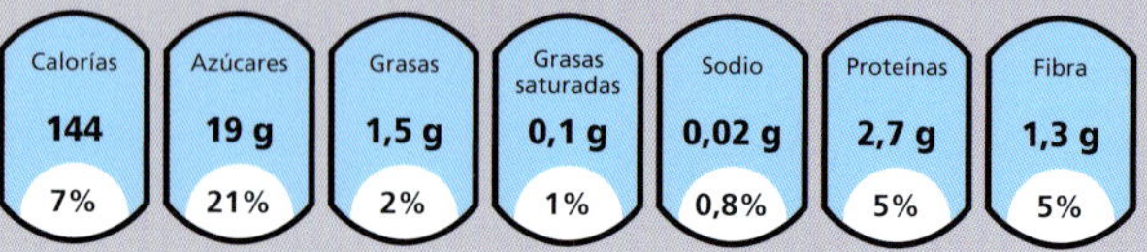

Calorías	Azúcares	Grasas	Grasas saturadas	Sodio	Proteínas	Fibra
144	19 g	1,5 g	0,1 g	0,02 g	2,7 g	1,3 g
7%	21%	2%	1%	0,8%	5%	5%

de la CDO/GDA (Cantidad Diaria Orientativa) para un adulto

Vegetariana
Total

Sin gluten
Apto para celíacos

Diabetes
Recomendado

Alergia alimentaria
Sin precauciones especiales

Poder antioxidante
4.421 unidades ORAC por porción (88% del Valor óptimo diario)

Carga ácida (PRAL)
-2,62 mEq/100 g

INGREDIENTES

para dos porciones de unos 150 ml

- 1 **granada** *[de unos 282 g]*
  Alternativa: Media taza de jugo de granada (unos 125 ml)
- 2 **frutas de la pasión (maracuyá)** *[de unos 70 g cada una]*
- ½ taza de **agua** *[unos 125 ml]*
- 1 cucharadita de **maca** en polvo *[de unos 4 g]*
  Alternativa: 1 cucharada de semillas de calabaza trituradas

PREPARACIÓN

a. Poner en la licuadora (batidora) los granos de la granada, la pulpa de las frutas de la pasión (maracuyá) y el agua.
b. Licuar (batir) hasta obtener una pasta homogénea.
c. Pasar por un colador.
d. Añadir la maca (o las semillas de calabaza trituradas) y remover bien.
e. Por tratarse de un jugo concentrado, son suficientes 150 ml para una porción, aunque se puede tomar una cantidad mayor.

Disminución del deseo sexual - 2

Recuperar el deseo sexual perdido requiere todo un plan de acción en la pareja que incluye la toma de licuados (batidos).

Licuado (batido)

Dulce despertar

Existen muchos mitos respecto a los afrodisiacos. Uno de los más extendidos, y falsos, tiene que ver con el alcohol. La realidad es que no solo no es afrodisiaco, sino que interfiere de muchas formas con una sexualidad saludable. Como decía Shakespeare, «el alcohol aumenta el deseo, pero reduce las posibilidades de llevarlo a cabo». Además de entorpecer los mecanismos fisiológicos de la sexualidad, el alcohol favorece las conductas de riesgo y la violencia en la pareja. Un mito peligroso el del alcohol.

Otro mito es que los alimentos o productos afrodisiacos pueden compensar las consecuencias de un mal estilo de vida. Pero la realidad es que ningún afrodisiaco hace efecto si existe falta de sueño, alimentación deficiente, consumo de tóxicos o ansiedad. Tampoco hacen efecto los afrodisiacos si no existe auténtico amor, respeto mutuo y ternura en la pareja.

El licuado (batido) Dulce despertar es un poderoso antioxidante y depurativo que prepara el cuerpo físicamente para el amor. Sus mejores resultados se obtienen tomado como desayuno después de una buena noche de descanso y de una actitud romántica con el cónyuge.

Propiedades

- Afrodisiaca
- Protectora de las arterias
- Protectora del corazón
- Antioxidante
- Depurativa

Vitaminas y minerales por cada porción

	% del Valor Diario
Vitamina C (75,9 mg)	84%
Folato (55 µg)	14%
Vitamina B_6 (0,205 mg)	12%
Magnesio (44 mg)	10%
Potasio (407 mg)	9%
Vitamina E (0,98 mg)	7%
Hierro (0,91 mg)	5%
Selenio (2,6 µg)	5%
Vitamina A (46 µg)	5%

Cada porción (vaso o taza de 250 ml) contiene

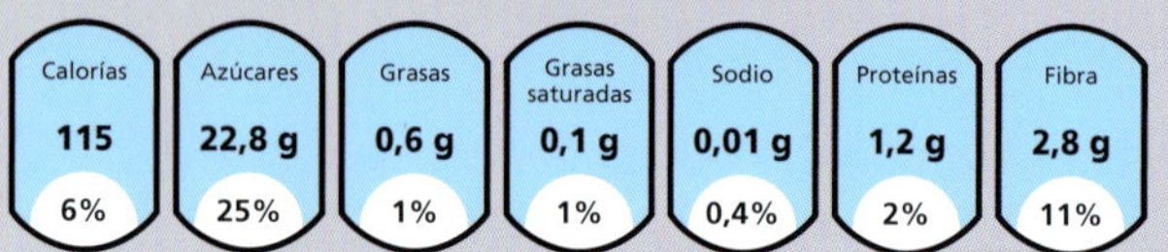

Calorías	Azúcares	Grasas	Grasas saturadas	Sodio	Proteínas	Fibra
115	22,8 g	0,6 g	0,1 g	0,01 g	1,2 g	2,8 g
6%	25%	1%	1%	0,4%	2%	11%

de la CDO/GDA (Cantidad Diaria Orientativa) para un adulto

Despertando el amor

Las fresas (frutillas), el mango el limón y la vainilla acertadamente combinados en el licuado Dulce despertar contribuyen al despertar del deseo sexual después de un buena noche de descanso y un ambiente amoroso entre la pareja.

Vegetariana
Total

Sin gluten
Apto para celíacos

Diabetes
Recomendado

Alergia alimentaria
Sin precauciones especiales

Poder antioxidante
5.045 unidades ORAC por porción (101% del Valor óptimo diario)

Carga ácida (PRAL)
-3,16 mEq/100 g

INGREDIENTES
para dos porciones de unos 250 ml

- 1 taza de **fresas** (frutillas) *[de unos 144 g]*
- ½ **mango** *[unos 168 g]*
- 1 cucharada de **jugo de limón** *[de unos 15 g]*
- ¾ taza de **agua** *[unos 187,5 ml]*
- ½ cucharadita de **vainilla** en polvo *[unos 2,1 g]*
- 1 cucharada de **melaza** *[de unos 20 g]*
  Alternativas: panela (piloncillo), sirope de arce (ver pág. 25)

PREPARACIÓN
a. Licuar (batir) las fresas (frutillas) y el mango con el agua y el jugo de limón.
b. Añadir la vainilla y la melaza y remover hasta que se disuelvan.

Infertilidad

Asegurar el aporte de ciertos nutrientes como el selenio y la vitamina E resulta fundamental para la fertilidad.

Uno más uno son tres

La fertilidad está disminuyendo en la especie humana desde las últimas décadas. La alimentación deficiente, la contaminación química y las infecciones del aparato reproductor son algunas de las causas.

El selenio es un oligoelemento que forma parte de un importante grupo de proteínas antioxidantes. En el hombre, interviene en la maduración y la motilidad de los espermatozoides. En la mujer favorece la maduración de los óvulos y el desarrollo del embrión y del feto.

El selenio y la vitamina E son los dos nutrientes que más intervienen en los procesos biológicos que favorecen la fertilidad. El licuado Uno más uno son tres proporciona ambos nutrientes, y sobre todo selenio que suele ser el más deficiente en la alimentación occidental.

La **nuez del Brasil** (castaña de Pará) es el alimento más rico en selenio que se conoce. Dos nueces aportan la cantidad diaria recomendada de este nutriente.

El **aguacate** y el **germen de trigo** son buenas fuentes de vitamina E, además de vitminas del grupo B. Y el **jugo de naranja** es una buena fuente de folato, también necesario para la reproducción y la prevención de malformaciones en el feto.

Para él y para ella

Si ambos miembros de la pareja que busca descendencia toma de tres a cinco licuados (batidos) semanales de Uno mas uno son tres durante varias semanas, agradables sorpresas pueden acontecer.

Propiedades

- Mejora el rendimiento físico
- Tonificante
- Nutritiva
- Antianémica
- Afrodisiaca
- Antioxidante

Vitaminas y minerales por cada porción

	% del Valor Diario
Selenio (292,7 µg)	**532%**
Vitamina C (104 mg)	**116%**
Vitamina B_1 (0,41 mg)	**34%**
Folato (120 µg)	**30%**
Magnesio (107 mg)	**25%**
Vitamina B_6 (0,304 mg)	**18%**
Potasio (784 mg)	**17%**
Cinc (1,77 mg)	**16%**
Vitamina E (2 mg)	**13%**
Niacina (2,085 mg)	**13%**
Vitamina B_2 (0,16 mg)	**12%**
Hierro (1,4 mg)	**8%**

Nuez de Brasil o castaña de Pará

Es el alimento más rico en selenio, un favorecedor natural de la fertilidad, que además aumenta la líbido (acción afrodisiaca).

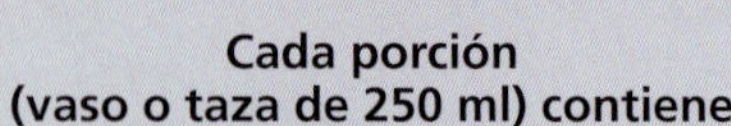

Cada porción (vaso o taza de 250 ml) contiene

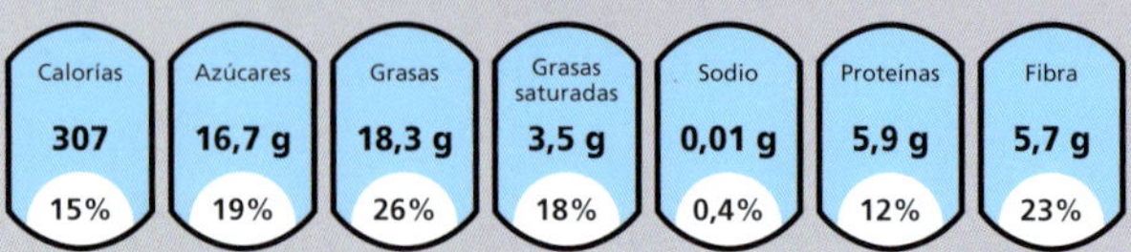

Calorías	Azúcares	Grasas	Grasas saturadas	Sodio	Proteínas	Fibra
307	16,7 g	18,3 g	3,5 g	0,01 g	5,9 g	5,7 g
15%	19%	26%	18%	0,4%	12%	23%

de la CDO/GDA (Cantidad Diaria Orientativa) para un adulto

INGREDIENTES

para dos porciones de unos 250 ml

- ½ **aguacate** *[unos 100,5 g]*
- 6 **nueces del Brasil** (castaña de Pará) *[de unos 5 g cada una]* ***Alternativa***: nuez común
- 1 ½ taza de **jugo de naranja** *[de unos 248 ml cada una]*
- 2 cucharadas de **germen de trigo** *[de unos 6 g cada uno]*
- 2 cucharadas de **jugo de limón** *[de unos 15 ml cada una]*

PREPARACIÓN

a. Triturar primeramente las nueces del Brasil, ya sea en una picadora o en la misma licuadora (batidora) con un poco de jugo de naranja.

b. Colocar todos los ingredientes en la licuadora (batidora) y batir hasta obtener un líquido homogéneo.

DISFUNCIÓN ERÉCTIL - 1

Los jugos que protegen las arterias
también favorecen la potencia sexual.

Jugo

POTENCIA AL CUBO

La disfunción eréctil, anteriormente conocida como impotencia sexual, puede ser el primer signo de que las arterias de todo el cuerpo, incluyendo las coronarias que irrigan el corazón, se hallan en mal estado debido a la arteriosclerosis.

La **remolacha roja** (betabel) es una buena fuente nitratos a partir de los cuales se produce óxido nítrico en las paredes de las arterias. El óxido nítrico es un vasodilatador que favorece el flujo de sangre en los órganos sexuales. La **remolacha roja** (betabel) también aporta pigmentos antioxidantes que protegen las arterias y las mantienen permeables.

Los **espárragos** limpian la sangre de toxinas y favorecen la potencia sexual, al igual que el **jengibre**.

El jugo POTENCIA AL CUBO contribuye a mantener limpias las arterias y a lograr erecciones satisfactorias.

Propiedades

- Vasodilatadora
- Protectora de las arterias
- Tonificante
- Mejora el rendimiento físico
- Antianémica
- Antioxidante
- Alcalinizante

Vitaminas y minerales por cada porción

	% del Valor Diario
Folato (144 µg)	36%
Vitamina K (29,3 µg)	24%
Hierro (2,62 mg)	15%
Magnesio (51 mg)	12%
Potasio (566 mg)	12%
Vitamina B_1 (0,134 mg)	11%
Vitamina B_2 (0,138 mg)	11%
Vitamina C (8,8 mg)	10%
Vitamina B_6 (0,177 mg)	10%
Cinc (0,75 mg)	7%
Selenio (3,6 µg)	7%

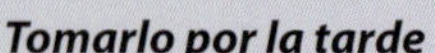

Tomarlo por la tarde

Se recomienda tomar el jugo POTENCIA AL CUBO por la tarde, para que haga su efecto a la mañana siguiente, porque además es precisamente por la mañana cuando se producen las erecciones más fuertes.

Cada porción (vaso o taza de 250 ml) contiene

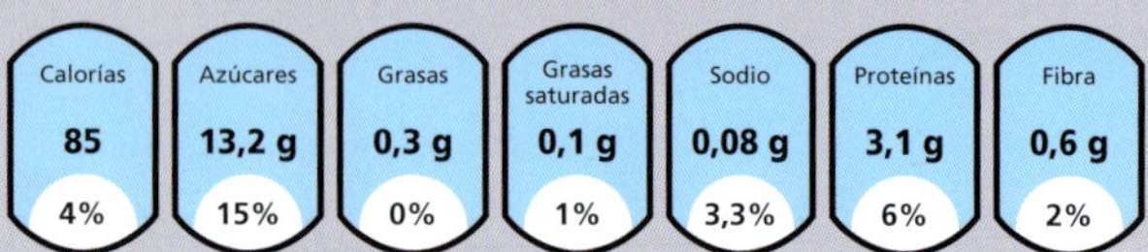

Calorías	Azúcares	Grasas	Grasas saturadas	Sodio	Proteínas	Fibra
85	13,2 g	0,3 g	0,1 g	0,08 g	3,1 g	0,6 g
4%	15%	0%	1%	3,3%	6%	2%

de la CDO/GDA (Cantidad Diaria Orientativa) para un adulto

Vegetariana
Total

Sin gluten
Apto para celíacos

Diabetes
Recomendado

Alergia alimentaria
Sin precauciones especiales

Poder antioxidante
3.350 unidades ORAC por porción (67% del Valor óptimo diario)

Carga ácida (PRAL)
-3,9 mEq/100 g

INGREDIENTES

para dos porciones de unos 250 ml

- 1 **remolacha roja** (betabel) *[de unos 280 g]*
- 10 **espárragos** grandes *[de unos 20 g cada una]*
- 1 cucharadita de **jengibre** *[de unos 2 g]*
  puede ser rallado fresco o en polvo
- 1 cucharada de **melaza** *[de unos 20 g]*
  Alternativas: panela (piloncillo), sirope de arce (ver pág. 25)
- ½ taza de agua *[unos 125 ml]*

PREPARACIÓN

a. Pasar la remolacha (betabel), los espárragos y el jengibre por la licuadora (batidora).

b. Añadir al jugo el agua, el azúcar o melaza y remover con una cuchara.

Disfunción eréctil - 2

Ciertas frutas y semillas contienen sustancias naturales que favorecen el flujo de sangre a los órganos sexuales.

Licuado (batido)

Viagra natural

El batido Viagra natural mejora el flujo de sangre en el pene gracias a las notables propiedades de sus tres ingredientes:

- La **sandía**, cuyo contenido en citrulina, un aminoácido no esencial, favorece el riego sanguíneo en las arterias del pene. La **sandía** es además una buena fuente de licopeno, el mismo pigmento protector contra el *cáncer de próstata* que se encuentra en el tomate. Además, ayuda a eliminar toxinas con la orina por su efecto diurético y depurativo.
- El **plátano** (banana) es rico en potasio que contribuye a mantener las arterias en buen estado, y en vitaminas B, necesarias para el rendimiento energético del organismo.
- La **nuez** es uno de los alimentos más ricos en arginina, otro aminoácido con efecto vasodilatador que incrementa el flujo de sangre.

Todo ello hace que el licuado Viagra natural aumente el riego sanguíneo en el pene, contribuyendo a una erección más rígida en el hombre. Igualmente predispone a una mejor respuesta sexual en la mujer.

Propiedades

- Vasodilatadora
- Protectora de las arterias
- Diurética
- Depurativa
- Alcalinizante
- Mejora el rendimiento físico
- Anticancerígena

Vitaminas y minerales por cada porción

	% del Valor Diario
Vitamina B_6 (0,525 mg)	**31%**
Vitamina C (21,9 mg)	**24%**
Magnesio (55 mg)	**13%**
Potasio (605 mg)	**13%**
Vitamina B_2 (0,124 mg)	**10%**
Vitamina B_1 (0,101 mg)	**8%**
Folato (33 µg)	**8%**
Hierro (0,8 mg)	**4%**
Cinc (0,48 mg)	**4%**

Para el hombre y para la mujer

A diferencia de los medicamentos para lograr la erección, que solo están indicados para los hombres, el licuado Viagra natural beneficia por igual al hombre y a la mujer.

Cada porción (vaso o taza de 250 ml) contiene

Calorías	Azúcares	Grasas	Grasas saturadas	Sodio	Proteínas	Fibra
200	23,4 g	3,9 g	0,5 g	0 g	2,9 g	4 g
10%	26%	6%	3%	0%	6%	16%

de la CDO/GDA (Cantidad Diaria Orientativa) para un adulto

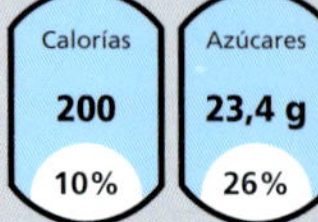

Alternativa saludable

El licuado (batido) VIAGRA NATURAL *tomado a diario es una alternativa saludable a los medicamentos usados para lograr la erección, pero sin sus efectos secundarios sobre el corazón.*

Vegetariana
Total

Sin gluten
Apto para celíacos

Diabetes
Recomendado

Alergia alimentaria
Precaución con las nueces

Poder antioxidante
1.917 unidades ORAC por porción (38% del Valor óptimo diario)

Carga ácida (PRAL)
-4,04 mEq/100 g

INGREDIENTES

para dos porciones de unos 250 ml

- 1 tajada de **sandía** *[de unos 286 g]*
- 2 **plátanos** (bananas) *[de unos 118 g cada una]*
- 2 **nueces** *[de unos 5 g cada una]*
  Alternativa: nueces del Brasil (castañas de Pará)

PREPARACIÓN

a. Licuar (batir) la sandía y los plátanos (bananas). Las pepitas de la sandía se pueden quitar, pero si quedan no pasa nada, pues son comestibles.

b. Triturar las nueces en una picadora o trituradora de semillas.

c. Servir el licuado (batido) en los vasos y añadir por encima la nuez triturada.

Hipertrofia de la próstata

Los antiinflamatorios vegetales contribuyen a evitar las complicaciones del crecimiento de la próstata.

Jugo

Inflamación superada

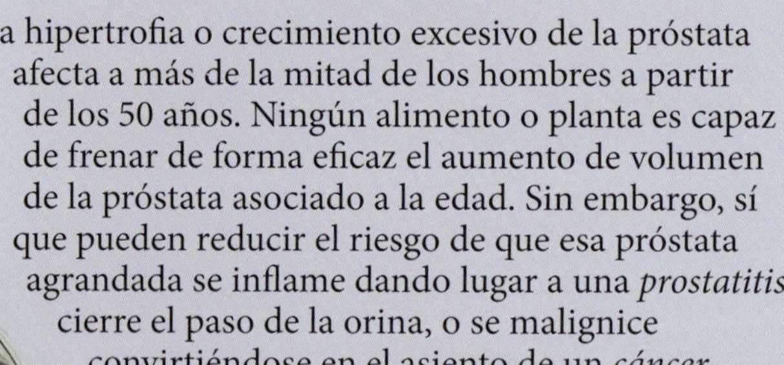

La hipertrofia o crecimiento excesivo de la próstata afecta a más de la mitad de los hombres a partir de los 50 años. Ningún alimento o planta es capaz de frenar de forma eficaz el aumento de volumen de la próstata asociado a la edad. Sin embargo, sí que pueden reducir el riesgo de que esa próstata agrandada se inflame dando lugar a una *prostatitis*, cierre el paso de la orina, o se malignice convirtiéndose en el asiento de un *cáncer*.

El jugo Inflamación superada contiene tres de los alimentos más activos contra la inflamación de la próstata, como son el **tomate**, la **coliflor** (al igual que todas las Crucíferas) y las **semillas de lino** o de **chía**. Estos tres ingredientes combinan muy bien para dar lugar a un jugo saludable y refrescante que puede tomarse a todas horas.

Propiedades

- Antiinflamatoria
- Antihipertensiva
- Anticancerígena
- Protectora del estómago
- Baja el colesterol
- Alcalinizante
- Vitamínica

Vitaminas y minerales por cada porción

	% del Valor Diario
Vitamina C (76,1 mg)	85%
Vitamina K (54,7 µg)	46%
Folato (94 µg)	24%
Vitamina B_6 (0,378 mg)	22%
Vitamina B_1 (0,246 mg)	21%
Potasio (854 mg)	18%
Magnesio (67 mg)	16%
Niacina (1,989 mg)	12%
Vitamina A (97 µg)	11%
Cinc (0,95 mg)	9%
Hierro (1,48 mg)	8%
Vitamina E (1,27 mg)	8%

Para hombres y mujeres

El jugo Inflamación superada no solamente conviene a los hombres para evitar las complicaciones de la hipertrofia de próstata, sino que beneficia a todos, hombres y mujeres. Combate la inflamación, frena la hipertensión arterial, protege el estómago y baja el colesterol, entre otros beneficios.

Cada porción (vaso o taza de 250 ml) contiene

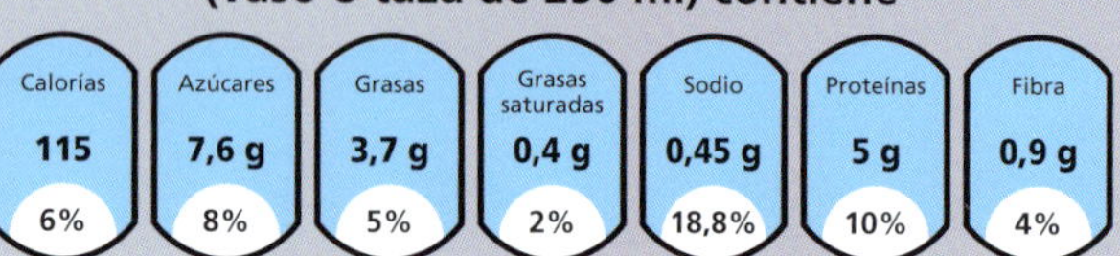

Calorías	Azúcares	Grasas	Grasas saturadas	Sodio	Proteínas	Fibra
115	7,6 g	3,7 g	0,4 g	0,45 g	5 g	0,9 g
6%	8%	5%	2%	18,8%	10%	4%

de la CDO/GDA (Cantidad Diaria Orientativa) para un adulto

Vegetariana
Total

Sin gluten
Apto para celíacos

Diabetes
Recomendado

Alergia alimentaria
Sin precauciones especiales

Poder antioxidante
1.559 unidades ORAC por porción (31% del Valor óptimo diario)

Carga ácida (PRAL)
-4 mEq/100 g

INGREDIENTES

para dos porciones de unos 250 ml

- 1 **coliflor** pequeña *[de unos 265 g]*
- 5 **tomates** medianos *[de unos 123 g cada uno]*
- 2 cucharadas de **semillas de lino** (linaza) molidas *[de unos 10,3 g cada una]*
  Alternativa: semillas de chía
- 4 ramitas de **perejil** *[de aproximadamente 1 g cada una]*
- ½ cucharadita de **sal** *[unos 3 g]* preferiblemente marina

PREPARACIÓN

a. Triturar las semillas de lino (o de chía).

b. Pasar la coliflor, los tomates y el perejil por el extractor de jugos o masticador.

c. Añadir al jugo la sal y el lino (o la chía). Este último conviene añadirlo justo antes de tomar el jugo, removiendo con una cuchara para que se mezclen bien.

CÁNCER DE PRÓSTATA - 1

El licopeno, colorante natural rojo del tomate y de otros frutos, es el gran protector de la próstata.

Jugo

JUGO DE TOMATE

El efecto protector del **tomate** sobre la próstata está bien comprobado. Se sabe que el licopeno, ese pigmento rojo que le da el color al **tomate**, se deposita en el interior de las células de la próstata, y también de la mama y del páncreas. Cuanto más licopeno hay en la próstata o en otro órgano, menor es el riesgo de que allí se produzca un cáncer.

El **tomate** es uno de los frutos más ricos en licopeno, pero no es el único. La sandía, la papaya, el pomelo rosado (toronja) y el pimiento morrón, entre otros, también lo contienen. Pero la ventaja del **tomate**, además de su alto contenido en licopeno, es que se suele tomar junto con aceite, lo que favorece su absorción.

El **tomate** desinflama la próstata y hace descender los niveles de PSA (antígeno prostático) en sangre, por lo que también conviene tomarlo en caso de *hipetrofia*.

Ingredientes opcionales para añadir al jugo de tomate

Conviene evitar sazonar el jugo de tomate con sal y pimienta, o con azúcar como ocurre en los jugos envasados. Existen alternativas saludables para sazonar que combinan perfectamente con el tomate para hacer aún más sabroso su jugo.

Propiedades

- Anticancerígena
- Antihipertensiva
- Antitrombótica
- Baja el colesterol
- Protectora del corazón
- Protectora de las arterias
- Alcalinizante

Vitaminas y minerales por cada porción

	% del Valor Diario
Vitamina C (35,4 mg)	39%
Vitamina K (26,1 µg)	22%
Vitamina E (2,75 mg)	18%
Potasio (612 mg)	13%
Vitamina A (108 µg)	12%
Vitamina B_6 (0,207 mg)	12%
Folato (39 µg)	10%
Magnesio (28 mg)	7%
Hierro (0,75 mg)	4%
Cinc (0,44 mg)	4%

Cada porción (vaso o taza de 250 ml) contiene

Calorías	Azúcares	Grasas	Grasas saturadas	Sodio	Proteínas	Fibra
139	6,8 g	10 g	1,4 g	0,01 g	2,3 g	0,4 g
7%	8%	14%	7%	0,4%	5%	2%

de la CDO/GDA (Cantidad Diaria Orientativa) para un adulto

Licopeno
La salsa y los concentrados de tomate contienen mayor concentración de licopeno que el jugo, pero este resulta más fácil de tomar y, además, es un excelente refresco.

No solamente para el hombre

No solamente los hombres se benefician del jugo de tomate, sino también las mujeres gracias a su acción preventiva sobre la mama y otros órganos como el colon o el páncreas.

Vegetariana
Total

Sin gluten
Apto para celíacos

Diabetes
Recomendado

Alergia alimentaria
Sin precauciones especiales

Poder antioxidante
983 unidades ORAC por porción (20% del Valor óptimo diario)

Carga ácida (PRAL)
-3,85 mEq/100 g

INGREDIENTES
para una porción de unos 250 ml

- 3 **tomates** medianos *[de unos 123 g cada una]*
- 1 cucharada de **aceite de oliva** *[de unos 13,5 g]*
  Alternativa: cualquier otro aceite vegetal

PREPARACIÓN

a. El jugo de tomate se puede obtener mediante un extractor de jugos o masticador, pasando los tomates tal cual, o bien mediante una licuadora (batidora). En el segundo caso, es recomendable pasar el jugo obtenido por un colador para eliminar semillas y pieles.

b. Una vez obtenido el jugo añadir una cucharada de aceite por vaso para favorecer la absorción del licopeno.

Cáncer de próstata - 2

Aunque la próstata es un órgano masculino oculto, se halla necesitado de una eficaz protección a base de ciertos alimentos.

Licuado (batido)

Escudo prostático

El cáncer de próstata es el más frecuente en los hombres occidentales. Hasta hace unas décadas se sabía poco de la relación entre la alimentación y la próstata, pero actualmente son ya numerosos los estudios disponibles. Se sabe que el consumo de carne, de leche y de queso favorecen el cáncer de próstata, mientras que la granada, la sandía, el **lino** (linaza) y la **soja** actúan como un escudo protector para ese oculto órgano masculino.

El licuado (batido) Escudo prostático combina esos alimentos protectores de forma muy agradable de tomar. Ningún hombre debe prescindir de él ya que, además, es un potente antioxidante.

Propiedades

- Anticancerígena
- Protectora del corazón
- Protectora de las arterias
- Antioxidante

Vitaminas y minerales por cada porción

	% del Valor Diario
Vitamina C (14,1 mg)	**16%**
Magnesio (64 mg)	**15%**
Vitamina B_1 (0,184 mg)	**15%**
Vitamina K (18,3 µg)	**15%**
Folato (54 µg)	**14%**
Vitamina B6 (0,21 mg)	**12%**
Potasio (497 mg)	**11%**
Selenio (5,9 µg)	**11%**
Vitamina B_2 (0,113 mg)	**9%**
Hierro (1,36 mg)	**8%**
Cinc (0,65 mg)	**6%**

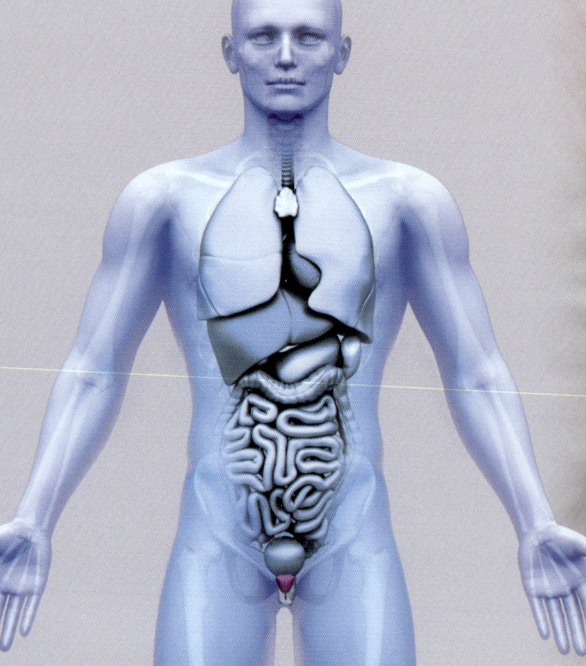

No solamente la próstata

El Escudo prostático es una bebida idónea para los hombres, pues no solamente protege su próstata, sino también el corazón y las arterias, particularmente las coronarias.

Cada porción (vaso o taza de 250 ml) contiene

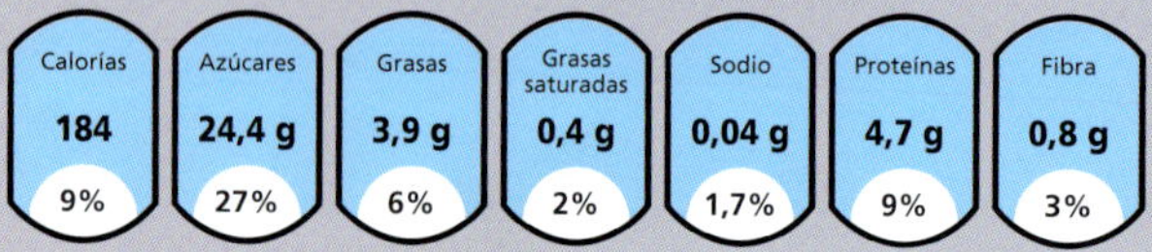

Calorías	Azúcares	Grasas	Grasas saturadas	Sodio	Proteínas	Fibra
184	24,4 g	3,9 g	0,4 g	0,04 g	4,7 g	0,8 g
9%	27%	6%	2%	1,7%	9%	3%

de la CDO/GDA (Cantidad Diaria Orientativa) para un adulto

INGREDIENTES

para dos porciones de unos 250 ml

- 1 **granada** *[de unos 282 g]*
- ½ tajada de **sandía** *[unos 143 g]*
- ¾ taza de **leche de soja** *[unos 182,3 ml]*
- 1 cucharada de **semillas de lino** (linaza) *[de unos 10,3 g]* o de **chía**.
- 1 cucharada de **melaza** *[de unos 20 g]*
  Alternativas: panela (piloncillo), sirope de arce (ver pág. 25)

PREPARACIÓN

a. Desgranar la granada, licuar (batir) los granos y pasar por un colador para obtener el jugo.

b. Licuar (batir) el jugo de granada obtenido junto con la sandía y el resto de ingredientes. Las pepitas de la sandía se pueden quitar para evitar encontrar fragmentos duros en el licuado, pero si queda alguna no pasa nada, pues son comestibles.

CÁNCER DE MAMA - 1

Toda mujer debería tomar medidas para protegerse contra el cáncer de mama.

Licuado (batido)

Propiedades

- Anticancerígena
- Antioxidante

ESCUDO MAMARIO

El cáncer de mama es el más frecuente en las mujeres occidentales. En los últimos años, diversos estudios están señalando cada vez de forma más clara el importante papel de la alimentación para prevenir el cáncer de mama.

La carne y el vino aun en dosis moderadas o bajas, aumentan el riesgo.

Por el contrario, experimentos de laboratorio han mostrado que el sulforano del brócoli inhibe el crecimiento de las células cancerosas de la mama. Estudios en humanos muestran claramente que el consumo habitual de **brócoli** o de otras plantas Crucíferas, como las coles o repollos, reduce significativamente el riesgo de padecer cáncer de mama.[1]

Después de un cierto debate científico, probablemente contaminado por intereses económicos, ha quedado claro que el consumo de productos de **soja**, como la leche o el tofu, previene el cáncer de mama y evita las recidivas en las mujeres que ya lo han pasado.[2]

El licuado (batido) ESCUDO MAMARIO aporta todo lo necesario para proteger la mama contra el cáncer, incluyendo los antioxidantes de las **fresas** (frutillas).

Vitaminas y minerales por cada porción

	% del Valor Diario
Vitamina C (109,7 mg)	**122%**
Vitamina K (82 µg)	**68%**
Folato (87 µg)	**22%**
Selenio (8,1 µg)	**15%**
Vitamina B_2 (0,189 mg)	**15%**
Vitamina B_6 (0,26 mg)	**15%**
Magnesio (56 mg)	**13%**
Vitamina B_1 (0,144 mg)	**12%**
Potasio (492 mg)	**10%**
Hierro (1,63 mg)	**9%**
Niacina (1,384 mg)	**9%**
Calcio (78 mg)	**6%**
Vitamina E (0,94 mg)	**6%**
Cinc (0,56 mg)	**5%**

1 Liu X, Lv K. Cruciferous vegetables intake is inversely associated with risk of breast cancer: a meta-analysis. Breast. 2013 Jun;22(3):309-13. PubMed PMID: 22877795.

2 Hilakivi-Clarke L, Andrade JE, Helferich W. Is soy consumption good or bad for the breast? J Nutr. 2010 Dec;140(12):2326S-2334S. PubMed PMID: 20980638.

Al menos tres por semana

Al menos tres porciones semanales de ESCUDO PROTECTOR reducen significativamente el riego de padecer cáncer de mama o de que recidive.

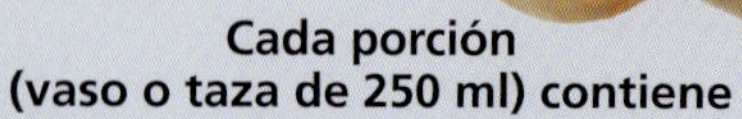

Cada porción (vaso o taza de 250 ml) contiene

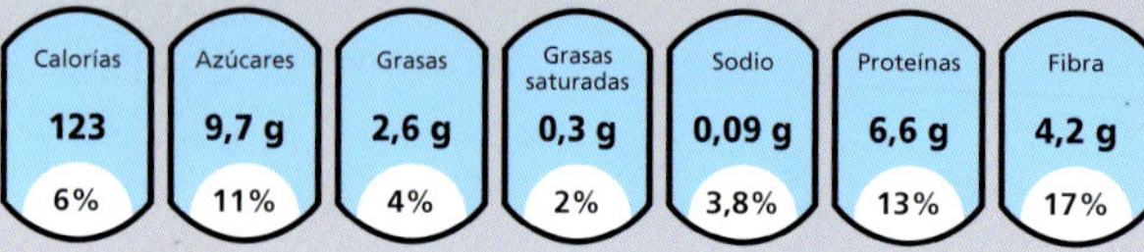

Calorías	Azúcares	Grasas	Grasas saturadas	Sodio	Proteínas	Fibra
123	9,7 g	2,6 g	0,3 g	0,09 g	6,6 g	4,2 g
6%	11%	4%	2%	3,8%	13%	17%

de la CDO/GDA (Cantidad Diaria Orientativa) para un adulto

INGREDIENTES

para dos porciones de unos 250 ml

- 1 ramo de **brócoli** *[de unos 151 g]*
- 1 taza de **fresas** (frutillas) *[de unos 144 g]*
- 1 taza de **leche de soja** *[de unos 243 ml]*

PREPARACIÓN

a. Cocer el ramo de brócoli durante unos 10 minutos, preferiblemente al vapor, con poca agua y tapada la olla, y esperar que se enfríe.

b. Colocar todos los ingredientes en la licuadora (batidora) y triturar hasta obtener una consistencia homogénea.

c. Edulcorar al gusto (ver pág. 24).

Cáncer de mama - 2

Tomar jugos de frutas y hortalizas es una forma eficaz y no tóxica de combatir el cáncer.

Jugo

Senos a salvo

Los polifenoles de la granada son una de las sustancias naturales más eficaces en la prevención del cáncer en general, y el de mama y de próstata en particular. Numerosas investigaciones lo confirman. Una de las más prometedoras, realizada en la Universidad de California Riverside (Estados Unidos),[1] ha mostrado que al menos tres ingredientes del **jugo de granada** inhiben el crecimiento de las células del cáncer de mama e impiden que se produzcan metástasis. Según este estudio, la **granada** tiene un gran potencial no solamente en la prevención del cáncer de mama, sino también en su tratamiento.

La **zanahoria** también es un gran protector de los senos. Un amplio estudio con más de 51.000 mujeres[2] mostró que las zanahorias y las coles o repollos son las hortalizas más eficaces en la prevención del cáncer de mama en general, y el de receptores hormonales negativos en particular.

Las **semillas de lino** (linaza) también pueden hacer mucho para proteger los senos contra el cáncer gracias al tipo especial de fitoestrógenos que contienen conocidos como lignanos.

Las mujeres con riesgo elevado de padecer de cáncer de mama, o que ya lo han pasado, tienen un eficaz aliado en este jugo.

Propiedades

- Anticancerígena
- Antioxidante
- Antiinflamatoria
- Alcalinizante

Vitaminas y minerales por cada porción

	% del Valor Diario
Vitamina A (1070 µg)	119%
Vitamina K (49,6 µg)	41%
Vitamina C (27,7 mg)	31%
Vitamina B_1 (0,336 mg)	28%
Folato (105 µg)	26%
Vitamina B_6 (0,359 mg)	21%
Potasio (935 mg)	20%
Magnesio (67 mg)	16%
Vitamina E (2,05 mg)	14%
Cinc (1,31 mg)	12%
Hierro (1,38 mg)	8%

1 Rocha A, Wang L, Penichet M, Martins-Green M. Pomegranate juice and specific components inhibit cell and molecular processes critical for metastasis of breast cancer. Breast Cancer Res Treat. 2012 Dec;136(3):647-58. PubMed PMID: 23065001.

2 Boggs DA, Palmer JR, Wise LA, Spiegelman D, Stampfer MJ, Adams-Campbell LL, Rosenberg L. Fruit and vegetable intake in relation to risk of breast cancer in the Black Women's Health Study. Am J Epidemiol. 2010 Dec 1;172(11):1268-79. PubMed PMID: 20937636.

Los ingredientes más eficaces
El delicioso jugo Senos a salvo contiene tres de los alimentos más eficaces contra el cáncer de mama: la granada, las zanahorias y las semillas de lino (linaza).

Cada porción (vaso o taza de 250 ml) contiene

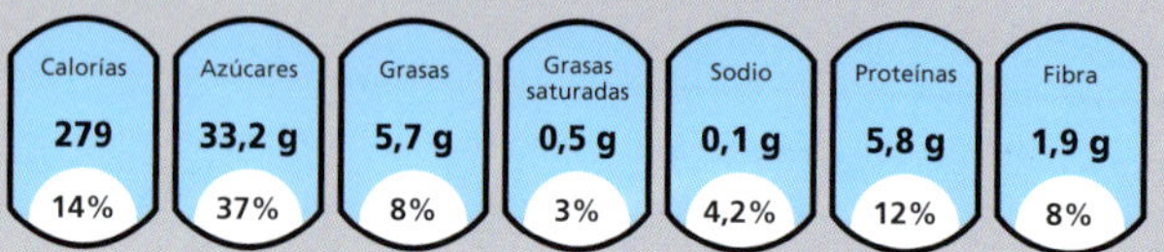

Calorías	Azúcares	Grasas	Grasas saturadas	Sodio	Proteínas	Fibra
279	33,2 g	5,7 g	0,5 g	0,1 g	5,8 g	1,9 g
14%	37%	8%	3%	4,2%	12%	8%

de la CDO/GDA (Cantidad Diaria Orientativa) para un adulto

Super antioxidante
Senos a salvo es uno de los jugos con mayor poder antioxidante que se pueden realizar. Un solo vaso aporta 9.735 unidades ORAC, casi el doble de lo recomendado diariamente.

Vegetariana
Total

Sin gluten
Apto para celíacos

Diabetes
Recomendado

Alergia alimentaria
Sin precauciones especiales

Poder antioxidante
9.735 unidades ORAC por porción (195% del Valor óptimo diario)

Carga ácida (PRAL)
-4,05 mEq/100 g

INGREDIENTES

para una porción de unos 250 ml

- 1 **granada** *[de unos 282 g]*
- 3 **zanahorias** medianas *[de unos 61 g cada una]*
- 1 cucharada de **semillas de lino** (linaza) molidas *[de unos 10,3 g]*. ***Alternativa***: semillas de chía

PREPARACIÓN

a. Desgranar la granada, licuar (batir) los granos y pasar por un colador para obtener el jugo.

b. Pasar la zanahoria por el extractor de jugos o masticador, y mezclar su jugo con el de la granada.

c. Triturar las semillas de lino (linaza) o de chía y añadirlas al jugo antes de tomarlo.

LECHE INSUFICIENTE

Se puede favorecer la producción de leche con jugos de hortalizas.

Jugo

Propiedades

- Galactagoga
- Digestiva
- Diurética
- Antioxidante
- Alcalinizante

Vitaminas y minerales por cada porción

	% del Valor Diario
Vitamina A (754 µg)	84%
Vitamina K (63,4 µg)	53%
Vitamina C (19,3 mg)	21%
Potasio (735 mg)	16%
Vitamina B_1 (0,149 mg)	12%
Vitamina B_6 (0,206 mg)	12%
Niacina (1,752 mg)	11%
Folato (43 µg)	11%
Vitamina B_2 (0,133 mg)	10%
Hierro (1,41 mg)	8%
Magnesio (34 mg)	8%
Calcio (96 mg)	7%
Cinc (0,66 mg)	6%

BEBÉ SATISFECHO

La sensación de leche insuficiente en la madre que lacta lleva equivocadamente en muchos casos a suspender la lactancia materna o a introducir precozmente alimentos complementarios. Pero si la madre cree que el bebé no está recibiendo suficiente leche, la actitud correcta debe ser la siguiente:[1]

- Revisar si el agarre al pecho y la succión son correctas.
- Retirar el chupete y permitir que el bebé succione el pecho cada vez que desee, aunque no sea por hambre. Cuanto más se estimule el pezón, más leche se producirá.
- Incrementar la ingesta de líquidos.
- Asegurar una nutrición materna adecuada.
- Tomar algún alimentos galactagogos (que aumentan la producción de leche), como el jugo BEBÉ SATISFECHO.

Las madres que lactan pueden tomar un vaso diario o a días alternos del jugo BEBÉ SATISFECHO, pero si la sensación de leche insuficiente persiste, se debe consultar a un profesional de la salud antes de continuar tomándolo.

1 Var más información sobre la lactancia en el libro *Sanos y fuertes* de Editorial Safeliz.

Más vitaminas para la madre y para el bebé

El jugo BEBÉ SATISFECHO favorece la producción de leche, a la vez que aporta vitaminas y minerales a la dieta de la madre que lacta. La leche materna se enriquece en vitaminas, especialmente la A.

Cada porción (vaso o taza de 250 ml) contiene

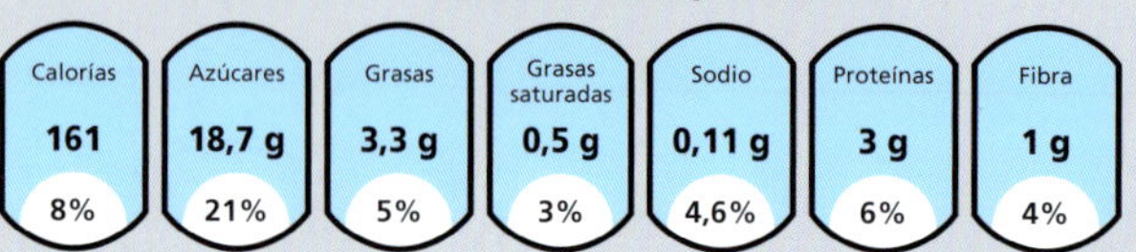

de la CDO/GDA (Cantidad Diaria Orientativa) para un adulto

Vegetariana
Total

Sin gluten
Apto para celíacos

Diabetes
Recomendado

Alergia alimentaria
Precaución con el sésamo

Poder antioxidante
3.746 unidades ORAC por porción (75% del Valor óptimo diario)

Carga ácida (PRAL)
-4,05 mEq/100 g

INGREDIENTES
para una porción de unos 250 ml

- ½ bulbo de **hinojo** *[de unos 117 g]*
- 2 **zanahorias** medianas *[de unos 61 g cada una]*
- 1 **manzana** mediana *[de unos 161 g]*
- ½ cucharada de **puré de sésamo** (tahini) *[unos 7,5 g]*

PREPARACIÓN

a. Pasar el hinojo, las zanahorias y la manzana por el extractor de jugo o el masticador.

b. Una vez obtenido el jugo, añadir el sésamo y remover hasta que se disuelva.

SOBREPESO - 1

Los productos saciantes, como las semillas de chía, contribuyen a reducir la ingesta de alimentos.

 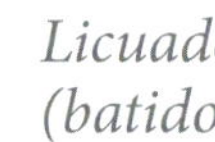

Licuado (batido)

Propiedades

- Adelgazante
- Saciante
- Baja el colesterol
- Antidiabética
- Laxante
- Nutritiva

AGUA DE CHÍA

La semilla de la **chía** (*Salvia hispanica*) ya era conocida por los antiguos mayas y aztecas de México. Actualmente, la ciencia moderna ha descubierto sus muchas propiedades nutritivas y medicinales, y se ha vuelto un alimento de moda.

La **chía** destaca por su riqueza en fibra soluble y en ácidos grasos omega-3, dos nutrientes estrella llenos de efectos beneficiosos que escasean en la alimentación típica moderna. Además, aporta una buena proporción de proteínas, vitaminas y minerales.

El AGUA DE CHÍA es una bebida refrescante y saludable, fácil de elaborar y con mucho que aportar a la salud.

Vitaminas y minerales por cada porción

	% del Valor Diario
Selenio (6,7 µg)	**12%**
Magnesio (44 mg)	**10%**
Calcio (85 mg)	**7%**
Vitamina B_1 (0,08 mg)	**7%**
Hierro (0,95 mg)	**5%**
Cinc (0,59 mg)	**5%**
Potasio (72 mg)	**2%**
Vitamina B_2 (0,024 mg)	**2%**

Semillas de chía

El AGUA DE CHÍA también puede elaborarse con las semillas enteras, sin triturar en la licuadora (batidora). Pero si se hace así, al ser duras las semillas, se requiere masticarlas bien para aprovechar todo su poder nutritivo.

Fibra soluble

Al hidratarse, la chía absorbe hasta diez veces su peso en agua, liberando un mucílago o gel formado por fibra soluble. Ese tipo de fibra reduce la absorción del azúcar y del colesterol, además de reducir el apetito.

Cada porción (vaso o taza de 250 ml) contiene

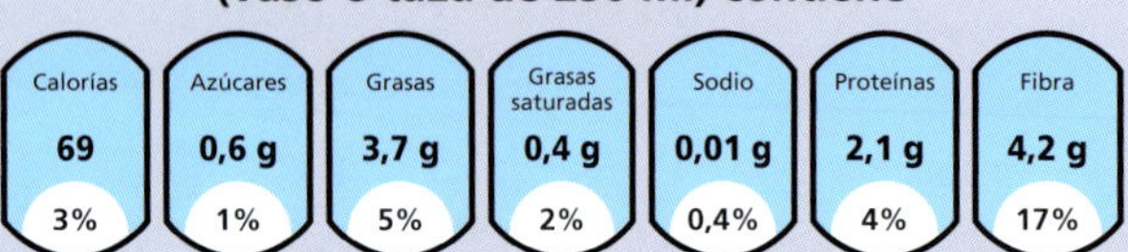

Calorías	Azúcares	Grasas	Grasas saturadas	Sodio	Proteínas	Fibra
69	0,6 g	3,7 g	0,4 g	0,01 g	2,1 g	4,2 g
3%	1%	5%	2%	0,4%	4%	17%

de la CDO/GDA (Cantidad Diaria Orientativa) para un adulto

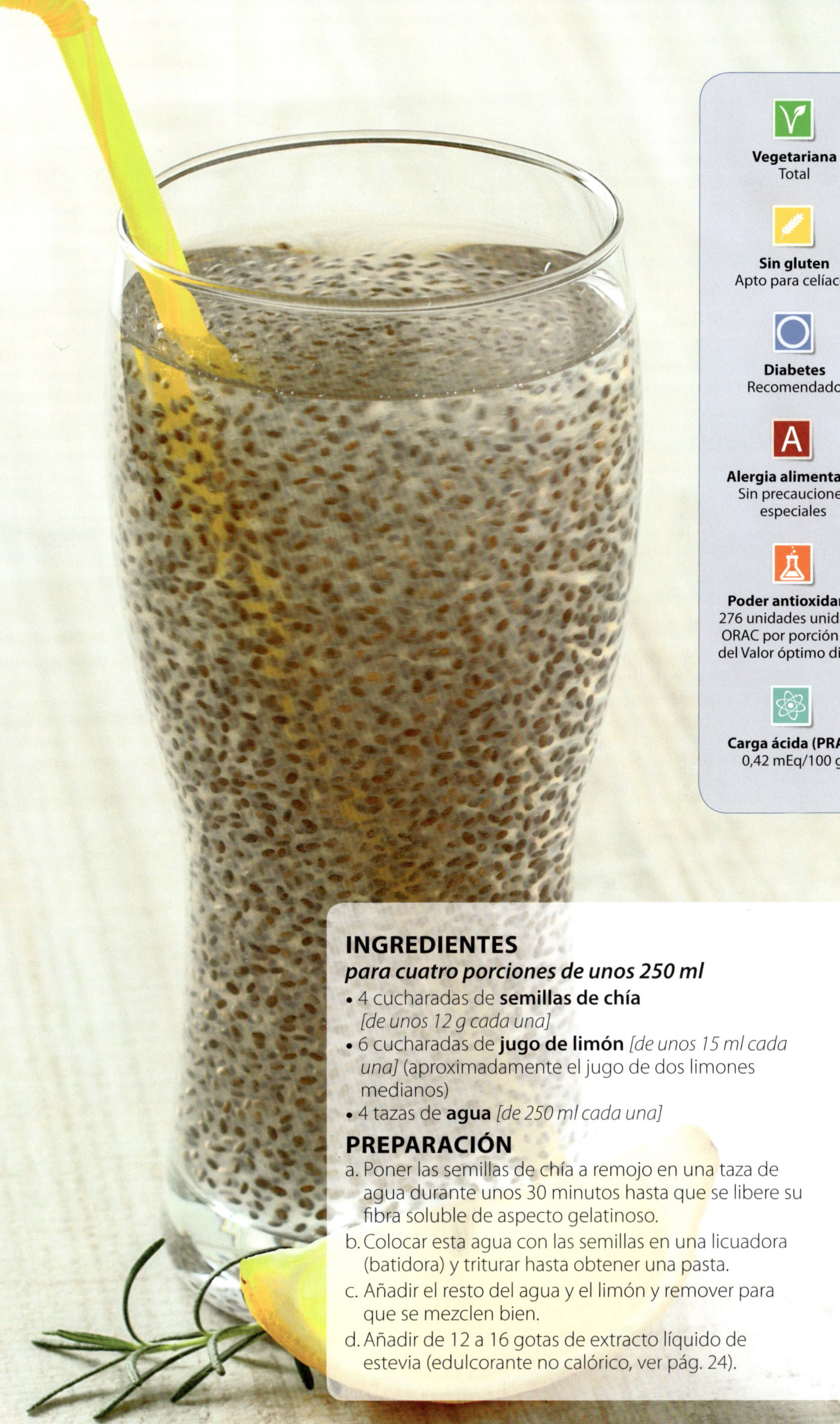

Vegetariana
Total

Sin gluten
Apto para celíacos

Diabetes
Recomendado

Alergia alimentaria
Sin precauciones especiales

Poder antioxidante
276 unidades unidades ORAC por porción (6% del Valor óptimo diario)

Carga ácida (PRAL)
0,42 mEq/100 g

INGREDIENTES

para cuatro porciones de unos 250 ml

- 4 cucharadas de **semillas de chía** *[de unos 12 g cada una]*
- 6 cucharadas de **jugo de limón** *[de unos 15 ml cada una]* (aproximadamente el jugo de dos limones medianos)
- 4 tazas de **agua** *[de 250 ml cada una]*

PREPARACIÓN

a. Poner las semillas de chía a remojo en una taza de agua durante unos 30 minutos hasta que se libere su fibra soluble de aspecto gelatinoso.

b. Colocar esta agua con las semillas en una licuadora (batidora) y triturar hasta obtener una pasta.

c. Añadir el resto del agua y el limón y remover para que se mezclen bien.

d. Añadir de 12 a 16 gotas de extracto líquido de estevia (edulcorante no calórico, ver pág. 24).

Sobrepeso - 2

La obesidad abdominal es la que antes se debe combatir, por estar asociada con un mayor riesgo cardiovascular.

Licuado (batido)

Vientre plano

El vientre hinchado se debe habitualmente a una combinación de acúmulo de grasa, retención de líquidos y/o de gases intestinales, acompañado de flacidez muscular de la pared abdominal. Aplanar el vientre requiere por supuesto de ejercicios para tonificar los músculos abdominales, pero además de diuréticos, suavizantes del intestino y quema-grasas.

El licuado (batido) Vientre plano combina acertadamente todas las acciones necesarias para reducir la obesidad abdominal. La **papaya** y la **piña** son diuréticos y suavizantes del intestino, y el Agua de Jamaica (o el **té rooibos**) favorecen la combustión de las grasas (ver págs. 86, 306). El resultado es un delicioso y saludable licuado (batido) apto para cualquier edad, pero especialmente recomendable a quienes empiezan a dibujar la mal llamada «curva de la felicidad».

En la página 298 se detalla cómo seguir un plan para reducir el volumen abdominal a base de este licuado (batido) y otras bebidas saludables.

Propiedades

- Adelgazante
- Diurética
- Suavizante intestinal
- Digestiva

Vitaminas y minerales por cada porción

	% del Valor Diario
Vitamina C (94,6 mg)	105%
Folato (65 µg)	16%
Magnesio (39 mg)	9%
Vitamina A (68 µg)	8%
Potasio (346 mg)	7%
Vitamina B_6 (0,118 mg)	7%
Vitamina B_1 (0,07 mg)	6%

Reducir barriga para aliviar el corazón

El aumento del perímetro abdominal por encima de 102 cm en los hombres y de 88 cm en las mujeres es un indicador de riesgo cardíaco. El licuado (batido) Vientre plano alivia el trabajo del corazón y reduce el riesgo cardiovascular.

Cada porción (vaso o taza de 250 ml) contiene

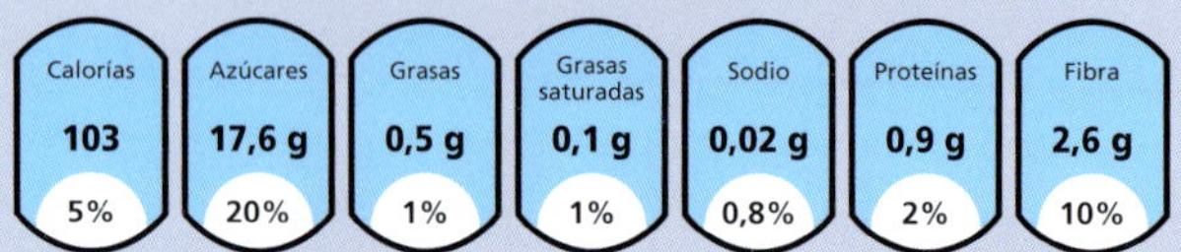

Calorías	Azúcares	Grasas	Grasas saturadas	Sodio	Proteínas	Fibra
103	17,6 g	0,5 g	0,1 g	0,02 g	0,9 g	2,6 g
5%	20%	1%	1%	0,8%	2%	10%

de la CDO/GDA (Cantidad Diaria Orientativa) para un adulto

Vegetariana
Total

Sin gluten
Apto para celíacos

Diabetes
Recomendado

Alergia alimentaria
Sin precauciones especiales

Poder antioxidante
790 unidades ORAC por porción (16% del Valor óptimo diario)

Carga ácida (PRAL)
-2,81 mEq/100 g

INGREDIENTES

para dos porciones de unos 250 ml

- 2 tazas de **papaya** pelada y troceada *[de unos 145 g cada una]*
- ½ taza de **jugo de piña** (ananás) *[unos 125 ml]*
- ½ taza de «Agua de Jamaica» *[unos 125 ml]*
  Alternativa: té rooibos ver (pág. 306).

PREPARACIÓN

a. Colocar todos los ingredientes en la licuadora (batidora) y batir hasta obtener un líquido homogéneo.

b. Edulcorar preferiblemente con estevia (ver pág. 24).

DELGADEZ

Resulta más fácil combatir la delgadez bebiendo licuados saludables que comiendo.

Licuado (batido)

Propiedades

- Nutritiva
- Mejora el rendimiento físico
- Reguladora intestinal

VOLUMEN ADICIONAL

Para ganar peso no se trata de comer más de lo que sea, sino de ingerir alimentos ricos en calorías, pero saludables y equilibrados.

Los licuados (batidos) o dietas ricos en azúcar blanco, harinas refinadas y grasas de cualquier tipo también pueden lograr un aumento de peso, pero a costa de perder salud y de un mayor riesgo cardiovascular. Por el contrario, el licuado (batido) VOLUMEN ADICIONAL se caracteriza por un equilibrio idóneo entre proteínas, grasas e hidratos de carbono de alta calidad nutricional. Además, aporta vitaminas y antioxidantes. Gracias a todo ello permite ganar peso de forma saludable aumentando principalmente la masa muscular y no tanto el porcentaje de grasa corporal.

Vitaminas y minerales por cada porción

	% del Valor Diario
Vitamina C (28,3 mg)	31%
Magnesio (110 mg)	26%
Selenio (13,6 µg)	25%
Vitamina B_2 (0,217 mg)	17%
Vitamina E (2,4 mg)	16%
Vitamina B_6 (0,265 mg)	16%
Folato (60 µg)	15%
Hierro (2,47 mg)	14%
Vitamina B_1 (0,173 mg)	14%
Potasio (596 mg)	13%
Calcio (108 mg)	8%
Cinc (0,8 mg)	7%

Aumento de masa muscular

Tomado a diario mientras se sigue un programa de ejercicios, el licuado (batido) VOLUMEN ADICIONAL logra aumentar la masa muscular con ventaja sobre los preparados comerciales ricos en proteínas: más natural, más barato y exento de aditivos.

Cada porción (vaso o taza de 250 ml) contiene

Calorías	Azúcares	Grasas	Grasas saturadas	Sodio	Proteínas	Fibra
284	31,5 g	8 g	0,8 g	0,1 g	8,8 g	4,5 g
14%	35%	11%	4%	4,2%	18%	18%

de la CDO/GDA (Cantidad Diaria Orientativa) para un adulto

Vegetariana
Total

Sin gluten
Apto para celíacos

Diabetes
No recomendado

Alergia alimentaria
Precaución con la almendra y la soja

Poder antioxidante
2.263 unidades ORAC por porción (45% del Valor óptimo diario)

Carga ácida (PRAL)
-2,08 mEq/100 g

INGREDIENTES
para dos porciones de unos 250 ml

- 1 ½ taza de **leche de soja** *[de unos 243 mi cada una]*
- 2 cucharadas de **copos de avena** *[de unos 6 g cada una]*
- 4 **dátiles** medianos *[de unos 7 g cada uno]*
  Alternativa: higos
- 2 cucharadas de **puré de almendras** *[de unos 15 g cada una]*
  Alternativas: puré de sésamo (tahini) o mantequilla de cacahuete (maní)
- 8 **fresas** (frutillas) medianas *[de unos 12 g cada una]*
- 1 cucharada de **melaza** *[de unos 20 g]*
  Alternativas: panela (piloncillo), sirope de arce (ver pág. 25)

PREPARACIÓN

a. Poner en la licuadora (batidora) la leche de soja y los copos de avena, batiendo hasta obtener un líquido uniforme.

b. Añadir el resto de ingredientes y batir hasta que se disuelvan por completo.

Diabetes - 1

Ciertas frutas pueden reducir las necesidades de medicamentos antidiabéticos.

Licuado (batido)

Insulina tropical

Las frutas tropicales tienen todavía mucho que aportar a la salud de los países desarrollados. Un estudio realizado en la Universidad Mizan-Tepi de Etiopía[1] ha encontrado que el **aguacate** se comporta como un estimulante de la secreción de insulina en las células beta del páncreas, lo que lo hace idóneo en la alimentación de los diabéticos.

El efecto del **aguacate** sobre la glucosa se potencia con el del mango, que a pesar de contener una cierta cantidad de azúcar natural, reduce su nivel en la sangre cuando este se halla elevado en individuos obesos.[2]

Combinados el **aguacate** y el **mango** junto con la **almendra** y la **canela** en este delicioso y nutritivo licuado (batido), resultan una bebida ideal para los diabéticos que desean reducir sus necesidades de medicamentos antidiabéticos o de insulina.

1 Rao US, Adinew B. Remnant B-cell-stimulative and anti-oxidative effects of Persea americana fruit extract studied in rats introduced into streptozotocin-induced hyperglycaemic state. Afr J Tradit Complement Altern Med. 2011;8(3):210-7. PubMed PMID: 22467999.

2 Evans SF, Meister M, Mahmood M, *et al.* Mango supplementation improves blood glucose in obese individuals. Nutr Metab Insights. 2014 Aug 28;7:77-84. PubMed PMID: 25210462.

Controles de glucemia

Si se toma el licuado (batido) Insulina tropical de forma continuada, conviene hacer controles de glucemia para reajustar las dosis de medicamentos antidiabéticos, si fuera necesario.

Propiedades

Propiedades

- Antidiabética
- Baja el colesterol
- Nutritiva
- Protectora de las arterias
- Antioxidante
- Alcalinizante

Vitaminas y minerales por cada porción

	% del Valor Diario
Vitamina C (35,6 mg)	**40%**
Vitamina E (5,19 mg)	**35%**
Vitamina B_2 (0,31 mg)	**24%**
Folato (78 µg)	**20%**
Calcio (251 mg)	**19%**
Vitamina A (125 µg)	**14%**
Vitamina B_6 (0,234 mg)	**14%**
Cinc (1,17 mg)	**11%**
Potasio (449 mg)	**10%**
Niacina (1,538 mg)	**10%**
Magnesio (32 mg)	**8%**
Hierro (0,85 mg)	**5%**

Cada porción (vaso o taza de 250 ml) contiene

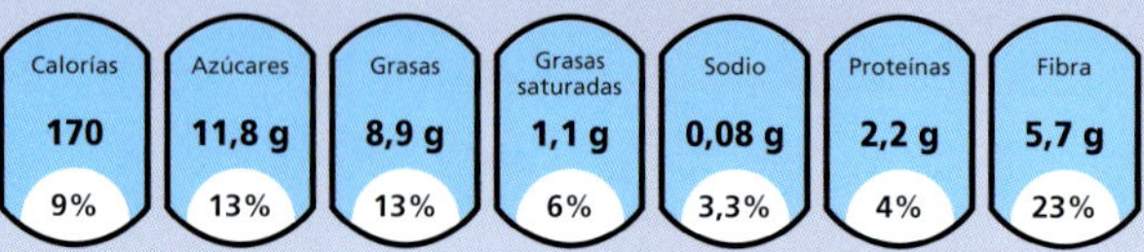

de la CDO/GDA (Cantidad Diaria Orientativa) para un adulto

Comida completa

El licuado (batido) Insulina tropical puede reemplazar una comida completa, tanto para un diabético como para cualquier otra persona.

Vegetariana
Total

Sin gluten
Apto para celíacos

Diabetes
Recomendado

Alergia alimentaria
Precaución con la almendra

Poder antioxidante
3.345 unidades unidades ORAC por porción (67% del Valor óptimo diario)

Carga ácida (PRAL)
-4,17 mEq/100 g

INGREDIENTES

para cuatro porciones de unos 250 ml

- 1 **mango** mediano *[de unos 336 g]*
- 2 tazas de **leche de almendra** *[de unos 240 ml cada una]*. Ver su elaboración en pág. 31. Se puede usar de procedencia comercial, pero debe ser sin azúcar añadido.
- 1 **aguacate** mediano *[de unos 201 g]*
- 2 cucharaditas de **canela** en polvo *[de unos 2,6 g cada una]*

PREPARACIÓN

a. Pelar y deshuesar el mango y el aguacate.
b. Introducir todos los ingredientes en la licuadora (batidora).
c. Licuar (batir) hasta obtener una consistencia homogénea.
d. Opcionalmente, endulzar con un edulcorante no calórico como la estevia, con unas 4 gotas de extracto líquido por vaso (ver pág. 24).

DIABETES-2

La vitamina K, muy abundante en las hojas verdes, se ha revelado como un eficaz preventivo de la diabetes.

Jugo

VERDE ANTIDIABÉTICO

Un amplio estudio realizado en Holanda ha mostrado que la vitamina K resulta eficaz para prevenir la diabetes.[1] Al aumentar la sensibilidad a la insulina, la vitamina K reduce las necesidades de esta hormona y permite un mejor control del nivel de glucosa en la sangre.

Todas las hojas verdes son ricas en vitamina K, pero especialmente la **col** o **berza rizada** y las espinacas. El **brócoli**, los **berros** y la **escarola** también son muy buenas fuentes de vitamina K.

El Valor Diario Recomendado de vitamina K es de 120 µg diarios, pero el efecto antidiabético se obtiene a partir de los 250 µg diarios. Una ración de este jugo aporta por sí sola casi 500 µg de vitamina K, con lo que su efecto protector contra la diabetes está asegurado.

1 Beulens JW, van der A DL, Grobbee DE, Sluijs I, Spijkerman AM, van der Schouw YT. Dietary phylloquinone and menaquinones intakes and risk of type 2 diabetes. Diabetes Care. 2010 Aug;33(8):1699-705. PubMed PMID: 20424220.

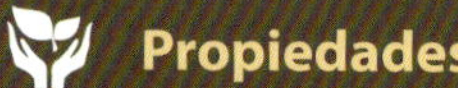

Propiedades

- Antidiabética
- Antioxidante
- Mineralizante
- Depurativa
- Antianémica
- Alcalinizante

Vitaminas y minerales por cada porción

	% del Valor Diario
Vitamina K (499,5 µg)	416%
Vitamina C (133 mg)	148%
Vitamina A (357 µg)	40%
Folato (155 µg)	39%
Vitamina B_6 (0,341 mg)	20%
Magnesio (59 mg)	14%
Hierro (1,9 mg)	11%
Calcio (130 mg)	10%
Cinc (0,69 mg)	6%

Verdura contra diabetes

Está demostrado que el consumo regular de verduras de hoja verde previene la diabetes. Los jugos son una forma fácil y agradable de ingerir verduras.

Cada porción (vaso o taza de 250 ml) contiene

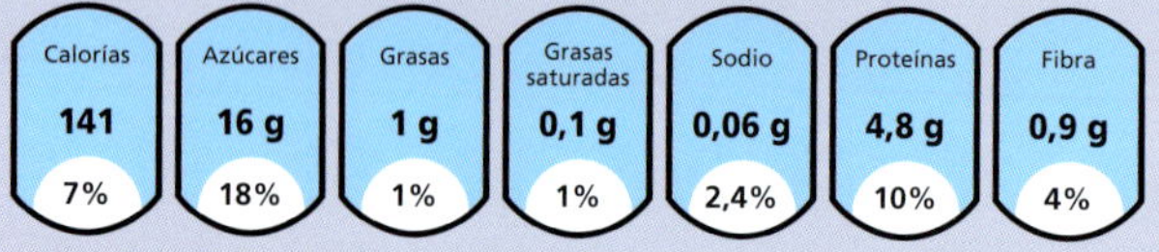

de la CDO/GDA (Cantidad Diaria Orientativa) para un adulto

Vegetariana
Total

Sin gluten
Apto para celíacos

Diabetes
Recomendado

Alergia alimentaria
Sin precauciones especiales

Poder antioxidante
5.369 unidades ORAC por porción (107% del Valor óptimo diario)

Carga ácida (PRAL)
-4,65 mEq/100 g

INGREDIENTES

para una porción de unos 250 ml

- 1 taza de **col** o **berza rizada** sin cogollo (*kale*) picada *[unos 67 g, equivalente a 2 hojas medianas]*
- 1 taza de **espinacas** *[de unos 30 g]*
- 1 ramo de **brócoli** *[de unos 151 g]*
- 1 **manzana** (con piel) mediana *[de unos 182 g]*
- 2 cucharadas de **jugo de limón** *[de unos 15 ml cada una]*

PREPARACIÓN

a. Pasar todos los ingredientes sólidos por el extractor de jugos o masticador.

b. Añadir el jugo de limón.

Diabetes - 3

Hay plantas y alimentos capaces de disminuir el nivel de glucosa en la sangre.

En los últimos años, se han investigado o confirmado la capacidad de varias plantas para disminuir el nivel de glucosa en la sangre (acción hipoglucemiante) en caso de diabetes, ya sea de tipo 1 (juvenil) o de tipo 2 (del adulto). Entre ellas, la **pata o pezuña de vaca** (*Bauhinia forficata*) y la **canela** (*Cinnamomum zeylanicum*).

Estas dos infusiones permiten reducir las necesidades de insulina o de medicamentos antidiabéticos, por lo que se debe controlar la glucemia después de tomarlas.

Infusión

Propiedades

- Antidiabética
- Digestiva
- Antiinflamatoria
- Baja el colesterol
- Afrodisiaca

Infusión de canela

La **canela** es mucho más que una especia aromática. Sus muchas propiedades medicinales, además de su agradable sabor, la hacen recomendable en caso de diabetes.

PREPARACIÓN

a. Poner a hervir una taza de agua.
b. Cuando el agua esté hirviendo, añadir una o dos cortezas de canela en rama, o de media a una cucharadita de canela en polvo, y dejar hervir durante dos minutos.
c. Apagar el fuego y dejar reposar durante unos minutos.
d. Colar y añadir unas gotas de jugo de limón.
e. Si se desea endulzar usar preferiblemente estevia (ver pág. 24).
f. Tomar de una a tres tazas diarias.

Propiedades

- Antidiabética
- Diurética
- Astringente
- Antiséptica

Infusión de pata de vaca

La **pata o pezuña de vaca** (*Bauhinia forficata*) es un árbol propio de Argentina, Paraguay y Brasil, con unas llamativas flores blancas. Se le llama «insulina vegetal» por su capacidad para estimular la secreción de insulina en el páncreas. La parte medicinal son las hojas, que se emplean en infusión contra la diabetes.

Las hojas de pata de vaca también se pueden añadir al mate tereré como refrescante.

PREPARACIÓN

a. Añadir un puñadito de hojas secas (unos 20 g) en un litro de agua hirviendo y dejar reposar durante unos minutos.
b. Endulzar con estevia.
c. Tomar dos o tres tazas al día.

Propiedades

- Antidiabética
- Diurética
- Alcalinizante
- Depurativa

Caldo antidiabético

Todos los caldos de verduras son recomendables para los diabéticos, pero este lo es en particular. Tanto la **cebolla** como las **judías verdes** (chauchas o ejotes) y la **alcachofa** (alcaucil) regulan la secreción de insulina en el páncreas y contribuyen a mantener un nivel adecuado de glucosa en la sangre.

El caldo conserva las propiedades

El caldo de la cebolla, de las judías verdes (chauchas o ejotes) y de la alcachofa (alcaucil) conserva las propiedades antidiabéticas de estos alimentos.

PREPARACIÓN

a. Poner dos cebollas, un puñado de judías verdes (chauchas o ejotes) y una alcachofa (alcaucil) en 3 litros de agua. Si se hace en la olla a presión es suficiente con 2 litros de agua y media hora de cocción.
b. Hervir a fuego lento durante una hora.
c. Filtrar, añadir una pizca de sal, y dejar enfriar.
d. Añadir el jugo de un limón.
e. Beber dos o tres vasos a lo largo del día.

Síndrome metabólico

El exceso de grasa en el vientre con el consiguiente aumento del perímetro abdominal indica alto riesgo de ataque cardíaco.

Licuado (batido)

No más síndrome

El síndrome metabólico es el trastorno típico de los países desarrollados, en los que una buena parte de la población ingiere demasiados azúcares y grasas, a la vez que hace poco ejercicio.
Se define por estas cuatro características:

- *Obesidad* central, es decir, acúmulo de grasa en el vientre.
- Aumento del colesterol y de los triglicéridos (*dislipemia*).
- Resistencia a la insulina, manifestada como *prediabetes* o *diabetes*.
- *Hipertensión arterial.*

La combinación de estos cuatro factores es una bomba de relojería, que antes o después explotará en forma de un *ataque al corazón*, de *accidente vascular cerebral* o de otras *enfermedades cardiovasculares*.

Un estudio realizado en la Universidad Nacional Autónoma de México[1] ha mostrado que un vaso diario durante dos meses de una bebida muy similar al batido No más síndrome, es capaz de combatir el síndrome metabólico. Reducir en 500 calorías la ingesta diaria y hacer ejercicio potencian el efecto de esta bebida.

Propiedades

- Baja el colesterol
- Protectora del corazón
- Antidiabética
- Hipotensora
- Laxante

Vitaminas y minerales por cada porción

	% del Valor Diario
Selenio (13,7 µg)	25%
Magnesio (95 mg)	23%
Vitamina B_1 (0,187 mg)	16%
Calcio (156 mg)	12%
Vitamina B_2 (0,16 mg)	12%
Hierro (2,05 mg)	11%
Niacina (1,67 mg)	10%
Vitamina B_6 (0,176 mg)	10%
Folato (36 µg)	9%
Potasio (367 mg)	8%
Cinc (0,7 mg)	6%

1 Guevara-Cruz M, Tovar AR, Aguilar-Salinas CA *et al.* A dietary pattern including nopal, chia seed, soy protein, and oat reduces serum triglycerides and glucose intolerance in patients with metabolic syndrome. J Nutr. 2012 Jan; 142(1):64-9. PubMed PMID: 22090467.

Cada porción (vaso o taza de 250 ml) contiene

Calorías	Azúcares	Grasas	Grasas saturadas	Sodio	Proteínas	Fibra
150	7,8 g	5,3 g	0,6 g	0,1 g	8 g	4,6 g
8%	9%	8%	3%	4,2%	16%	18%

de la CDO/GDA (Cantidad Diaria Orientativa) para un adulto

Cambio de hábitos alimentarios

Tomar una taza diaria de No más síndrome a base de nopales (o judías verdes [chauchas o ejotes], chía, salvado de avena y leche de soja), sustituyendo a refrescos, dulces y productos elaborados, hace desaparecer el síndrome metabólico.

Vegetariana
Total

Gluten
Puede contenerlo
(ver pág. 32)

Diabetes
Recomendado

Alergia alimentaria
Precaución con la soja

Poder antioxidante
1.850 unidades unidades ORAC por porción (37% del Valor óptimo diario)

Carga ácida (PRAL)
-0,77 mEq/100 g

INGREDIENTES

para dos porciones de unos 250 ml

- 1 taza de **nopales** a rodajas *[de unos 86 g]*
  Alternativa: judías verdes (chauchas o ejotes)
- 1 cucharada de **semillas de chía** *[de unos 12 g]*
  Alternativa: semillas de lino (linaza) molidas
- 1 cucharada de **salvado de avena** *[de unos 6 g]*
- 1 ½ taza de **leche de soja** *[de unos 243 ml cada una]*

PREPARACIÓN

a. Preparar los nopales cortándolos en rodajas.
b. Poner todos los ingredientes en la licuadora (batidora).
c. Licuar (batir) hasta obtener una consistencia homogénea.
d. Endulzar con un edulcorante no calórico, preferiblemente la estevia (unas 4 gotas de extracto líquido por vaso, ver pág. 24).

Ácido úrico y gota

El depósito de ácido úrico en las articulaciones, causante de los ataques de gota, puede reducirse con estas bebidas.

  Licuado (batido)

Limpiador de ácido

El ácido úrico es una de las muchas toxinas que se producen en nuestro cuerpo y que deben ser eliminadas con la orina. Cuando el ácido úrico se deposita en las articulaciones causa la enfermedad llamada gota, caracterizada por inflamación y fuertes dolores en las articulaciones del pie o de otras partes del cuerpo.

La buena noticia es que existen otros ácidos en los alimentos que facilitan la eliminación del ácido úrico y de otras toxinas con la orina; ácidos que limpian el ácido.

De dos a cuatro vasos diarios de la bebida Limpiador de ácido ayudan a combatir un doloroso ataque de gota, y de uno a dos al día, a mantener la *sangre limpia*.

 **Propiedades**

- Antigotosa
- Depurativa
- Antioxidante

Vitaminas y minerales por cada porción

	% del Valor Diario
Vitamina C (81,8 mg)	91%
Folato (30 µg)	8%
Magnesio (28 mg)	7%
Vitamina B_1 (0,079 mg)	7%
Vitamina B_6 (0,112 mg)	7%
Hierro (0,62 mg)	3%

Ácidos que limpian el ácido

El pomelo (toronja), el limón, las cerezas, las fresas (frutillas) y las peras contienen ácidos y otras sustancias naturales que facilitan la eliminación del ácido úrico con la orina.

Cada porción (vaso o taza de 250 ml) contiene

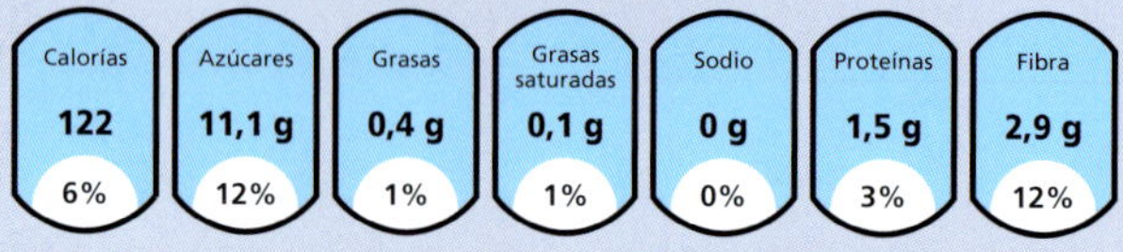

Calorías	Azúcares	Grasas	Grasas saturadas	Sodio	Proteínas	Fibra
122	11,1 g	0,4 g	0,1 g	0 g	1,5 g	2,9 g
6%	12%	1%	1%	0%	3%	12%

de la CDO/GDA (Cantidad Diaria Orientativa) para un adulto

Limonadas

El jugo de limón es un eficaz eliminador del ácido úrico causante de la gota. Esto es así gracias a que el ácido cítrico del limón, al igual que otros ácidos presentes en las frutas, se comportan como alcalinos en el organismo, neutralizando así el exceso de ácido en la sangre y los tejidos.

En la página 244 se muestran varios tipos de limonadas. Todas ellas convienen a los enfermos de gota.

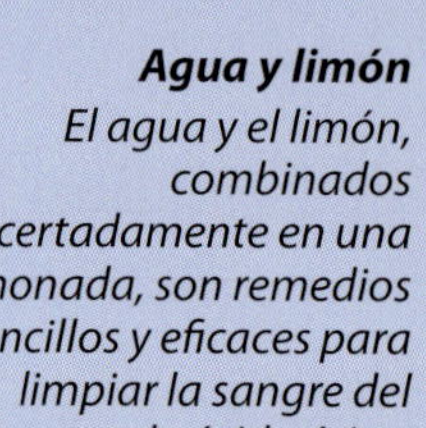

Agua y limón

El agua y el limón, combinados acertadamente en una limonada, son remedios sencillos y eficaces para limpiar la sangre del exceso de ácido úrico.

Vegetariana
Total

Sin gluten
Apto para celíacos

Diabetes
Usar con moderación

Alergia alimentaria
Sin precauciones especiales

Poder antioxidante
4.052 unidades ORAC por porción (81% del Valor óptimo diario)

Carga ácida (PRAL)
-2,9 mEq/100 g

INGREDIENTES

para cuatro porciones de unos 250 ml

- 1 taza de **cerezas** deshuesadas *[de unos 138 g]*
- 1 taza de **fresas** (frutillas) *[de unos 144 g]*
- 1 **pera** mediana *[de unos 178 g]*
- 2 **limones** *[de unos 48 g cada uno]* exprimidos
- 2 tazas de **jugo de pomelo (toronja)** *[de unos 247 ml cada una]*
- 4 hojas de **menta** *[de unos 0,05 g cada una]*

PREPARACIÓN

a. Deshuesar las cerezas (se pueden encontrar ya deshuesadas y congeladas).
b. Limpiar las fresas (frutillas).
c. Pelar la pera (si no es de agricultura orgánica o ecológica) y trocearla.
d. Exprimir el limón y el pomelo (toronja).
e. Poner todos los ingredientes en la licuadora (batidora) y triturar hasta que forme un líquido homogéneo.
f. Endulzar al gusto (ver pág. 24).

Bajo rendimiento físico

Los deportistas precisan de bebidas que favorezcan la fuerza y la resistencia sin aportar estimulantes artificiales.

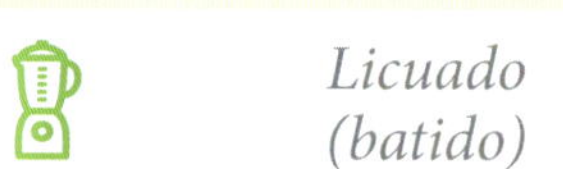

Infatigable

El licuado (batido) Infatigable contiene todo lo que se necesita para tener energía y aumentar la resistencia a la fatiga.

- La **remolacha roja** (betabel) tiene un efecto vasodilatador y aumenta el riego sanguíneo en los músculos.
- El **kiwi** es una excelente fuente de vitamina C y de antioxidantes que aumentan la resistencia a la fatiga.
- El **agua de coco** proporciona minerales que compensan las pérdidas después de un ejercicio intenso.
- El **germen de trigo** aporta vitaminas del grupo B que ayudan a quemar mejor los hidratos de carbono.
- Y la **melaza** proporciona azúcares de absorción rápida junto con minerales y vitaminas.

En conjunto, Infatigable constituye un adecuado suplemento para deportistas y para quienes se sienten fatigados o faltos de energía.

Propiedades

- Alcalinizante
- Energizante
- Tonificante

Vitaminas y minerales por cada porción

	% del Valor Diario
Vitamina C (38,4 mg)	43%
Folato (97 µg)	24%
Magnesio (83 mg)	20%
Potasio (809 mg)	17%
Vitamina B_6 (0,213 mg)	13%
Vitamina K (14,1 µg)	12%
Selenio (6 µg)	11%
Vitamina B1 (0,128 mg)	11%
Hierro (1,68 mg)	9%
Vitamina B_2 (0,12 mg)	9%

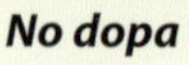

No dopa

Los deportistas pueden consumir libremente el licuado (batido) Infatigable para aumentar su rendimiento, sin ningún temor a dar positivo en los controles antidopaje.

Cada porción (vaso o taza de 250 ml) contiene

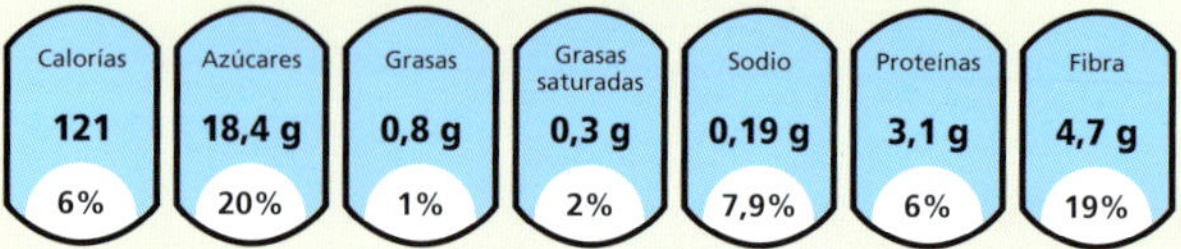

Calorías	Azúcares	Grasas	Grasas saturadas	Sodio	Proteínas	Fibra
121	18,4 g	0,8 g	0,3 g	0,19 g	3,1 g	4,7 g
6%	20%	1%	2%	7,9%	6%	19%

de la CDO/GDA (Cantidad Diaria Orientativa) para un adulto

Antes o después

Un vaso de Infatigable antes o después de realizar un esfuerzo físico mejora el rendimiento y retrasa la sensación de fatiga; y todo ello con ingredientes naturales.

Vegetariana
Total

Contiene gluten
No apto para celíacos

Diabetes
Usar con moderación

Alergia alimentaria
Sin precauciones especiales

Poder antioxidante
1.548 unidades ORAC por porción (31% del Valor óptimo diario)

Carga ácida (PRAL)
-6,37 mEq/100 g

INGREDIENTES

para dos porciones de unos 250 ml

- ½ **remolacha roja** (betabel) grande *[unos 140 g]* preferiblemente cocida
- 1 **kiwi** *[de unos 69 g]*
- 1 taza de **agua de coco** *[de unos 240 ml]*
- 1 cucharada de **germen de trigo** *[de unos 6 g]*
- 1 cucharada de **melaza** *[de unos 20 g]*
  Alternativas: panela (piloncillo), sirope de arce (ver pág. 25)

PREPARACIÓN

a. Colocar todos los ingredientes en la licuadora (batidora) y licuar hasta obtener una consistencia uniforme.

Fatiga crónica

Las bebidas de estas páginas constituyen una buena forma de empezar el día con energía.

Licuado (batido)

Pilas nuevas

Beber un vaso de Pilas nuevas antes de empezar las actividades del día ayuda a vencer la sensación de fatiga. Una combinación equilibrada de proteínas, vitaminas B, C y E, junto con calcio, magnesio y hierro preparan al organismo para el estudio o el trabajo físico, y con bastantes menos calorías que un *croissant* (media luna) o bollo (masa dulce).

Propiedades

- Nutritiva
- Energizante
- Antioxidante

Vitaminas y minerales por cada porción

	% del Valor Diario
Vitamina C (64,8 mg)	72%
Folato (46 µg)	12%
Calcio (140 mg)	11%
Vitamina B_6 (0,162 mg)	10%
Magnesio (35 mg)	8%
Vitamina E (1,25 mg)	8%
Vitamina B_1 (0,096 mg)	8%
Hierro (0,81 mg)	5%

Cada porción (vaso o taza de 250 ml) contiene

Calorías	Azúcares	Grasas	Grasas saturadas	Sodio	Proteínas	Fibra
178	22,7 g	3,8 g	0,4 g	0,01 g	3,6 g	2,4 g
9%	25%	5%	2%	0,4%	7%	10%

de la CDO/GDA (Cantidad Diaria Orientativa) para un adulto

Vegetariana
Total; opcionalmente con lácteos

Sin gluten
Apto para celíacos

Diabetes
Usar con moderación

Alergia alimentaria
Precaución con la soja y la almendra

Poder antioxidante
3.286 unidades ORAC por porción (66% del Valor óptimo diario)

Carga ácida (PRAL)
-1,93 mEq/100 g

INGREDIENTES
para dos porciones de unos 250 ml

- 1 **yogur de soja** *[de unos 150 g]*
- 1 taza de **fresas** (frutillas) *[de unos 144 g]*
- 1 taza de **jugo de piña** (ananás) *[de unos 250 ml]*
- 1 cucharada de **puré de almendras** *[de unos 15 g]*

PREPARACIÓN
a. Poner todos los ingredientes en la licuadora (batidora) y triturar hasta obtener un líquido homogéneo.
b. Tomar uno o dos vasos diarios.

JUGO DE CAJÚ

El fruto del anacardo (cajú o marañón) tiene dos partes: la semilla o castaña (la parte más consumida) y el fruto carnoso llamado **manzana de cajú**. Con él se elabora un delicioso jugo que tiene la interesante propiedad de aumentar la combustión de grasas mientras que se hace ejercicio físico. Además, disminuye la sensación de fatiga y aumenta el rendimiento físico, todo ello sin dopar, claro está.

Propiedades
- Tonificante
- Adelgazante

Fortalece y adelgaza
El jugo de marañón o manzana de cajú (ver pág. 305) mejora el rendimiento físico y acelera la combustión de las grasas, lo que lo hace muy recomendable para los que desean combatir la fatiga o cansancio y, además, perder peso.

PREPARACIÓN
a. El jugo de marañón o de la manzana de cajú se puede elaborar por centrifugación del fruto, aunque también se encuentra embotellado y listo para ser consumido.

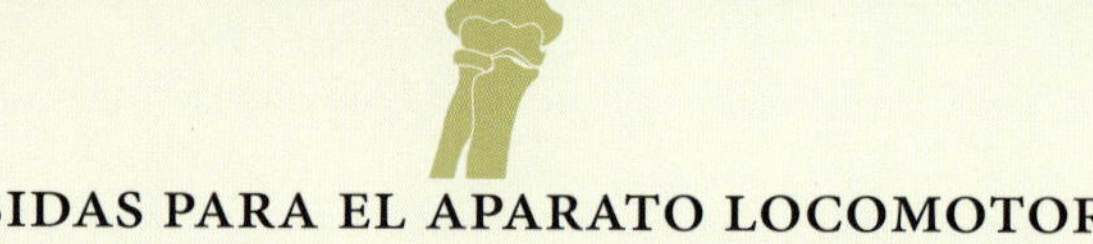

Estados inflamatorios

Las bebidas alcalinizantes, como los jugos y caldos de hortalizas, son eficaces antiinflamatorios.

Jugo

Alcalinizante total

Siempre que hay inflamación en cualquier parte del cuerpo existe una acumulación de sustancias ácidas. Inflamación y acidez van unidas, ya sea en las articulaciones (*artritis* y *artrosis*), en los tendones (*tendinitis*), en las bolsas serosas (*bursitis*), en las fascias o láminas fibrosas que recubren los músculos (*fascitis*), o en cualquier órgano del cuerpo.

El jugo Alcalinizante total facilita la neutralización y eliminación de las toxinas ácidas asociadas a la inflamación. Beber este jugo dos o tres veces al día permite reducir la dosis de medicamentos antiinflamatorios sintéticos, e incluso prescindir totalmente de ellos.

Propiedades

- Alcalinizante
- Antiinflamatoria
- Antirreumática
- Depurativa
- Protectora de las arterias
- Anticancerígena

Vitaminas y minerales por cada porción

	% del Valor Diario
Vitamina K (318,4 µg)	265%
Vitamina C (52,6 mg)	58%
Vitamina A (256 µg)	28%
Folato (111 µg)	28%
Potasio (684 mg)	15%
Vitamina B_6 (0,23 mg)	14%
Magnesio (52 mg)	12%
Hierro (1,79 mg)	10%
Vitamina E (1,28 mg)	9%
Vitamina B_2 (0,114 mg)	9%
Calcio (108 mg)	8%
Vitamina B_1 (0,101 mg)	8%

Cada porción (vaso o taza de 250 ml) contiene

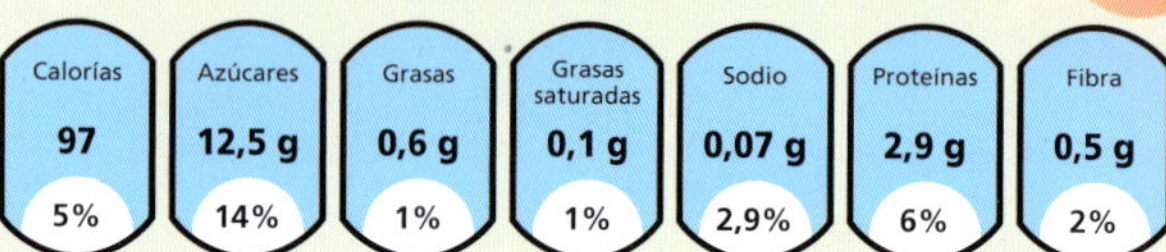

de la CDO/GDA (Cantidad Diaria Orientativa) para un adulto

Alcalinización es salud

El organismo tiende a un exceso de ácidos, especialmente cuando hay inflamación. Pero, gracias a las bebidas alcalinizantes, se logra no solamente neutralizar la inflamación, sino frenar la osteoporosis, evitar a obstrucción de las arterias, prevenir el cáncer, entre otros efectos beneficiosos para la salud.

Vegetariana
Total

Sin gluten
Apto para celíacos

Diabetes
Recomendado

Alergia alimentaria
Sin precauciones especiales

Poder antioxidante
1.067 unidades ORAC por porción (21% del Valor óptimo diario)

Carga ácida (PRAL)
-5,08 mEq/100 g

INGREDIENTES

para dos porciones de unos 250 ml

- 2 tazas de **espinacas** *[de unos 30 g cada una]*
- 1 taza de **col rizada** sin cogollo (*kale*) *[de unos 67 g]*
- 1 **bulbo de hinojo** *[de unos 234 g]*
- 1 taza de **jugo de piña** (ananás) *[de unos 250 ml]*
- 2 hojas de **menta** *[de unos 0,05 g cada una]*

PREPARACIÓN

a. Pasar las espinacas, la col, el hinojo y la menta por el extractor o masticador.

b. Añadir el jugo de piña (ananás) y mezclar bien.

c. Endulzar al gusto (ver pág. 24).

ARTROSIS

El desgaste de las articulaciones causante de la artrosis puede aliviarse con determinados alimentos en forma de jugo.

Jugo

Propiedades

- Antiinflamatoria
- Antioxidante
- Anticancerígena

ANTIINFLAMATORIO VEGETAL

Los medicamentos antiinflamatorios se encuentran entre los más usados del mundo para aliviar los dolores articulares como el de la artrosis. Y ello a pesar de sus múltiples efectos secundarios sobre el estómago, el hígado y los riñones. Sin embargo, existen alternativas vegetales a los antiinflamatorios de síntesis, como la **piña** (ananás),[1] el **brócoli**[2] y el **sésamo**.[3] La **manzana** también tiene actividad antiinflamatoria, especialmente cuando se consume con su piel.

Todos estos ingredientes juntos en forma de jugo constituyen un auténtico ANTIINFLAMATORIO VEGETAL, que además es antioxidante y protector contra el cáncer.

Vitaminas y minerales por cada porción

	% del Valor Diario
Vitamina C (58,9 mg)	**65%**
Vitamina K (55,4 µg)	**46%**
Cobre (0,192 mg)	**21%**
Vitamina B_1 (0,164 mg)	**14%**
Folato (57 µg)	**14%**
Vitamina B_6 (0,214 mg)	**13%**
Potasio (371 mg)	**8%**
Hierro (1,2 mg)	**7%**
Magnesio (30 mg)	**7%**
Calcio (63 mg)	**5%**
Cinc (0,58 mg)	**5%**

1 Pavan R, Jain S, Shraddha, Kumar A. Properties and therapeutic application of bromelain: a review. Biotechnol Res Int. 2012;2012:976203. PubMed PMID: 23304525.

2 Facchini A, Stanic I, Cetrullo S, Borzì RM, Filardo G, Flamigni F. Sulforaphane protects human chondrocytes against cell death induced by various stimuli. J Cell Physiol. 2011 Jul;226(7):1771-9. PubMed PMID: 21506109.

3 Eftekhar Sadat B, Khadem Haghighian M, Alipoor B, Malek Mahdavi A, Asghari Jafarabadi M, Moghaddam A. Effects of sesame seed supplementation on clinical signs and symptoms in patients with knee osteoarthritis. Int J Rheum Dis. 2013 Oct;16(5):578-82. PubMed PMID: 24164846.

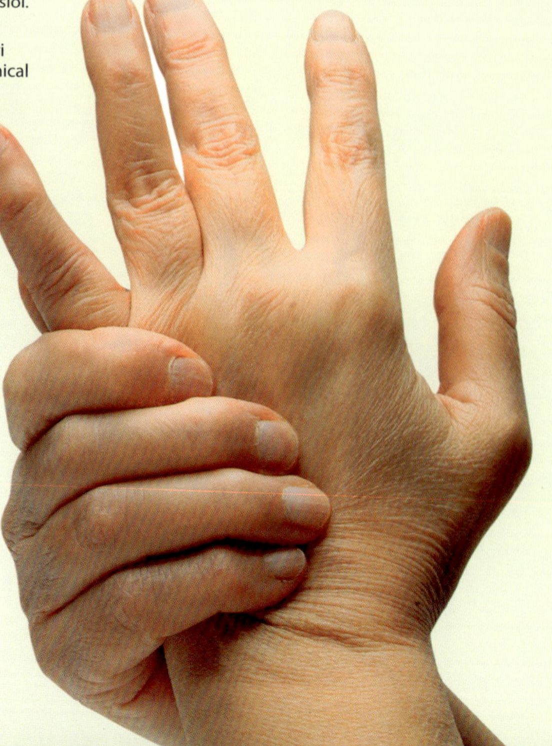

Alternativa a los antiinflamatorios

La artrosis o degeneración (desgaste) de los cartílagos articulares afecta sobre todo a las caderas, a las rodillas y a las vértebras. Cuando el dolor de la artrosis molesta, ¿por qué no probar con un vaso de ANTIINFLAMATORIO VEGETAL *dos o tres veces al día?*

Cada porción (vaso o taza de 250 ml) contiene

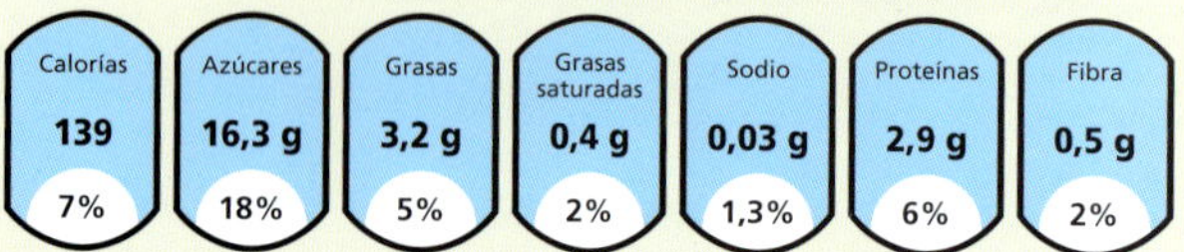

Calorías	Azúcares	Grasas	Grasas saturadas	Sodio	Proteínas	Fibra
139	16,3 g	3,2 g	0,4 g	0,03 g	2,9 g	0,5 g
7%	18%	5%	2%	1,3%	6%	2%

de la CDO/GDA (Cantidad Diaria Orientativa) para un adulto

También anticancerígeno
Además de aliviar la inflamación, el jugo ANTIINFLAMATORIO VEGETAL *protege contra el cáncer.*

Vegetariana
Total

Sin gluten
Apto para celíacos

Diabetes
Recomendado

Alergia alimentaria
Precaución con el sésamo

Poder antioxidante
3.180 unidades ORAC por porción (64% del Valor óptimo diario)

Carga ácida (PRAL)
-1,91 mEq/100 g

INGREDIENTES

para dos porciones de unos 250 ml

- 1 ramo de **brócoli** *[de unos 151 g]*
- 1 cucharada de **puré de sésamo** (tahini) *[de unos 15 g]*
  Alternativas: puré de almendra o de anarcado (cajú)
- 1 taza de **jugo de piña** (ananás) *[de unos 250 ml]*
- 1 **manzana** mediana *[de unos 182 g]* sin pelar si procede de agricultura ecológica (orgánica)

PREPARACIÓN

a. Pasar el brócoli y la manzana por el extractor de jugos o masticador.
b. Añadir la cucharada de sésamo y remover hasta que se disuelva por completo (se puede usar una batidora de mano).
c. Añadir el jugo de piña (ananás) y remover hasta que se disuelva con los anteriores ingredientes.
d. Endulzar al gusto (ver pág. 24).

Artritis

Existen bebidas de origen vegetal cuyo efecto antiinflamatorio es comparable al de los fármacos químicos.

Jugo

Propiedades

- Antiinflamatoria
- Antirreumática
- Antioxidante
- Baja el colesterol
- Protectora de las arterias
- Inmunoestimulante
- Anticancerígena

Açaí

El **açaí** es el fruto en baya de una palmera abundante en Brasil. Su tamaño es pequeño, pero sus propiedades nutritivas y medicinales son muy grandes. El Jugo de açaí se puede tomar fresco o bien reconstituido a partir del polvo seco, que es posible encontrar en comercios de todo el mundo. Su agradable sabor recuerda al del chocolate.

El color morado del **açaí** y de su jugo anuncian su poderosa acción antioxidante. Siempre que exista inflamación, el Jugo de açaí contribuye a reducirla, además de regular el colesterol y de subir las defensas antiinfecciosas.[1]

En aquellos lugares donde sea difícil encontrar **açaí**, se puede sustituir por: **arándanos**, **goji** o **acerola**.

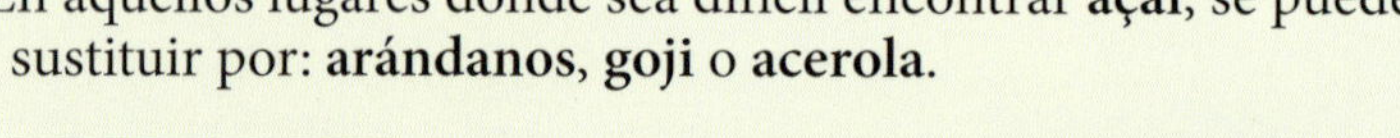

1 Jensen GS, Ager DM, Redman KA, Mitzner MA, Benson KF, Schauss AG. Pain reduction and improvement in range of motion after daily consumption of an açai (Euterpe oleracea Mart.) pulp-fortified polyphenolic-rich fruit and berry juice blend. J Med Food. 2011 Jul-Aug;14(7-8):702-11. PubMed PMID: 21470042.

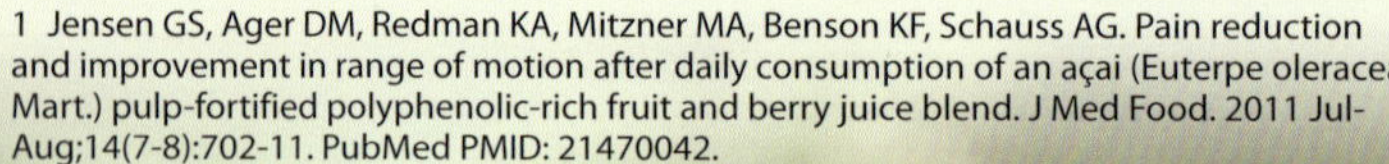

Vegetariana
Total

Sin gluten
Apto para celíacos

Diabetes
Recomendado

Alergia alimentaria
Sin precauciones especiales

Poder antioxidante
4.347 unidades unidades ORAC por porción (87% del Valor óptimo diario)

Carga ácida (PRAL)
-2,07 mEq/100 g

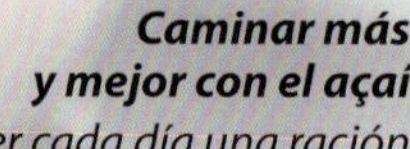

Caminar más y mejor con el açaí

Beber cada día una ración de Jugo de açaí permite a los que sufren de artritis o de artrosis caminar durante más distancia sin dolor, según estudios realizados.

Propiedades

- Antiinflamatoria
- Antirreumática
- Antioxidante
- Neuroprotectora
- Protectora hepática
- Protectora del corazón
- Anticancerígena
- Adelgazante

Infusión de cúrcuma

Posiblemente la **cúrcuma** es el producto vegetal sobre el que más estudios se han realizado en los últimos años. Se ha observado que siempre que exista un estado inflamatorio en el organismo, esté causado por *artritis*, *piedras en el riñón*, *Alzheimer* o *cáncer*, la **cúrcuma** resulta eficaz.

Un estudio realizado en la Universidad de Bangkok (Tailandia)[1] mostró que el extracto de **cúrcuma** resulta tan efectivo como el ibuprofeno en caso de inflamación de la rodilla, pero con menos efectos secundarios sobre el estómago.

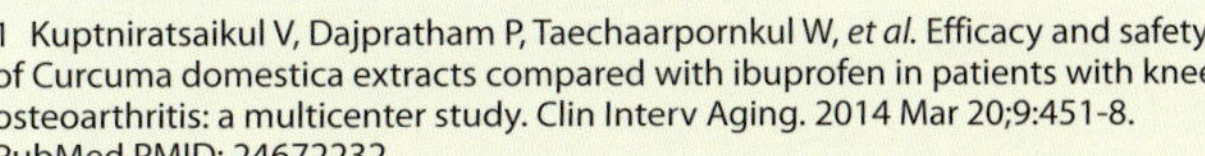

1 Kuptniratsaikul V, Dajpratham P, Taechaarpornkul W, *et al.* Efficacy and safety of Curcuma domestica extracts compared with ibuprofen in patients with knee osteoarthritis: a multicenter study. Clin Interv Aging. 2014 Mar 20;9:451-8. PubMed PMID: 24672232.

Vegetariana
Total

Sin gluten
Apto para celíacos

Diabetes
Recomendado

Alergia alimentaria
Sin precauciones especiales

Poder antioxidante
2.923 unidades unidades ORAC por porción (58% del Valor óptimo diario)

Carga ácida (PRAL)
-0,36 mEq/100 g

Antiinflamatorio natural
La cúrcuma es muy apreciada como especia en la cocina asiática. Pero su valor medicinal como antiinflamatoria es muy superior al que tiene como condimento.

INGREDIENTES

para una porción de unos 250 ml

- ¾ cucharadita de **cúrcuma** (*Curcuma longa*) en polvo *[unos 2,3 g]*
- 1 taza de **agua** *[de unos 250 ml]*
- 1 cucharada de **jugo de limón** *[de unos 15 ml]*

PREPARACIÓN

a. Poner a hervir una taza de agua.
b. Añadir la cúrcuma en polvo. Alternativamente puede usarse una cucharadita de cúrcuma fresca rallada.
c. Dejar reposar al menos 5 minutos.
d. Colar si se desea.
e. Añadir el jugo de limón.

Osteoporosis - 1

Las bebidas de origen vegetal aportan muchos nutrientes para conservar los huesos fuertes.

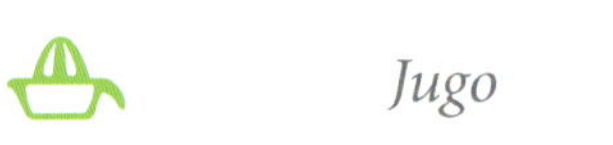

Jugo

Jugo de naranja con baobab

La naranja es una de las frutas frescas más ricas en calcio. En el *jugo de naranja* el calcio se halla fácilmente biodisponible, es decir, que se absorbe y asimila muy bien.

El **baobab** es un árbol africano cuyo fruto es muy rico en calcio (401 mg por 100, casi el doble que la almendra por unidad de peso), bajo en azúcares, rico en fibra y de un sabor muy agradable. Además, es una buena fuente de hierro, magnesio y potasio.

Tanto la naranja como el baobab tienen un elevado poder antioxidante. Un solo vaso de Jugo de naranja con baobab aporta más de 2.600 unidades ORAC (el doble de las 5.000 recomendadas diariamente). Los antioxidantes favorecen la mineralización de los huesos y previenen la *osteoporosis*.

Propiedades

- Mineralizante
- Antioxidante
- Nutritiva
- Laxante
- Adelgazante
- Baja el colesterol

Vitaminas y minerales por cada porción

	% del Valor Diario
Vitamina K (318,4 µg)	265%
Vitamina C (52,6 mg)	58%
Vitamina A (256 µg)	28%
Folato (111 µg)	28%
Potasio (684 mg)	15%
Vitamina B_6 (0,23 mg)	14%
Magnesio (52 mg)	12%
Hierro (1,79 mg)	10%
Vitamina E (1,28 mg)	9%
Vitamina B_2 (0,114 mg)	9%
Calcio (108 mg)	8%
Vitamina B_1 (0,101 mg)	8%

Naranja y baobab, ricos en calcio

La naranja y el baobab (o la almendra) son dos de los frutos más ricos en calcio. Combinados en esta bebida, resultan muy recomendables para fortalecer los huesos.

Naranja con almendra

A falta de harina de baobab, la crema de almendra constituye también una buena fuente de calcio. Con la ayuda de una batidora de mano o licuadora, la crema de almendra se disuelve muy bien con la naranja (una o dos cucharadas por vaso), también fuente de calcio.

Huesos fuertes sin tomar leche

Existe el mito de que para tener huesos fuertes hay que tomar leche, yogur o queso. Sin embargo, investigaciones actuales han revelado que el consumo de leche y sus derivados no aumenta necesariamente la masa ósea. Se puede beber mucha leche y tener osteoporosis.

Es cierto que la leche contiene mucho calcio, incluso demasiado para las necesidades humanas. Pero no se trata solamente de ingerir mucho calcio, sino de que este se fije en los huesos.

Los jugos y batidos vegetales como este aportan calcio y, además, vitaminas K y C, así como otros minerales, como el magnesio, necesarios para que el calcio se deposite en los huesos y aumente la masa ósea.

Vegetariana
Total

Sin gluten
Apto para celíacos

Diabetes
Recomendado

Alergia alimentaria
Sin precauciones especiales

Poder antioxidante
2.600 unidades ORAC por porción (52% del Valor óptimo diario)

Carga ácida (PRAL)
-2,2 mEq/100 g

INGREDIENTES

para una porción de unos 250 ml

- 1 taza de **jugo de naranja** *[de unos 248 ml]*
- 1 cucharada de **harina de baobab** *[de unos 15 g]*
  Alternativa: puré de almendra.
- 2 hojas de **menta**

PREPARACIÓN

a. Elaborar el jugo de naranja o usar jugo ya exprimido.
b. Disolver la harina de baobab (o la crema de almendra) en el jugo de naranja con la ayuda de una batidora de mano o de vaso.
c. Agregar unas hojas de menta.
d. Añadir un edulcorante si se desea.

Osteoporosis - 2

El aporte de calcio es necesario para prevenir la osteoporosis, pero no suficiente. Tomar el sol y hacer ejercicio resultan indispensables.

Jugo

Huesos fuertes

Para conservar los huesos fuertes hace falta mucho más que calcio. Los polifenoles de la **manzana**, la vitamina K de las **coles** (repollos) y otras verduras, el magnesio del **sésamo** y de otras semillas, así como las isoflavonas de la soja contribuyen a que el calcio de los alimentos sea fijado y retenido en los huesos.

El jugo Huesos fuertes se elabora con los alimentos vegetales más ricos en calcio y, además, aporta nutrientes necesarios para su fijación en los huesos.

Propiedades

- Mineralizante
- Alcalinizante
- Antioxidante
- Nutritiva
- Anticancerígena

Vitaminas y minerales por cada porción

	% del Valor Diario
Vitamina C (38,9 mg)	**43%**
Vitamina K (26 µg)	**22%**
Vitamina B_6 (0,358 mg)	**21%**
Magnesio (71 mg)	**17%**
Vitamina B_1 (0,206 mg)	**17%**
Folato (60 µg)	**15%**
Potasio (653 mg)	**14%**
Hierro (2,33 mg)	**13%**
Selenio (6,5 µg)	**12%**
Calcio (141 mg)	**11%**
Fósforo (138 mg)	**11%**

Calcio en abundancia
La crema de sésamo (tahini) es posiblemente el alimento vegetal más rico en calcio. La miel de caña o melaza también aporta calcio, a diferencia del azúcar blanco que carece completamente de este mineral.

Col china
La col china es una de las coles más ricas en calcio (105 mg/100 g), solamente superada por la col rizada sin cogollo ('kale' en inglés). Además es una buena fuente de vitamina K necesaria para fijar el calcio en los huesos.

Las vacas producen mucho calcio con su leche pero no la beben. ¿De donde obtienen el calcio las vacas? Evidentemente del pasto y de los granos que comen.

Cada porción (vaso o taza de 250 ml) contiene

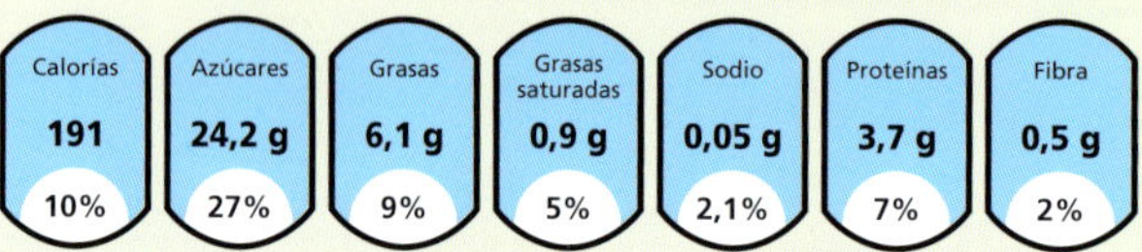

Calorías	Azúcares	Grasas	Grasas saturadas	Sodio	Proteínas	Fibra
191	24,2 g	6,1 g	0,9 g	0,05 g	3,7 g	0,5 g
10%	27%	9%	5%	2,1%	7%	2%

de la CDO/GDA (Cantidad Diaria Orientativa) para un adulto

Vegetariana
Total

Sin gluten
Apto para celíacos

Diabetes
Usar con moderación

Alergia alimentaria
Precaución con el sésamo

Poder antioxidante
3.024 unidades ORAC por porción (60% del Valor óptimo diario)

Carga ácida (PRAL)
-4 mEq/100 g

INGREDIENTES

para dos porciones de unos 250 ml

- 2 **manzanas** medianas *[de unos 161 g cada una]* sin pelar si proceden de agricultura ecológica (orgánica)
- 2 tazas de **col china** *[de unos 70 g cada una]*
- 1 **calabacín** (zapallito) *[de unos 196 g]*
- 2 cucharadas de **melaza** *[de unos 20 g cada una]*
  Alterantivas: panela (piloncillo), sirope de arce (ver pág. 25)
- 2 cucharadas de **crema de sésamo** (tahini) *[de unos 15 g cada puré]*
  Alternativa: crema de almendra

PREPARACIÓN

a. Eliminar las semillas de las manzanas y la piel si no proceden de cultivo ecológico u orgánico.
b. Pasar las manzanas, la col y el calabacín (zapallito) por el extractor de jugos o masticador.
c. Una vez obtenido el jugo, disolver en él la crema de sésamo (tahini) y la melaza (miel de caña).

PIEL SECA

Las vitaminas como las del zapote y las grasas saludables como las del coco son los mejores aliados de la belleza de la piel.

Licuado (batido)

SUAVE Y FIRME

El **zapote mamey** o mamey zapote es una fruta tropical cuyo sabor recuerda al del albaricoque (damasco), muy apreciado en Centroamérica. Aunque tiene fama de afrodisíaco, su principal propiedad es la de hidratar y embellecer la piel, gracias al betacaroteno y a las vitaminas B, C y E que contiene.

Por su parte, el **coco** aporta grasas saturadas pero de fácil digestión y muy saludables, además de magnesio y hierro que tonifican la piel.

En su conjunto, el batido SUAVE Y FIRME, ideal para el desayuno, contribuye a la belleza de la piel, además de aportar energía y valiosos nutrientes.

Propiedades

- Hidratante de la piel
- Nutritiva
- Digestiva
- Alcalinizante

Vitaminas y minerales por cada porción

	% del Valor Diario
Vitamina B_6 (0,734 mg)	43%
Vitamina C (26,4 mg)	29%
Hierro (3,43 mg)	19%
Vitamina E (2 mg)	13%
Magnesio (51 mg)	12%
Cinc (0,67 mg)	6%

Por fuera y por dentro

Las grasas saludables de la leche de coco hidratan y embellecen la piel tanto aplicadas externamente, como ingeridas por vía oral.

Cada porción (vaso o taza de 250 ml) contiene

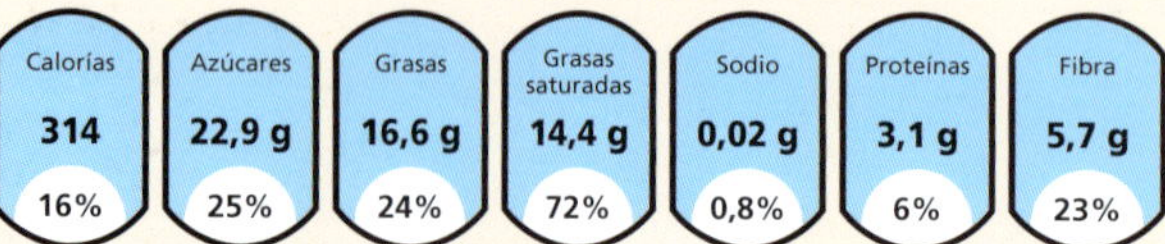

Calorías	Azúcares	Grasas	Grasas saturadas	Sodio	Proteínas	Fibra
314	22,9 g	16,6 g	14,4 g	0,02 g	3,1 g	5,7 g
16%	25%	24%	72%	0,8%	6%	23%

de la CDO/GDA (Cantidad Diaria Orientativa) para un adulto

Sabor tropical
Cada sorbo del cremoso licuado (batido) SUAVE Y FIRME te transporta al trópico a la vez que otorga suavidad y firmeza a la piel, ayudando a eliminar las arrugas.

Vegetariana
Total

Sin gluten
Apto para celíacos

Diabetes
Usar con moderación

Alergia alimentaria
Sin precauciones especiales

Poder antioxidante
1.551 unidades ORAC por porción (31% del Valor óptimo diario)

Carga ácida (PRAL)
-4,11 mEq/100 g

INGREDIENTES

para tres porciones de unos 250 ml

- ½ **zapote mamey** mediano *[de unos 558 g]*
  Alternativas: medio melón cantalupo o un mango
- 1 taza de **leche de coco** *[de unos 226 g]*
- 1 taza de **jugo de piña** (ananás) *[de unos 250 ml]*
- ½ taza de **agua** *[125 ml]*
- 1 cucharadita de **canela** en polvo *[de unos 2,6 g]*

PREPARACIÓN

a. Pelar y quitar el hueso (carozo) del zapote, colocándolo troceado en la licuadora (batidora) junto con el resto de ingredientes.
b. Licuar (batir) hasta que la mezcla adquiera una consistencia homogénea.
c. Esta bebida no precisa ser endulzada, pero si se desea hacerlo, usar preferentemente un edulcorante no calórico (ver pág. 24).

Celulitis

Los jugos de frutas y hortalizas favorecen la eliminación de las impurezas causantes de la celulitis retenidas en la piel.

Jugo

Piel tersa

Debido a la influencia de las hormonas femeninas y de la acumulación de toxinas e impurezas, la piel, particularmente en la zona de los gluteos y de las caderas, tiende a retener líquidos. Además, las células de grasa que hay debajo de la piel aumentan de tamaño y se llenan de grasas de depósito. El resultado es la celulitis, una alteración estética de la piel que recuerda el aspecto de la corteza de la naranja.

La celulitis se debe tratar más desde dentro, es decir, desde la sangre y el medio interno, que desde afuera mediante cremas y aplicaciones locales sobre la piel. Los jugos de alimentos eliminadores de líquidos y limpiadores de la sangre, como el **pepino**, el **apio** y la **piña,** constituyen un eficaz remedio para restaurar la belleza de la piel.

Propiedades

- Diurética
- Depurativa
- Adelgazante

Vitaminas y minerales por cada porción

	% del Valor Diario
Vitamina K (21,7 µg)	**18%**
Vitamina C (12,8 mg)	**14%**
Folato (46 µg)	**12%**
Vitamina B_6 (0,165 mg)	**10%**
Potasio (355 mg)	**8%**
Magnesio (25 mg)	**6%**
Calcio (44 mg)	**3%**

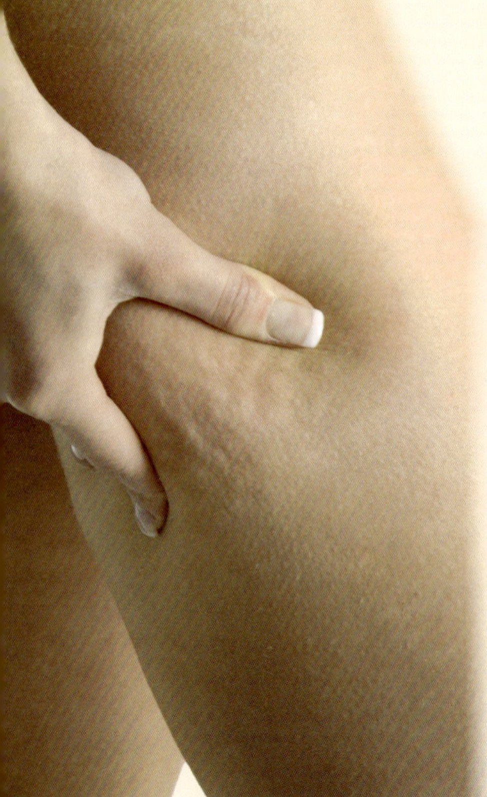

Unas dos semanas de tratamiento
Uno o dos vasos de jugo Piel tersa *al día durante al menos dos semanas logra liberar la piel de los líquidos e impurezas retenidos a causa de la celulitis, mejorando su aspecto.*

Combatir la celulitis
Para combatir la celulitis es necesario mantener le peso ideal, evitar el estreñimiento y reducir la ingesta de sal, además de tomar a diario un jugo como el Piel tersa.

Cada porción (vaso o taza de 250 ml) contiene

Calorías	Azúcares	Grasas	Grasas saturadas	Sodio	Proteínas	Fibra
65	10,7 g	0,3 g	0 g	0,05 g	1,1 g	0,3 g
3%	12%	0%	0%	2,1%	2%	1%

de la CDO/GDA (Cantidad Diaria Orientativa) para un adulto

Vegetariana
Total

Sin gluten
Apto para celíacos

Diabetes
Recomendado

Alergia alimentaria
Precaución con el apio

Poder antioxidante
864 unidades ORAC por porción (17% del Valor óptimo diario)

Carga ácida (PRAL)
-2,72 mEq/100 g

INGREDIENTES

para dos porciones de unos 250 ml

- 1 **pepino** mediano *[de unos 201 g]*
- 4 tallos de **apio** *[de unos 40 g cada uno]*
- 1 taza de **jugo de piña** *[de unos 250 ml]*

PREPARACIÓN

a. Pelar el pepino.
b. Pasar el pepino y el apio por el extractor o masticador de jugos.
c. Mezclar el jugo obtenido con el de piña.
d. Endulzar al gusto (ver pág. 24).

Infecciones cutáneas

Los jugos desinfectantes y cicatrizantes como el de aloe resultan muy apropiados en las infecciones de la piel.

Jugo

Propiedades

- Desinfectante
- Cicatrizante
- Antiinflamatoria
- Desintoxicante
- Antiácida
- Protectora del estómago
- Suavizante intestinal

Jugo de aloe

Tanto por dentro como por fuera, tomado por vía oral como aplicado sobre la piel, el Jugo de aloe aporta numerosos beneficios para la salud.

Aunque se puede encontrar ya preparado en el comercio, lo ideal es elaborarlo en casa a partir de plantas de *Aloe vera*.

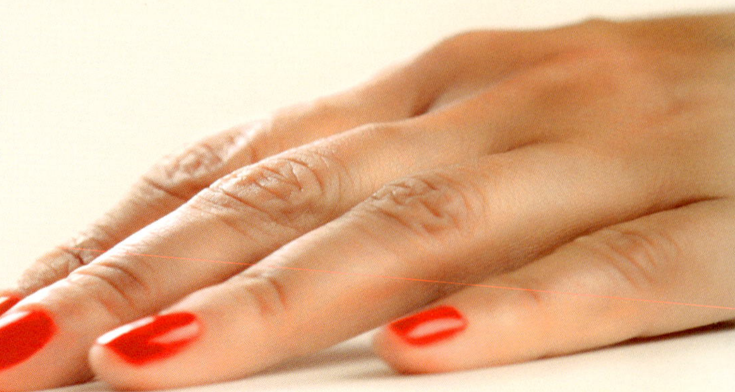

Por dentro y por fuera
Los granos de la piel, las heridas infectadas, la celulitis, el acné y hasta la psoriasis mejoran al tomar el jugo de aloe. Si además se aplica directamente sobre la piel, lo resultados son aún mejores.

PREPARACIÓN

a. Cortar unas cuantas pencas u hojas de una planta de *Aloe vera*.
b. Cortar las espinas laterales.
c. Lavar bien la superficie de las pencas u hojas.
d. Pelar las pencas, desechando la piel.
e. Eliminar la capa amarillenta que hay debajo de la piel, pues contiene un alcaloide que puede resultar irritante y, además, es muy amarga.
f. Colocar la parte gelatinosa de las pencas u hojas en una licuadora (batidora) y triturar hasta obtener una consistencia homogénea.
g. Añadir jugo de limón (una o dos cucharadas por taza o vaso), diluir con agua y mezclar bien.
h. Endulzar al gusto.
i. Conservar en la nevera.
j. Tomar de uno a dos vasos de 125 ml al día, preferiblemente antes de las comidas.

Acné

Los jugos ricos en vitaminas y antioxidantes contribuyen a eliminar el acné, además de una dieta pobre en grasas y en productos lácteos.

Jugo

Piel de terciopelo

Todos los ingredientes del jugo Piel de terciopelo destacan por su capacidad para limpiar la piel, eliminando las toxinas que la inflaman y envejecen. Además, un solo vaso aporta el 100% del valor diario de vitamina A, necesaria para el buen estado de la *piel* y de las *mucosas*.

Propiedades

- Emoliente (suavizante)
- Depurativa
- Desintoxicante
- Antiinflamatoria

Vitaminas y minerales por cada porción

	% del Valor Diario
Vitamina A (904 µg)	100%
Vitamina K (28,8 µg)	24%
Vitamina C (12,1 mg)	13%
Folato (42 µg)	11%
Vitamina E (1,01 mg)	7%
Hierro (1 mg)	6%
Magnesio (27 mg)	6%
Cinc (0,53 mg)	5%
Calcio (54 mg)	4%

Piel limpia
El jugo Piel de terciopelo ayuda a eliminar los granos del acné dejando la piel limpia y suave.

Cada porción (vaso o taza de 125 ml) contiene

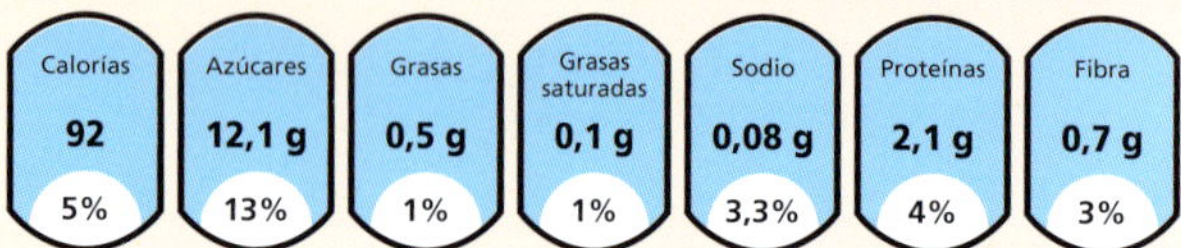

de la CDO/GDA (Cantidad Diaria Orientativa) para un adulto

INGREDIENTES

para dos porciones de unos 125 ml

- 4 **espárragos** medianos *[de unos 16 g cada uno]*
- 5 **zanahorias** medianas *[de unos 61 g cada una]* sin pelar si proceden de agricultura ecológica (orgánica)
- 1 **pepino** mediano *[de unos 201 g]*
- 1 **manzana** mediana *[de unos 161 g]* sin pelar si proceden de agricultura ecológica (orgánica)

PREPARACIÓN

a. Limpiar todos los ingredientes y pelarlos si no proceden de agricultura ecológica (orgánica).
b. Pasarlos por el extractor de jugos o masticador.
c. Endulzar al gusto (ver pág. 24).
d. Conservar en nevera.
e. Beber uno o dos vasos cada día.

Baja de defensas - 1

El jugo de naranja, un regulador natural del sistema inmunitario.

Jugo exprimido

Simplemente naranja

Beber un vaso de jugo de naranja por la mañana, a ser posible recién exprimido, es una buena forma de comenzar el día. Lo ideal es que esté recién exprimido y que no se haya filtrado, para que contenga una cierta cantidad de fibra.

Sin embargo, aunque el jugo de naranja procedente de concentrado contiene algo menos de vitamina C, continúa siendo una buena fuente de minerales y de vitaminas antioxidantes.

Aunque un solo vaso cubre con creces las necesidades diarias de vitamina C, la principal vitamina antioxidante, el jugo de naranja es mucho más que vitamina C. Una combinación ideal de vitaminas, minerales y cientos de fitoquímicos antioxidantes hace del jugo de naranja una bebida insustituible para subir las defensas y reforzar el sistema inmunitario.

Propiedades

- Inmunoestimulante
- Antiviral
- Antitrombótica
- Previene los cálculos (piedras) renales
- Mejora el rendimiento físico
- Anticancerígena
- Alcalinizante

Vitaminas y minerales por cada porción

	% del Valor Diario
Vitamina C (124 mg)	138%
Vitamina B_1 (0,223 mg)	19%
Folato (74 µg)	19%
Magnesio (27 mg)	6%
Vitamina B_6 (0,099 mg)	6%
Hierro (0,5 mg)	3%
Vitamina A (25 µg)	3%
Calcio (27 mg)	2%

Jugo de naranja para desayunar

En un desayuno completo no puede faltar un buen vaso de jugo de naranja. Da energía, sube las defensas y protege contra el cáncer. Unas gotas de esencia de menta o unas hojitas de menta dan un delicioso sabor al jugo de naranja.

El jugo de naranja mejora el rendimiento físico de los deportistas.

Cada porción (vaso o taza de 250 ml) contiene

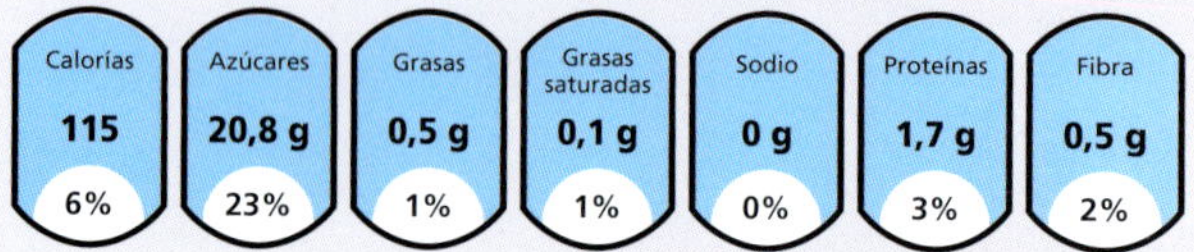

Calorías	Azúcares	Grasas	Grasas saturadas	Sodio	Proteínas	Fibra
115	20,8 g	0,5 g	0,1 g	0 g	1,7 g	0,5 g
6%	23%	1%	1%	0%	3%	2%

de la CDO/GDA (Cantidad Diaria Orientativa) para un adulto

Jugo de naranja fresco y envasado

Por vaso de 250 ml

Nutriente	Jugo fresco recién exprimido	Jugo envasado procedente de concentrado
Vitamina C (mg)	124	74,9
Folato (µg)	74	60
Vitamina B_1 (mg)	0,223	0,097
Potasio (mg)	496	458
Calcio (mg)	27	25
Carotenoides (µg)	801	740
ORAC	1.800	1.750

Como se desprende de la tabla adjunta, el jugo de naranja envasado procedente de concentrado contiene, en relación al fresco:

- Menos vitaminas, especialmente menos vitamina C, que se reduce a un poco más de la mitad.
- Prácticamente la misma cantidad de minerales.
- Prácticamente los mismos carotenoides (fitoquímicos antioxidantes responsables del color anaranjado que actúan como provitamina A).
- Prácticamente el mismo poder antioxidante (medido por las unidades ORAC).

Por lo tanto, si no se dispone de jugo fresco, el envasado continua siendo una buena opción debido a su aporte nutricional.

BAJA DE DEFENSAS - 2

Las antocianinas, pigmentos naturales que otorgan color morado a los alimentos, son reguladores del sistema inmunitario.

Jugo

Propiedades

- Inmunoestimulante
- Antibiótica
- Antioxidante
- Protectora de las arterias
- Neuroprotectora
- Protectora de la visión
- Antianémica
- Anticancerígena

Vitaminas y minerales por cada porción

	% del Valor Diario
Vitamina C (47,4 mg)	**53%**
Vitamina K (33,8 µg)	**28%**
Hierro (3,27 mg)	**18%**
Magnesio (51 mg)	**12%**
Vitamina B_6 (0,186 mg)	**11%**
Potasio (382 mg)	**8%**
Cinc (0,68 mg)	**6%**

PODER MORADO

El intenso color morado de este jugo anuncia que va a ejercer una contundente acción en favor de la salud. Las sustancias responsables de ese color son las antocianinas, pigmentos naturales de color morado presentes principalmente en las bayas, como estos **arándanos**, pero también en algunas hortalizas como la **col lombarda** o repollo morado.

El jugo PODER MORADO, rico en antocianinas, tiene muchas propiedades saludables, pero una de las más interesantes es la de fortalecer el sistema inmunitario en su lucha contra los agentes infecciosos. Resulta curioso saber que también en la propia planta que las produce, las antocianinas cumplen una función protectora.

La acción inmunoestimulante de las antocianinas se complementa con la de los triglicéridos de cadena media del **coco**, un tipo especial de grasa que combate los virus, las bacterias y los hongos; el resultado: un auténtico antibiótico natural.

Color = salud
Cuanto más intenso es el color de un jugo o alimento, mayor es su efecto antioxidante, su capacidad para activar las defensas contra las infecciones y para proteger contra el cáncer.

Poderoso antioxidante
Un solo vaso de este jugo proporciona unas 5.000 unidades ORAC, es decir, todos los antioxidantes que se recomienda tomar diariamente.

Cada porción (vaso o taza de 250 ml) contiene

Calorías	Azúcares	Grasas	Grasas saturadas	Sodio	Proteínas	Fibra
228	7,9 g	17,2 g	15 g	0,03 g	2,9 g	0,4 g
11%	9%	25%	75%	1,3%	6%	2%

de la CDO/GDA (Cantidad Diaria Orientativa) para un adulto

Vegetariana
Total

Sin gluten
Apto para celíacos

Diabetes
Recomendado

Alergia alimentaria
Sin precauciones especiales

Poder antioxidante
4.990 unidades ORAC por porción (100% del Valor óptimo diario)

Carga ácida (PRAL)
-1,88 mEq/100 g

INGREDIENTES

para dos porciones de unos 250 ml

- 1 taza de **arándanos** *[de unos 148 g]*
  Alternativas: jugo de arándanos o bayas de açaí
- 1 taza de **leche de coco** *[de unos 226 ml]*
- 3 cucharadas de **jugo de limón** *[de unos 15 ml cada una]*
- 2 tazas de **col lombarda** (repollo morado) *[de unos 89 g cada una]*

PREPARACIÓN

a. Pasar la col lombarda y los arándanos por el extractor de jugos o masticador.

b. Añadir al jugo resultante la leche de coco y el jugo de limón, removiendo bien para que se mezclen.

c. Endulzar al gusto (ver pág. 24).

Gripe

Para prevenir y combatir la gripe resulta incluso más importante fortalecer las defensas del organismo que destruir los virus.

Licuado (batido)

Limonada antigripal

Gracias la **limón**, al **ajo** y a la **miel**, esta bebida protege contra los virus, particularmente los de la gripe. Además, el **jugo de naranja**, el **jengibre** y la **pimienta de cayena** estimulan el sistema inmunitario encargado de destruir los virus.

La Limonada antigripal se puede tomar como protector natural contra la gripe, o para combatir sus síntomas cuando ya se ha contraído el virus.

Propiedades

- Antiviral
- Inmunoestimulante

Vitaminas y minerales por cada porción

	% del Valor Diario
Vitamina C (57 mg)	**63%**
Vitamina B_1 (0,097 mg)	**8%**
Folato (33 µg)	**8%**
Vitamina B_6 (0,094 mg)	**6%**
Magnesio (13 mg)	**3%**
Hierro (0,3 mg)	**2%**

Corteza de limón

Los flavonoides de la corteza del limón potencian el efecto inmunoestimulante de la vitamina C y de su jugo. Por ello, conviene añadir al licuado al menos una parte de la corteza de los limones exprimidos.

Cada porción (vaso o taza de 125 ml) contiene

de la CDO/GDA (Cantidad Diaria Orientativa) para un adulto

Cuatro veces al día

Se recomienda hacer la limonada antigripal cada día para que no pierda sus propiedades, y tomarla repartida en cuatro porciones de unos 125 ml cada una a lo largo del día.

Vegetariana
Total

Sin gluten
Apto para celíacos

Diabetes
Usar con moderación

Alergia alimentaria
Sin precauciones especiales

Poder antioxidante
1.253 unidades ORAC por porción (25% del Valor óptimo diario)

Carga ácida (PRAL)
-3,27 mEq/100 g

INGREDIENTES

para cuatro porciones de unos 125 ml

- 2 **limones** *[de unos 48 g cada uno]* exprimidos
- 1 cucharada de **corteza de limón** rallada *[de unos 5 g]*
- 1 ½ taza de **jugo de naranja** *[de unos 248 ml cada una]*
- 4 dientes de **ajo** crudo *[de unos 3 g cada uno]*
- 1 cucharadita de **jengibre** rallado *[de unos 2 g]*
- ½ cucharadita de **pimienta de cayena** *[de unos 1,8 g]*
- 1 cucharada de **miel** *[de unos 21 g]*

PREPARACIÓN

a. Exprimir el jugo de los limones.

b. Añadir el jugo de naranja y el resto de ingredientes.

c. Mezclar con la licuadora (batidora) hasta que se forme un líquido homogéneo.

Infecciones bacterianas y víricas

Los ácidos grasos de cadena media del coco resultan eficaces contra muchos microorganismos.

Bebida

Antibiótico blanco

La grasa del **coco** es una fuente de sorpresas. A pesar de ser de tipo saturado, no sube el colesterol, sino que lo regula; no sube los triglicéridos, como lo hacen los aceites en general; no engorda, sino que hace perder peso; y además combate las bacterias, los virus y los hongos.

Un estudio realizado en Filipinas ha mostrado que los niños con neumonía u otras infecciones respiratorias que toman unos 10 ml de aceite de coco al día, además del antibiótico convencional, se curan y pueden ser enviados a sus casas antes que los que solo toman antibiótico.[1]

La leche de coco se ha de tomar en porciones pequeñas (de medio vaso aproximadamente) debido a su alto contenido en grasa. En cualquier tipo de infección, la leche de coco ayuda al sistema inmunológico a destruir las bacterias y virus gracias a que el ácido graso láurico que contiene se transforma en monolaurina, un eficaz antimicrobiano.

1 Gilda Sapphire Erguiza; Arnel Gerald Jiao; Michelle Reley; Shelesh Ragaza. The effect of virgin cocnut oil supplementation for community-acquired pneumonia. Chest 2008; 134: p 139001.

Propiedades

- Antibiótica
- Antivírica
- Protectora de las arterias
- Termogénica
- Hidratante de la piel
- Mineralizante

Vitaminas y minerales por cada porción

	% del Valor Diario
Selenio (7,5 µg)	**14%**
Hierro (2,01 mg)	**11%**
Magnesio (45 mg)	**11%**
Fósforo (120 mg)	**10%**
Cinc (0,81 mg)	**7%**
Niacina (0,92 mg)	**6%**
Vitamina C (4,3 mg)	**5%**
Folato (19 µg)	**5%**

Sustituye a la leche de vaca
La leche de coco sustituye con ventaja a la leche y la crema (nata) de vaca en muchas recetas y guisos.

Cada porción (vaso o taza de 125 ml) contiene

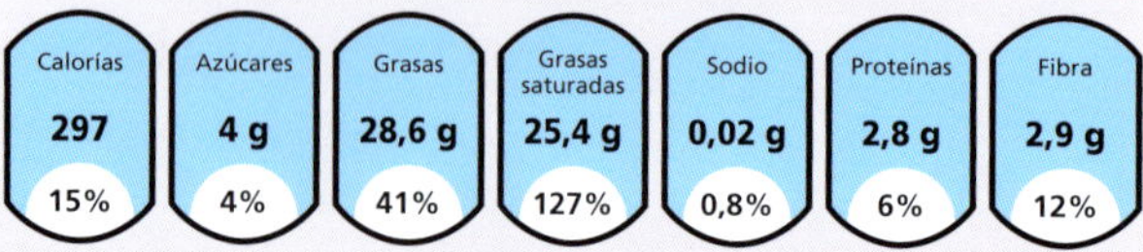

Calorías	Azúcares	Grasas	Grasas saturadas	Sodio	Proteínas	Fibra
297	4 g	28,6 g	25,4 g	0,02 g	2,8 g	2,9 g
15%	4%	41%	127%	0,8%	6%	12%

de la CDO/GDA (Cantidad Diaria Orientativa) para un adulto

Antibiótico y mucho más
Además de combatir las infecciones, la leche de coco baja el colesterol, protege las arterias, suaviza la piel y favorece la pérdida de peso.

Vegetariana
Total

Sin gluten
Apto para celíacos

Diabetes
Recomendado

Alergia alimentaria
Sin precauciones especiales

Poder antioxidante
493 unidades ORAC por porción (10% del Valor óptimo diario)

Carga ácida (PRAL)
-1,96 mEq / 100 g

INGREDIENTES

para ocho porciones de unos 125 ml

- 2 tazas de **coco rallado** *[de unos 80 g cada una]*
  Alternativa: usar coco fresco (igual cantidad) con su agua.
- 4 tazas de **agua** *[de unos 250 ml cada una]*
- 1 cucharadita de **canela** en polvo *[de unos 2,6 g]*
- 1 cucharadita de **corteza de limón** rallada *[de unos 6 g]*

PREPARACIÓN

a. Colocar el coco, la canela y la corteza de limón en la licuadora (batidora) y verter sobre él el agua caliente a medida que se bate hasta que se forme una pasta homogénea.

b. Estando aún caliente, pasar la pasta de coco triturado por un colador de tela o un filtro, presionando.

c. Endulzar al gusto (ver pág. 24).

d. Dejar enfriar y servir.

Alergia

Los jugos de frutas, como alimentos naturales que son, desempeñan un importante papel en la prevención de la alergia.

Jugo

Antialérgico

Los casos de alergia aumentan incesantemente. La gran variedad de sustancias químicas ajenas a nuestro organismo con las que nos relacionamos cada día, unido al exceso de limpieza y desinfección en el entorno del hogar, pueden favorecer la alergia. La alimentación artificial, como las hamburguesas y otras formas de comida rápida, abundante en carnes procesadas y grasas, también favorece la alergia.

Su prevención requiere de un cambio en el estilo de vida y en la alimentación. Frutas tan comunes como los cítricos en general, y las **mandarinas** en particular, contienen fitoquímicos capaces de frenar las reacciones alérgicas, según se ha estudiado en la Kinki University de Osaka (Japón).[1]

La **piña** también protege contra la alergia, además de ser antiinflamatoria; y la **manzana**, gracias a la quercitina que contiene, reduce la producción de sustancias que intervienen en las reacciones alérgicas, tal como la histamina.

La combinación de **mandarina**, **piña** y **manzana** da como resultado este jugo Antialérgico, delicioso y lleno de propiedades saludables.

Advertencia: Cualquier alimento, incluso las frutas, pueden causar alergia alimentaria en raros casos.

1 Fujita T, Kawase A, Niwa T, Tomohiro N, Masuda M, Matsuda H, Iwaki M. Comparative evaluation of 12 immature citrus fruit extracts for the inhibition of cytochrome P450 isoform activities. Biol Pharm Bull. 2008 May;31(5):925-30. PubMed PMID: 18451520.

Propiedades

- Antialérgica
- Antiinflamatoria
- Antioxidante

Vitaminas y minerales por cada porción

	% del Valor Diario
Vitamina C (83,2 mg)	92%
Vitamina B_1 (0,157 mg)	13%
Vitamina B_6 (0,228 mg)	13%
Folato (38 µg)	10%
Magnesio (28 mg)	7%
Potasio (348 mg)	7%
Calcio (53 mg)	4%
Hierro (0,55 mg)	3%

Prevenir las alergias

El jugo Antialérgico puede ser tomado a diario, especialmente en la época primaveral, para prevenir la rinitis, la conjuntivitis, el asma y otras manifestaciones alérgicas.

Cada porción (vaso o taza de 250 ml) contiene

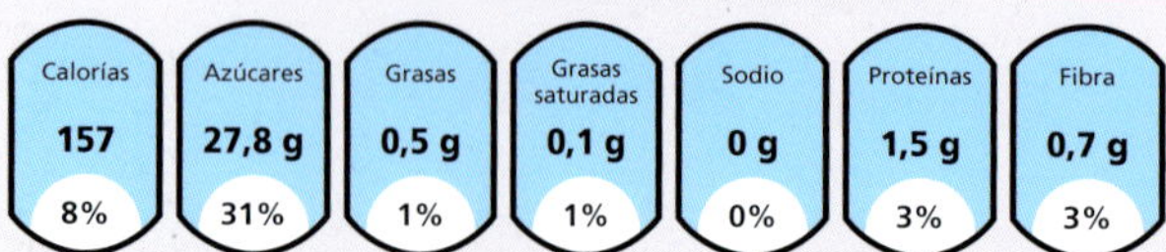

Calorías	Azúcares	Grasas	Grasas saturadas	Sodio	Proteínas	Fibra
157	27,8 g	0,5 g	0,1 g	0 g	1,5 g	0,7 g
8%	31%	1%	1%	0%	3%	3%

de la CDO/GDA (Cantidad Diaria Orientativa) para un adulto

Vegetariana
Total

Sin gluten
Apto para celíacos

Diabetes
Recomendado

Alergia alimentaria
Sin precauciones especiales

Poder antioxidante
3.908 unidades ORAC por porción (78% del Valor óptimo diario)

Carga ácida (PRAL)
-2,43 mEq/100 g

INGREDIENTES

para dos porciones de unos 250 ml

- 3 **mandarinas** medianas *[de unos 88 g cada una]*
- 2 rodajas de **piña** (ananás) grandes *[de unos 166 g cada una]*
- 1 **manzana** mediana *[de unos 182 g]*

PREPARACIÓN

a. Pelar las mandarinas, la piña y la manzana (si no es de procedencia ecológica u orgánica).

b. Pasar todos los ingredientes por el extractor de jugos o masticador.

c. No precisa ser endulzado.

La cura *detox*

Llamada también cura depurativa, es la cura por excelencia.

Desintoxicar consiste en eliminar toxinas. El envejecimiento precoz y la mayoría de las enfermedades crónicas propias de la civilización, incluyendo el cáncer, se hallan relacionadas con el acúmulo de toxinas en el organismo.

Así pues, la curación debe empezar por una cura desintoxicante. Y nada más idóneo para favorecer la eliminación de las toxinas que las bebidas saludables. Por eso recomendamos la CURA *DETOX* a base de bebidas.

Existen diversas modalidades y variantes (ver pág. 248), de forma que cada cual puede elegir la que mejor se adapte a sus circunstancias. Lo más frecuente es hacer tres días seguidos cada cierto tiempo (ver pág. 240), aunque puede realizarse también un día por semana.

Además, la CURA *DETOX* se complementa con algunos tratamientos naturales, principalmente de hidroterapia, que potencian las funciones de eliminación del organismo.

Sumario del capítulo

Alcohol,
desintoxicación 256
Ayuno 242
Beneficios 236
Caldo depurativo total . . 246
Cuándo hacerla 234
Desintoxicación
del alcohol 256
Desintoxicación
de la cafeína 252
Desintoxicación
de metales pesados
y pesticidas 258
Desintoxicación
del tabaco 254
Infusiones depurativas . . 247
Limonadas 244
Limpieza interior 230
Metales pesados,
desintoxicación 258
Modalidades y variantes 238
Pesticidas,
desintoxicación 258
Toxinas 228
Tratamientos
naturales 250
Tres días
para desintoxicarse . . . 240
Variantes de la cura 242
Vías de eliminación 232

Alimentos sólidos durante las curas

Las bebidas son los alimentos fundamentales durante la Cura *detox*, así como en las curas para trastornos específicos expuestas en el capítulo siguiente.

Sin embargo, a algunas personas les puede resultar difícil alimentarse solamente de líquidos. En tal caso, es posible incluir algunos sólidos sin mermar eficacia a las curas.

En esta página se indican algunos alimentos sólidos opcionales compatibles con la Cura *detox* y otras curas.

Ensaladas
Deben contener únicamente hortalizas o frutas crudas (salvo la remolacha, el pimiento morrón o los espárragos que se suelen comer ligeramente cocidas). Aliñar con aceite de oliva, limón y opcionalmente sal marina o sal no refinada (contiene más minerales además de el sodio).

Nueces y otros frutos secos
Aportan ácidos grasos esenciales y proteínas.

Frutos desecados
Aportan energía rápida y fibra.

Tofu
Buena fuente de proteínas.

Pan dextrinado o doblemente horneado
Se digiere y tolera mejor que el pan común.

Copos de avena
Cocidos con leche de soja son un alimento muy nutritivo y digestivo.

Patatas (papas)
Cocidas en agua y aliñadas con aceite de oliva.

Huevo (opcional)
Preferiblemente cocido (duro).

Toxinas

Los seres vivos, en su estado actual, se hallan amenazados por numerosas sustancias nocivas para la salud.

Entendemos por toxina toda sustancia química, ya sea de origen natural o artificial, capaz de producir efectos dañinos sobre la salud. Los «radicales libres», expresión utilizada en la literatura científica moderna, son también toxinas.

Origen de las toxinas

Las toxinas que contaminan el organismo pueden proceder del interior del cuerpo (toxinas endógenas) o del exterior (exógenas).

Contaminación interior

En su funcionamiento normal, nuestro organismo produce una serie de sustancias químicas tóxicas que deben ser eliminadas mediante el aire expirado, la orina o las heces. Si estas toxinas son adecuadamente eliminadas, no afectan al buen estado de salud del individuo. El ácido úrico, la urea, la creatinina y los radicales libres producidos en situaciones de estrés son algunas de las toxinas internas o endotoxinas más conocidas.

La producción de toxinas endógenas aumenta mucho en los siguientes casos:

- **Autointoxicación intestinal**: Ocurre principalmente en las personas que comen carne y sufren de estreñimiento (constipación). El intestino de los animales carnívoros es más corto que el de los herbívoros, entre otras cosas para reducir el tiempo de permanencia de las heces en su interior y evitar así su putrefacción. Los residuos que deja la carne en el intestino producen numerosas toxinas y el estreñimiento

Autointoxicación intestinal
La asociación de alimentación cárnica y estreñimiento (constipación) genera la producción de numerosas toxinas en las heces retenidas, las cuales pasan a la sangre y dañan la salud. La Cura detox, acompañada de la ingestión de semillas de linaza o chía, avena y gel de aloe (ver pág. 313) es un buen remedio contra la autointoxicación.

favorece su paso a la sangre. Dolor de cabeza, eccemas, alergias, artritis y otros trastornos desaparecen o se alivian al cambiar la dieta y normalizar el tránsito intestinal.

- **Escasa producción de orina**: Cuando el funcionamiento de los riñones no es óptimo, incluso antes de que se detecte clínicamente, se produce un aumento de toxinas en la sangre. Las sustancias de desecho que deben eliminar los riñones con la orina son venenos muy fuertes. Basta tener en cuenta que tres días sin producir orina es suficiente para que se produzca la muerte por autointoxicación.
- **Infección o inflamación** en alguna parte del cuerpo: Tanto los gérmenes causantes de la infección como las células afectadas por la inflamación producen una gran variedad de toxinas que pasan a la sangre afectando a todo el cuerpo. La Cura *detox* favorece la eliminación de estas toxinas.
- **Alimentación deficiente,** abundante en productos industriales y en aditivos, y pobre en antioxidantes. Las frutas, hortalizas y semillas, como las empleadas en la Cura *detox*, son la principal fuente de antioxidantes para nuestro organismo. Entre otras funciones, los antioxidantes contribuyen a la neutralización y eliminación de radicales libres y otras toxinas.

Contaminación exterior

Hasta ahora los seres humanos nunca hemos estado en contacto con tantos productos químicos artificiales y extraños a nuestro cuerpo, muchos de ellos tóxicos. La mayor parte de los contaminantes externos se producen en procesos industriales o en motores de explosión. Su concentración es mayor en las grandes áreas urbanas del planeta. Estas son algunas de las toxinas de origen externo más abundantes:

- **Metales pesados** como el plomo, mercurio, arsénico y cadmio, que se acumulan principalmente en el cerebro, en el hígado y en los huesos (ver pág. 258). El aire contaminado, el agua potable y algunos alimentos, como el pescado, son las fuentes más importantes de metales pesados.
- **Compuestos orgánicos persistentes** (COP), llamados así porque su degradación ambiental es muy lenta y tienden a acumularse en el organismo. Muchos de estos compuestos son disruptores hormonales con acción estrogénica (se los llama xenoestrógenos) y alteran el delicado equilibrio hormonal. La mayor parte de los COP se encuentra en la industria, en los productos de limpieza para el hogar (paradójico) y en los agroquímicos. Algunos de los COP más conocidos son estos:
  - DDT y otros insecticidas y pesticidas.
  - Bisfenol A en ciertos plásticos.
  - PCB (bifenilos policlorados) en ciertos materiales eléctricos.
  - Retardantes de la llama, en muebles y tejidos para el hogar.
  - Antiadherentes, en material de cocina y envases.
- **Fármacos** obtenidos por síntesis química. Si bien no puede decirse que los medicamentos químicos sean toxinas en el sentido estricto del término, sí que se comportan como tales, pues son sustancias extrañas que el organismo debe eliminar y que, frecuentemente, causan efectos secundarios o indeseables.
- **Aditivos** alimentarios de tipo químico, incluyendo los edulcorantes artificiales, los colorantes sintéticos, los potenciadores del sabor, como el glutamato, y los conservantes de los embutidos y otras carnes procesadas, como los nitritos.
- **Drogas** psicoactivas como el tabaco, el alcohol, y otras muchas.

Concentración de toxinas
En las zonas industriales y en las grandes ciudades se da la mayor concentración de toxinas, ya sea en el aire, en el agua, en los alimentos allí producidos o en el medio ambiente en general.

Cura *detox*

Limpieza interior

Tanto o más importante que lavarse el cuerpo por fuera, es hacerlo también por dentro.

La desintoxicación, llamada también depuración o limpieza, es el proceso de eliminación de las toxinas que hay en el organismo. Para ello se usan jugos, licuados (batidos), caldos e infusiones que potencian las cuatro vías de naturales de neutralización y eliminación de radicales libres, toxinas y desechos en general.

Pero la limpieza interior, necesaria para restaurar la salud, no solamente consiste en expulsar del cuerpo las sustancias nocivas, sino además, en impedir que otras entren. Lograr la limpieza interior requiere aplicar cambios en la alimentación y en el estilo de vida.

Pero para que esa limpieza sea realmente completa, se requiere además una limpieza espiritual, teniendo en cuenta la globalidad del ser humano (ver epílogo).

Para favorecer la eliminación de toxinas

Aunque el organismo dispone de mecanismos naturales de limpieza, en muchos casos resulta necesario estimularlos mediante una o varias de estas formas:

- **Seguir una Cura *detox*** o depurativa a base de jugos y otras bebidas saludables. Es la forma más simple y eficaz, al alcance de todo el mundo.
- **Beber agua** abundante lo menos contaminada posible (ver pág. 16).

Beber para limpiarse
Beber jugos, licuados (batidos), infusiones, caldos y otras bebidas saludables es la mejor forma de limpiar y desintoxicar el organismo.

- **Aumentar la ingesta de fibra** vegetal, que retiene toxinas en el intestino y facilita su eliminación.
- **Tomar una sauna** y aplicar otros tratamientos naturales (ver pág. 250).
- **Tratamientos quelantes**. Se aplican bajo prescripción médica, principalmente en caso de intoxicación aguda por metales pesados.

Para reducir la entrada de toxinas

Aunque en el estado actual de nuestro planeta resulta prácticamente imposible escapar por completo de la contaminación química, sí que existen formas de reducirla:

- Vivir en zonas rurales no contaminadas, fuera de las zonas industriales y urbanas.
- Seguir una dieta vegetariana a base de preferiblemente alimentos sencillos o mínimamente procesados y procedentes de agricultura ecológica (orgánica). Los alimentos de origen animal (carne, pescado y lácteos sobre todo) son los que presentan una mayor concentración de toxinas contaminantes.
- Evitar los alimentos procesados con aditivos artificiales de síntesis química.
- Beber agua depurada mediante ósmosis inversa (elimina hasta el 90% de los contaminantes) o agua destilada (ver pág. 16).
- Evitar la exposición a sustancias tóxicas, ya sean humos, productos de limpieza, pesticidas o productos químicos procedentes de la industria.
- Usar, siempre que sea posible, tratamientos a base de plantas en lugar de medicamentos de síntesis química.

Radicales libres = toxinas

En la literatura científica reciente se habla cada vez más de radicales libres para referirse a las moléculas agresivas que desestabilizan a otras por faltar electrones en alguno de sus átomos.

Los radicales libres son causa de envejecimiento precoz, inflamación, cáncer y enfermedades crónicas en general. Los antioxidantes neutralizan los radicales libres y evitan sus efectos negativos.

El concepto de «radical libre» usando por la ciencia moderna es equivalente al de «toxinas» usado en la literatura clásica. La Cura *detox* neutraliza y elimina tanto las toxinas clásicas como los radicales libres.

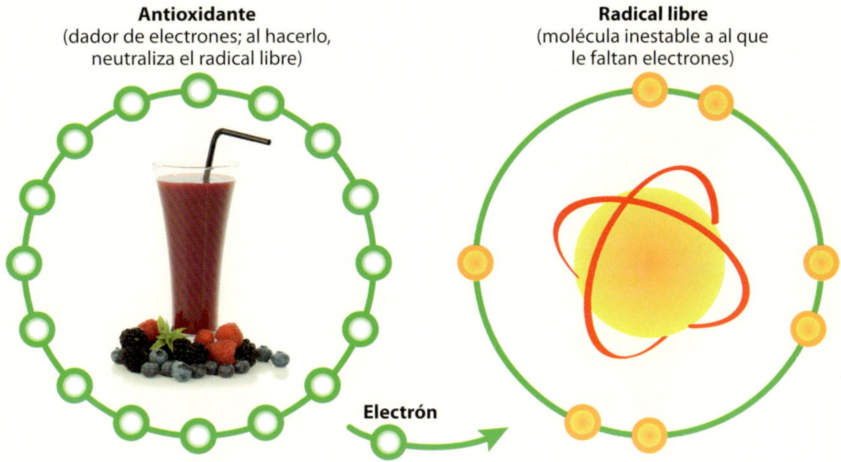

Cura detox contra los radicales libres

Los radicales libres son auténticas toxinas que pueden ser neutralizados mediante los antioxidantes que aporta una Cura detox.

LAS CUATRO VÍAS DE ELIMINACIÓN

Favorecer la eliminación de toxinas por las vías naturales es un objetivo esencial de toda cura de limpieza.

Nuestro organismo produce y retiene toxinas, pero también dispone de mecanismos para neutralizarlas y eliminarlas. Existen cuatro vías principales mediante las cuales las toxinas son expulsadas del cuerpo: los pulmones, los riñones, el intestino y la piel. El hígado elimina toxinas, pero no las vierte directamente al exterior, sino al intestino delgado.

1. LOS PULMONES

Con cada movimiento respiratorio los pulmones eliminan dióxido de carbono (CO_2), el gas resultante de la combustión de los hidratos de carbono, las proteínas y las grasas.

Además, los pulmones pueden también eliminar pequeñas cantidades de otras sustancias volátiles o fácilmente evaporables, como la urea o la acetona, en caso de mal funcionamiento del hígado o de los riñones, o de trastornos metabólicos. Estas sustancias volátiles comunican un olor especial al aliento, lo que puede estar indicando una deficiente eliminación de toxinas en otros órganos.

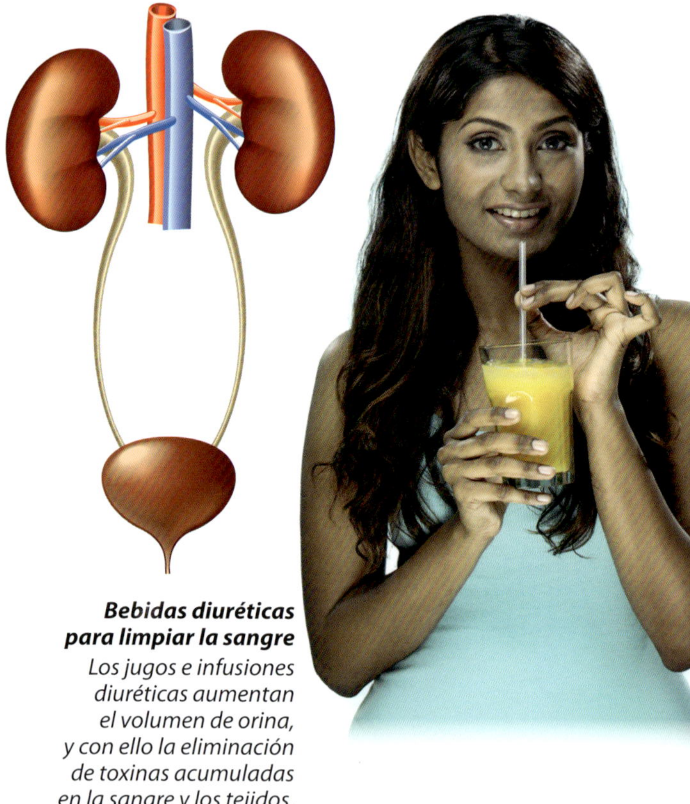

Bebidas diuréticas para limpiar la sangre
Los jugos e infusiones diuréticas aumentan el volumen de orina, y con ello la eliminación de toxinas acumuladas en la sangre y los tejidos.

2. LOS RIÑONES

Así como los pulmones eliminan sustancias de desecho gaseosas, los riñones excretan toxinas solubles en agua. Durante la CURA *DETOX* se deben consumir abundantes bebidas diuréticas (ver pág. 321), como la mayor parte de los jugos de frutas y jugos verdes, así como infusiones depurativas (ver pág. 247).

Respirar hondo para eliminar toxinas
Durante toda CURA DETOX se deben realizar respiraciones profundas a lo largo del día para facilitar la eliminación de CO_2 y de otras sustancias de desecho.

3. El intestino

Gracias a sus numerosos pliegues, la capa interna del intestino (mucosa intestinal) presenta una enorme superficie de contacto con los alimentos. Esto facilita la absorción de sustancias a la sangre, y también la excreción o eliminación de toxinas hacia las heces.

Cuando existe estreñimiento (constipación) se bloquea la excreción de toxinas y, por el contrario, se facilita la absorción de productos tóxicos procedentes de las heces retenidas.

Las bebidas laxantes (ver pág. 265) y con alto contenido en fibra (pág. 293) favorecen la función eliminadora del intestino por lo que no deben faltar en la Cura *detox*. Los enemas también contribuyen a la limpieza intestinal (ver pág. 264).

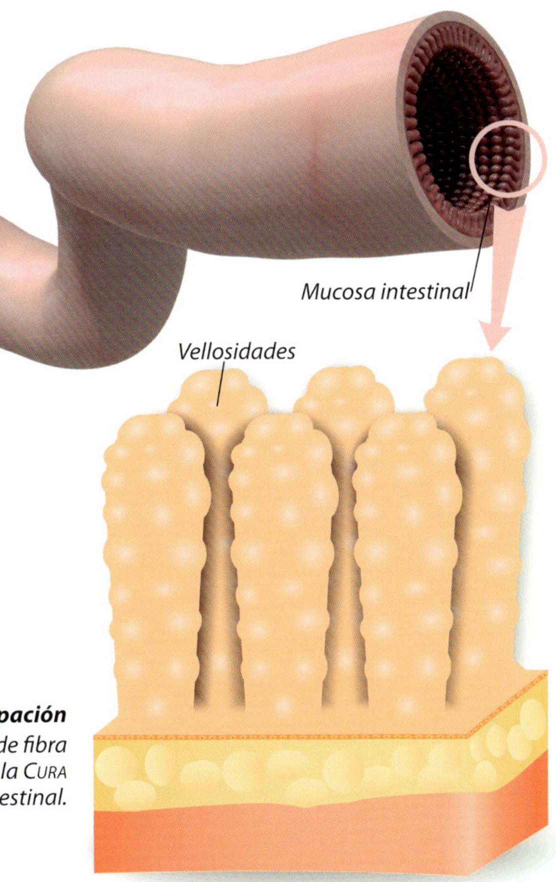

Evitar el estreñimiento o constipación
Un buen aporte de líquidos y de fibra resulta fundamental durante la Cura detox para favorecer el tránsito intestinal.

4. La piel

A través del sudor la piel puede eliminar muchas toxinas, además de sales minerales. Por eso se la llama «el tercer riñón».

Durante la Cura *detox* conviene favorecer la sudoración mediante ejercicio físico e infusiones de plantas depurativas (ver pág. 247). Los baños, la sauna y el cepillado (ver pág. 250) también favorecen la función excretora de la piel.

Sudar para limpiar la sangre
Durante la Cura detox resulta fundamental favorecer la función eliminadora de la piel mediante infusiones, baños, saunas y ejercicio físico. Se sabe que muchas toxinas se eliminan principalmente por la piel.

Cura *detox*

Cuándo hacerla y cuándo no

La primera y más importante de todas las curas de salud.

Necesitando una cura
El agotamiento y la sensación de falta de energía pueden estar indicando la necesidad de seguir una Cura detox.

La cura de desintoxicación o cura depurativa, popularmente llamada «*detox*» es uno de los recursos más importantes de la medicina natural. Son dos los principios sobre los que se fundamenta:

1. La acumulación de sustancias tóxicas (toxinas) en el organismo es la causa de la mayor parte de las enfermedades, especialmente las no transmisibles, llamadas enfermedades de la civilización. Este principio es compatible con el hecho de que el estilo de vida, la alimentación y el medio ambiente son los determinantes más importantes de la salud, por encima de la herencia.
2. La sobrecarga de toxinas interfiere con los mecanismos naturales de reparación y de curación propios del organismo, que son los que finalmente restauran la salud perdida. Mientras exista un exceso de toxinas, no se produce la curación de un cuerpo enfermo.

Por lo tanto, cualquier tratamiento o proceso curativo debe empezar por la eliminación del exceso de sustancias extrañas acumuladas en los tejidos y células del cuerpo. Para ello, nada mejor que una Cura *detox* a base de bebidas saludables.

Cuándo hacer una cura depurativa

En primavera

Tradicionalmente se ha recomendado seguir una Cura *detox* o depurativa al comienzo de la primavera, con el fin de eliminar las toxinas acumuladas durante los meses de invierno, en los que se suele comer más y transpirar menos. Aunque cada vez hay menos diferencias en la alimentación entre las diversas estaciones del año, el comienzo de la primavera sigue siendo un buen momento para hacer una cura.

Cuándo aparecen síntomas de toxicidad

Nuestro cuerpo está diseñado para neutralizar y eliminar de forma natural una cierta cantidad de toxinas mediante los pulmones, la piel, los riñones y el intestino, las cuatro vías de eliminación (ver pág. 232).

Sin embargo, cuando la cantidad de toxinas acumuladas supera la capacidad eliminadora del cuerpo, se produce un estado de sobrecarga o intoxicación, que se manifiesta de alguna de estas formas:

- Producción excesiva de **mucosidad**.
- **Erupción** en la piel.
- **Dolor de cabeza**.
- **Insomnio**.
- **Agotamiento** o sensación de falta de energía.
- Disminución de las **defensas** y tendencia a padecer infecciones.
- **Falta de concentración mental**: Según un estudio de la Universidad de Alberta (Canadá),[1]

1 Genuis SJ, Kelln KL. Toxicant exposure and bioaccumulation: a common and potentially reversibe cause of cognitive dysfunction and dementia. Behav Neurol. 2015;2015:620143. PubMed PMID: 25722540.

la acumulación de toxinas en el organismo es una causa importante de disfunción cognitiva (bajo rendimiento intelectual) e incluso de demencia.

- **Alergias**.

La aparición de estos síntomas o trastornos orienta hacia la necesidad de emprender una cura de desintoxicación.

Después de pasada una enfermedad

La cura depurativa ayuda a eliminar las toxinas acumuladas durante la enfermedad. Ya sea una después de gripe, de una crisis de gota o de otra enfermedad, se produce un acúmulo de microorganismos y de células muertas, de mucosidad y de sustancias tóxicas que el cuerpo trata de eliminar. La cura depurativa facilita y acelera los necesarios procesos de limpieza del organismo.

Cuándo hace falta desintoxicar

- Después de la exposición a cualquier tipo de toxinas o de drogas, ya sea de forma accidental o voluntaria.
- Después de haber estado siguiendo una alimentación recargada y antinatural, pobre en frutas, hortalizas y nueces.
- Después de haber estado tomando medicamentos, especialmente si son agresivos como los de la quimioterapia.

Cuando no hacer una Cura *detox*

- Durante el embarazo y el periodo de amamantamiento.
- Durante la niñez.
- Cuando se están tomando medicamentos cuyo margen terapéutico es muy estrecho, como anticoagulantes orales (ver pág. 19), antirretrovirales, derivados de la digital o antiepilépticos, con el fin de evitar posibles interacciones entre alimentos y medicamentos.
- Cuando se está recibiendo quimioterapia contra el cáncer.

En general, quienes padecen alguna enfermedad deben consultar a un profesional de la salud antes de iniciar una Cura *detox*.

Necesidad de la Cura detox

Muchas enfermedades crónicas como las alergias, la artritis, la obesidad e incluso el cáncer están causadas o favorecidas por sustancias tóxicas que se acumulan en nuestro organismo.

Puesto que vivimos en un medio ambiente cada vez más contaminado y en muchos casos es imposible reducir la entrada de toxinas, la solución pasa necesariamente por favorecer su eliminación mediante una Cura detox o depurativa.

BENEFICIOS DE LA CURA *DETOX*

Además de una sensación de energía y vitalidad, la CURA DETOX *aporta numerosos beneficios para la salud.*

COMBATE EL SOBREPESO

Los jugos, licuados (batidos), infusiones y caldos depurativos favorecen la eliminación de toxinas. El organismo retiene muchas toxinas precisamente en el tejido adiposo, en la grasa, por lo que al eliminar toxinas se precisa menos grasa (en el cuerpo) y resulta más fácil eliminarla.

Por eso la cura depurativa a base de jugos y otras bebidas saludables permite reducir la cantidad de grasa acumulada en el cuerpo.

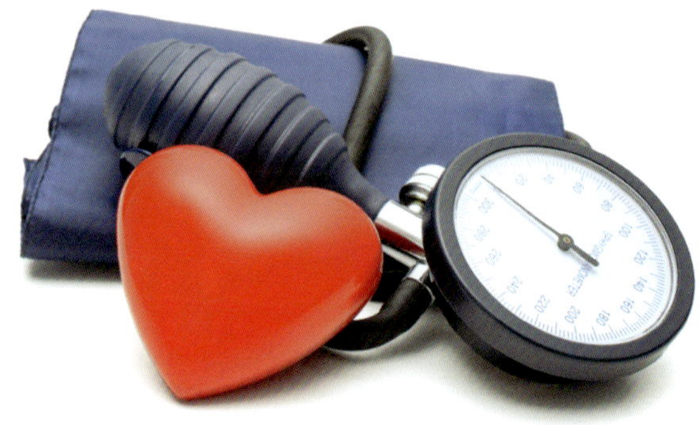

NORMALIZA LA TENSIÓN ARTERIAL

Gracias al efecto diurético de la mayor parte de las bebidas, y a que contienen potasio y poco o nada de sodio, la CURA *DETOX* es un buen remedio contra la hipertensión.

DISMINUYE EL NIVEL DE COLESTEROL

La CURA *DETOX* a base de bebidas saludables como las recomendadas en estas páginas no aporta nada de colesterol, por ser todos sus ingredientes vegetales.

Además, gracias a la gran cantidad de fitoquímicos antioxidantes que aporta, frena la producción de colesterol en el organismo.

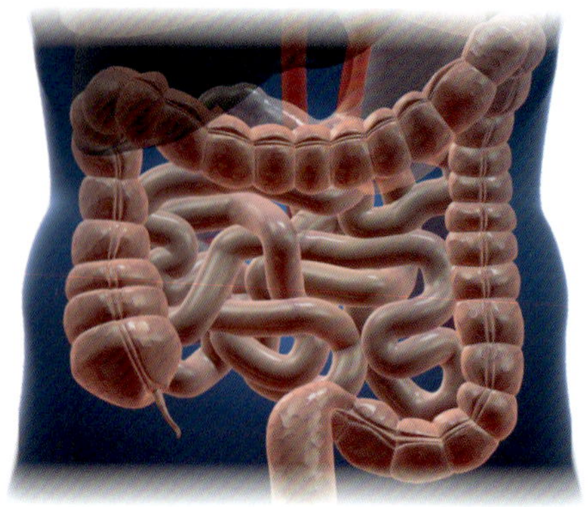

FAVORECE EL TRÁNSITO INTESTINAL

Los jugos y licuados (batidos) contienen fibra soluble que favorece el buen funcionamiento del intestino.

EQUILIBRA EL SISTEMA INMUNITARIO

Los fitoquímicos antioxidantes de las frutas y hortalizas contribuyen al buen funcionamiento del sistema inmunitario, tanto subiendo las defensas contra las infecciones como protegiendo contra las alergias.

La crisis curativa

Durante la cura de desintoxicación o cura depurativa algunas personas pueden experimentar sensación de fatiga, dolor de cabeza (especialmente en los bebedores de café), erupción en la piel o malestar general, lo que se conoce como «crisis curativa».

Estos síntomas se deben a la movilización y eliminación de toxinas, generalmente duran poco tiempo y desaparecen espontáneamente.

MEJORA LA CALIDAD DEL SUEÑO

Al alimentarse a base de líquidos disminuye la sobrecarga de los órganos digestivos, especialmente después de la cena. En muchas ocasiones cenar es la causa de los trastornos del sueño.

DESPEJA LA MENTE Y POTENCIA LA ACTIVIDAD INTELECTUAL

Al exigir menos trabajo de los órganos digestivos, y por tanto menos flujo de sangre, mejora la circulación cerebral y se evita la pesadez que suele aparecer después de las comidas copiosas.

MODALIDADES Y VARIANTES

Permiten adaptar la CURA DETOX a las particularidades individuales.

La CURA *DETOX* es un auténtico tratamiento que requiere de una preparación física y mental, así como de una adecuada planificación según el plan elegido.

PREPARACIÓN PARA LA CURA

Preparación física

Durante los días previos a la cura:

- Procurar dormir bien y suficientes horas.
- Mantener el cuerpo bien hidratado bebiendo suficiente agua y líquidos saludables.
- Tomar una alimentación ligera y preferentemente sin carne ni bebidas alcohólicas.

Preparación mental y espiritual

Desde unos días antes del inicio de una CURA *DETOX* conviene prepararse mentalmente. La privación de alimento sólido tiene repercusiones emocionales, y es necesario anticiparla para ser conscientes de lo que implica la cura.

Además, conviene aprovechar el proceso de depuración corporal para poner en marcha también una limpieza espiritual (ver pág. 326).

PLAN 1: UNA BEBIDA *DETOX* AL DÍA

Sustituir una comida al día por una bebida *detox* es la forma más sencilla y asequible de llevar a cabo la cura. Se puede usar cualquier bebida de las recomendadas, por ejemplo:

- Una limonada.
- Una taza de caldo depurativo.
- Una taza de infusión depurativa.
- Cualquier jugo o licuado (batido) depurativo o desintoxicante (ver pág. 226).

Resulta evidente que los efectos de este plan no serán tan marcados como los de los otros planes, pero los resultados son igualmente positivos a medio y largo plazo.

Plan 2: Cura *detox* de un día por semana

D	L	M	X	J	V	S
27	28	29	30	1	2	3
4	5	6	7	8	9	10
11	12	13	14	15	16	17
18	19	20	21	22	23	24
25	26	27	28	29	30	31

La Cura *detox* de un día por semana logra notables efectos si se realiza durante al menos dos o tres meses seguidos. Para el menú del día puede elegirse cualquiera de los recomendados en las páginas 240 a 251.

Plan 3: Cura *detox* de tres días

Es la forma más completa de seguir una Cura *detox*. En general, no se recomienda repetirla más de una vez al mes. Siempre que sea posible conviene consultar con un nutricionista u otro profesional de la salud, especialmente si existe una enfermedad.

D	L	M	X	J	V	S
27	28	29	30	1	2	3
4	5	6	7	8	9	10
11	12	13	14	15	16	17
18	19	20	21	22	23	24
25	26	27	28	29	30	31

Advertencia: Las curas de más de tres días de duración no se recomiendan en general y, si se hacen, deben estar supervisadas por un médico, nutricionista u otro profesional de la salud con experiencia en este tipo de tratamientos.

Variantes de la Cura *detox*

- **Ayuno completo** (ver pág. 242): Consiste en evitar todo alimento sólido o líquido excepto el agua. El ayuno completo tiene efecto desintoxicante, aunque menos que una Cura *detox* a base de bebidas saludables.

Advertencia: No se recomienda hacer ayuno completo durante más de un día sin supervisión médica.

- **Ayuno parcial**: Es una alternativa al ayuno completo. Además de agua, se puede tomar:
  - Limonadas (ver pág. 244), opcionalmente con edulcorantes naturales como el sirope de arce.
  - Caldo depurativo (ver pág. 246).
  - Infusiones depurativas (ver pág. 247).
- **Cura de frutas** (pág. 248): Con esta variante de la Cura *detox* se hace énfasis en las propiedades curativas de un tipo concreto de fruta (cereza, fresa, naranja, etc.). Puede seguirse también durante uno, dos o tres días consecutivos.

Favorecer las vías de eliminación

Durante la Cura *detox* se deben mantener activas las cuatro vías de eliminación del organismo (pág. 232):

- **Pulmones**: Hacer regularmente respiraciones profundas.
- **Riñones**: Favorecer la producción de orina con una buena hidratación.
- **Intestino**: Evitar el estreñimiento (constipación).
- **Piel**: Favorecer la transpiración.

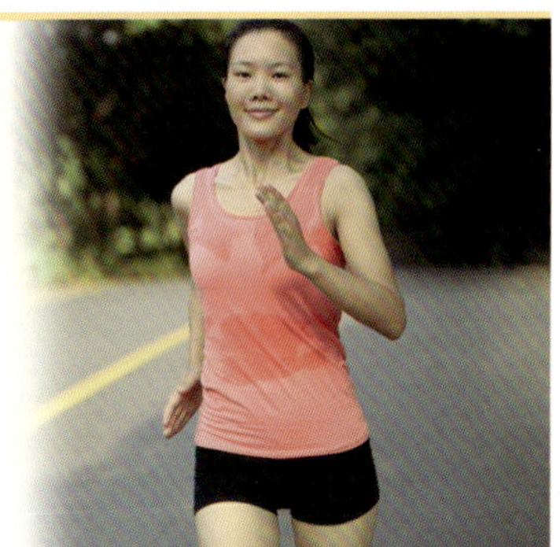

TRES DÍAS PARA DESINTOXICARSE

La CURA DETOX puede hacerse durante tres días seguidos al mes, o durante un día cada semana.

Día 1

DESAYUNO

Jugo de **pomelo (toronja)** (pág. 98)
- Ingredientes: Pomelo blanco, jugo.
- 98 calorías por porción de 250 ml.

Activa las enzimas encargadas de la desintoxicación en el hígado.

MEDIA MAÑANA

Jugo **Super *detox*** (pág. 96)
- Ingredientes: zanahorias, manzana, apio, limón.
- 130 calorías por porción de 250 ml.

Favorece la eliminación de toxinas causantes de enfermedad.

ALMUERZO

Sopa fría **Gazpacho andaluz** (pág. 84)
- Ingredientes: tomates, pepino, pimiento dulce (morrón), cebolla, pan, ajo, aceite de oliva, sal de mesa, jugo de limón.
- 183 calorías por porción de 250 ml.

Rico en vitaminas y fitonutrientes que limpian al sangre y evitan la hipertensión arterial.

MEDIA TARDE

Infusión **Cola de caballo** (pág. 247)
- Ingredientes: Cola de caballo (tallo).
- Apenas aporta calorías.

Favorece la producción de orina y la eliminación de toxinas.

CENA

Caldo **Depurativo total** (pág. 246)
- Ingredientes: apio, brócoli, cebolla, zanahoria, perejil, ajo.
- Apenas aporta calorías.

Alcaliniza la sangre y favorece así la neutralización y eliminación de las toxinas de tipo ácido.

Día 2

DESAYUNO

Jugo **Agua de limón** (pág. 244)
- Ingredientes: jugo de limón.
- Apenas aporta calorías.

Neutraliza y elimina muchas toxinas.

MEDIA MAÑANA

Jugo **Limpiador hepático** (pág. 118)
- Ingredientes: col lombarda (repollo morado), zanahorias, manzana, jugo de limón.
- 160 calorías por porción de 250 ml.

Desintoxica y protege las células del hígado.

ALMUERZO

Jugo **Regulador de tensión** (pág. 82)
- Ingredientes: remolacha roja (betabel), tomates, apio, perejil.
- 77 calorías por porción de 250 ml.

Evita la hipertensión arterial y favorece la eliminación de toxinas.

MEDIA TARDE

Infusión **Diente de león** (pág. 247)
- Ingredientes: Diente de león (hojas).
- Apenas aporta calorías.

Favorece los mecanismos de limpieza de la sangre a través del hígado y del riñón.

CENA

Caldo **Depurativo para el hígado** (pág. 121)
- Ingredientes: alcachofas, cebolla, jugo de limón.
- Apenas aporta calorías.

Descongestiona el hígado y favorece su función desintoxicante.

Día 3

DESAYUNO

Licuado (batido) **Limonada integral** (pág. 244)
- Ingredientes: limón entero.
- Apenas aporta calorías.

Limpia la sangre de residuos ácidos y protege contra el cáncer.

MEDIA MAÑANA

Jugo **Alcalinizante total** (pág. 198)
- Ingredientes: espinacas, col o berza rizada sin cogollo (*kale*), hinojo, jugo de piña (ananás), menta.
- 97 calorías por porción de 250 ml.

Favorece la neutralización y eliminación de toxinas ácidas, generalmente producidas a consecuencia de un estado inflamatorio.

ALMUERZO

Sopa fría **Ajo blanco**(pág. 70)
- Ingredientes: almendras, ajo, aceite de oliva, pan, jugo de limón, sal de mesa.
- 468 calorías por porción de 250 ml.

Tonifica y equilibra el sistema nervioso, necesario para seguir la cura desintoxicante con éxito.

MEDIA TARDE

Infusión **Ortiga verde** (pág. 247)
- Ingredientes: Ortiga verde (hojas).
- Apenas aporta calorías.

Favorece la eliminación de ácido úrico y de otras toxinas.

CENA

Cóctel **Mojito virgen** (pág. 40)
- Ingredientes: menta, jengibre, lima, jugo de piña (ananás).
- Unas 70 calorías por porción de 125 ml.

Digestivo y sedante.

Ayuno

Una forma alternativa de lograr la desintoxicación, pero no necesariamente la más efectiva.

Se entiende por ayuno la restricción de alimentos sólidos o líquidos, permitiendo únicamente la ingesta de agua.

El ayuno completo, tomando solamente agua, es la forma más radical de Cura *detox* o depurativa. La privación de alimentos provoca una serie de cambios en el metabolismo, principalmente:

- Movilización de reservas de energía, primeramente el glucógeno almacenado en el hígado y en los músculos; después de unos días, de las grasas; y en una tercera fase, de las propias, proteínas corporales.
- Eliminación de toxinas acumuladas en los tejidos.
- Disminución de la producción interna de toxinas.
- Lentificación o cese de la autointoxicación intestinal.

Algunas recomendaciones sobre el ayuno

- **Ayunos cortos**: Son preferibles y resultan más eficaces varios ayunos cortos de un día repetidos a lo largo de cierto tiempo, que un ayuno único de varios días seguidos.
- **Ayunos fisiológicos a diario**: Los adultos en general deberían hacer cada día un ayuno fisiológico de unas 12 horas aproximadamente, desde la tarde hasta la mañana del día siguiente. Este periodo de reposo digestivo se corresponde con el ritmo biológico día-noche y es un factor de equilibrio de las funciones fisiológicas.
- **Cura *detox***: El efecto desintoxicador suele ser mayor con una Cura *detox* que con un ayuno completo, gracias a la acción beneficiosa de las frutas y hortalizas.
- **No compensa**: Un ayuno esporádico no resulta suficiente para compensar los excesos alimentarios.

Mucha agua
Durante un día de ayuno se deben beber al menos de dos a tres litros de agua.

Otras bebidas

Además de las bebidas propuestas para cada día de cura, se puede beber también agua (pág. 16), limonadas (pág. 244) e infusiones depurativas (pág. 247).

CONTRAINDICACIONES DEL AYUNO

- Infancia.
- Embarazo y amamantamiento.
- Diabetes.
- Delgadez (Índice de masa corporal menor de 20).
- Enfermedades graves o debilitantes.

Duración del ayuno

El ayuno completo de un día resulta suficiente para desintoxicar el organismo en la mayoría de los casos. Ayunos más prolongados requieren ser supervisados por un profesional de la salud.

La cura de sirope de arce

La cura de sirope de arce es una forma de ayuno parcial con efecto depurativo y adelgazante.

- Ventaja
  - Al aportar azúcares naturales de absorción rápida, el sirope de arce permite soportar mejor el ayuno.
- Ingredientes
  - Sirope de arce: Se obtiene calentando y concentrando la savia obtenida al perforar en primavera el tronco de los árboles de una variedad de arce (*Acer saccharum*). Este tipo de arce se cría principalmente en Norteamérica.
  - Jugo de limón, de acción depuradora y antitóxica.
  - Sirope de palma: Opcionalmente el sirope de arce se puede combinar con el de palma, obtenido de la savia de palmeras tropicales. La mezcla de ambos siropes se conoce como «Sirope de savia».
  - Cayena: También un ingrediente opcional debido a que su sabor picante no es tolerado por algunos. Tiene efecto lipolítico («quema grasa», ver pág. 308).
- Duración: Algunos prolongan esta cura hasta siete o diez días pero, en general, no se puede recomendar una duración superior a tres días.
- Cantidades recomendadas para un vaso de agua:
  - 2 cucharadas de sirope de arce o de sirope de savia (mezcla de sirope de arce y de palma).
  - 2 cucharadas de jugo de limón.
  - 1 pizca de cayena (opcional).

En la cura de sirope de arce se toman de seis a ocho vasos diarios, cada cual con dos cucharadas de sirope y dos de limón y, opcionalmente, cayena.

Limonadas

Refrescantes, muy saludables e ideales para empezar el día en una Cura detox.

Para experimentar una auténtica sensación de energía y vigor durante la Cura detox, o en cualquier otra circunstancia, se recomienda empezar el día con una limonada nada más despertar. Puede ser simple agua de limón, limonada integral o antiinflamatoria.

Agua de limón

Elaborada simplemente con jugo de limón exprimido y agua. Opcionalmente se le puede añadir un edulcorante no calórico como la estevia u otros calóricos como la miel de caña o el sirope de arce.

Poco concentrado al principio
Conviene empezar tomando el agua de limón poco concentrada, solamente con medio limón por vaso o menos. Gradualmente, a lo largo de los días, se puede aumentar la proporción de limón.

Limonada integral

La limonada integral es en realidad un licuado (batido) de limón en el que se aprovechan las propiedades curativas de todas las partes del limón: la pulpa, la corteza y las semillas.

Ingredientes (para dos porciones de 250 ml)

- 1 **limón** de cultivo ecológico (orgánico)
- 400 ml de **agua**
- 10 gotas de **estevia** (opcional)
  Alternativas calóricas: una cucharada de melaza, de panela, de sirope de arce o de miel.

Elaboración

- Trocear el limón.
- Eliminar una parte de la cáscara para que el sabor no sea demasiado intenso.
- Añadir el agua y el edulcorante y licuar (batir) hasta obtener un líquido homogéneo.

Propiedades

Además de los beneficios de cualquier limonada, la integral tiene propiedades específicas debido a ser muy rica en limoneno, un componente muy medicinal presente en la corteza de los cítricos.

- Adelgazante (efecto lipolítico o «quema-grasa»).
- Protectora del hígado.
- Anticancerígena eficaz contra el *cáncer de mama*, *próstata* y *colon*, entre otros.

Limonada antiinflamatoria

Ideal para desintoxicar la sangre cuando existen focos infecciosos o inflamatorios, como puede ser la amigdalitis, la artritis o la fibromialgia.

Ingredientes (para cuatro porciones de 250 ml)

- 1 taza de **jugo de limón** exprimido (de 4 a 6 limones)
- 3 tazas de **agua**
- 1 cucharadita de **cúrcuma** en polvo
- 1 cucharadita de **canela** en polvo
- 1 cucharadita de **estevia** líquida

Preparación

- Mezclar todos los ingredientes agitando o mediante una batidora de mano.

Caipirinha sin alcohol

La *caipirinha* típica de Brasil es en realidad un cóctel elaborado con jugo de limón y cachaza, una especie de aguardiente de caña de azúcar. Pero hecha sin alcohol se convierte en una refrescante limonada.

Ingredientes

- 2 o 3 **limones**
- 2 **limas**
- 4 a 6 cucharadas de **melaza** o de **panela** (piloncillo)
- 1 litro de **agua** y hielo

Elaboración

- Exprimir los limones y las limas y mezclar su jugo con el agua.
- Diluir la melaza o la panela y añadir hielo picado.
- Servir en un vaso ancho decorado con trozos de lima.

Con pajilla
Las limonadas deben tomarse con pajilla para evitar que entren en contacto con el esmalte dentario.

Beneficios de las limonadas

- Proporciona un estímulo natural para las actividades del día de forma más saludable que una taza de café.
- Desinfectan la boca y la garganta.
- Ayudan a reducir la mucosidad.
- Suben las defensas contra las infecciones.
- Neutralizan y eliminan toxinas gracias a su acción antioxidante.
- Alcalinizan la sangre.
- Combaten la artritis y los dolores de huesos y músculos.
- Previenen la formación de cálculos urinarios gracias a su alto contenido en ácido cítrico.
- Aportan minerales, especialmente potasio y magnesio, al contrario que el café, que provoca su pérdida con la orina.

Una limonada para empezar el día
Para muchos, el efecto energizante del limón resulta incluso superior al de una taza de café.

CALDO DEPURATIVO TOTAL

El caldo depurativo a base de hortalizas no puede faltar en cualquier CURA DETOX.

El caldo depurativo no debe faltar en una dieta *detox*, siendo recomendable tomar al menos una taza o vaso al día.
Existen muchas formas de elaborar el caldo depurativo según los ingredientes utilizados, pero todas ellas tienen en común:

- Usar únicamente ingredientes vegetales.
- Incluir apio y cebolla, dos de las hortalizas más depurativas y alcalinizantes.

El caldo depurativo total incluye una variedad de hortalizas que complementan mutuamente sus propiedades potenciando así el efecto desintoxicante. No hay inconveniente en variar los ingredientes mencionados, pues en realidad cualquier caldo elaborado con hortalizas es depurativo, especialmente si contiene apio y cebolla.

Ingredientes (para dos porciones de 250 ml)

- 1 litro de **agua**
- 3 tallos de **apio** (incluyendo las hojas)
- 1 ramo de **brócoli**
- 1 **cebolla**
- 2 **zanahorias**
- 1 manojo de **perejil**
- 2 dientes de **ajo** machacados
- 1 cucharada de **aceite de oliva** extra-virgen y 1 pizca de **sal marina** (opcional).

Elaboración

- Trocear las hortalizas y colocarlas en una cacerola con el agua.
- Cocer a fuego lento hasta que el líquido se reduzca a la mitad.
- Colar y servir.

Propiedades

- Depurativo.
- Alcalinizante.
- Diurético.
- Mineralizante.

Caliente o frío
El caldo depurativo es un excelente limpiador de la sangre, y puede tomarse tanto caliente como frío.

INFUSIONES DEPURATIVAS

Las infusiones combinan perfectamente con los jugos, licuados (batidos) y otras bebidas usadas en la CURA DETOX.

Las infusiones de plantas medicinales son grandes aliados en el proceso de desintoxicación. Además de aportar agua, que ya de por sí contribuye a la eliminación de toxinas, las infusiones contienen sustancias activas procedentes de las plantas que, de forma natural, estimulan los procesos de desintoxicación.

La mayor parte de las plantas medicinales tienen una acción desintoxicante y depurativa. Sin embargo, las que se mencionan en estas páginas destacan por su capacidad para hacer funcionar el hígado, los riñones y la piel a pleno rendimiento.

Además de los jugos, licuados (batidos) y caldos recomendados en la página 240, se pueden tomar de una a tres tazas de alguna de estas infusiones cada día; de esta forma, la CURA DETOX resultará más efectiva.

DIENTE DE LEÓN (HOJAS Y RAÍZ)

- Nombre científico: *Taraxacum officinale* Weber
- Depurativa, colerética (aumenta la producción de bilis), laxante y digestiva.
- Dosis: Una cucharada de hojas y/o raíz seca por taza de agua.
- Posibles interacciones: Con medicamentos a base de litio; con ciprofloxaciono y otros antibióticos de la familia de las quinolonas; con medicamnetos metabolizados por el citocromo P450 hepático (amitriptilina, haloperidol, verapamil y otros); y con estatinas, estrógenos, opiáceos y diuréticos ahorradores de potasio como la espironolactona.

GROSELLERO NEGRO (HOJAS)

- Nombre científico: *Ribes nigrum* L.
- Depurativa, antiinflamatoria, desintoxicante y antialérgica.
- Dosis: Una cucharada de hojas y/o raíz seca por taza de agua.
- Posibles interacciones: No se conocen.

ORTIGA VERDE (HOJAS)

- Nombre científico: *Urtica dioica* L.
- Facilita la función de los riñones y de la vejiga. Depurativa (favorece la eliminación de toxinas como el ácido úrico). Evita la formación de cálculos urinarios.
- Dosis: Una cucharada de hojas secas por taza de agua.
- Posibles interacciones: No se conocen.

COLA DE CABALLO (TALLOS)

- Nombre científico: *Equisetum arvense* L.
- Diurético eficaz contra la retención de líquidos en los tejidos, a la vez que mineralizante. Depurativo, favorece la eliminación de toxinas por la orina.
- Dosis: Una cucharada de hojas y/o raíz seca por taza de agua.
- Posibles interacciones: No se conocen.

CURAS DE FRUTA

Con fruta entera o con jugos se puede realizar una CURA DETOX *de forma agradable y pasando poca hambre.*

Las curas de fruta consisten en tomar solamente fruta (en licuado [batido], jugo o entera) durante uno, dos o tres días seguidos. Se permite ingerir cualquier cantidad de licuado (batido), jugo o fruta entera.

La **duración** de una cura de fruta no debería superar los tres días. Curas más largas no son recomendables en general y, en todo caso, deben realizarse bajo supervisión de un profesional de la salud.

Las **contraindicaciones** de las curas de fruta son las mismas que las del ayuno (ver pág. 242).

Estos son los **efectos** comunes a todas las curas de fruta:

- **Desintoxicante**: Todas las frutas favorecen la eliminación de toxinas con la orina. Por su riqueza en antioxidantes neutralizan muchos radicales libres, que son auténticas toxinas.
- **Adelgazante**: El comer o beber un solo tipo de alimento, en este caso de fruta, produce monotonía como cualquier monodieta.
- **Curativo**: Permiten hacer énfasis en las propiedades de un tipo particular de fruta.
- **Preventivo** del cáncer y del envejecimiento precoz.

Las curas de fruta adelgazan
La monotonía de una monodieta, en este caso a base de un solo tipo de fruta, hace que se ingieran menos calorías que con una dieta variada. El resultado es una pérdida de peso notable.

Indicaciones de algunas curas de frutas

Cura de naranjas (en jugo o enteras) o de limones (en forma de limonadas, pág. 244)

- Alergias.
- Baja de defensas.
- Trombosis.
- Agotamiento físico y falta de energía.
- Exceso de ácido úrico (gota).
- Cálculos renales.
- Prevención del cáncer.

Cura de cerezas (en licuado o enteras)

- Artritis.
- Exceso de ácido úrico (gota).
- Reumatismos y otros estados inflamatorios.
- Obesidad.
- Exceso de colesterol.
- Arteriosclerosis.
- Prevención del cáncer.

Cura de fresas o frutillas (en licuado o enteras)

- Arteriosclerosis.
- Exceso de ácido úrico (gota).
- Estreñimiento (constipación).
- Exceso de colesterol.
- Prevención del cáncer.

Cura de uva (en jugo o enteras, pág. 108)

- Trastornos del corazón.
- Trastornos del hígado.
- Trombosis.
- Anemia.
- Exceso de colesterol.
- Hemorroides.
- Exceso de ácido úrico (gota).
- Agotamiento físico y falta de energía.
- Prevención del cáncer.

TRATAMIENTOS NATURALES ACOMPAÑANTES

Durante la CURA DETOX resulta conveniente realizar ciertos tratamientos naturales que favorecen la desintoxicación.

BAÑOS COMPLETOS

Durante los días de la CURA *DETOX* se recomienda tomar al menos un baño diario, preferiblemente caliente. La limpieza exterior potencia la interior.

Para un efecto revitalizante, tomar una ducha o fricción fría después del baño.

Baños de pies

Por un mecanismo reflejo, los baños de pies activan la circulación de la sangre y contribuyen al proceso de desintoxicación.

Pueden tomarse calientes o a temperatura alterna.

Sauna

La sauna provoca la apertura de los poros de la piel y favorece la transpiración. Con el sudor se eliminan muchas toxinas, lo que complementa el efecto limpiador de la Cura *detox*.

Conviene practicar una sauna, preferiblemente, un día antes de empezar la Cura *detox*.

Cepillado en seco de la piel

El cepillado de la piel limpia los restos de células muertas procedentes de la epidermis (la capa más superficial de la piel) y logra un drenaje de la linfa (líquido que circula entre las células). De esta forma se favorece la eliminación de toxinas por la piel.

Se recomienda empezar el cepillado por los pies, siguiendo por las piernas y la espalda. A continuación, los brazos, el pecho y el vientre.

Durante la Cura *detox* es recomendable darse al menos un cepillado de la piel.

DESINTOXICACIÓN DE LA CAFEÍNA

Útil para cualquier bebida con cafeína: café, té, mate, bebidas enegizantes y otras.

Al igual que la nicotina del tabaco, la cafeína (ver pág. 44) es un alcaloide con gran capacidad para crear dependencia que para muchos se convierte en una auténtica toxina.

Debido a los efectos negativos sobre el organismo de las bebidas con cafeína, y al amplio uso que de ellas se hace en todo el mundo, son muchas las personas que se beneficiarán de una cura de desintoxicación específica, cuyos objetivos son:

- Eliminar la cafeína del organismo, particularmente de las neuronas cerebrales a las que estimula.
- Reparar o neutralizar en lo posible los daños causados por esta sustancia.
- Tonificar el sistema nervioso para que pueda prescindir del estímulo artificial de la cafeína.

Durante la cura de desintoxicación de la cafeína se produce un cierto síndrome de abstinencia, manifestado por dolor de cabeza y somnolencia. Estos síntomas suelen ser leves y desaparecen espontáneamente en unos días. Las fricciones, las duchas, los baños de pies, los chorros, la sauna y otras técnicas de hidroterapia alivian los síntomas causados por la privación del café.

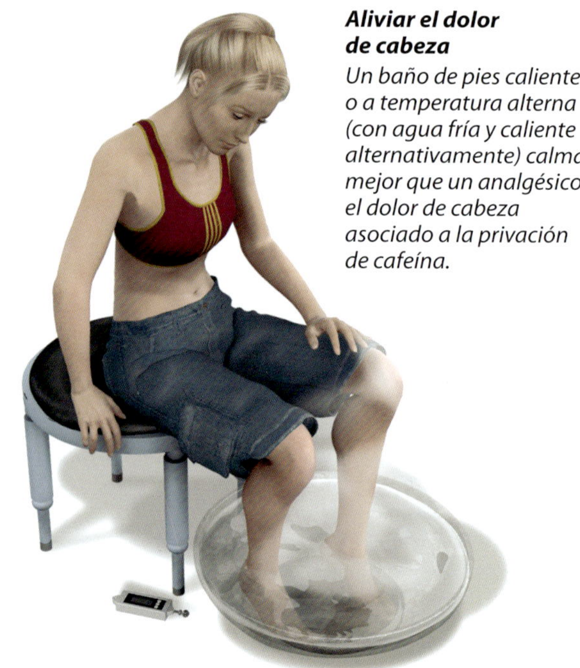

Aliviar el dolor de cabeza

Un baño de pies caliente o a temperatura alterna (con agua fría y caliente alternativamente) calma mejor que un analgésico el dolor de cabeza asociado a la privación de cafeína.

Sustituir la cafeína

El estímulo artificial que proporciona la cafeína puede sustituirse por otros más saludables como tomar un vaso de jugo de naranja y darse un cepillado o unas fricciones con un paño frío sobre la piel, empezando por las extremidades y terminando en el pecho.

Menú de un día para desintoxicación de la cafeína

Desayuno

Jugo **Simplemente naranja** (pág. 216)

- Ingredientes: jugo de naranja.
- 115 calorías por porción de 250 ml.

Gracias a su contenido en vitamina C y carotenoides, la naranja neutraliza los efectos tóxicos de los alcaloides como la cafeína.

Media mañana

Infusión **Cola de caballo** (pág. 247)

- Ingredientes: Cola de caballo (tallo).
- Apenas aporta calorías.

Aporta silicio y otros minerales que la cafeína hace perder con la orina.

Almuerzo

Licuado (batido) **Poder cerebral** (pág. 56)

- Ingredientes: leche de avena, moras, arándanos frescos, fresas (frutillas), germen de trigo, dátiles sin hueso (carozo), nueces.
- 216 calorías por porción de 250 ml.

Tonifica el sistema nervioso y contribuye a superar la dependencia de la cafeína.

Media tarde

Licuado (batido) **Serenidad dulce** (pág. 58)

- Ingredientes: plátanos (bananas), fresas (frutillas), leche de coco, germen de trigo, miel, leche de avena.
- 224 calorías por porción de 250 ml

Calma la ansiedad asociada a la privación de cafeína.

Cena

Caldo **Depurativo total** (pág. 246)

- Ingredientes: apio, brócoli, cebolla, zanahoria, perejil, ajo.
- Apenas aporta calorías.

Favorece la eliminación de la cafeína residual a través de la orina.

También ayuda contra la cafeína...

- Beber abundante agua a lo largo del día, pues la cafeína es soluble en agua (al igual que la nicotina) y se elimina con la orina y el sudor.
- Tomar fuentes naturales de vitamina C (antídoto de la cafeína) a diario, como el jugo de naranja, de limón de pomelo o kiwi.
- Tomar germen de trigo, levadura de cerveza y suplementos de vitaminas del grupo B.
- Evitar las comidas copiosas, pues despiertan el deseo por la cafeína y disminuyen la fuerza de voluntad.
- Evitar el consumo de tabaco y de bebidas alcohólicas, pues despiertan el deseo por el café.
- Dormir lo suficiente.

DESINTOXICACIÓN DEL TABACO

Tomando jugos, licuados (batidos) e infusiones se acelera la eliminación de las muchas toxinas del humo del tabaco.

Mucha agua

La nicotina es soluble en el agua y se elimina con la orina, Además de las bebidas sugeridas, la cura de desintoxicación del tabaco requiere beber de cuatro a seis vasos de agua al día.

Pocas cosas hay tan cargadas de toxinas como el humo del tabaco. En él se han identificado más de 6.000 sustancias extrañas, de las que unas 70 son cancerígenas.

Eliminar toda esa carga de venenos, y no solamente la nicotina, requiere una cura de desintoxicación completa que, además de bebidas saludables, incluya alimentación, tratamientos naturales y ayuda psicológica y espiritual. Todas las vías de eliminación del organismo (ver pág. 232) deben funcionar a pleno rendimiento para lograr una desintoxicación completa del tabaco.

CÓMO ELIMINAR LAS PRINCIPALES TOXINAS DEL TABACO

- **Monóxido de carbono**: Se elimina por vía pulmonar mediante respiraciones profundas.
- **Nicotina**: Se elimina mediante la orina y la piel. La buena hidratación a base de agua y jugos de fruta favorece su eliminación.
- **Alquitrán**: Se incrusta principalmente en los pulmones y cuesta muchos años eliminarlo. Pero se pueden neutralizar parcialmente sus efectos cancerígenos mediante jugos y licuados (batidos) ricos en antioxidantes, como los recomendados para la cura de desintoxicación.

Tratamientos naturales

Los tratamientos naturales acompañantes de la CURA DETOX (ver pág. 250), como la sauna, también favorecen el proceso de desintoxicación del tabaco.

Menú de un día para desintoxicación del tabaco

DESAYUNO

Jugo **Limpia mocos** (pág. 110)

- Ingredientes: piña (ananás), rábanos, cebolla, miel.
- 137 calorías por porción de 125 ml.

Facilita la eliminación de la mucosidad bronquial acumulada durante la noche.

MEDIA MAÑANA

Jugo **Respiración profunda** (pág. 112)

- Ingredientes: hinojo, cebolla, zanahorias, miel.
- 175 calorías por porción de 250 ml.

Calma la tos y protege las vías respiratorias contra la degeneración cancerosa.

ALMUERZO

Jugo **Sin humos** (pág. 116)

- Ingredientes: limas, zanahorias, germen de trigo, melaza, menta.
- 178 calorías por porción de 250 ml.

Aporta las vitaminas A, B y C necesarias para la desintoxicación de la nicotina.

MEDIA TARDE

Licuado (batido) **Serenidad dulce** (pág. 58)

- Ingredientes: plátanos (bananas), fresas (frutillas), leche de coco, germen de trigo, miel, leche de avena.
- 224 calorías por porción de 250 ml.

Calma la ansiedad asociada a la retirada de la nicotina.

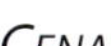

CENA

Infusión **Sedante** (pág. 61)

- Ingredientes: raíz de valeriana, hojas de melisa, flores y hojas de tilo, miel.
- Apenas aporta calorías.

Calma el nerviosismo causado por la privación de nicotina.

También ayuda contra el tabaco...

- Seguir un «Plan de 5 días» para dejar de fumar.
- Beber abundante agua a lo largo del día.
- Tomar fuentes naturales de vitamina C (antídoto de la nicotina) a diario, como el jugo de naranja, limón, pomelo o kiwi.
- Tomar germen de trigo, levadura de cerveza y suplementos de vitaminas del grupo B.
- Evitar la comida muy condimentada, los picantes y encurtidos.
- Evitar el consumo de café y de bebidas alcohólicas.
- Dormir lo suficiente.
- Buscar ayuda profesional de tipo médico, psicológico y espiritual.

Jugos de cítricos contra la nicotina

Además del menú de bebidas sugerido, se debe tomar al menos un jugo de naranja, limón o pomelo al día, o un kiwi. La vitamina C que contienen es un auténtico antídoto contra la nicotina y otras toxinas del tabaco.

Desintoxicación del alcohol

*Aunque el alcohol no se elimina por la orina,
la ingestión de ciertas bebidas contribuye a neutralizar sus efectos.*

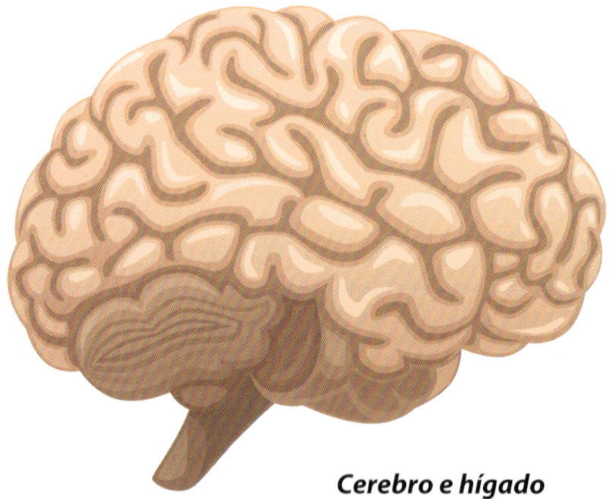

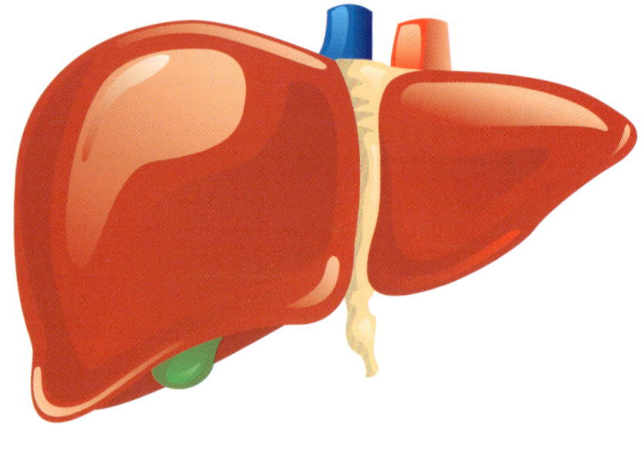

Cerebro e hígado
El cerebro y el hígado son los órganos más afectados por el consumo de alcohol. Las bebidas saludables de esta cura de desintoxicación ayudan a recuperar, en la medida de lo posible, los daños ocasionados por el alcohol.

El alcohol etílico es un potente tóxico para todas las células, incluidos los microorganismos (por eso se usa como desinfectante). En el cuerpo humano son dos los tipos de células principalmente dañados por el consumo de alcohol: las neuronas y los hepatocitos (células del hígado). Además, el alcohol es una sustancia considerada como cancerígena, pues su consumo, aun en dosis moderadas, favorece el cáncer de mama, de esófago y de hígado entre otros (ver pág. 46).

La cura de desintoxicación del alcohol tiene como objetivos:

- Neutralizar en lo posible los efectos tóxicos del alcohol sobre el organismo, principalmente cerebro e hígado.
- Tonificar el sistema nervioso para aumentar el poder de decisión y la fuerza de voluntad que permitan vencer la adicción al alcohol.

Abstinencia completa
Para que la cura de desintoxicación tenga éxito es necesaria la abstinencia total de cualquier tipo de bebida alcohólica. En muchos casos hace falta seguir un tratamiento médico y psicológico específico.

Menú de un día para desintoxicación del alcohol

DESAYUNO

Licuado (batido) **Poder cerebral** (pág. 56)

- Ingredientes: leche de avena, moras, arándanos frescos, fresas (frutillas), germen de trigo, dátiles sin hueso (carozo), nueces.
- 216 calorías por porción de 250 ml.

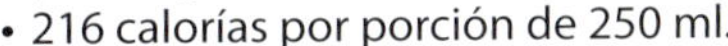

Tonifica el cerebro para reponer los nutrientes agotados por el consumo de alcohol y para hacer frente a la necesidad de seguir consumiéndolo.

MEDIA MAÑANA

Licuado (batido) **Agua de tuna** (pág. 74)

- Ingredientes: tunas (higos chumbos), jugo de limón, miel.
- 113 calorías por porción de 250 ml.

Neutraliza parcialmente los efectos del alcohol sobre el cerebro y el hígado.

ALMUERZO

Jugo **Limpiador hepático** (pág. 118)

- Ingredientes: col lombarda (repollo morado), zanahorias, manzana, jugo de limón.
- 160 calorías por porción de 250 ml.

Protege a las células del hígado de los daños causados por el alcohol.

MEDIA TARDE

Licuado (batido) **Hierro al rojo vivo** (pág. 92)

- Ingredientes: remolacha roja (betabel), uvas pasas, anacardos (cajú o marañón), jugo de limón.
- 227 calorías por porción de 250 ml.

La remolacha contribuye a desintoxicar y regenerar el hígado. Además, junto a los otros ingredientes favorece la producción de sangre para evitar la anemia asociada al consumo de alcohol.

CENA

Infusión de **cardo mariano** (pág. 120)

- Ingredientes: cardo mariano, jengibre, romero.
- Alternativa: AGUA DE JAMAICA (pág. 86).
- Apenas aporta calorías.

Contribuye a regenerar las células del hígado dañadas por el alcohol. El AGUA DE JAMAICA es antioxidante y desintoxicante.

También ayuda contra el alcohol

- Seguir una CURA *DETOX* de tres días (ver pág. 240).
- Tomar germen de trigo, levadura de cerveza y suplementos de vitaminas del grupo B, incluidas la B_3 y la B_{12}.
- Seguir una alimentación vegetariana rica en frutas, verduras, frutos secos (nueces) y legumbres.
- Kudzu (*Pueraria lobata*): Los extractos de la raíz de esta planta china se usan para suprimir el deseo de alcohol.
- Buscar ayuda profesional de tipo médico, psicológico y espiritual.

DESINTOXICACIÓN DE PESTICIDAS Y DE METALES PESADOS

Dos tipos de contaminantes frecuentes y dañinos.

PESTICIDAS

Los pesticidas organofosforados se usan ampliamente en cultivos agrícolas convencionales. Cuando los agricultores respetan las condiciones de empleo de estos pesticidas, su concentración en frutas y hortalizas es muy baja y prácticamente exenta de toxicidad. Pero debido a malas prácticas agrícolas, ingestión o inhalación accidental, o a contacto y absorción a través de la piel, puede producirse una intoxicación en seres humanos. Los niños son especialmente sensibles a los pesticidas.

Desintoxicación de pesticidas

Eliminar los pesticidas acumulados en el organismo no resulta fácil, pues se acumulan en la grasa. Pero contribuye a la desintoxicación de pesticidas:

- **Hacer una Cura *detox***, tomando cada día un vaso del jugo SUPER DETOX (ver pág. 96), que contribuye a la eliminación de toxinas.
- **Consumir alimentos de cultivo ecológico** (orgánico). Un estudio realizado en la RMIT Universidad de Australia[1] ha mostrado que una dieta formada por al menos el 80% de productos de agricultura ecológica (orgánica) durante tan solo una semana reduce al 10% la eliminación de pesticidas por la orina, lo que indica que la carga de pesticidas acumulada en el cuerpo debe ser también menor.
- **Tomar la sauna**: Se ha visto que unas 50 horas de sauna durante un mes reduce un 20% el nivel de pesticidas acumulados.

METALES PESADOS

Se entiende por metales pesados aquellos elementos de tipo metálico presentes en la contaminación ambiental.

- Se acumulan en el organismo causando efectos tóxicos y favoreciendo las enfermedades crónicas.
- Dañan el cerebro. Los niños son especialmente sensibles a estas toxinas, pues pueden ser causa de retraso mental permanente.
- Resultan difíciles de eliminar.
- Los metales pesados más importantes por sus efectos tóxicos son estos:
  - Mercurio, en el pescado y amalgamas dentarias.

1 Oates L, Cohen M, Braun L, Schembri A, Taskova R. Reduction in urinary organophosphate pesticide metabolites in adults after a week-long organic diet. Environ Res. 2014 Jul;132:105-11. PubMed PMID: 24769399.

'Chlorella', un alga limpiadora

El alga 'Chorella' tiene efecto desintoxicante y elimina los metales pesados. Se toma en polvo o en comprimidos.

- Plomo, en las pinturas y productos químicos.
- Arsénico, en ciertos alimentos cultivados en suelos o aguas contaminadas.
- Cadmio, en mariscos y setas principalmente.
- Aluminio, en desodorantes y en vacunas.

Desintoxicación de metales pesados

Además de eliminar amalgamas dentarias u otras fuentes de contaminación, se recomienda lo siguiente:

- **Hacer una Cura *detox*** tomando cada día un vaso del licuado (batido) UNO MÁS UNO SON TRES (pág. 160), rico en selenio.
- **Selenio**: Es un antídoto contra los efectos tóxicos del mercurio. Se puede tomar como suplemento, pero también con algunos alimentos como la nuez de Brasil (castaña de Pará), muy rico en este elemento, ingrediente del licuado (batido) UNO MÁS UNO SON TRES (pág. 160).

***Licuado* UNO MÁS UNO SON TRES**
Contiene nuez de Brasil (castaña de Pará), el alimento más rico en selenio, un antídoto contra el mercurio y otros metales pesados.

***Jugo* SUPER DETOX**
Un eficaz limpiador de toxinas, contribuye a eliminar pesticidas y metales pesados.

- **Chlorella**: Alga microscópica unicelular que se cría en agua dulce, similar a la espirulina. Además de ser muy nutritiva (contiene un 50% de proteínas) es desintoxicante y antioxidante. Actúa como un quelante natural, pues se une a los metales pesados en el intestino y los elimina a través de las heces.
- **Ajo**: En animales de experimentación se ha comprobado que el ajo neutraliza los efectos tóxicos del plomo sobre el cerebro.[2] Tomar de tres a seis dientes de ajo al día, o su equivalente en extractos, puede contribuir a la desintoxicación del plomo y otros metales pesados.
- **Cola de caballo**: Planta rica en silicio, que neutraliza y favorece la eliminación del aluminio almacenado en el organismo. Tomar de dos a tres tazas diarias de infusión.
- **Jugo de grosella** roja o negra: Se dice que elimina los metales pesados del organismo, además de ser un buen antioxidante, diurético y laxante suave.
- **Sustancias quelantes**: El más usado es el EDTA (ácido etildiaminotetraacético), que debe administrarse por vía intravenosa bajo supervisión médica. Por vía oral su eficacia desintoxicante es muy baja.

---

2 Sadeghi A, Ebrahimzadeh Bideskan A, Alipour F, Fazel A, Haghir H. The Effect of Ascorbic Acid and Garlic Administration on Lead-Induced Neural Damage in Rat Offspring's Hippocampus. Iran J Basic Med Sci. 2013 Feb;16(2):157-64. PubMed PMID: 24298384.

Curarse bebiendo

Nada como los líquidos para limpiar y curar el organismo.

La Cura *detox* del capítulo anterior libera al organismo de una buena parte de las toxinas que le dañan, con lo que ya se gana en salud. Pero cuando existen ciertos trastornos, se requiere de una cura específica como las mostradas en este capítulo.

Todas las curas propuestas aquí se componen de bebidas saludables, aunque opcionalmente se pueden incluir algunos alimentos sólidos.

Alimentos sólidos durante las curas

Aunque las curas de este capítulo son principalmente líquidas, pueden tomarse algunos alimentos sólidos, si así se desea (ver cuáles en la pág. 227).

Evitar especialmente los alimentos señalados en el cuadro adjunto.

Otras bebidas durante las curas

Además de las bebidas propuestas para cada día de cura, se puede beber también agua (pág. 16), limonadas (pág. 244) e infusiones depurativas (pág. 247).

Duración de estas curas

Normalmente es suficiente con uno o dos días por semana para que cualquiera de estas curas logre un efecto terapéutico. Curas más largas requieren la supervisión de un profesional de la salud.

Contraindicaciones generales

Se halla contraindicado seguir cualquier cura de este capítulo en los siguientes casos:

- Infancia.
- Embarazo y amamantamiento.
- Delgadez (Índice de masa corporal menor de 20).
- Enfermedades graves o debilitantes.

Precauciones

En general, quienes padecen alguna enfermedad deben consultar a un profesional de la salud.

Para evitar posibles interacciones entre alimentos y medicamentos se requiere una prudencia especial cuando se están tomando:

- Anticoagulantes orales (ver pág. 19).
- Antirretrovirales.
- Derivados de la digital.
- Antiepilépticos.
- Quimioterapia anticancerosa.

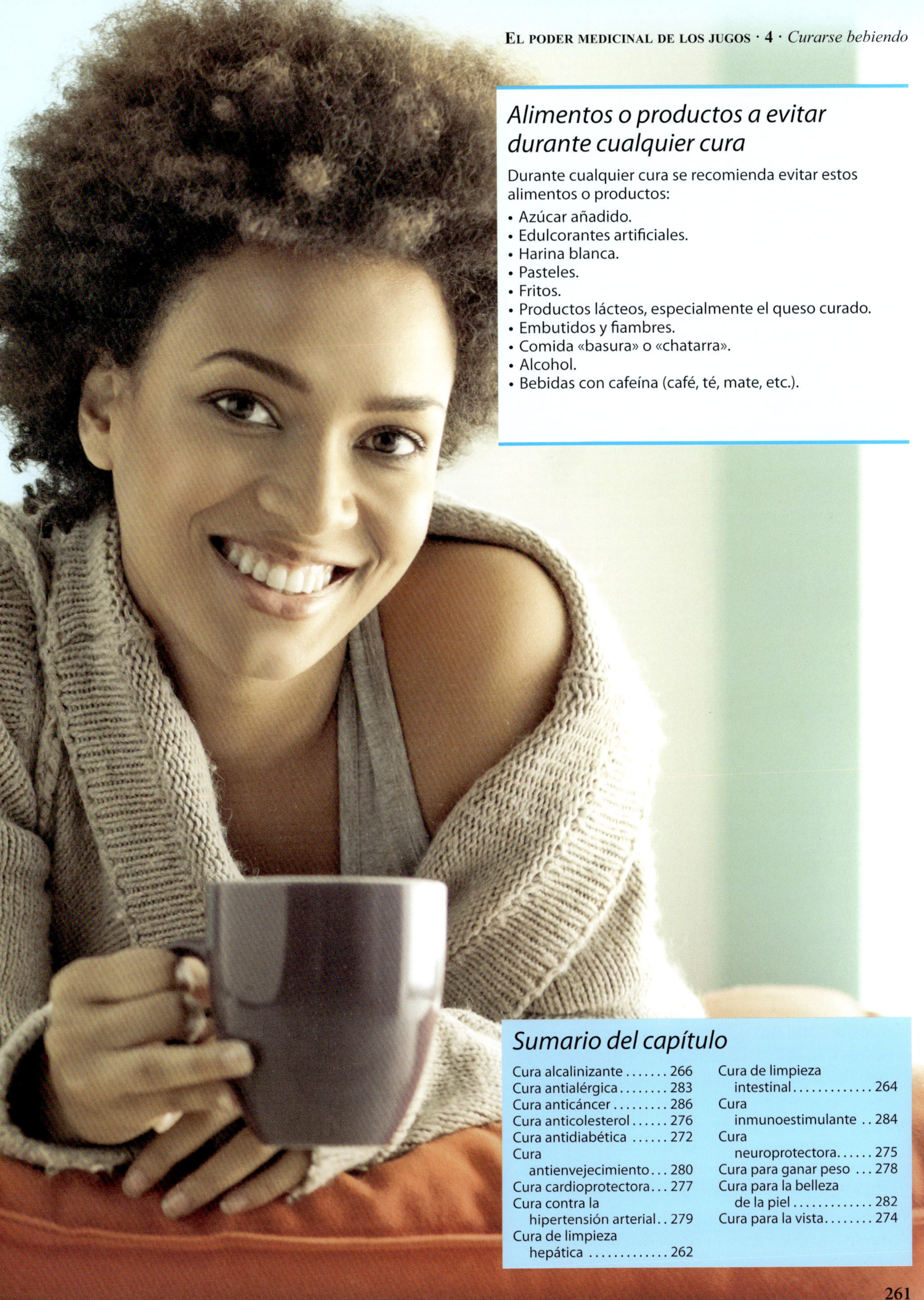

Alimentos o productos a evitar durante cualquier cura

Durante cualquier cura se recomienda evitar estos alimentos o productos:

- Azúcar añadido.
- Edulcorantes artificiales.
- Harina blanca.
- Pasteles.
- Fritos.
- Productos lácteos, especialmente el queso curado.
- Embutidos y fiambres.
- Comida «basura» o «chatarra».
- Alcohol.
- Bebidas con cafeína (café, té, mate, etc.).

Sumario del capítulo

Cura alcalinizante 266
Cura antialérgica 283
Cura anticáncer 286
Cura anticolesterol 276
Cura antidiabética 272
Cura antienvejecimiento ... 280
Cura cardioprotectora ... 277
Cura contra la hipertensión arterial .. 279
Cura de limpieza hepática 262
Cura de limpieza intestinal 264
Cura inmunoestimulante .. 284
Cura neuroprotectora 275
Cura para ganar peso ... 278
Cura para la belleza de la piel 282
Cura para la vista 274

Cura de limpieza hepática

Limpiar el hígado implica favorecer su capacidad para neutralizar toxinas mediante bebidas ricas en antioxidantes y vitaminas.

El hígado también es un órgano eliminador, pero no vierte sus desechos directamente a exterior, sino a la bilis, que es vertida en el intestino delgado y a la sangre.

Sin embargo, antes de poder eliminar las toxinas, el hígado debe neutralizarlas, transformándolas en sustancias inocuas que puedan ser eliminadas por los riñones, el intestino o la piel. Este trabajo químico de desintoxicación es realizado por el hígado en dos

fases, llamadas I y II. En cada una de ellas intervienen enzimas específicas que requieren de antioxidantes y de vitaminas B para realizar su función desintoxicante. El conjunto más estudiado de esas enzimas recibe el nombre de citocromo P-450.

La mayor parte de las toxinas y sustancias extrañas que circulan por la sangre, incluyendo los pesticidas, los medicamentos de síntesis química y muchos cancerígenos, son neutralizadas y eliminadas mediante las enzimas de las fases I y II. La cura de limpieza hepática proporciona al hígado todos los antioxidantes y vitaminas que favorecen la función de sus enzimas desintoxicantes.

Advertencia: Esta cura no trata de eliminar los cáculos de la vesícula biliar (colelitiasis). La extirpación de los cálculos debe realizarse mediante una intervención quirúrgica.

Indicaciones

- Mal funcionamiento del hígado.
- Abuso de medicamentos.
- Intoxicación por sustancias químicas.
- Sobrepeso u obesidad.
- Erupciones y eccemas.

Los alimentos que más ayudan al hígado
Las coles (repollos), los rábanos, la zanahoria, el ajo y el limón son algunos de los alimentos que más favorecen la acción desintoxicante de las enzimas hepáticas.

También ayuda al hígado...

- Eliminar completamente el consumo de alcohol.
- Llevar una alimentación equilibrada en cuanto a la proporción de calorías procedentes de los hidratos de carbono (55 a 50%), de las proteínas (10 a 15%) y de las grasas (30%).
- Reducir en lo posible el consumo de medicamentos.
- Elegir preferentemente frutas y hortalizas procedentes de cultivos ecológicos (orgánicos), que, al carecer de pesticidas, reducen el trabajo desintoxicador del hígado.

Menú de un día para cura de limpieza hepática

Opción A

DESAYUNO

Licuado (batido) **Limonada integral** (pág. 244)
- Ingredientes: limón entero.
- Apenas aporta calorías.

Gracias a las vitaminas y a los flavonoides, como el limoneno de la corteza, protege al hígado del daño causado por las toxinas.

MEDIA MAÑANA

Jugo **Integral de uva** (pág. 108)
- Ingredientes: uva.
- 174 calorías por porción de 250 ml.

Activa la circulación de la sangre en el sistema portal del hígado.

ALMUERZO

Jugo **Limpiador hepático** (pág. 118)
- Ingredientes: col lombarda (repollo morado), zanahorias, manzana, jugo de limón.
- 160 calorías por porción de 250 ml.

Desintoxica y protege las células del hígado.

MEDIA TARDE

Infusión **Agua de Jamaica** (pág. 86)
- Ingredientes: hibisco (flor de Jamaica).
- Apenas aporta calorías.

Regula el nivel de colesterol y de triglicéridos y evita la hipertensión arterial.

CENA

Bebida **Agua de chía** (pág. 178)
- Ingredientes: semillas de chía, jugo de limón, agua.
- 69 calorías por porción de 250 ml.

Rica en omega-3 y en otros nutrientes esenciales para la función desintoxicante del hígado.

Opción B

DESAYUNO

Jugo de **pomelo (** (pág. 98)
- Ingredientes: Pomelo blanco, jugo.
- 98 calorías por porción de 250 ml.

Activa las enzimas encargadas de la desintoxicación en el hígado.

MEDIA MAÑANA

Infusión **Diente de león** (pág. 247)
- Ingredientes: Diente de león (hojas).
- Apenas aporta calorías.

Favorece los mecanismos de limpieza de la sangre a través del hígado y del riñón.

ALMUERZO

Jugo **Regenerador hepático** (pág. 122)
- Ingredientes: tuna (higo chumbo), uva, pomelo (toronja), rábanos.
- 158 calorías por porción de 250 ml.

La tuna (higo chumbo) protege al hígado de los efectos de muchas toxinas; los demás ingredientes favorecen el buen funcionamiento hepático.

MEDIA TARDE

Infusión de **cardo mariano** (pág. 120)
- Ingredientes: cardo mariano, jengibre, romero, agua.
- Apenas aporta calorías.

Regenera las células del hígado dañadas por las toxinas como el alcohol y otras.

CENA

Caldo **Depurativo para el hígado** (pág. 121)
- Ingredientes: alcachofas, cebolla, jugo de limón.
- Apenas aporta calorías.

Descongestiona el hígado y favorece su función desintoxicante.

Alimentos sólidos opcionales: ver pág. 227.

Cura de limpieza intestinal

Requiere mucho más que la eliminación de las heces mediante enemas o lavados colónicos.

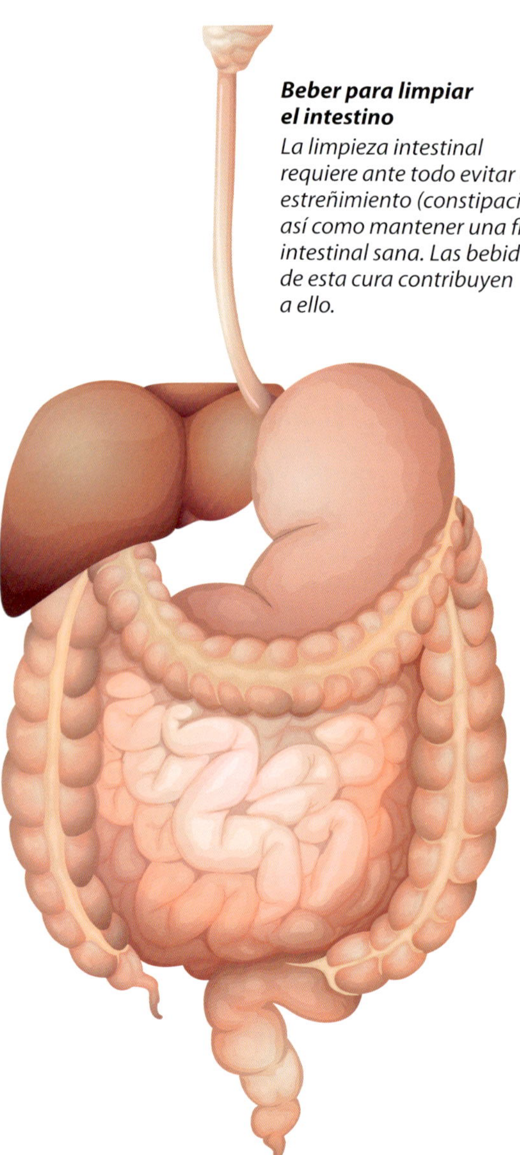

Beber para limpiar el intestino

La limpieza intestinal requiere ante todo evitar el estreñimiento (constipación), así como mantener una flora intestinal sana. Las bebidas de esta cura contribuyen a ello.

Para funcionar bien y mantenerse limpio, el intestino necesita una cantidad suficiente de fibra vegetal. La fibra se hincha con el agua y aumenta mucho de volumen, lo que estimula las contracciones propulsoras del intestino. De esta forma se favorece el avance del bolo intestinal y se evita el estreñimiento (constipación).

Pero además de su acción mecánica propulsora, la fibra, especialmente la soluble, cumple también una función metabólica. Las numerosas bacterias beneficiosas que viven en el intestino se nutren principalmente de fibra. Gracias a esas bacterias de la flora intestinal obtenemos vitaminas, defensas contra las infecciones y protección contra el cáncer.

La auténtica limpieza intestinal no se obtiene solamente mediante procedimientos mecánicos, como los enemas y los lavados colónicos, sino que requiere una hidratación adecuada y una flora intestinal sana. Las bebidas ricas en fibra soluble y las infusiones digestivas como las de esta cura, contribuyen a desintoxicar el intestino.

Indicaciones

- Estreñimiento o constipación.
- Alteración de la flora intestinal debido al uso de antibióticos.
- Alimentación pobre en frutas y hortalizas.
- Flatulencias y putrefacciones intestinales.
- Intolerancia al gluten o a la lactosa.
- Colon irritable (probar tolerancia a cada jugo o licuado [batido]).

También ayuda al intestino...

- Defecar al menos una vez al día.
- Beber suficientes líquidos.
- Aumentar el consumo de semillas y cereales ricos en fibra soluble (molidas) como el lino o linaza, la chía y la avena.
- Preferir el pan y los productos horneados integrales.
- Reducir o eliminar el consumo de carne.
- Los lavados o irrigaciones intestinales (colónicos) deben ser administrados por un profesional de la salud. Su uso repetido puede destruir las bacterias intestinales beneficiosas (flora intestinal).

Menú de un día para cura de limpieza intestinal

Opción A

DESAYUNO

Jugo de **naranja con baobab** (pág. 204)

- Ingredientes: jugo de naranja, harina de baobab (alternativa: puré de almendras), menta.
- Unas 160 calorías por ración de 250 ml.

Rico en fibra, laxante y antioxidante.

MEDIA MAÑANA

Licuado (batido) **Calma intestinal** (pág. 140)

- Ingredientes: papaya, manzanas, agua de coco, aloe vera (gel).
- 92 calorías por porción de 250 ml.

Desinflama y suaviza el intestino.

ALMUERZO

Licuado (batido) **Fibra a lo grande** (pág. 132)

- Ingredientes: ciruelas grandes, dátiles sin hueso (carozo), plátano (banana), semillas de lino (linaza) molida, salvado de trigo, jugo de naranja.
- 200 calorías por porción de 250 ml.

Rico en fibra soluble, que limpia el intestino de desechos y regenera la flora intestinal (efecto prebiótico).

MEDIA TARDE

Infusión **Diente de león** (pág. 247)

- Ingredientes: Diente de león (hojas).
- Apenas aporta calorías.

Favorece el vaciamiento de la bilis y facilita el tránsito intestinal.

CENA

Bebida **Agua de chía** (pág. 178)

- Ingredientes: semillas de chía, jugo de limón, agua.
- 69 calorías por porción de 250 ml.

Buena fuente de fibra soluble y de ácidos grasos esenciales.

Alimentos sólidos opcionales: ver pág. 227.

Opción B

DESAYUNO

Licuado (batido) **Sangre clara** (pág. 106)

- Ingredientes: guayaba, semillas de lino (linaza), leche de soja.
- 154 calorías por porción de 250 ml.

Reduce la cantidad de grasa que hay en la sangre y favorece el tránsito intestinal por su contenido en fibra soluble.

MEDIA MAÑANA

Jugo **Antiinflamatorio intestinal** (pág. 144)

- Ingredientes: manzana, calabacín (zapallito), leche de arroz, jugo de limón, melaza.
- 130 calorías por porción de 250 ml.

Suaviza la mucosa intestinal, especialmente cuando está inflamada a causa de intolerancia al gluten o a la lactosa (el azúcar natural de la leche).

ALMUERZO

Licuado (batido) **Intestino ligero** (pág. 134)

- Ingredientes: ciruelas secas sin hueso (carozo), higos secos, kiwi, jugo de naranja.
- 179 calorías por porción de 250 ml.

Laxante y suavizante intestinal, rico en fibra soluble.

MEDIA TARDE

Infusión **Boldo, sen e hinojo** (pág. 136)

- Ingredientes: hojas de boldo, hojas de sen, semillas de hinojo.
- Apenas aporta calorías.

Activa de forma natural los movimientos propulsores del intestino.

CENA

Licuado (batido) **Vientre plano** (pág. 180)

- Ingredientes: papaya, jugo de piña (ananás), AGUA DE JAMAICA (pág. 86).
- 103 calorías por porción de 250 ml.

Aligera el vientre, neutraliza toxinas y favorece la flora intestinal.

Cura alcalinizante

Las bebidas alcalinizantes contribuyen a mantener el necesario equilibrio entre ácidos y alcalinos en nuestro organismo.

No es el sabor ácido lo que acidifica
Los cítricos, como casi todas las frutas, tienen sabor y pH ácidos, sin embargo, se comportan como alcalinizantes en el organismo.

Nuestro cuerpo está continuamente produciendo toxinas ácidas que deben ser neutralizadas y eliminadas. Esta producción de residuos ácidos aumenta cuando existe algún foco inflamatorio o infeccioso, y se agrava con una alimentación pobre en frutas y hortalizas.

La acidosis o acidificación de la sangre y del medio interno de nuestro organismo es un gran enemigo de la salud. Revertir ese desequilibrio resulta posible con una cura alcalinizante a base de bebidas con carga ácida negativa (ver pág. 268).

Indicaciones

- Inflamación en cualquier parte del cuerpo (la cura alcalinizante es también antiinflamatoria).
- Hiperuricemia (aumento del nivel de ácido úrico en sangre) y gota.
- Artritis, artrosis y reumatismos en general.
- Convalecencia de la gripe o de otras enfermedades infecciosas.
- Alimentación rica en carnes.
- Arteriosclerosis (la acidosis favorece el depósito de colesterol en las arterias).
- Osteoporosis (la alcalinización reduce las pérdidas de calcio con la orina, favorecidas por la acidosis).
- Cáncer (las células cancerosas se desarrollan más rápidamente en medio ácido).

También ayuda a alcalinizar...

- Reducir o eliminar el consumo de carnes, mariscos y quesos curados, que son muy acidificantes.
- Reducir la ingesta de harina refinada y de azúcar o de jarabe de fructosa añadidos.
- Combinar siempre los cereales (arroz, trigo, maíz u otros) o sus harinas, los frutos secos (nueces) y las legumbres (soja, porotos, frijoles y otros), todos ellos ligeramente acidificantes, con frutas y verduras alcalinizantes.
- Tratar adecuadamente las infecciones e inflamaciones.

Menú de un día para cura alcalinizante

Opción A

DESAYUNO

Licuado (batido) **Energía verde** (pág. 68)

- Ingredientes: espinacas, plátanos (bananas), leche de soja, jugo de limón.
- 191 calorías por porción de 250 ml.

Proporciona vitalidad a la vez que alcaliniza la sangre.

MEDIA MAÑANA

Jugo **Simplemente zanahoria** (pág. 88)

- Ingredientes: zanahorias crudas, jugo de limón.
- 98 calorías por porción de 250 ml.

Potente alcalinizante que protege las arterias y frena el cáncer.

ALMUERZO

Licuado (batido) **Verde antianémico** (pág. 94)

- Ingredientes: kiwi, aguacate, espinacas, jugo de uva, melaza.
- 277 calorías por porción de 250 ml.

La más alcalinizante de todas las bebidas de esta obra, que además favorece la producción de sangre.

MEDIA TARDE

Jugo **Regulador de tensión** (pág. 82)

- Ingredientes: remolacha roja (betabel), tomates, apio, perejil.
- 77 calorías por porción de 250 ml.

Combate la hipertensión arterial y alcaliniza la sangre.

CENA

Cóctel **Piña colada virgen** (pág. 38)

- Ingredientes: jugo de piña (ananás), leche de coco, plátano (banana).
- Unas 162 calorías por copa de 125 ml.

Delicioso y alcalinizante.

Opción B

DESAYUNO

Licuado (batido) **Infatigable** (pág. 194)

- Ingredientes: remolacha roja (betabel), kiwi, agua de coco, germen de trigo, melaza.
- 121 calorías por porción de 250 ml.

Aumenta el rendimiento físico y neutraliza las toxinas ácidas.

MEDIA MAÑANA

Jugo de **cereza** (pág. 60)

- Ingredientes: cerezas.
- 135 calorías por porción de 150 ml.

Poderoso antioxidante y alcalinizante.

ALMUERZO

Licuado (batido) **Insulina tropical** (pág. 184)

- Ingredientes: mango, leche de almendra, aguacate, canela en polvo.
- 170 calorías por porción de 250 ml.

Regula el nivel de glucosa en la sangre y evita la acidificación a la que tienden los diabéticos.

MEDIA TARDE

Licuado (batido) **Suave y firme** (pág. 208)

- Ingredientes: zapote mamey (alternativas: melón o mango), leche de coco, jugo de piña (ananás), canela en polvo.
- 314 calorías por porción de 250 ml.

Tonifica y embellece la piel a la vez que alcaliniza la sangre.

CENA

Cóctel **San Francisco virgen** (pág. 38)

- Ingredientes: jugo de melocotón (durazno), jugo de piña (ananás), jugo de naranja, jarabe de granadina.
- Unas 78 calorías por copa de 125 ml.

Delicioso y alcalinizante.

Alimentos sólidos opcionales: ver pág. 227.

Carga ácida (valor PRAL)

Valor que mide el efecto acidificante o alcalinizante de un alimento sobre la sangre.

La bebida más alcalinizante
La bebida más alcalinizante de cuantas se presentan en esta obra es el licuado (batido) Verde antianémico, que tiene una carga ácida (PRAL) de -7,05 mEq/100 g.

La actividad metabólica, es decir, el conjunto de reacciones químicas que se producen en nuestro cuerpo, tiene como resultado la formación continua de sustancias ácidas. Pero para mantener un buen estado de salud se requiere que el pH de la sangre sea ligeramente alcalino (básico), dentro de unos límites muy estrechos (entre 7,35 y 7,45).

Los riñones son los principales órganos encargados de mantener el nivel correcto de alcalinidad en nuestro medio interno, gracias a su capacidad para eliminar ácidos con la orina.

Los alimentos pueden tener un efecto acidificante (formador de ácidos) o alcalinizante (formador de álcalis o bases) sobre la sangre y los fluidos que componen el medio interno del organismo. La carga ácida de cada alimento, cuantificada por el valor PRAL, mide su efecto alcalinizante o acidificante.

- **Alimentos alcalinizantes** (formadores de álcalis o bases): Casi todas las frutas y hortalizas. La mayor parte de las bebidas que se recomiendan en esta obra son alcalinizantes, por lo que ayudan a los riñones a combatir la acidosis y favorecen la buena salud.
- **Alimentos acidificantes** (formadores de ácido): Carnes, pescados, quesos, huevos. Los cereales y algunas legumbres y frutos secos oleaginosos.

Carga ácida (PRAL) de un alimento

Las iniciales PRAL significan en inglés *Potential Renal Acid Load*, esto es, carga ácida renal potencial.[1]

Cálculo de la carga ácida

El valor de la carga ácida (PRAL) de una bebida u otro alimento se obtiene a partir de su composición en proteínas y diversos minerales, mediante la siguiente fórmula:

PRAL = 0,49 * proteínas (g) + 0,037 * fósforo (mg) - 0,021 * potasio (mg) - 0,026 * magnesio (mg) - 0,013 * calcio (mg)

El valor de la carga ácida (PRAL) se expresa en mEq/100 g (miliequivalentes por 100 gramos de alimento).[2]

Significado del valor de la carga ácida (PRAL)

- Un valor **negativo** significa que esa bebida tiene un efecto formador de bases alcalinas en el organismo, y que por lo tanto reduce la carga ácida renal y la acidez de la orina. Se trata pues, de una bebida **alcalinizante**. Cuanto más negativo sea el valor de la carga ácida, tanto más alcalinizante el alimento o bebida.
- Un valor **positivo** significa que esa bebida tiene un efecto formador de ácidos en el organismo, por lo cual aumenta la carga ácida renal y la acidez de la orina. Se trata pues, de una bebida **acidificante**.

1 Remer T, Manz F. Potential renal acid load of foods and its influence on urine pH. J Am Diet Assoc. 1995 Jul;95(7):791-7. PubMed PMID: 7797810.

2 Los valores PRAL se han tomado del Institute for Prevention and Nutrition alemán, D-85737 Ismaning.

pH y valor PRAL (carga ácida)

El pH de un alimento no tiene que ver con su valor PRAL. El pH de un alimento mide su acidez o alcalinidad en su estado actual, fuera del cuerpo, mientras que el PRAL mide el efecto de ese alimento sobre la acidez o alcalinidad de la sangre y del medio interno, una vez metabolizado o procesado.

- Un alimento puede tener pH ácido, como el limón y la mayor parte de las frutas y, sin embargo, tener un efecto alcalinizante sobre la sangre (PRAL negativo).
- Y viceversa. La leche, por ejemplo, que tiene un pH neutro o ligeramente alcalino, se comporta como acidificante sobre la sangre y el medio interno.

Una lucha permanente

Puede decirse que la vida consiste en una lucha permanente contra la acidez. Los jugos y licuados (batidos) de frutas y hortalizas tienen efecto alcalinizante, por lo que alivian el trabajo de los riñones para eliminar el exceso de ácido.

pH y valor PRAL (carga ácida)

pH del alimento

Indica su grado de alcalinidad o de acidez, lo cual se percibe por el sentido del gusto.

Ejemplo:

- pH del jugo de naranja: 3 (gusto ácido).

pH	Significado
Menor que 7	Ácido
7	Neutro
Mayor que 7	Alcalino

PRAL (carga ácida) del alimento

Indica su efecto alcalinizante o acidificante sobre la sangre y el medio interno. Es mucho más relevante para la salud que el valor del pH.

Ejemplo:

- Valor PRAL del jugo de naranja: -2,9 (efecto alcalinizante).

valor PRAL	Significado
Positivo	Acidificante
0	Neutro
Negativo	Alcalinizante

Alcalinizantes y acidificantes

Todos las frutas y hortalizas son alcalinizantes, pero destacan las mostradas en estas páginas.

El poder alcalinizante de un alimento se mide mediante el valor PRAL (*Potential Renal Acid Load*, es decir, carga ácida renal potencial; ver pág. 268)

Cuanto más negativo sea el valor PRAL de un alimento, tanto más efecto alcalinizante ejerce sobre el organismo. Por el contrario, los alimentos con PRAL positivo son acidificantes.

Alimentos alcalinizantes

En la cura alcalinizante se deben incluir estos alimentos, que destacan por su poder alcalinizante. Pueden tomarse en forma de jugos o batidos, o en forma sólida, ya sea solos o en ensaladas.

Uvas pasas (PRAL = -21)

Las uvas, especialmente las pasas, alcalinizan más la sangre que cualquier otra fruta u hortaliza. Un auténtico concentrado de energía y de antioxidantes.

Hinojo (PRAL = -7,9)

El bulbo del hinojo aporta un sabor muy agradable a los jugos, gracias a su contenido en aceites esenciales, además de ser una de las hortalizas más alcalinizantes.

Higos secos (PRAL = -18,1)

Los higos en general, pero más los secos por estar concentrados, se encuentran entre los alimentos más alcalinizantes. Además, protegen los bronquios y tienen un suave efecto laxante.

Col o berza rizada ('kale') (PRAL = -7,8)

Como todas las coles o repollos, la rizada es un eficaz protector contra el cáncer y una fuente de calcio. Además, destaca por ser la más alcalinizante de toda la familia de las Crucíferas.

Rúcula (PRAL = -7,5)

Muy alcalinizante y, además, protector del estómago y anticancerígeno. Se puede tomar en ensalada o en jugo fresco.

Espinaca (PRAL = -14)

La más alcalinizante de todas las verduras. Y, además, rica en hierro y en pigmentos antioxidantes como la zeaxantina, que protege la retina de la degeneración macular.

Grosella negra (PRAL = -6,5)

Combate la artritis y los dolores reumáticos. Muy antioxidante, además de alcalinizante.

Alimentos alcalinizantes (continuación)

Plátano o banana (PRAL = -5-5)

Muy rico en potasio, el mineral que neutraliza el exceso de sodio, a la vez que protector intestinal por su fibra soluble y eliminador de toxinas como el ácido úrico.

Apio (PRAL = -5,2)

Eficaz diurético y eliminador de toxinas, a la vez que rico en minerales alcalinizantes.

Zanahoria (PRAL = -4,9)

La zanahoria es un ingrediente clásico de los jugos alcalinizantes y depurativos. Muy buena fuente de betacaroteno (provitamina A), además de aportar minerales alcalinizantes como el potasio, el magnesio y el calcio.

Limón (PRAL = -2,6)

A pesar de su sabor ácido, el limón, al igual que todos los cítricos, tiene efecto alcalinizante sobre la sangre; es decir, que neutraliza la acidez del organismo.

Algunos alimentos acidificantes

Alimento	PRAL
Leche de vaca	+0,7
Yogur	+1,5
Lentejas	+3,5
Maíz	+3,8
Almendras	+4,3
Arroz blanco	+4,6
Harina blanca	+6,9
Huevo	+8,2
Requesón	+8,7
Carne de pollo	+8,7
Carne de ternera	+9
Carne de pavo	+9,9
Queso fresco (Quark)	+11,1
Salami (embutido)	+11,6
Gambas	+15,5
Mejillón	+15,3
Queso Parmesano	+34,2

Es necesario combinar alimentos

Los alimentos de origen animal son todos acidificantes. Entre los de origen vegetal, los cereales, los frutos secos oleaginosos y las legumbres son ligeramente acidificantes.

Esta es una de las razones por las que en una dieta saludable es necesario combinar diversos tipos de alimentos, de forma que las frutas y verduras (alcalinizantes) neutralicen a los cereales, frutos secos oleaginosos y legumbres (acidificantes).

Cura antidiabética

Esta cura no pretende curar la diabetes, sino frenar su evolución.

El diabético necesita reorganizar todos sus hábitos alimentarios y su estilo de vida. Seguir una cura antidiabética de un día, eventualmente repetida cada cierto tiempo tiene un valor didáctico para aprender a ingerir menos cantidad de alimentos sólidos, a no comer dulces y, en suma, a controlar el apetito.

La fruta y la diabetes

Hasta no hace muchos años la medicina convencional consideraba la fruta como inadecuada para los diabéticos. Efectivamente, toda fruta contiene azúcares y, por lo tanto, hace aumentar el nivel de glucosa en la sangre. Sin embargo, este aumento es moderado gracias a la presencia de fibra, que regula la absorción del azúcar.

Actualmente se sabe que los diabéticos que se alimentan a base de carne y con poca o ninguna fruta presentaban con mayor frecuencia complicaciones cardiovasculares típicas de la diabetes, como arteriosclerosis, isquemia de los miembros con amputaciones, trombosis cerebral y ataques cardíacos. Es decir, que sin comer fruta quizás resulta más fácil regular las subidas de glucosa en sangre, pero ciertamente se enferma y se muere antes.

Queda claro que el diabético necesita comer fruta, pues sus vitaminas y antioxidantes le protegen de las complicaciones de la diabetes y mejoran su calidad de vida.

Los jugos y licuados (batidos) y la diabetes

Todavía existe cierta controversia acerca de si los diabéticos pueden beber jugos de fruta a pesar de que diversos estudios dejan claro que sí. Uno de ellos, un metaanálisis (compendio) de doce estudios sobre los jugos y la diabetes, concluyó que los jugos de fruta no tienen efecto negativo sobre el nivel de glucosa y que, por lo tanto, son aptos para los diabéticos.[1] En resumen estas son las recomendaciones:

- **Jugos de fruta**: Son perfectamente tolerables para los diabéticos, siempre que no se les añada azúcar. Aunque no contienen fibra insoluble (fibra dura), que es eliminada en su mayor parte mediante el aparato extractor o el exprimidor, sí que contiene fibra soluble, que regula la absorción de la glucosa en el intestino.
- **Licuados** (batidos) **de fruta**: Ideales para los diabéticos (igualmente sin azúcar añadido) por contener toda la fibra de la fruta.
- **Jugos y licuados verdes** (de verduras): Muy bien tolerados, pues apenas contienen azúcar.
- **Refrescos** con azúcar añadido: A evitar por completo.

Indicaciones

- Prediabetes (glucemia de 100 a 125 mg/dl = 5,7 a 7 mmol/l).
- Diabetes de tipo 1 y 2.
- Síndrome metabólico.

1 Wang B, Liu K, Mi M, Wang J. Effect of fruit juice on glucose control and insulin sensitivity in adults: a meta-analysis of 12 randomized controlled trials. PLoS One. 2014 Apr 17;9(4):e95323. PubMed PMID: 24743260.

También ayuda contra la diabetes...

- Aumentar la ingesta de fibra vegetal, especialmente de la soluble (la que contienen los jugos).
- Tomar varias piezas de fruta fresca al día.
- Reducir la ingesta de harina refinada y de azúcar o de jarabe de fructosa añadidos.
- Reducir o eliminar el consumo de carne, especialmente las procesadas o curadas, pues está bien comprobado que, aunque no tienen azúcar, favorecen la diabetes.
- Reducir la ingesta de calorías y mantener un peso adecuado.
- Hacer ejercicio físico de forma regular.

Menú de un día para cura antidiabética

Opción A

Desayuno

Licuado (batido) **Insulina tropical** (pág. 184)

- Ingredientes: mango, leche de almendra, aguacate, canela en polvo.
- 170 calorías por porción de 250 ml.

Elevado valor nutritivo con pocos azúcares y bastante fibra.

Media mañana

Infusión **Agua de Jamaica** (pág. 86)

- Ingredientes: hibisco (flor de Jamaica).
- Apenas aporta calorías.

Regula el nivel de colesterol y de triglicéridos y evita la hipertensión arterial que suelen asociarse a la diabetes.

Almuerzo

Jugo **Verde antidiabético** (pág. 186)

- Ingredientes: col o berza rizada sin cogollo (*kale*), espinacas, brócoli, manzana, jugo de limón.
- 141 calorías por porción de 250 ml.

Rico en vitamina K que reduce las necesidades de insulina y regula el nivel de azúcar.

Media tarde

Infusión de canela (pág. 188)

- Ingredientes: Canela.
- Apenas aporta calorías.

De probado efecto antidiabético, regula el nivel de azúcar.

Cena

Bebida **Agua de chía** (pág. 178)

- Ingredientes: semillas de chía, jugo de limón.

69 calorías por porción de 250 ml.

Rica en fibra soluble que modera la absorción de la glucosa cuando se toma con otros alimentos o bebidas.

Opción B

Desayuno

Licuado (batido) **No más síndrome** (pág. 190)

- Ingredientes: nopales, semillas de chía, salvado de avena, leche de soja.
- 150 calorías por porción de 250 ml.

Previene el síndrome metabólico asociado frecuentemente a la diabetes.

Media mañana

Jugo de **aloe** (pág. 212)

- Ingredientes: Aloe vera.
- Apenas aporta calorías.

Contiene mucílagos (un tipo de fibra soluble) y cromo que ayudan a controlar el nivel de glucosa.

Almuerzo

Jugo **Antiinflamatorio vegetal** (pág. 200)

- Ingredientes: brócoli, crema de sésamo (tahini), jugo de piña (ananás), manzana.
- 139 calorías por porción de 250 ml.

Neutraliza y elimina de la sangre las toxinas asociadas a la inflamación y los desequilibrios del metabolismo.

Media tarde

Bebida **Chicha morada** (pág. 80)

- Ingredientes: maíz morado, una piña (ananás), clavos de olor, canela en rama, jugo de limón.
- 118 calorías por porción de 250 ml.

Potente antioxidante que protege contra la diabetes y la hipertensión arterial.

Cena

Caldo **Antidiabético** (pág. 189)

- Ingredientes: cebolla, judía verde (chaucha o ejotes), alcachofa (alcaucil).
- Apenas aporta calorías.

Todos sus ingredientes son reguladores del nivel de glucosa.

Alimentos sólidos opcionales: ver pág. 227.

CURA PARA LA VISTA

Los ojos precisan de antioxidantes y vitaminas contenidos en los jugos y licuados (batidos).

Tres son las causas principales de pérdida de visión asociada a la edad: degeneración macular de la retina, cataratas y diabetes tipo 2. Y las tres pueden prevenirse o retardarse mediante una adecuada alimentación.

Los licuados (batidos) y jugos de esta cura aportan las vitaminas y los pigmentos antioxidantes que los ojos necesitan para mantener una buena visión.

INDICACIONES

- Pérdida de agudeza visual.
- Mala adaptación a la oscuridad.
- Degeneración macular.
- Glaucoma.
- Desprendimiento de retina.
- Cataratas.

Menú de un día para cura para la vista

DESAYUNO

Licuado (batido) **Vista de águila** (pág. 52)

- Ingredientes: mango, espinacas crudas, crema de sésamo (tahini), jugo de naranja.
- 167 calorías por porción de 250 ml.

Mejora la agudeza visual y previene la degeneración macular de la retina.

MEDIA MAÑANA

Jugo **Poder morado** (pág. 218)

- Ingredientes: col lombarda (repollo morado), arándanos, leche de coco, jugo de limón.
- 228 calorías por porción de 250 ml.

Los pigmentos morados mejoran la función de la retina.

ALMUERZO

Licuado (batido) **Ojos libres** (pág. 54)

- Ingredientes: jugo de pomelo, grosellas negras, anacardos (cajú o marañón).
- 205 calorías por porción de 250 ml.

Regula la presión intraocular y previene el glaucoma.

MEDIA TARDE

Jugo **Triple pigmento** (pág. 50)

- Ingredientes: espinacas, zanahorias, jugo de arándanos.
- 116 calorías por porción de 250 ml.

Los tres pigmentos naturales que contiene regeneran la retina y favorecen la buena visión. Este jugo, además, tiene propiedad inmunoestimulante.

CENA

Jugo **Simplemente zanahoria** (pág. 88)

- Ingredientes: zanahorias crudas, jugo de limón.
- 98 calorías por porción de 250 ml.

Muy rico en betacaroteno, pigmento antioxidante de color anaranjado esencial para la visión.

También ayuda a la vista...

- Proteger los ojos de las radiaciones ultravioleta mediante unas gafas adecuadas.
- Consumir semillas ricas en ácido alfa-linolénico omega-3 como la nuez, el lino (linaza) y la chía.
- Aumentar la ingesta de antioxidantes.
- Parpadear a menudo.

Alimentos sólidos opcionales: ver pág. 227.

CURA NEUROPROTECTORA

Algunas bebidas destruyen el cerebro, como las alcohólicas, mientras que otras lo protegen.

Las células que forman el cerebro se hallan especialmente necesitadas de protección, debido al enorme trabajo que realizan y a que sufren un alto grado de estrés oxidativo. Además, las neuronas no se regeneran después de dañadas, así que merecen un cuidado especial. Los jugos y licuados (batidos) ricos en antioxidantes son una buena forma de proteger el cerebro siguiendo una cura como esta cada cierto tiempo.

INDICACIONES

- Pérdida de memoria.
- Falta de concentración.
- Fatiga intelectual.
- Estrés y ansiedad.
- Depresión.

Menú de un día para cura neuroprotectora

DESAYUNO

Licuado (batido) **Poder cerebral** (pág. 56)

- Ingredientes: leche de avena, moras, arándanos frescos, fresas (frutillas), germen de trigo, dátiles sin hueso (carozo), nueces.
- 216 calorías por porción de 250 ml.

Tonifica el sistema nervioso y mejora el rendimiento intelectual.

MEDIA MAÑANA

Jugo de manzana (pág. 64)

- Ingredientes: manzanas, jugo de limón.
- 123 calorías por porción de 250 ml.

Frena la pérdida de facultades intelectuales en la edad adulta y previene la enfermedad de Alzheimer.

ALMUERZO

Licuado (batido) **Disco duro** (pág. 62)

- Ingredientes: mango, manzana, uvas pasas (mejor sin semillas), leche de coco, menta.
- 444 calorías por porción de 250 ml.

Favorece las funciones intelectuales, incluida la memoria.

Alimentos sólidos opcionales: ver pág. 227.

MEDIA TARDE

Licuado (batido) **Energía verde** (pág. 68)

- Ingredientes: espinacas, plátanos (bananas), leche de soja, jugo de limón.
- 191 calorías por porción de 250 ml.

Mejora el estado de ánimo y previene la depresión.

CENA

Licuado (batido) **Agua de tuna** (pág. 74)

- Ingredientes: tunas o higos chumbos (alternativas: higo o guayaba), jugo de limón, miel, agua potable.
- 113 calorías por porción de 250 ml.

Contribuye a la desintoxicación del cerebro dañado por el alcohol u otras toxinas.

También ayuda al cerebro...

- Evitar todo tipo de drogas, ya sean ilegales o legales como el alcohol y el tabaco.
- Evitar los dulces a base de azúcar blanca que provocan fluctuaciones bruscas en el nivel de glucosa de la sangre.
- Evitar los edulcorantes artificiales y los potenciadores del sabor (glutamatos).
- Dormir lo suficiente.

CURA ANTICOLESTEROL

Aumentar el nivel de antioxidantes es tan importante como bajar el de colesterol LDL (el «malo»).

La mayoría de lo que los alimentos que contienen colesterol, o que provocan su aumento, son sólidos: las carnes en general, particularmente las procesadas o curadas (embutidos, fiambres, salchichas, etc.), el queso curado, las grasas saturadas, las grasas *trans*, etcétera. Así que, simplemente por el hecho de tomar solo líquidos durante un cierto tiempo, como los de la cura anticolesterol, ya existen muchas posibilidades de que descienda su nivel en sangre.

INDICACIONES

- Exceso de colesterol (más de 200 mg/dl o 5,2 mmol/l de colesterol total).
- Exceso de triglicéridos (más de 150 mg/dl o 1,71 mmol/l).
- Síndrome metabólico (exceso de colesterol, diabetes, obesidad e hipertensión arterial).

Menú de un día para cura anticolesterol

DESAYUNO

Licuado (batido) **Sangre clara** (pág. 106)
- Ingredientes: guayaba, semillas de lino (linaza), leche de soja.
- 154 calorías por porción de 250 ml.

Baja los triglicéridos y el colesterol.

MEDIA MAÑANA

Jugo de **manzana** (pág. 64)
- Ingredientes: manzanas, jugo de limón.
- 123 calorías por porción de 250 ml.

Baja el colesterol y protege el cerebro.

ALMUERZO

Licuado (batido) **Colesterol bajo control** (pág. 100)
- Ingredientes: copos de avena, manzana, fresas (frutillas), canela en polvo.
- 127 calorías por porción de 250 ml.

Baja el colesterol y protege las arterias.

MEDIA TARDE

Jugo **Sangría sin alcohol** (pág. 102)
- Ingredientes: jugo de uva negra (tinta), jugo de naranja, agua, fresas (frutillas), melocotón (durazno), limón, canela en polvo.
- 148 calorías por porción de 250 ml.

Contiene resveratrol, poderoso antioxidante que baja el colesterol y protege las arterias.

CENA

Jugo **Hierba de trigo** (pág. 104)
- Ingredientes: trigo (hierba).
- Apenas aporta calorías.

Rico en clorofila y en minerales, baja el colesterol.

Alimentos sólidos opcionales: ver pág. 227.

También ayuda a normalizar el colesterol...

- Seguir una alimentación vegetariana.
- Consumir más fibra vegetal, principalmente de tipo soluble.
- Reducir la ingesta de azúcar y de grasa saturada.
- Sustituir la mantequilla (manteca) y la crema (nata) por aceite de oliva.
- Hacer ejercicio físico con regularidad.

Cura cardioprotectora

Ayuda al corazón a seguir latiendo incesantemente.

El corazón se halla constantemente sometido a grandes requerimientos, particularmente cuando se sigue un estilo de vida occidental. Las arterias coronarias, que le aportan la sangre necesaria para su propia nutrición, y las válvulas cardíacas, son las partes del corazón que mayor desgaste sufren a lo largo de la vida.

La cura cardioprotectora a base de bebidas saludables no contiene ninguno de los enemigos del corazón: carne, grasa saturada, sal o azúcar añadido.

Atención: Los pacientes que toman anticoagulantes orales (Sintrom o warfarina) deben consultar a su médico antes de realizar esta cura (ver pág. 19).

Indicaciones

- Enfermedad coronaria.
- Insuficiencia cardíaca.
- Arritmias cardíacas.

Menú de un día para cura cardioprotectora

Desayuno

Leche vegetal de **avena** (pág. 32)

- Ingredientes: Leche de avena.
- 109 calorías por porción de 250 ml.

Baja el colesterol. Digestiva y sedante.

Media mañana

Jugo **Riego aumentado** (pág. 72)

- Ingredientes: tomates, ajo, albahaca.
- 89 calorías por porción de 250 ml.

Preventivo de la trombosis (formación de trombos dentro de las arterias); mejora el riego sanguíneo.

Almuerzo

Licuado (batido) **Latidos firmes** (pág. 76)

- Ingredientes: melocotones (duraznos), tunas (higos chumbos), leche de soja, vainilla en polvo.
- 120 calorías por porción de 250 ml.

Tonifica el corazón y protege las arterias coronarias.

Media tarde

Jugo **Corazón verde** (pág. 90)

- Ingredientes: lima exprimida, col (repollo) rizada, agua de coco.
- 59 calorías por porción de 250 ml.

Baja el colesterol y reduce el riesgo de infarto de miocardio.

Cena

Cóctel **Bloody Mary** (pág. 36)

- Ingredientes: jugo de tomate, jugo de limón, cayena.
- Unas 80 calorías por porción de 125 ml.

Por el tomate y el limón que contiene, hace la sangre más fluida y previene los ataques cardíacos.

Alimentos sólidos opcionales: ver pág. 227.

También ayuda al corazón...

- Reducir o eliminar el consumo de carne (especialmente la roja), de grasa saturada, de sal y de azúcar añadido.
- Hacer ejercicio físico de forma regular.
- No fumar.
- Controlar la presión arterial.
- Vigilar el perímetro abdominal.

CURA PARA GANAR PESO

Los licuados (batidos) de esta cura aportan calorías procedentes de productos saludables.

Resulta curioso que, contrariamente a lo que le ocurre a la mayoría, algunas personas tienden a perder peso aun comiendo lo suficiente. En algunos casos la pérdida de peso está motivado por causas desconocidas, pero en otras se debe a las particularidades del metabolismo o a una enfermedad.

Precaución: Toda pérdida de peso no intencionada debe ser motivo de consulta médica, pues puede ser el indicador de una enfermedad.

INDICACIONES

- Recuperación del peso perdido por estrés o tensión nerviosa.
- Entrenamiento deportivo intenso.
- Convalecencia de enfermedades debilitantes.

Menú de un día para cura para ganar peso

DESAYUNO

Licuado (batido) **Serenidad dulce** (pág. 58)

- Ingredientes: plátanos (bananas), fresas (frutillas), leche de coco, germen de trigo, miel, leche de avena.
- 224 calorías por porción de 250 ml.

Aporta azúcares naturales y vitaminas que tonifican el sistema nervioso contra los estados de ansiedad.

MEDIA MAÑANA

Licuado (batido) **Pilas nuevas** (pág. 196)

- Ingredientes: yogur de soja, fresas (frutillas), jugo de piña (ananás), puré de almendras.
- 178 calorías por porción de 250 ml.

Combinación equilibrada de proteínas, vitaminas y minerales de gran poder nutritivo.

ALMUERZO

Licuado (batido) **Volumen adicional** (pág. 182)

- Ingredientes: leche de soja, copos de avena, dátiles, puré de almendras, fresas (frutillas), melaza.
- 284 calorías por porción de 250 ml.

Contiene una proporción idónea de hidratos de carbono, proteínas y grasas saludables, además de vitaminas y antioxidantes.

MEDIA TARDE

Licuado (batido) **Sonría, por favor** (pág. 66)

- Ingredientes: arándanos, semillas de lino (linaza), germen de trigo, puré de almendras, melaza, jugo de naranja.
- 318 calorías por porción de 250 ml.

Tonifica el sistema nervioso y contribuye a superar los estados depresivos.

CENA

Licuado (batido) **Banana exprés** (pág. 78)

- Ingredientes: leche de arroz, plátanos (bananas), mango, germen de trigo, canela en polvo.
- 177 calorías por porción de 250 ml.

Regula la tensión arterial a la vez que aporta calorías saludables.

Alimentos sólidos opcionales: ver pág. 227.

También ayuda a ganar peso...

- Ingerir suficientes calorías.
- Reducir el consumo de fibra vegetal, si es excesivo (más de 25 g al día).
- Comer a horas regulares.
- Evitar las preocupaciones y distracciones a la hora de comer.

Cura contra la hipertensión arterial

El tomate es uno de los ingredientes fundamentales de las bebidas con mayor efecto regulador de la tensión.

Muchos hipertensos toman medicación para controlar sus cifras de presión arterial. Pero difícilmente se las logra normalizar solamente con medicamentos. Hace falta también modificar ciertos hábitos alimentarios y del estilo de vida. Una cura contra la hipertensión a base de bebidas saludables puede marcar el comienzo de una nueva forma de alimentarse que resulte compatible con el mantenimiento de una tensión arterial normal.

Indicación

- Hipertensión arterial (más de 139/89 mm de mercurio).

Menú de un día para cura contra la hipertensión arterial

Desayuno

Jugo **Limonada antiinflamatoria** (pág. 244)

- Ingredientes: jugo de limón, cúrcuma en polvo, canela en polvo.
- Apenas aporta calorías.

Elimina toxinas y combate la hipertensión arterial.

Media mañana

Jugo de **tomate** (pág. 168)

- Ingredientes: tomates, aceite de oliva.
- 139 calorías por porción de 250 ml.

Además de proteger la próstata y la mama, el tomate previene la trombosis.

Almuerzo

Licuado (batido) **Latidos firmes** (pág. 76)

- Ingredientes: melocotones (duraznos), tunas (higos chumbos), leche de soja, vainilla en polvo.
- 120 calorías por porción de 250 ml.

Tonifica el corazón y protege las arterias coronarias que sufren cuando la tensión está elevada.

Alimentos sólidos opcionales: ver pág. 227.

Media tarde

Cóctel **Mojito virgen** (pág. 40)

- Ingredientes: menta, jengibre, lima, jugo de piña (ananás). Alternativa: Cóctel de algarrobina (pág. 39).
- Unas 70 calorías por copa de 125 ml.

Deliciosa bebida que ayuda a controlar la tensión.

Cena

Sopa fría **Gazpacho andaluz** (pág. 84)

- Ingredientes: tomates, pepino, pimiento dulce (morrón), cebolla, pan, ajo, aceite de oliva, sal de mesa, jugo de limón, agua.
- 183 calorías por porción de 250 ml.

Su consumo habitual reduce tanto la tensión máxima como la mínima.

También ayuda contra la hipertensión...

- Seguir una dieta vegetariana.
- Reducir el consumo de sal.
- Reducir el consumo de queso curado y de otros lácteos.
- Hacer ejercicio físico de forma regular.
- No fumar.
- Comer ajo (crudo o en extractos).

Cura antienvejecimiento

Favorece el rendimiento físico, intelectual y sexual.

Existen muchas teorías sobre las causas del envejecimiento. Una de las más plausibles es el acúmulo de toxinas en el organismo a lo largo de la vida. De acuerdo con esta teoría, todo lo que favorezca la neutralización y eliminación de esas toxinas, como los jugos y licuados antioxidantes, contribuye a frenar el envejecimiento.

Una de las manifestaciones más sensibles del envejecimiento es la disminución de la capacidad sexual, ya sea debido a falta de deseo o a limitaciones físicas para mantener una relación satisfactoria. Y como esto puede ocurrir a cualquier edad, los no tan mayores también se benefician de una cura antienvejecimiento.

No hay que olvidar que evitar el envejecimiento es imposible en esta vida. Pero sí que se puede frenar o retrasar mediante una alimentación saludable como la de esta cura, y aumentar así la calidad de vida.

Indicaciones

- Envejecimiento precoz.
- Pérdida del deseo o de la capacidad sexual, tanto en el hombre como en la mujer.
- Disminución del rendimiento físico o intelectual.

Para ellos y para ellas
No hace falta esperar a una edad avanzada para seguir una cura antienvejecimiento. Los hombres y mujeres de cualquier edad mejoran su capacidad sexual al seguirla.

También ayuda a frenar el envejecimiento...

- Seguir una Cura *detox* o depurativa (pág. 226).
- Aumentar la ingesta de frutas y hortalizas antioxidantes.
- Eliminar el consumo de tabaco, alcohol y otras drogas.
- Dormir adecuadamente.
- Evitar el estrés físico o emocional.
- Mantener una actitud positiva y optimista ante la vida.

Menú de un día para cura antienvejecimiento

Opción A

DESAYUNO

Licuado (batido) **Dulce despertar** (pág. 158)

- Ingredientes: fresas (frutillas), mango, jugo de limón, agua, vainilla en polvo, melaza.
- 115 calorías por porción de 250 ml.

Antioxidante y depurativo. Prepara el cuerpo físicamente para el amor.

MEDIA MAÑANA

Jugo de **pomelo (toronja)** (pág. 98)

- Ingredientes: pomelo (toronja) blanco o rosado.
- 98 calorías por porción de 250 ml.

Limpia la sangre de toxinas.

ALMUERZO

Jugo **Potencia al cubo** (pág. 162)
(para hombres y mujeres)

- Ingredientes: remolacha roja (betabel), espárragos, jengibre, melaza.
- 85 calorías por porción de 250 ml.

Limpia las arterias y favorece una buena respuesta de los órganos sexuales tanto masculinos como femeninos.

MEDIA TARDE

Jugo **Vitalidad recobrada** (pág. 156)

- Ingredientes: granada, frutas de la pasión (maracuyá), agua, maca en polvo.
- 144 calorías por porción de 150 ml.

Estimula al producción de hormonas sexuales de efecto rejuvenecedor sin los efectos secundarios de la terapia de sustitución hormonal.

CENA

Cóctel **Piña colada virgen** (pág. 38)

- Ingredientes: jugo de piña (ananás), leche de coco, plátano (banana).
- Unas 162 calorías por porción de 125 ml.

Predispone al amor rejuvenecedor.

Alimentos sólidos opcionales: ver pág. 227.

Opción B

DESAYUNO

Licuado (batido) **Poder cerebral** (pág. 56)

- Ingredientes: leche de avena, moras, arándanos frescos, fresas (frutillas), germen de trigo, dátiles sin hueso (carozo), nueces.
- 216 calorías por porción de 250 ml.

Tonifica el sistema nervioso y mejora el rendimiento intelectual.

MEDIA MAÑANA

Jugo de **tomate** (pág. 168)

- Ingredientes: tomates, aceite de oliva.
- 139 calorías por porción de 250 ml.

Protege la próstata (y también la mama) y favorece el riego sanguíneo a los tejidos, esencial para frenar el envejecimiento.

ALMUERZO

Licuado (batido) **Viagra natural** (pág. 164)
(para hombres y mujeres)

- Ingredientes: sandía, plátanos (bananas), nueces.
- 200 calorías por porción de 250 ml.

Mantiene en buen estado las arterias y favorece el flujo de sangre a los órganos sexuales.

MEDIA TARDE

Bebida **Chicha morada** (pág. 80)

- Ingredientes: maíz morado (alternativa: moras) , una piña (ananás), clavos de olor, canela en rama, jugo de limón.
- 118 calorías por porción de 250 ml.
- Alternativa: PODER MORADO (pág. 218).

Potente antioxidante que frena el envejecimiento de las células.

CENA

Cóctel **San Francisco virgen** (pág. 38)

- Ingredientes: jugo de melocotón (durazno), jugo de piña (ananás), jugo de naranja, jarabe de granadina.
- Unas 78 calorías por porción de 125 ml.

Fuente de vitaminas y antioxidantes rejuvenecedores.

Cura para la belleza de la piel

Las bebidas saludables limpian la piel desde el interior del cuerpo.

Los dos metros cuadrados de piel que tiene por término medio un adulto sirven para aislar el cuerpo del exterior, pero también para eliminar sus desechos. Si el interior está sucio, la piel tendrá un mal aspecto. Por lo tanto, la belleza de la piel, va de adentro hacia fuera. De poco sirve aplicar costosas cremas de belleza sobre la piel si el interior del cuerpo está lleno de toxinas.

La cura de belleza para la piel debería comenzar por una Cura *detox* (ver pág. 226), pues limpiando el interior se embellece el exterior. El tabaco es una de las principales causas de la aparición prematura de arrugas en la piel.

Indicaciones

- Envejecimiento de la piel.
- Sequedad cutánea.

Menú de un día para cura para la belleza de la piel

Desayuno

Licuado (batido) **Suave y firme** (pág. 208)

- Ingredientes: zapote mamey (alternativas: melón cantalupo o mango), leche de coco, jugo de piña (ananás), agua, canela en polvo.
- 314 calorías por porción de 250 ml.

Aporta vitaminas y grasas necesarias para el buen estado de la piel.

Media mañana

Jugo **Piel de terciopelo** (pág. 214)

- Ingredientes: espárrago, zanahorias, pepino, manzanas.
- 92 calorías por porción de 125 ml.

Elimina las toxinas que inflaman y envejecen la piel.

Almuerzo

Jugo **Piel tersa** (pág. 210)

- Ingredientes: pepino, apio, jugo de piña (ananás).
- 65 calorías por porción de 250 ml.

Elimina las impurezas de la piel y previene la celulitis.

Media tarde

Jugo **Simplemente zanahoria** (pág. 88)

- Ingredientes: zanahorias crudas, jugo de limón.
- 98 calorías por porción de 250 ml.

Muy buena fuente de vitamina A, necesaria para el buen estado de la piel y de las mucosas. Además, broncea la piel.

Cena

Jugo de **piña** (pág. 296)

- Ingredientes: piña (ananás).
- 133 calorías por porción de 250 ml.

Desinflama la piel y ayuda a eliminar toxinas.

También ayuda a la belleza de la piel...

- Seguir una Cura *detox* o depurativa (pág. 226).
- Dormir adecuadamente.
- Beber suficiente agua.
- Evitar el estreñimiento o constipación.
- No fumar.
- Evitar tomar el sol en exceso sin protección.

Alimentos sólidos opcionales: ver pág. 227.

CURA ANTIALÉRGICA

La cura antialérgica rinde efecto en cualquier tipo de alergia, ya sea digestiva, respiratoria (asma) o de la piel.

La cura antialérgica no suprime inmediatamente los síntomas de la alergia, sino que previene su aparición frenando la respuesta excesiva del sistema inmunitario.

Lo primero y más importante en caso de alergia es suprimir todos los alimentos o productos capaces de desencadenarla o favorecerla y, en segundo lugar, tomar alimentos que puedan prevenir o frenar sus manifestaciones. Esto es lo que se consigue precisamente con la cura antialérgica a base de bebidas.

INDICACIONES

- Alergia digestiva, respiratoria o cutánea.

Menú de un día para cura antialérgica

DESAYUNO

Leche vegetal de **avena** (pág. 32)

- Ingredientes: Leche de avena.
- 109 calorías por porción de 250 ml.

Nutritiva, sedante y no generadora de alergias.

MEDIA MAÑANA

Jugo **Antialérgico** (pág. 224)

- Ingredientes: mandarinas, piña (ananás), manzana.
- 157 calorías por porción de 250 ml.

Sus ingredientes equilibran el sistema inmunitario y previenen la alergia.

ALMUERZO

Licuado (batido) **Antiasmático** (pág. 114)

- Ingredientes: plátano (banana), kiwi, jugo de manzana.
- 140 calorías por porción de 250 ml.

Protege contra el asma y frena de forma natural las reacciones alérgicas.

MEDIA TARDE

Leche vegetal de **quinoa** (pág. 33)

- Ingredientes: quinoa.
- Unas 100 calorías por porción de 250 ml.

Nutritiva y de fácil digestión, no alergénica.

CENA

Infusión **Grosellero negro** (pág. 247)

- Ingredientes: Grosellero negro (hojas).
- Apenas aporta calorías.

Tradicionalmente usada como preventiva de la alergia.

Alimentos sólidos opcionales: ver pág. 227.

También ayuda contra la alergia...

- Seguir una CURA *DETOX* o depurativa (pág. 226).
- Evitar la exposición a alimentos o sustancias potencialmente alergénicas como la leche, el huevo, el gluten los cacahuetes (maníes), la soja y las nueces, además de los pólenes.
- Tomar abundantes frutas cítricas, manzana y kiwi.

Cura inmunoestimulante

Su objetivo es subir las defensas para que el propio organismo pueda vencer las infecciones.

El sistema inmunitario lo forman un complejo entramado de órganos, como el bazo, el timo, las amígdalas o el apéndice; de tejidos, como los de los ganglios linfáticos; y de células, como los leucocitos y linfocitos (glóbulos blancos de la sangre). Todos ellos actúan coordinadamente para detectar intrusos en el cuerpo, ya sean virus, bacterias o sustancias extrañas, y destruirlas mediante el ataque de células especializadas o por medio de moléculas llamadas anticuerpos. Además, el sistema inmunitario guarda memoria de esos invasores para poder reconocerlos de inmediato la próxima vez que entren en el cuerpo.

Mantener en buen funcionamiento este sistema de vigilancia y de defensa requiere la presencia de nutrientes específicos:

- Vitaminas, como la C o la D (puede obtenerse de la luz solar).
- Minerales, como el selenio o el cinc (presentes en nueces, frutos secos oleaginosos y legumbres) y también en los jugos de hortalizas.
- Antioxidantes, como las antocianinas (de color morado) o el betacaroteno (de color anaranjado).

Los jugos y otras bebidas de la cura inmunoestimulante aportan la mayor parte de los mencionados nutrientes de forma fácil y agradable.

Pigmentos naturales
Todos los pigmentos que dan color de forma natural a las frutas y hortalizas favorecen el buen funcionamiento del sistema inmunitario.

También ayuda a subir las defensas...

- Seguir una Cura *detox* (ver pág. 226).
- Tomar el sol moderadamente.
- Hacer ejercicio físico.
- Tomar ajo.
- Comer bayas del bosque (fresas, frambuesas, arándanos, moras, etc.).
- Reducir el consumo de azúcar añadido.

Indicaciones

- Tendencia a padecer infecciones (baja de defensas).
- Toma de antibióticos.
- Después de la quimioterapia.

Menú de un día para cura inmunoestimulante

Opción A

DESAYUNO

Jugo **Agua de limón** (pág. 244)
- Ingredientes: jugo de limón.
- Apenas aporta calorías.

Neutraliza y elimina muchas toxinas.

MEDIA MAÑANA

Jugo **Limpiador hepático** (pág. 118)
- Ingredientes: col lombarda (repollo morado), zanahorias, manzana, jugo de limón.
- 160 calorías por porción de 250 ml.

Depura el hígado y fortalece el sistema inmunitario.

ALMUERZO

Jugo **Poder morado** (pág. 218)
- Ingredientes: col lombarda (repollo morado), arándanos, leche de coco, jugo de limón.
- 228 calorías por porción de 250 ml.

Estimula las defensas gracias al poderoso efecto antioxidante de las antocianinas de color morado que contiene.

MEDIA TARDE

Licuado (batido) **Limonada antigripal** (pág. 220)
- Ingredientes: limones, corteza de limón rallada, jugo de naranja, ajo crudo, jengibre rallado, pimienta de cayena, miel.
- 74 calorías por porción de 125 ml.

Eficaz estimulante de las defensas, y no solamente contra los virus de la gripe.

CENA

Jugo de **açaí** (pág. 202)
- Ingredientes: açai (alternativas: arándanos, bayas de goji o acerolas).
- 108 calorías por porción de 250 ml.

Antiinflamatorio e inmunoestimulante.

Opción B

DESAYUNO

Licuado (batido) **Limonada integral** (pág. 244)
- Ingredientes: limón entero.
- Apenas aporta calorías.

Además de eliminar toxinas es anticancerígeno.

MEDIA MAÑANA

Licuado (batido) **Erradicador vegetal** (pág. 128)
- Ingredientes: brócoli, jugo de piña (ananás), arándanos.
- 136 calorías por porción de 250 ml.

Combate ciertas bacterias como el "Helicobacter" del estómago o el "Escherichia coli" de la orina, además de potenciar el sistema inmunitario.

ALMUERZO

Bebida **Antibiótico blanco** (pág. 222)
- Ingredientes: Leche de coco, canela en polvo, corteza de limón rallada, coco rallado.
- 297 calorías por porción de 125 ml.

Combate los microorganismos y sube las defensas.

MEDIA TARDE

Jugo **Simplemente naranja** (pág. 216)
- Ingredientes: jugo de naranja.
- 115 calorías por porción de 250 ml.

No solamente por la vitamina C que estimula la función defensiva de los leucocitos de la sangre; también los otros antioxidantes que contiene son inmunoestimulantes.

CENA

Jugo **Triple pigmento** (pág. 50)
- Ingredientes: espinacas, zanahorias, jugo de arándanos.
- 116 calorías por porción de 250 ml.

Potente antioxidante que refuerza las derfensas.

Alimentos sólidos opcionales: ver pág. 227.

Cura anticáncer - 1

Estas bebidas no pretenden curar el cáncer, sino reducir el riesgo de padecerlo y complementar otros tratamientos.

El efecto protector contra el cáncer de diversos alimentos vegetales se halla bien comprobado, tanto en experimentos de laboratorio como en estudios epidemiológicos en humanos. La cura anticáncer permite consumir esos alimentos protectores en forma de bebidas.

Ventajas de los jugos en la prevención del cáncer

Los jugos y otras bebidas saludables ofrecen algunas ventajas respecto a los alimentos sólidos:

- Resultan más fáciles de tomar.
- Permiten ingerir una mayor cantidad de sustancias activas contra el cáncer; por ejemplo, no todo el mundo es capaz de comer masticando bien cinco zanahorias medianas para obtener una dosis alta de betacaroteno antioxidante y anticancerígeno. Pero beber un vaso de jugo de zanahoria sí que se halla al alcance de cualquiera.
- Permiten tomar los alimentos crudos y sin procesar, en su estado natural, conservando así todas sus propiedades curativas. Por ejemplo, no resulta fácil de comer brócoli o col lombarda (repollo morado) enteros o crudos, pero sí lo es en forma de jugo.

Bebidas contra el cáncer
Los jugos y licuados (batidos) en general resultan ideales para prevenir y combatir el cáncer gracias a su riqueza en antioxidantes y en sustancias protectoras naturales.

También ayuda contra el cáncer de colon...

- Reducir o eliminar el consumo de carne, especialmente de carne procesada o curada (fiambres, salchichas, embutidos en general y jamón). Este tipo de carnes contiene nitrosaminas, potentes cancerígenos.
- Reducir o eliminar el consumo de alcohol, asociado con varios tipos de cáncer del aparato digestivo.
- Aumentar la ingesta de fibra vegetal consumiendo pan y cereales integrales.
- Evitar el estreñimiento (constipación).
- Practicar ejercicio físico sistemáticamente.

Menú de un día para cura anticáncer

Contra el cáncer en general

DESAYUNO

Jugo **Integral de uva** (pág. 108)

- Ingredientes: uva (preferiblemente negra, morada o roja).
- 174 calorías por porción de 250 ml.

Frena el desarrollo de las células cancerosas gracias al efecto antioxidante del resveratrol contenido en la piel de la uva, sobretodo la negra o tinta.

MEDIA MAÑANA

Jugo **Antiinflamatorio vegetal** (pág. 200)

- Ingredientes: brócoli, crema de sésamo (tahini), jugo de piña (ananás), manzana.
- 139 calorías por porción de 250 ml.

Numerosos estudios avalan el efecto protector del brócoli y de la manzana contra el cáncer.

ALMUERZO

Jugo **Alcalinizante total** (pág. 198)

- Ingredientes: espinacas, col o berza rizada sin cogollo (*kale*), hinojo, jugo de piña (ananás), menta.
- 97 calorías por porción de 250 ml.

La alcalinización de la sangre que logra este jugo facilita la eliminación de toxinas y frena el desarrollo del cáncer, al contrario que la acidificación causada por una alimentación rica en carne y queso.

MEDIA TARDE

Jugo **Super *detox*** (pág. 96)

- Ingredientes: zanahorias, manzana, apio, limón.
- 130 calorías por porción de 250 ml.

Favorece la eliminación de toxinas, muchas de las cuales pueden ser cancerígenas.

CENA

Cóctel **San Francisco virgen** (pág. 38)

- Ingredientes: jugo de melocotón (durazno), jugo de piña (ananás), jugo de naranja, jarabe de granadina.
- Unas 78 calorías por porción de 125 ml.

Los carotenoides y flavonoides de las frutas que contiene protegen contra el cáncer.

Contra el cáncer de colon

DESAYUNO

Jugo de **manzana** (pág. 64)

- Ingredientes: manzanas, jugo de limón.
- 123 calorías por porción de 250 ml.

La fibra soluble y los antioxidantes de la manzana son protectores contra el cáncer de colon.

MEDIA MAÑANA

Jugo **Poder morado** (pág. 218)

- Ingredientes: col lombarda (repollo morado), arándanos, leche de coco, jugo de limón.
- 228 calorías por porción de 250 ml.

Las antocianinas, responsables del color morado de la col y de los arándanos, estimulan las defensas y protegen contra el cáncer de colon.

ALMUERZO

Jugo **Protector intestinal** (pág. 146)

- Ingredientes: manzanas, espinacas, brócoli, salvado de avena.
- 222 calorías por porción de 250 ml.

Los antioxidantes de la manzana, el brócoli y la espinaca, unidos a la fibra del salvado de avena, protegen contra el cáncer de colon.

MEDIA TARDE

Bebida **Chicha morada** (pág. 80)

- Ingredientes: maíz morado, una piña (ananás), agua, clavos de olor, canela en rama, jugo de limón.
- 118 calorías por porción de 250 ml.

Los antioxidantes de color morado que contiene protegen contra el cáncer de colon.

CENA

Jugo de **aloe** (pág. 212)

- Ingredientes: Aloe vera.
- Apenas aporta calorías.

Suaviza y desinflama el intestino.

Alimentos sólidos opcionales: ver pág. 227.

CURA ANTICÁNCER - 2

Los cánceres de mama y de próstata, dos de los más frecuentes, pueden prevenirse con curas periódicas a base de jugos.

Menú de un día para cura anticáncer

Contra el cáncer de mama

DESAYUNO

Licuado (batido) **Limonada integral** (pág. 244)
- Ingredientes: limón entero.
- Apenas aporta calorías.

El limoneno contenido en la corteza del limón frena el crecimiento de los tumores mamarios en animales de experimentación.

MEDIA MAÑANA

Jugo **Senos a salvo** (pág. 174)
- Ingredientes: granada, zanahorias, semillas de lino (linaza).
- 279 calorías por porción de 250 ml.

En estudios de laboratorio, los polifenoles de la granada inhiben el crecimiento de las células del cáncer de mama, potenciados por los antioxidantes de la zanahoria y los fitoestrogénos del lino.

ALMUERZO

Licuado (batido) **Escudo mamario** (pág. 172)
- Ingredientes: brócoli, fresas (frutillas), leche de soja.
- 123 calorías por porción de 250 ml.

El brócoli es posiblemente el alimento más estudiado por su efecto preventivo sobre el cáncer de mama, junto con las fresas (frutillas). Varios estudios confirman el efecto preventivo de la soja sobre este tipo de cáncer.

MEDIA TARDE

Jugo de **manzana** (pág. 64)
- Ingredientes: manzanas, jugo de limón.
- 123 calorías por porción de 250 ml.

Los antioxidantes y la fibra de la manzana son preventivos del cáncer.

CENA

Infusión de **cúrcuma** (pág. 203)
- Ingredientes: cúrcuma en polvo, jugo de limón.
- Apenas aporta calorías.

Poderoso antioxidante y antiinflamatorio con acción proventiva contra el cáncer.

También ayuda contra el cáncer de mama

- Reducir o eliminar el consumo de carnes rojas.
- Reducir el consumo de grasa *trans* o grasa hidrogenada (comida rápida, fritos, margarinas, bollería industrial, aditivos).
- Evitar las bebidas alcohólicas. Está comprobado que incluso en pequeñas dosis favorecen el cáncer de mama.
- Añadir corteza de limón rallada a las bebidas (contiene limoneno, un flavonoide que frena el cáncer de mama).
- Evitar la obesidad.
- Amamantar a los bebés.
- Evitar los parches de terapia de sustitución hormonal.

Alimentos sólidos opcionales: ver pág. 227.

Menú de un día para cura anticáncer

Contra el cáncer de próstata

Desayuno

Leche vegetal de **soja** (pág. 30)

- 131 calorías por porción de 250 ml.

Está bien comprobado que el consumo de soja protege contra el cáncer de próstata y de mama, gracias a los fitoestrógenos de tipo isoflavona que contiene.

Media tarde

Jugo de **tomate** (pág. 168)

- Ingredientes: tomates, aceite de oliva.
- 139 calorías por porción de 250 ml.

El licopeno, pigmento rojo natural del tomate, se deposita en las células de la próstata y las protege contra el cáncer.

Media mañana

Jugo **Inflamación superada** (pág. 166)

- Ingredientes: coliflor, tomates, semillas de lino (linaza), perejil, sal.
- 115 calorías por porción de 250 ml.

Todos los ingredientes desinflaman la próstata y protegen contra la degeneración cancerosa.

Cena

Cóctel **Terremoto sin alcohol** (pág. 37)

- Ingredientes: piña (ananás), jugo de uva (mosto), jarabe de granadina.
- Unas 90 calorías por porción de 125 ml.

Aporta antioxidantes protectores contra el cáncer en general.

Almuerzo

Licuado (batido) **Escudo prostático** (pág. 170)

- Ingredientes: granada, sandía, leche de soja, semilla de lino (linaza), melaza.
- 184 calorías por porción de 250 ml.

Eficacia comprobada en la prevención del cáncer de próstata.

Alimentos contra el cáncer de mama y de próstata

La mama y la próstata son glándulas con una estructura microscópica similar, y el cáncer de ambas se previene con el mismo tipo de alimentos, principalmente: brócoli, granada, soja, tomate, fresa (frutilla) y lino.

Alimentos sólidos opcionales: ver pág. 227.

Adelgazar bebiendo

Perder peso y desintoxicar el organismo a la vez resulta posible con una cura a base de jugos y otras bebidas saludables.

Adelgazar cuando existe sobrepeso u obesidad requiere mucho más que restringir la ingesta de calorías. También es necesario hacer ejercicio físico, facilitar la función del hígado, beber más agua y, sobre todo, sustituir las comidas por bebidas saludables.

Ahora bien, lo fundamental para perder peso es quemar más calorías de las que se ingieren. Y ahí es donde actúan las bebidas y especias termogénicas (ver págs. 304 a 309), que aumentan la producción de calor corporal y gasto de energía, principalmente a base de quemar grasa.

Hay que destacar que lo positivo de una cura de adelgazamiento a base de jugos y otras bebidas saludables no consiste solamente en las frutas y hortalizas que se ingieren, sino también en los productos que se dejan de comer: carnes, queso curado, fritos, grasas *trans*, potenciadores del sabor y otros aditivos, así como productos refinados y procesados.

Doble beneficio
El beneficio de una cura de adelgazamiento a base de jugos es doble, tanto por lo que se bebe como por lo que se deja de comer.

Sumario del capítulo

Adelgazar con frutas 292
Algunos jugos adelgazantes 296
Alimentos sólidos 312
Aplanar el vientre 298
Bajar de peso en tres días 322
Bebidas para perder peso 294
Beneficios de la cura 316
Cómo enriquecer los licuados 302
Consejos generales 310
Especias «quema-grasa». 308
Formas de seguir la cura. 314
Infusiones y suplementos «quema-grasa» 306
Jugos «quema-grasa» ... 304
Reemplazar comidas por licuados 300
Tipos de bebidas a utilizar 320
Vencer la adicción a la comida 318

Adelgazar con frutas

A pesar de contener una cierta cantidad de azúcar, las frutas y sus jugos tienen efecto adelgazante.

Las frutas frescas desempeñan un papel insustituible en una cura de adelgazamiento. Es cierto que contienen azúcares, principalmente glucosa, fructosa y sacarosa, que son una fuente de calorías. Pero, a pesar de ello, el consumo abundante de frutas, sobre todo en forma de jugos y licuados (batidos), contribuyen a perder peso por las siguientes razones:

- La **densidad calórica** de las frutas frescas es relativamente baja. La manzana, por ejemplo, solamente aporta 48 calorías por cada 100 g, mucho menos que el pan (267 calorías por 100 g) o el queso (unas 300). Eso quiere decir que las frutas proporcionan pocas calorías en relación a su peso. En las dietas de adelgazamiento se recomienda incrementar la cantidad de alimentos de baja densidad calórica (pocas calorías en relación al peso), como las frutas y hortalizas.

Nutrientes en la fruta entera y en el jugo

El color verde señala los nutrientes más abundantes en la fruta entera o en el jugo.

	Fruta entera (medio pomelo)	Jugo de fruta (medio vaso)
Peso	128 g	127 g
Energía	42 kcal	46 kcal
Vitamina C	42,3 mg	48,3 mg
Fibra	1,13 g	0,13 g
Naringina (flavonoide)	27,1	39,6

Jugos de fruta: Contienen azúcar, pero bueno

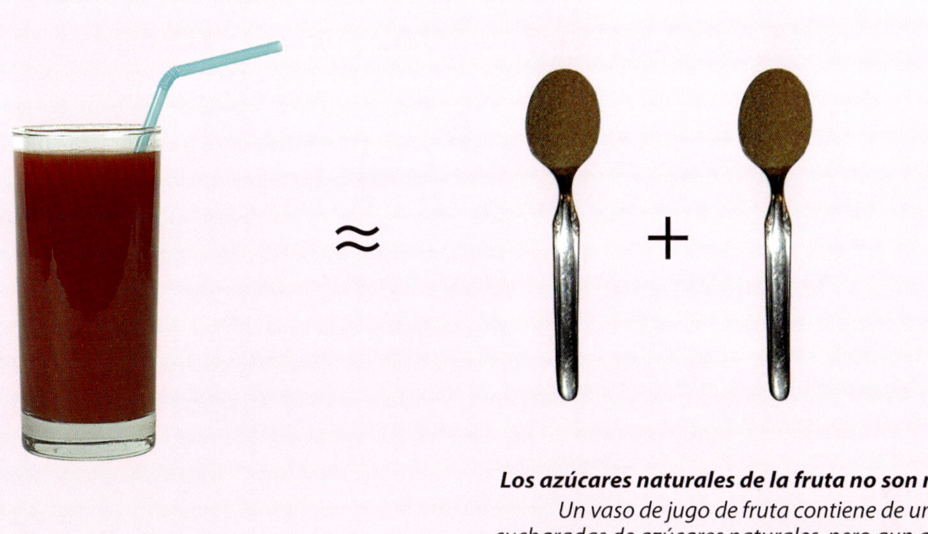

Los azúcares naturales de la fruta no son nocivos
Un vaso de jugo de fruta contiene de una a dos cucharadas de azúcares naturales, pero aun así, tiene efecto adelgazante gracias a las vitaminas, minerales, fitoquímicos y fibra que acompañan a esos azúcares.

Los azúcares son un ingrediente natural presente en todas las frutas y en algunas hortalizas como la zanahoria o la remolacha (betabel). Los efectos del azúcar natural de las frutas y hortalizas son bien diferentes a los del azúcar refinado añadido a los refrescos u otras bebidas.

Los jugos de fruta favorecen la pérdida de peso cuando sustituyen a otros alimentos de igual cantidad de calorías. Es decir, reducir el consumo de masas, bollos, tortas y pasteles elaborados con harina y azúcar blancos, y aumentar el de jugos de fruta, logra un efecto adelgazante.

- Al ser rica en **fibra**, la fruta produce sensación de saciedad, con lo que al consumirla en abundancia se reduce la ingesta de otros alimentos más ricos en calorías.
- Los **azúcares** de las frutas son fácilmente metabolizados gracias a que van acompañados de vitaminas, minerales y fitoquímicos. Además, la absorción de esos azúcares se realiza lentamente gracias al contenido en fibra de la fruta. Por todo ello, los azúcares de la fruta no tienden a almacenarse en forma de grasa, como ocurre con los azúcares refinados que forman parte de pasteles, helados, masas (facturas) y dulces elaborados industrialmente, por lo general pobres en vitaminas, minerales y fibra.
- Todas las frutas tienen efecto diurético, es decir, favorecen la producción de orina, lo que contribuye a la pérdida de peso.

Fruta entera o jugo

A igualdad de peso, es decir, tomando una pieza de fruta del mismo peso que un vaso de jugo, hay pequeñas diferencias entre el contenido nutritivo de ambos. La fruta fresca aporta más fibra, pero el jugo proporciona un poco más de calorías, vitamina C y flavonoides que la fruta fresca (ver tabla adjunta, tomada de un estudio realizado en la Universidad Vanderbilt de Nashville (Estados Unidos).[1]

1 Silver HJ, Dietrich MS, Niswender KD. Effects of grapefruit, grapefruit juice and water preloads on energy balance, weight loss, body composition, and cardiometabolic risk in free-living obese adults. Nutr Metab (Lond). 2011 Feb 2;8(1):8. PubMed PMID: 21288350.

Bebidas para perder peso

Resulta más fácil y agradable adelgazar bebiendo que siguiendo una dieta a base de alimentos sólidos.

No añadir azúcar
No añadir a las bebidas de la cura de adelgazamiento ni azúcar ni otros edulcorantes calóricos como el sirope de arce (ver p. 25). Sí que se pueden usar edulcorantes no calóricos de origen natural como la estevia.

Los jugos verdes, ideales para adelgazar
Los jugos de hortalizas verdes aportan muchas vitaminas, minerales y antioxidantes y muy pocas calorías, por lo que resultan ideales para perder peso.

Los **jugos verdes** a base de hortalizas frescas son posiblemente las bebidas con mayor efecto adelgazante por ser muy bajos en calorías, por su efecto desintoxicante, y por su elevada concentración en vitaminas, minerales, fitoquímicos antioxidantes y enzimas.

Los **jugos de fruta** aportan una cierta cantidad de azúcares y de calorías, así como bastante fibra soluble (no insoluble). Desempeñan un papel importante en las curas de adelgazamiento por su riqueza en vitaminas y fitoquímicos antioxidantes y por su efecto desintoxicante y depurativo.

Los **licuados o batidos** contienen toda la fibra de la fruta, tanto la soluble como la insoluble, por lo que su poder saciante es mayor que el de los jugos. También tienen efecto desintoxicante y depurativo.

Las **infusiones, caldos y sopas frías** también tienen su lugar en las curas de adelgazamiento por su escaso aporte calórico. Todas estas bebidas se combinan perfectamente para lograr una reducción del peso corporal a la vez que se restaura la salud.

Tomar el jugo o cualquier otra bebida antes que el plato de comida sólida
Si se va a consumir alimento sólido, tomar primero la bebida.

Características de algunas bebidas

utilizadas en la cura de adelgazamiento

	Jugos verdes	Jugos de fruta	Licuados (batidos)	Infusiones
Calorías	+	++	+++	–
Azúcares	+	++	+++	–
Fibra	+	++	+++	–
Efecto saciante	+	++	+++	–
Antioxidantes en relación al número de calorías	+++	++	+	+++

No consiste en añadir, sino en sustituir

Los jugos y otras bebidas saludables de una cura no adelgazan por sí mismos. Su efecto reductor del peso solo se produce cuando los jugos sustituyen a los productos causantes del sobrepeso, no cuando se añaden a ellos.

Algunos jugos adelgazantes

Todos los jugos de frutas y verduras adelgazan, pero algunos destacan especialmente.

Jugo de pepino

Apenas contiene grasas ni calorías, mientras que es rico en minerales como el potasio, magnesio, silicio y azufre necesarios para el metabolismo. Es diurético y depurativo. Se dice que contiene ácido tartrónico, que impide la transformación de los azúcares en grasas.

Pepino con limón y manzana

El jugo de pepino combina muy bien con el de limón y el de manzana (ver pág. 64).

Jugo de apio

El apio es un eficaz diurético y depurativo que favorece la eliminación de agua y de residuos ácidos del metabolismo como la urea y el ácido úrico. El apio, que apenas aporta calorías, es un «limpiador de la sangre», ingrediente indispensable en las curas de adelgazamiento.

Jugo de piña

Antiinflamatorio y depurativo, el jugo de piña (ananás) ayuda a deshacerse de toxinas que frenan el metabolismo y favorecen la obesidad.

Jugo de manzana o de pera

Un estudio realizado en la Universidad Federal del Amazonas (Brasil) mostró que las mujeres que incluyen en su dieta 300 g diarios de manzana o de pera (unas dos unidades) adelgazan alrededor de 1 kilo por mes.[1] Sin embargo, las que incluyen en su dieta galletas de avena en una cantidad que proporcione las mismas calorías que las dos manzanas (unos 60 g de avena) no experimentan pérdida de peso.

El jugo natural de manzana (ver pág. 64), de aspecto turbio (no el comercial de aspecto claro), o el de pera, son alternativas al consumo de manzana entera. Beber un vaso de jugo de manzana resulta más fácil y rápido que comer dos o tres manzanas.

Precaución: Puede causar alergia.

Dos manzanas o peras al día

Con dos manzanas o peras medianas se obtiene aproximadamente un vaso de jugo. Tomando un vaso de este jugo natural al día antes de la comida principal, se logra perder alrededor de un kilo al mes.

1 de Oliveira MC, Sichieri R, Venturim Mozzer R. A low-energy-dense diet adding fruit reduces weight and energy intake in women. Appetite. 2008 Sep;51(2):291-5. PubMed PMID: 18439712.

Jugo de pomelo (toronja)

Se ha incluido en los jugos «quema-grasa» (pág. 304).

APLANAR EL VIENTRE

La obesidad abdominal no solamente es la más llamativa, sino también la más peligrosa para la salud.

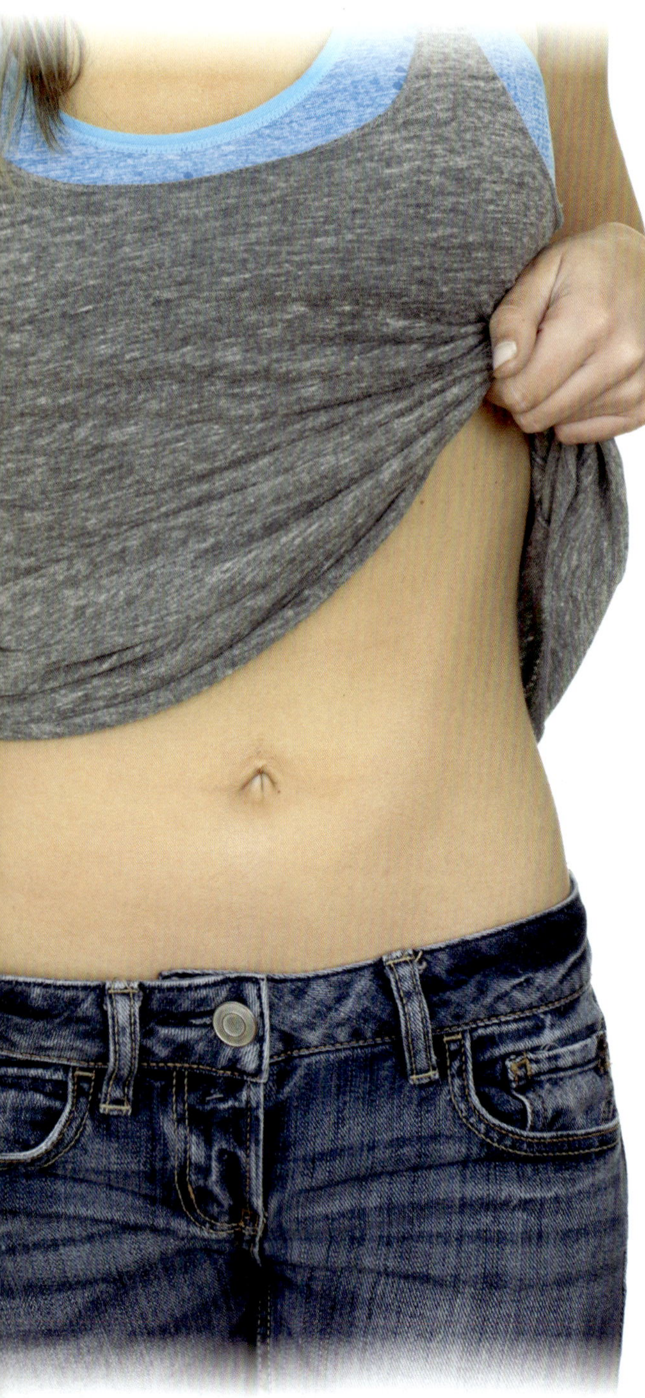

Uno de los resultados más deseados por quienes inician la cura de adelgazamiento es el de aplanar el vientre, es decir, el de reducir el perímetro abdominal. Un abdomen globuloso, cuyo perímetro sea mayor de 102 cm en los hombres o de 88 cm en las mujeres, indica riesgo cardiovascular elevado.

Sin embargo, lo importante no es solamente reducir el perímetro abdominal, sino eliminar los factores de riesgo que habitualmente se asocian con él, tales como sedentarismo, ingesta excesiva de calorías o alimentación pobre en frutas y hortalizas.

CINCO OBJETIVOS A ALCANZAR

Para reducir el perímetro abdominal se deben alcanzar simultáneamente estos cinco objetivos:

1. Reducir la ingesta de calorías: La cura de adelgazamiento, en cualquiera de sus formas (una bebida adelgazante al día, un día a base de bebidas o tres días seguidos, ver pág. 322), lo logra fácilmente.

2. Quemar grasa: Varias bebidas y especias aceleran la combustión de la grasa corporal (ver págs. 304 a 309).

3. Evitar el estreñimiento: La retención de heces en el intestino puede aliviarse con bebidas laxantes (ver más en pág. 264):
- «Fibra a lo grande» (pág. 132)
- «Intestino ligero» (pág. 134)
- «Agua de chía» (pág. 178).

4. Evitar el exceso de gases: Los jugos, al contener poca fibra insoluble, ayudan a reducir las flatulencias intestinales. Ciertas bebidas tienen un efecto digestivo y antiflatulento, como esta:
- «Infusión digestiva» (pág. 125).

5. Eliminar líquidos: La retención de líquidos se manifiesta también en el vientre. Las bebidas diuréticas (ver pág. 321) favorecen el trabajo de los riñones y contribuyen a reducir el perímetro abdominal.

Menú de un día para aplanar el vientre

Seguir este menú durante un día por semana, acompañado de ejercicios abdominales a diario, logra sorprendentes resultados sobre la grasa abdominal.

Desayuno

Licuado (batido) **Vientre plano** (pág. 180)

- Ingredientes: papaya, jugo de piña (ananás) y agua de Jamaica.
- 103 calorías por porción de 250 ml.

Media mañana

Jugo de **pomelo (toronja)** (pág. 98)

- Ingredientes: pomelo (toronja).
- 98 calorías por porción de 250 ml.

Almuerzo

Licuado (batido) **Intestino ligero** (pág. 134)

- Ingredientes: ciruelas, higos, kiwi y jugo de naranja.
- 179 calorías por porción de 250 ml.

Media tarde

Infusión **Digestiva** (pág. 125)

- Ingredientes: regaliz, anís verde y jengibre.
- Apenas aporta calorías.

Cena

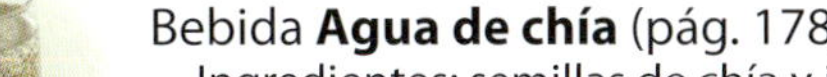

Bebida **Agua de chía** (pág. 178)

- Ingredientes: semillas de chía y jugo de limón.
- 69 calorías por porción de 250 ml.

La papaya, ingrediente fundamental para disminuir el perímetro abdominal

La papaya aporta pocas calorías, pero muchas vitaminas y enzimas antiinflamatorias. Todo ello, unido a su efecto diurético, favorece la pérdida de peso y el aplanamiento del vientre.

La papaya puede tomarse en licuado o entera acompañando a alguna de las bebidas del «Menú de un día para aplanar el vientre».

REEMPLAZAR COMIDAS POR LICUADOS

Respetando ciertas normas, es posible adelgazar sustituyendo comidas completas por licuados, especialmente si han sido enriquecidos.

Estos son algunos de los factores que explican el efecto adelgazante de los licuados o batidos cuando se toman sustituyendo a comidas sólidas:

- **Menos calorías**: En general, al sustituir una comida de alimentos sólidos con un licuado (batido) se ingieren de promedio unas 500 calorías menos.
- **Monotonía**: Los licuados (batidos) resultan más monótonos que una comida sólida variada, por lo que se tiende a ingerir una menor cantidad de alimento.
- **Saciedad**: Los licuados (batidos) resultan a veces más saciantes que muchos alimentos sólidos.

Precauciones

- Los licuados o batidos **pueden ser incompletos en cuanto a nutrientes**, aunque en general, no más que algunas dietas restrictivas. En realidad, si se emplean los ingredientes recomendados, los licuados (batidos) resultan satisfactorios desde el punto de vista nutritivo.
- La ingesta de licuados (batidos) **no modifica necesariamente los hábitos alimentarios** desequilibrados que suelen estar en la base de la ganancia de peso.

Resulta conveniente, por lo tanto que, además de sustituir comidas por licuados (batidos), se supriman los hábitos asociados a la ganancia de peso, como picar entre comidas y beber refrescos azucarados (ver el cuadro «También ayuda a perder peso...» en la pág. 315).

Mejor los caseros
Los licuados (batidos) para sustituir comidas elaborados en casa con ingredientes naturales resultan preferibles a los productos envasados de origen comercial.

Consejos prácticos para sustituir comidas por licuados (batidos)

- **Añadir una fuente de proteínas** de alta calidad, como el tofu, el yogur (puede ser de soja) u otras (ver pág. 302).
- **Enriquecer** los licuados o batidos con alguno de los productos que se muestran en las páginas siguientes.
- Evitar el azúcar añadido. En todo caso, usar un edulcorante no calórico como la estevia (ver pág. 24).

Licuados verdes o «green smoothies»

Elaborados con verduras y/o frutas verdes, y enriquecidos con una fuente de proteína, los licuados verdes pueden reemplazar a una comida sólida ayudando así a la pérdida de peso.

Cómo enriquecer los licuados

Los licuados (batidos) enriquecidos sustituyen fácilmente a un plato de comida sólida.

Para lograr que una bebida aporte mayor cantidad de nutrientes y llegue a sustituir desde el punto de vista nutricional a una comida sólida, se la puede enriquecer con diferentes productos, tales como harinas o cremas. El uso de los licuados (batidos) enriquecidos se recomienda en los siguientes casos:

- **Curas de adelgazamiento**: Al aportar más nutrientes, pueden sustituir aún más fácilmente a una comida completa.
- **Ancianos** y enfermos debilitados.
- **Trastornos de la deglución** (dificultad para tragar): El efecto espesante de los productos añadidos otorga una mayor viscosidad a los licuados, haciéndolos más fácil de tragar que una bebida muy fluida.

Proteína de soja en polvo

Una buena fuente de proteínas completas, ácidos grasos esenciales omega-3 y omega-6, vitaminas y minerales.

Polenta

Harina de maíz, energizante y rica en hidratos de carbono complejos (almidones) de fácil digestión. No contiene gluten. Es una buena fuente de folato.

Harina de trigo tostada (gofio)

El gofio clásico se obtiene tostando el grano de trigo y moliéndolo después. Aporta todo el valor nutritivo del trigo con la digestibilidad que le da el haber sido tostado y molido.

Germen de trigo

Aporta proteínas de alta calidad, ácidos grasos esenciales omega-3 y omega-6, y vitaminas B y E.

Harina de baobab

El baobab es un árbol africano que da unos frutos muy nutritivos y medicinales. Una cucharada de harina de baobab añadida al agua o a cualquier licuado (batido) o jugo le otorga un intenso sabor, además de nutrientes, fibra y poder antioxidante. Resulta ideal para enriquecer el desayuno. Especialmente recomendado en caso de osteoporosis, diabetes e intolerancia al gluten.

Con la harina de baobab se elabora una bebida nutritiva llamada leche de baobab o *gubdi* en África, que algunos incluyen en las curas de adelgazamiento.

Durián

El durián es el fruto de un árbol procedente del sudeste asiático (*Durio zibethinus*). Aunque desprende un olor muy fuerte, su textura cremosa lo hace muy apreciado como alternativa al yogur y a la leche en al elaboración de licuados (batidos). El durián aporta hidratos de carbono, fibra, grasa saludable y minerales.

Jugos «quema-grasa»

Las bebidas termogénicas o «quema-grasa» aumentan la producción de calor corporal, y con ello la combustión de la grasa acumulada.

Termogénesis quiere decir 'producción de calor'. El cuerpo quema los nutrientes productores de energía (hidratos de carbono, grasas y proteínas, por este orden) para producir calor corporal. Normalmente, un 10% de las calorías ingeridas con los alimentos se utiliza para producir calor. Este porcentaje se puede aumentar un poco consumiendo jugos, infusiones, especias y suplementos termogénicos como los mencionados en estas páginas. Con ellos se consigue:

- Aumentar un poco la temperatura corporal.
- Favorecer la pérdida de calor a través de la piel.
- Quemar más grasa para producir calor corporal.
- Gastar más calorías.
- Acelerar el metabolismo.

Las bebidas y productos termogénicos tienen un efecto «quema-grasa», pues las reservas corporales de hidratos de carbono son escasas, en pocos días se pasa a quemar la grasa de depósito, especialmente si se hace ejercicio físico.

La cafeína también tiene efecto termogénico, pero debido a sus muchos efectos secundarios (ver pág. 252), especialmente a que causa adicción, no la recomendamos en la cura de adelgazamiento.

Jugo de pomelo (toronja)

Un gran aliado en las curas de adelgazamiento (ver pág. 290). Aunque quizás se ha exagerado su efecto, lo cierto es que contribuye a regular el metabolismo, además de reducir los niveles de colesterol y de triglicéridos en la sangre. Puede tomarse en jugo exprimido, combinado con otras frutas u hortalizas.

Todos los cítricos tienen efecto lipolítico (que quema la grasa), pero el pomelo (toronja) más que ninguno. Sus enzimas aceleran el metabolismo y evitan que la grasa se acumule en el cuerpo.

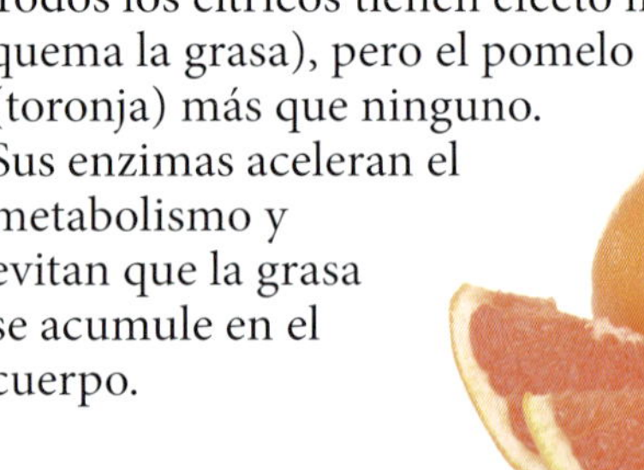

El secreto del éxito

No existe ningún alimento o producto termogénico que por sí solo logre quemar la grasa corporal. Ese efecto se obtiene combinando la restricción calórica, el ejercicio físico y los alimentos termogénicos.

Jugo de caigua

La caigua, también llamada achojcha o jaiba (*Cyclanthera pedata*) es un fruto de la familia de la calabaza originario de Perú y extendido por otros países de América del Sur y Central. Aunque se la usa como hortaliza, de forma similar al pimiento morrón, también se pueden hacer jugos con ella.

La caigua tiene la singular propiedad de acelerar el metabolismo, reducir nivel de azúcar en sangre, y facilitar la combustión de las grasas. Recomendable para diabéticos e hipertensos que deseen perder algunos kilos de más.

Jugo de la manzana de cajú o marañón

La parte carnosa del fruto del cajú, marañón o anacardo (en inglés *cashew apple*), no la semilla que se usa como fruto seco oleaginoso, se utiliza para obtener un valioso jugo en Brasil y en el sudeste asiático (ver pág. 197).

El jugo de la manzana del anacardo tiene las siguientes propiedades:

- Favorece la combustión de las grasas y de los hidratos de carbono (efecto termogénico), y facilita el adelgazamiento, además de aumentar la resistencia a la fatiga y el rendimiento en los deportistas.[1]
- Muy rico en vitamina C (hasta cuatro veces más que la naranja).
- Refrescante.
- Sabor a nuez muy agradable.
- Tradicionalmente se usa para combatir las infecciones respiratorias, la alergia, el mal de garganta y los trastornos del estómago.

Jugo de la manzana del anacardo o cajú
Ayuda a quemar grasa y aumenta el rendimiento físico de los deportistas.

1 Prasertsri P, Roengrit T, Kanpetta Y, Tong-Un T, Muchimapura S, Wattanathorn J, Leelayuwat N. Cashew apple juice supplementation enhanced fat utilization during high-intensity exercise in trained and untrained men. J Int Soc Sports Nutr. 2013 Mar 7;10(1):13. PubMed PMID: 23497120.

Infusiones y suplementos «quema-grasa»

Son complementos interesantes para una cura de adelgazamiento.

Té rooibos, antioxidante, aromático y adelgazante.

Agua de Jamaica

Además de ser un buen remedio contra la hipertensión arterial, el agua de Jamaica obtenida por infusión de la flor del hibisco (*Hibiscus sabdariffa*) contribuye a la pérdida de peso. Se ha comprobado que sus polifenoles inhiben parcialmente la enzima alfa-amilasa del intestino, con lo que frenan la asimilación de los hidratos de carbono y combaten la ganancia excesiva de peso.[2]

- Infusión «Agua de Jamaica» (ver pág. 86).

2 Chang HC, Peng CH, Yeh DM, Kao ES, Wang CJ. Hibiscus sabdariffa extract inhibits obesity and fat accumulation, and improves liver steatosis in humans. Food Funct. 2014 Apr;5(4):734-9. PubMed PMID: 24549255.

Té rooibos o té rojo

Una excelente infusión adelgazante y antioxidante obtenida de las hojas del *Aspalathus linearis,* una planta procedente de Sudáfrica. En experimentos de laboratorio se ha visto que el té rooibos frena la lipogénesis (formación de grasa) en las células.[1]

Rico en polifenoles antioxidantes y dotado de un delicado sabor y aroma, el té rooibos presenta varias ventajas respecto al té verde o el té negro obtenidos de la planta del té (*Thea sinensis*):

- No contiene cafeína, por lo que no crea adicción ni altera el sueño.
- Aporta una cierta cantidad de hierro, al contrario que el té o el café que, además de no contener este mineral, inhiben su absorción. En caso de anemia se desaconseja el uso de té o café, pero el té rooibos se puede usar libremente.
- No precisa que se le añada edulcorante, pues posee un suave sabor dulce natural.

Adelgazante natural

El agua de Jamaica tomada después de una comida, reduce la absorción de azúcares procedentes de la digestión de los hidratos de carbono.

1 Sanderson M, Mazibuko SE, Joubert E, de Beer D, Johnson R, Pheiffer C, Louw J, Muller CJ. Effects of fermented rooibos (Aspalathus linearis) on adipocyte differentiation. Phytomedicine. 2014 Jan 15;21(2):109-17. PubMed PMID: 24060217.

Aceite de coco

El aceite o la grasa del coco es diferente a la mayor parte de las grasas vegetales conocidas. Por estar compuesto de ácidos grasos de cadena media, se absorbe y metaboliza más fácilmente que la mayoría de los aceites. Estudios realizados en la Universidad Saga de Japón muestran que el aceite de coco, aun siendo una grasa, frena el acúmulo de grasa en el cuerpo y favorece la termogénesis.[3]

3 Nagao K, Yanagita T. Medium-chain fatty acids: functional lipids for the prevention and treatment of the metabolic syndrome. Pharmacol Res. 2010 Mar;61(3):208-12. PubMed PMID: 19931617.

Quemar grasa con el coco

Una o dos cucharadas de aceite o grasa de coco al día, o bien de dos a cuatro cucharadas de leche de coco, mezcladas con las bebidas o con la comida, ayudan a quemar grasa y a perder peso.

Kurozu

El kurozu o vinagre negro es una bebida típica japonesa a base de un tipo especial de vinagre obtenido a partir de arroz no refinado. En investigaciones con animales de laboratorio se ha visto que el kurozu reduce el tamaño de los adipocitos (células del tejido graso) y la grasa corporal.[4] Se usa también contra el cáncer y el exceso de colesterol.

4 Tong LT, Katakura Y, Kawamura S, Baba S, Tanaka Y, Udono M, Kondo Y, Nakamura K, Imaizumi K, Sato M. Effects of Kurozu concentrated liquid on adipocyte size in rats. Lipids Health Dis. 2010 Nov 23;9:134. PubMed PMID: 21092258.

Otras plantas «quema-grasa»

- **Garcinia cambogia**: Un fruto tropical del que se extrae un producto lipolítico («quema-grasa»).
- **Naranjo amargo**: Contiene sinefrina, una sustancia estimulante del metabolismo que favorece la combustión de las grasas (efecto lipolítico).

Termogénicos

Especias «quema-grasa»

Son complementos interesantes para añadir a una cura de adelgazamiento.

Pimienta de cayena

La cayena es un tipo de ají, chile o guindilla (*Capsicum annuum*) que estimula el metabolismo haciendo que se quemen más calorías. Puede añadirse en pequeñas cantidades a algunos jugos de verduras.

Todos los pimientos, chiles o ajís picantes contienen capsaicina, el alcaloide responsable de su sabor picante. La capsaicina contribuye a la reducción de peso por, al menos, estos dos mecanismos:

- Aumenta la producción de calor corporal, y con ello el consumo de energía.[1]
- Hacen que se ingieran menos calorías con otros alimentos.[2]

En realidad todos los ajís, chiles o pimientos picantes son termogénicos, pero la variedad de cayena es el más estudiado por su efecto acelerador del metabolismo.

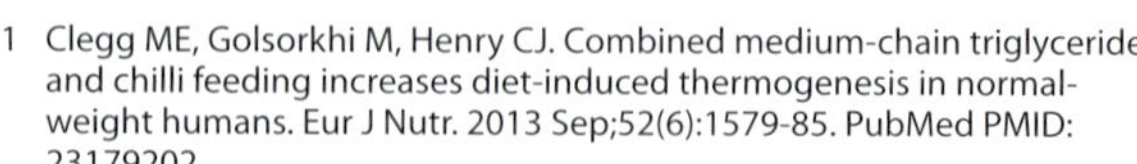

1 Clegg ME, Golsorkhi M, Henry CJ. Combined medium-chain triglyceride and chilli feeding increases diet-induced thermogenesis in normal-weight humans. Eur J Nutr. 2013 Sep;52(6):1579-85. PubMed PMID: 23179202.

2 Whiting S, Derbyshire EJ, Tiwari B. Could capsaicinoids help to support weight management? A systematic review and meta-analysis of energy intake data. Appetite. 2014 Feb;73:183-8. PubMed PMID: 24246368.

Canela

Diversos estudios muestran que estabiliza el nivel de azúcar en la sangre y favorece la combustión de las grasas. Recomendada especialmente para los diabéticos. Puede añadirse a jugos y licuados (batidos).

- «Infusión de canela» (ver pág. 188).

Cayena: Solo una pizca es suficiente

Añadir una pizca de pimienta de cayena en polvo a cualquier bebida o plato le otorga un cierto sabor picante y, además, acelera el metabolismo, favoreciendo la reducción de la grasa corporal.

Cúrcuma: Una especia muy versátil
La cúrcuma se puede añadir a cualquier bebida o plato, para lograr un efecto «quema-grasa».

Cúrcuma

Se llama cúrcuma al rizoma molido de la planta *Curcuma longa*, usado tradicionalmente en la cocina asiática. Entre las propiedades de la cúrcuma (digestiva, antiinflamatoria, anticancerígena y muchas más), figura la de inhibir la lipogénesis (acúmulo de grasa) y de favorecer la lipólisis (descomposición de la grasa), por lo que resulta de gran utilidad en las curas de adelgazamiento.[3]

- «Infusión de jengibre y cúrcuma» (ver pág. 87).
- «Infusión de cúrcuma» (ver pág. 203).

3 Lee J, Yoon HG, Lee YH, Park J, You Y, Kim K, Jang JY, Yang JW, Jun W. The potential effects of ethyl acetate fraction from Curcuma longa L. on lipolysis in differentiated 3T3-L1 adipocytes. J Med Food. 2010 Apr;13(2):364-70. PubMed PMID: 20412020.

Consejos generales

Antes de iniciar una cura de adelgazamiento se deben tomar ciertas precauciones para que resulte efectiva y agradable.

Empezar por una limpieza hepática

Todo lo que entra por nuestra boca y es absorbido en la sangre, pasa primeramente por el hígado. Una alimentación recargada, generalmente asociada con el exceso de peso, así como el consumo de sustancias tóxicas o de medicamentos, sobrecargan la función del hígado, verdadero laboratorio químico del organismo. Un hígado sobrecargado no procesa adecuadamente las proteínas, grasas e hidratos de carbono, lentifica el metabolismo y favorece el acúmulo de grasa corporal.

Para que tenga éxito, toda cura de adelgazamiento debe ir precedida o al menos asociada a una cura de limpieza hepática (ver pág. 262).

Mantenerse activo

Mientras se hace una cura de adelgazamiento es importante hacer ejercicio físico, no solamente para quemar más calorías, sino también para eliminar toxinas mediante la transpiración.

Favorecer la eliminación de toxinas

Para que una cura de adelgazamiento tenga éxito, debe favorecer la eliminación de toxinas por las cuatro vías naturales de limpieza del organismo (pág. 232):

- Pulmones.
- Intestino.
- Riñones.
- Piel.

Beber más agua de la habitual

El agua es la bebida más importante para perder peso. Se ha visto que el simple hecho de aumentar la ingestión de agua a lo largo del día contribuye a reducir el peso corporal en pacientes obesos.[1]

Además de seguir una dieta hipocalórica y de practicar ejercicio físico, se recomienda tomar

1 Stookey JD, Constant F, Popkin BM, Gardner CD. Drinking water is associated with weight loss in overweight dieting women independent of diet and activity. Obesity (Silver Spring). 2008 Nov;16(11):2481-8. PubMed PMID: 18787524.

Limpiar el hígado resulta fundamental para combatir el exceso de peso.

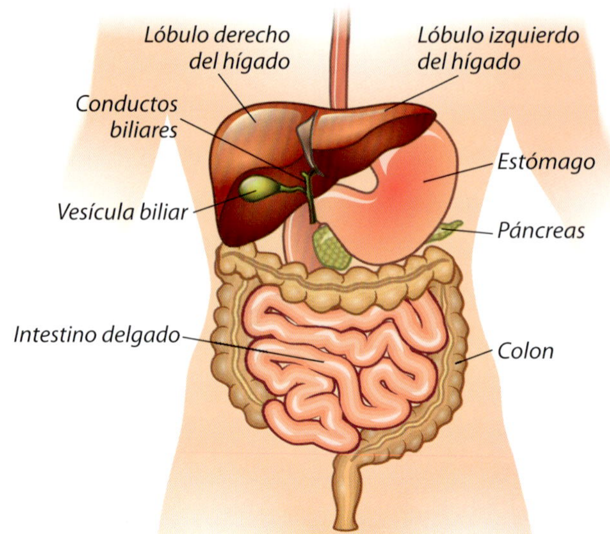

uno o dos vasos de agua al despertarse por la mañana, y de 10 a 15 minutos antes de cada comida.

Además de los jugos y otras bebidas, se recomienda beber al menos un litro de agua al día para quemar más grasa y favorecer la pérdida de peso.

Consultar con un profesional de la salud

Siempre resulta recomendable consultar con un nutricionista y/o médico antes de iniciar una cura de adelgazamiento, pero en estos casos es imprescindible:

- Cuando existen enfermedades asociadas al sobrepeso o a la obesidad.
- Cuando la cura se va a prolongar durante más de tres días seguidos.

Contraindicaciones de la cura de adelgazamiento

A ciertas personas, y en determinadas circunstancias, no les conviene realizar una cura de adelgazamiento a base de jugos:

- Mujeres embarazadas.
- Madres lactantes.
- Niños.
- Desnutrición o anemia.
- Enfermedades hepáticas o renales graves.
- Personas que van a ser operadas en los próximos días o que se hallan en periodo posoperatorio.
- Convalecientes de enfermedades debilitantes.

Alimentos sólidos

En una cura de adelgazamiento a base de bebidas pueden incluirse ciertos alimentos sólidos saludables.

Durante la cura de adelgazamiento a base de jugos conviene restringir todo lo posible la ingesta de alimentos sólidos. Sin embargo, opcionalmente se pueden consumir algunos, preferentemente crudos, tales como:

- Ensaladas.
- Frutas.
- Semillas y nueces.
- Germinados (brotes) de cereales o de legumbres.

Pan dextrinado
El pan dextrinado o doblemente horneado resulta de fácil digestión y, en cantidad moderada, puede formar parte de una cura de adelgazamiento. Como segunda opción, puede usarse el pan tostado común.

Dentro de la cura de adelgazamiento cabe una porción de alimentos cocinados al día, a base de legumbres, patata (papa), arroz, maíz, quinoa u otro cereal.

Si se toma pan, conviene que sea dextrinado o doblemente horneado.

Ensaladas
Las ensaladas de hortalizas frescas aderezadas como aceite de oliva, limón y opcionalmente muy poca sal, son un complemento ideal para la cura de adelgazamiento a base de bebidas.

Incluir fuentes de proteínas

Cada día nuestro cuerpo necesita una cierta cantidad de proteínas, de unos 0,7 gramos por kilo de peso corporal (unos 50 g de proteínas para una persona que pese 70 kg). Las proteínas no se acumulan, por lo que ingerirlas en exceso como hacen algunas dietas de adelgazamiento, solo consigue sobrecargar el hígado y los riñones, órganos encargados de eliminarlas.

La digestión de las proteínas quema más calorías que la de los hidratos de carbono o la de las grasas. Por eso conviene siempre añadir una cierta cantidad de proteínas a las curas de adelgazamiento, reduciendo los hidratos de carbono y las grasas.

Las proteínas vegetales son preferibles a las de la carne o la leche, pues no van acompañadas de colesterol ni de una alta proporción de grasa saturada. Además, las proteínas vegetales generan menos residuos ácidos que las animales. Combinando varias fuentes de proteína vegetal se obtiene fácilmente una proteína completa.

Semillas y nueces

Todo tipo de nueces crudas o ligeramente tostadas a baja temperatura son adecuadas para la dieta de adelgazamiento, en cantidades moderadas (un puñado de unos 30 g al día). Aportan ácidos grasos esenciales y proteínas.

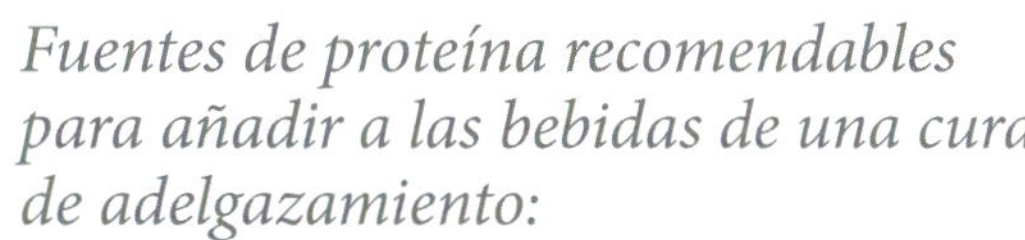

Fuentes de proteína recomendables para añadir a las bebidas de una cura de adelgazamiento:

- Tofu o tempeh.
- Puré de almendra, de sésamo (tahini) o de cacahuete (maní).
- Semillas de lino (linaza) molidas, ya que enteras apenas se digieren.
- Aguacate.

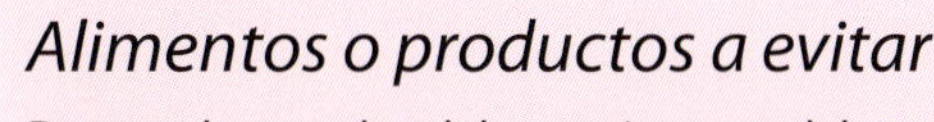

Alimentos o productos a evitar

Durante la cura de adelgazamiento se debe evitar cualquier cantidad de:

- Azúcar añadido.
- Edulcorantes artificiales.
- Harina blanca.
- Pasteles
- Fritos.
- Embutidos y fiambres.
- Comida «basura» o «chatarra».
- Alcohol.

Formas de seguir la cura

La cura de adelgazamiento puede hacerse según varios planes, de acuerdo con las circunstancias de cada persona.

Plan 1: Una bebida adelgazante al día

Sustituir una comida al día por una bebida saludable es la forma más sencilla y llevadera de adelgazar bebiendo. Puede ser el desayuno, el almuerzo o la cena la que se sustituya cada día por alguna de las bebidas que se muestran en la página 296.

Plan 2: Un día por semana a base de bebidas

Pasar solamente un día por semana a base de bebidas como las mencionadas en al página 296 resulta una forma muy eficaz de perder peso. Por supuesto, el día a base de jugos puede hacerse a la vez que se sustituye una comida cada día por una bebida saludable.

Plan 3: Tres días seguidos a base de bebidas

Esta es la forma más intensiva de llevar a cabo la cura de adelgazamiento. Los tres días a base de bebidas pueden repetirse periódicamente, pero no resulta aconsejable hacerlo con frecuencia sin control por parte de un profesional de la salud (ver pág. 322).

En las páginas 322 a 325 se dan algunas sugerencias para pasar uno o varios días completos a base de bebidas.

Un nuevo comienzo
La terminación de una cura de adelgazamiento a base de jugos, ya sea de uno o de varios días, es un buen momento para empezar a comer de forma más saludable y evitar así ganar peso nuevamente.

PLAN 4: SUSTITUIR COMIDAS POR LICUADOS (BATIDOS)

De forma esporádica o sistemática es posible sustituir algunas comidas por licuados (batidos), con lo que se logra perder peso (ver págs. 300 a 301).

PLAN 5: AYUNO COMPLETO

En general no se recomienda el ayuno de más de un día como método para perder peso, pues puede causar trastornos metabólicos o carencias de nutrientes y producir un efecto de rebote haciendo que se ingiera más alimento después del ayuno.

El ayuno de 24 horas, bebiendo agua por supuesto, puede estar indicado en determinados casos (ver pág. 242), pero en general es preferible seguir cualesquiera de los planes anteriormente citados.

QUÉ COMER DESPUÉS DE LA CURA

No cualquier alimento sólido resulta adecuado al terminar una cura de adelgazamiento a base de jugos. Las siguientes recomendaciones le ayudarán a reiniciar la alimentación oral:

- Comience a consumir alimentos sólidos de forma progresiva, comiendo pequeñas porciones. El estómago reduce su capacidad después de una cura a base de jugos y una comida copiosa podría causar un empacho o indigestión.
- Alimentos recomendados: Sopas, sémola de tapioca, purés de patata (papa) y de verduras, yogur de soja (o de vaca desnatado), leches vegetales y papillas de copos de avena o de otros cereales.
- Evite especialmente reiniciar la alimentación sólida con carnes y quesos curados, que podrían anular los beneficios obtenidos durante la cura.
- Aproveche la oportunidad de haber completado una cura de adelgazamiento para cambiar sus hábitos alimentarios por otros más saludables que no le hagan engordar de nuevo.

También ayuda a perder peso...

- Desayunar abundantemente y cenar poco o nada.
- Comer despacio, masticando bien cada bocado.
- No comer entre comidas.
- Hacer solamente dos o tres comidas sólidas al día (recientes investigaciones contradicen la idea popular de que comer poca cantidad muchas veces al día favorece la pérdida de peso).
- Empezar la comida con un plato de ensalada cruda.
- Comer más frutas, hortalizas, verduras, cereales integrales, legumbres y menos productos elaborados.
- Evitar los refrescos azucarados.
- Reducir la ingesta de harina refinada (blanca) y de azúcar blanco.
- Reducir o eliminar los embutidos, chorizos, salchichas y otras carnes procesadas.
- Si se consumen lácteos, que sean descremados (desnatados).
- Usar aceites vegetales en cantidad limitada sustituyendo a la mantequilla (manteca) y la margarina.

Beneficios de la cura

Romper con la comida sólida durante un tiempo limitado es una oportunidad para reorganizar los hábitos alimentarios.

La cura de adelgazamiento a base de bebidas (jugos de frutas y de verduras, licuados o batidos y tisanas) tiene muchas ventajas sobre otros planes y dietas de adelgazamiento.

Logra perder peso

La cura es un método seguro y eficaz de perder peso corporal, sin los efectos secundarios de las dietas desequilibradas, como las ricas en grasas y proteínas. Además, resulta fácil de aplicar en la práctica, más que la elaboración de recetas de plato.

Proporciona salud y vitalidad

Al seguir una cura de adelgazamiento a base de jugos se percibe un aumento de la vitalidad y de la energía, a pesar de haber reducido la cantidad total de calorías ingeridas.

Beber y no comer
Beber en lugar de comer permite aliviar la ansiedad que frecuentemente induce a abusar de la comida.

No hace pasar hambre

Los jugos y licuados o batidos producen una cierta saciedad en el estómago, con lo que se reduce el riesgo de tener que recurrir a aperitivos o meriendas a base de fritos, masas, pastelitos y dulces, todos ellos favorecedores de la obesidad.

Desintoxica

La cura de adelgazamiento no solamente logra perder peso, sino limpiar el organismo de las toxinas que se han acumulado durante años de mala alimentación. Al tratarse fundamentalmente de una dieta cruda, proporciona todos los ingredientes naturales necesarios para desintoxicar el organismo.

Supone un nuevo comienzo

Seguir una cura de adelgazamiento proporciona una oportunidad única para dejar atrás malos hábitos alimentarios y para aprender a disfrutar de alimentos vegetales sencillos.

De esta forma, la cura puede ser el comienzo de un nuevo estilo de alimentación y de vida más saludables.

Rompe con la adicción a la comida

La cura de adelgazamiento a base de jugos permite romper con el círculo vicioso de la adicción a los dulces y la comida «basura».

Las frutas y hortalizas no son adictivas ni es causa de antojos, como los productos procesados abundantes en grasa, azúcar refinado y sal (ver pág. 24).

Frena el envejecimiento

Al deshacerse de grasa superflua y de toxinas, y llenarse de vitaminas, minerales, fitoquímicos antioxidantes y enzimas facilmente asimilables procedentes de los jugos, el organismo lentifica los procesos de envejecimiento.

Protege contra el cáncer

El sobrepeso y la obesidad son ya de por sí un factor favorecedor del cáncer. Perder peso y tomar frutas y hortalizas llenas de sustancias anticancerígenas es la mejor prevención primaria del cáncer.

Menos calorías bebiendo

La mayoría de los jugos aportan entre 80 y 200 calorías por ración, por lo que tomando dos litros de jugo al día se ingieren unas 1.000 calorías diarias, una cantidad menor que con la mayoría de las dietas de adelgazamiento a base de alimentos sólidos.

Vencer la adicción a la comida

La cura a base de jugos y bebidas saludables da muy buenos resultados cuando existe adicción a la comida o bulimia.

La adicción a la comida o bulimia es una causa frecuente de sobrepeso y de obesidad, y es necesario identificarla para que la cura de adelgazamiento a base de jugos y otras bebidas saludables tenga éxito.

Características de la adicción a la comida

Resulta complicado definir la adición a la comida, pues todos necesitamos comer a diario. ¿Dónde se halla el límite entre comer para satisfacer las necesidades fisiológicas y la verdadera adicción a la comida? He aquí algunas características del adicto a la comida:

- Come de forma compulsiva, es decir, sin sentirse capaz de detener la ingesta de alimentos, aun hallándose físicamente saciado. Es el típico caso del que empieza una tableta de chocolate y no deja de comer trozos hasta que la termina.
- Come sin realmente necesitarlo, movido en muchos casos por la ansiedad.
- Come principalmente ciertos alimentos o productos que despiertan un deseo irrefrenable de consumirlos, aun sin tener hambre física:
  - Dulces a base de azúcar refinado añadido: galletas, pasteles, masas.
  - Productos altos en grasa y sal, como ciertos aperitivos salados (*snacks*).

La comida puede ser como una droga
Estudios realizados sobre el cerebro muestran que las reacciones que se producen en el cerebro en un adicto a la comida son similares a las que ocurren en un adicto a las drogas.

- Chocolate.
- Productos elaborados ricos en grasa saturada, como los que abundan en la llamada comida rápida.

- Por el contrario, el adicto a la comida raramente siente una atracción irresistible por:
  - Las frutas y hortalizas, aunque contengan azúcar de forma natural.
  - Los alimentos crudos: Es típico el caso de las nueces o almendras, que crudos no despiertan adicción, y en cambio tostadas o fritas y con sal hacen que algunas personas las coman en grandes cantidades sin poder controlar su ingesta.

Superando la adicción a la comida

Tratar o combatir la adicción a la comida no resulta nada fácil pues, a diferencia de muchas drogas, los productos causantes de adicción se hallan normalmente disponibles a todas horas y sin restricciones. La psicoterapia y los psicofármacos pueden ser necesarios en algunos casos, pero vale la pena intentar antes con una terapia más sencilla: la cura de adelgazamiento a base de jugos y otras bebidas saludables.

Por qué la cura de jugos resulta útil contra la adicción a la comida

- Todos sus ingredientes son crudos y no procesados, por lo tanto no causantes de adicción.
- Al no tener que comer, sino solamente beber, la cura de jugos rompe con la necesidad de ingerir alimentos sólidos, como son la mayoría de los causantes de adicción.
- Rompe con las oscilaciones bruscas del nivel de glucosa en la sangre, pasando en poco tiempo de la hiperglucemia a la hipoglucemia asociadas generalmente a un consumo excesivo de productos refinados a base de harina y azúcar blancos.
- Logra perder peso, lo cual resulta favorable para la mayoría de los adictos a la comida.

Ayuno completo

El ayuno completo a base de agua puede resultar también eficaz contra la adicción a la comida, pero suele ir seguido de un efecto rebote en el que, después de terminado el ayuno, se consume una cantidad mayor aún de alimentos. Este efecto rebote ocurre menos frecuentemente tras la cura de jugos.

Un vaso de jugo de pomelo antes de comer
El pomelo tomado antes de cada comida principal hace que se ingieran menos calorías, ayuda a eliminar grasa corporal, reduce el colesterol LDL (nocivo) y los triglicéridos y previene las enfermedades cardiovasculares.

Tipos de bebidas a utilizar

Todos los jugos y bebidas ayudan a perder peso, pero estos destacan por sus propiedades.

Sustituir cualquier comida sólida por una bebida saludable ya favorece la pérdida de peso. Pero el efecto adelgazante es más notable cuando se toman determinadas bebidas que destacan por sus propiedades saciantes, «quema-grasa» (termogénicas), depurativas o diuréticas.

Bebidas saciantes

Son saciantes las bebidas que una vez ingeridas producen sensación de saciedad en el estómago, reduciendo así el deseo por tomar más alimentos.

Ejemplos de bebidas saciantes:

- «Agua de chía» (ver pág. 178).
- «Jugo de naranja con baobab» (ver pág. 204).
- «Fibra a lo grande» (ver pág. 132).

Bebidas «quema-grasa»

Son bebidas que favorecen la producción de calor corporal (termogénesis) y con ello la combustión de grasa de depósito. Estas son algunas de ellas:

- «Jugo de pomelo (toronja)» (ver pág. 98).
- «Jugo de la manzana de cajú o marañón» (ver pág. 305).
- «Jugo de caigua» (ver pág. 305).
- «Té rooibos o té rojo» (ver pág. 306).
- «Agua de Jamaica» (ver pág. 86).
- «Aceite de coco» (ver pág. 307).

Bebidas diuréticas

Son bebidas que hacen orinar mayor volumen de líquido del que se ha ingerido, con lo que el resultado es una pérdida de líquidos corporales y, por lo tanto, de peso.

La mayor parte de las bebidas que contienen apio, sandía, espárrago o perejil tienen efecto diurético (ver *Índice de Ingredientes*, pág. 336).

Bebidas depurativas (pág. 226)

Son bebidas que favorecen la eliminación de toxinas y sustancias de desecho a través de los riñones, lo que contribuye a acelerar el metabolismo y a perder peso.

Todas las frutas y hortalizas son depurativas, pero de forma especial la mayor parte de las bebidas que contienen zanahoria, apio, limón, pepino, espinacas, hinojo o piña (ananás, [ver *Índice de Ingredientes*, pág. 336]).

Bebidas a evitar especialmente durante la cura

- **Bebidas con azúcar** refinado añadido o con **edulcorantes artificiales** como sodas y refrescos: El azúcar refinado o blanco aporta «calorías vacías», es decir, energía sin vitaminas, minerales, fibra ni antioxidantes. Estas «calorías vacías» se convierten fácilmente en grasa de depósito. Por otra parte, los edulcorantes artificiales no aportan calorías, pero aumentan el apetito.
- **Cualquier tipo de bebida alcohólica**: El alcohol aporta calorías a la dieta, unas siete por cada gramo, algo menos que las grasas (nueve calorías por gramo). Un solo vaso de vino o una jarra de cerveza tienen unas 200 calorías. Además, el alcohol altera el funcionamiento del hígado dificultando la eliminación de toxinas y residuos, lo que favorece la obesidad.

Bajar de peso en tres días

Una forma de perder peso en poco tiempo. Opcionalmente, se pueden hacer dos días o uno solo de cura.

Aunque en general no resulta recomendable perder peso de forma rápida, existen ocasiones en las que puede ser necesaria una reducción acelerada de la masa corporal. La pérdida rápida de peso puede tener un efecto psicológico en la persona que no consigue adelgazar de ninguna forma, y que se desanima ante la falta de resultados.

La cura de adelgazamiento de tres días contribuye a levantar el ánimo al comprobar que la pérdida de peso es posible.

El secreto del éxito está en mantener o incluso reducir el peso alcanzado después de los tres días. Hay que evitar los atracones una vez terminada la cura con el fin de que no se produzca un efecto de «baja y sube», también llamado «yo-yo», que predispone a trastornos metabólicos y a una mayor ganancia de peso (ver el apartado *Qué comer al terminar la cura de adelgazamiento*, pág. 315).

Comida sólida opcional

Si la cura de adelgazamiento a base de bebidas resulta excesivamente restrictiva, se pueden añadir algunos alimentos sólidos, tomados siempre después de la bebida adelgazante.

Los alimentos sólidos que mejor se adaptan a la cura son los siguientes (ver pág. 312).

- Ensaladas.
- Frutas.
- Semillas y nueces.
- Germinados (brotes) de cereales o de legumbres.
- Pan dextrinado o doblemente horneado.

Otras bebidas durante la cura

Durante el tiempo que dure la cura se pueden beber libremente cualesquiera de estas bebidas, además de las indicadas para cada día:

- Agua, sola o con jugo de limón (ver pág. 244).
- «Jugo de pomelo (toronja)» (ver pág. 98).
- «Agua de chía» (ver pág. 178).
- «Jugo de la manzana de cajú o marañón» (ver pág. 305).
- «Agua de tuna» (ver pág. 74).
- «Agua de Jamaica» (ver pág. 86).
- Jugos adelgazantes (ver pág. 296).
  - de pepino,
  - de apio,
  - de piña (ananás),
  - de manzana o de pera.
- Infusiones (ver pág. 306).

Menú primer día

Desayuno

Licuado (batido) **Dulce despertar** (pág. 158)

- Ingredientes: fresas (frutillas), mango, jugo de limón, vainilla y melaza.
- 115 calorías por porción de 250 ml.

Media mañana

Jugo **Agua va** (pág. 148)

- Ingredientes: zanahorias, pepino, apio, perejil y jugo de limón.
- 81 calorías por porción de 250 ml.

Almuerzo

Licuado (batido) **Fibra a lo grande** (pág. 132)

- Ingredientes: ciruelas, dátiles, plátano (banana), semillas de lino (linaza), salvado de trigo y jugo de naranja.
- 200 calorías por porción de 250 ml.

Media tarde

Licuado (batido) **Super *detox*** (pág. 96)

- Ingredientes: zanahorias, manzana, apio y limón.
- 130 calorías por porción de 250 ml.

Cena

Caldo **Depurativo para el hígado** (pág. 121)

- Ingredientes: alcachofas (alcauciles), cebolla y jugo de limón.
- Apenas aporta calorías.

Bajar de peso en tres días (2º y 3º)

Con esta cura, además de perder peso, se gana en salud.

Menú segundo día

Desayuno

Licuado (batido) **Banana exprés** (pág. 78)

- Ingredientes: leche de arroz, plátanos (bananas), mango, germen de trigo y canela.
- 177 calorías por porción de 250 ml.

Media mañana

Jugo **Riñones felices** (pág. 150)

- Ingredientes: sandía, espárragos, apio y melaza.
- 104 calorías por porción de 250 ml.

Almuerzo

Sopa fría **Gazpacho andaluz** (pág. 84)

- Ingredientes: tomates, pepino, pimiento dulce (morrón), cebolla, pan, ajo, aceite de oliva, sal y jugo de limón.
- 208 calorías por porción de 250 ml.

Media tarde

Jugo **Alcalinizante total** (pág. 198)

- Ingredientes: espinacas, col (*kale*), hinojo, jugo de piña (ananás) y menta.
- 130 calorías por porción de 250 ml.

Cena

Caldo **Antidiabético** (pág. 189)

- Ingredientes: cebolla, judía verde (chaucha o ejotes) y alcachofa (alcaucil).
- Apenas aporta calorías.

Menú tercer día

DESAYUNO

Licuado (batido) **Energía verde** (pág. 68)

- Ingredientes: espinacas, plátano (banana), leche de soja y jugo de limón.
- 191 calorías por porción de 250 ml.

MEDIA MAÑANA

Jugo **Piel tersa** (pág. 210)

- Ingredientes: pepino, apio y jugo de piña (ananás).
- 65 calorías por porción de 250 ml.

ALMUERZO

Licuado (batido) **Hierro al rojo vivo** (pág. 92)

- Ingredientes: remolacha roja (betabel), uvas pasas, anacardos (cajú o marañón) y jugo de limón.
- 227 calorías por porción de 250 ml.

MEDIA TARDE

Jugo **Corazón verde** (pág. 90)

- Ingredientes: lima, col y agua de coco.
- 59 calorías por porción de 250 ml.

CENA

Caldo **Depurativo alcalinizante** (pág. 246)

- Ingredientes: cebolla y apio.
- Apenas aporta calorías.

Epílogo

Limpieza espiritual

La limpieza corporal y espiritual van unidas, y se potencian mutuamente.

A lo largo de esta obra se muestra cómo las bebidas pueden limpiar las toxinas de tipo químico, ya sea que procedan de la contaminación exterior al cuerpo o del interior del propio organismo. Porque dentro de nuestro cuerpo se producen toxinas, sustancias extrañas como la urea que deben ser eliminadas para mantener la salud. Si los riñones y otras vías de eliminación no funcionan correctamente, y las toxinas endógenas se acumulan, puede llegar a producir la muerte.

Toxinas espirituales

Pero en nuestro interior no solamente se producen toxinas de tipo químico. Existen otras toxinas, peor aún si cabe que las químicas, que también salen de dentro del ser humano. Son las que podríamos llamar «toxinas espirituales», que perturban la dimensión espiritual de todo ser humano. Ejemplos de esas toxinas son los sentimientos de culpa, de rencor, de venganza y de odio; los pensamientos negativos y las ideas destructivas. Todas ellas son auténticas «sustancias extrañas» para nuestra mente que también debe ser eliminadas, pero estas mediante otras curas de limpieza espiritual. Si no se hace, se corre también el riesgo de muerte interior.

Hace casi dos mil años que Jesús de Nazaret, desde su total conocimiento de la naturaleza humana, habló de esos contaminantes espirituales. El evangelista Marcos recoge así las enseñanza del Maestro: «*Pero decía que lo que sale del hombre, eso contamina al hombre, porque de dentro, del corazón de los hombres, salen los malos pensamientos...*»[1]

Si es importante la limpieza corporal mediante las bebidas y curas, igual o más lo es la limpieza espiritual. Porque, ¿de qué sirve un cuerpo limpio y libre de venenos, si se halla contaminado por toxinas espirituales? ¿Para qué un cuerpo cuidado y saludable si la mente se halla sucia a causa de pensamientos negativos?

Curas de limpieza interior

Los creyentes disponemos de varias curas para lograr la limpieza espiritual, como el bautismo auténtico por inmersión practicado por Juan el Bautista en tiempos bíblicos, y el lavamiento de pies entre semejantes. En ambas ceremonias se aplica el agua como símbolo de la limpieza espiritual que se obtiene mediante el perdón divino.

Pero por encima de cualquier ceremonia, la auténtica limpieza interior se alcanza mediante la confesión directa al Padre celestial de las propias culpas, faltas, rencores y odios, de forma íntima y secreta como Jesús enseñó a hacer. Cuando el alma sincera se acoge al perdón del Único que puede limpiar las toxinas espirituales, el sentimiento de culpa da paso al de liberación, el miedo se torna en confianza, el rencor en bondad, y el odio en amor.

1 Marcos 7: 20, 21

Éxito garantizado

Si las curas depurativas pueden no tener éxito debido a la gravedad de la enfermedad, la limpieza interior de tipo espiritual obtenida mediante la comunión con lo Divino no falla nunca, ni ante la mayor suciedad; la desintoxicación se halla plenamente garantizada por los méritos del propio Jesús, quien vivió libre de toda mancha espiritual y pagó sobradamente la culpa de cada ser humano. Y además, nos dio ejemplo para que contemplándolo seamos transformados y limpiados.

Estimado lector, si no has experimentado aún el alivio y la paz que proporcionan esa cura de limpieza espiritual, te invitamos a que lo hagas. La salud física y la espiritual se potencian mutuamente.

Sinonimia hispánica

Algunos de los nombres de alimentos y términos alimentarios o culinarios que varían entre los muchos países de habla hispana.

España	Sudamérica	Centroamérica y México
Achojcha, Achoncha	Caigua, achoscha	Jaiba, archicha
Aguacate	Palta	Aguacate
Albaricoque	Damasco	Chabacano, albérchigo,
Alcachofa	Alcaucil	Alcachofa, alchofa
Anacardo	Castaña de cajú, marañón	Nuez de la India, marañón, cajuil, merey
Azúcar integral, azúcar moreno	Azúcar negro, azúcar crudo	Azúcar moreno, azúcar mascabado,
Boniato, patata dulce	Batata, camote, papa dulce	Camote
Cacahuete	Maní	Maní, cacahuate
Calabaza	Zapallo	Calabaza, ahuyama
Calabacín	Zapallito	Calabacita
Cassabana	Cassabanana, sicana	Calabaza melón, persico, melón colorado, melocotón de Brasil, calabaza de Guinea
Chayota, patata china	Chayote, papa del aire, chu-chu	Guatila, chayote, cidra, papa de pobre
Chirimoya	Anona blanca. Chirimoya	Chirimoya, anona
Cocer a medias, sin que llegue a ablandarse	Sancochar	Sancochar
Col	Repollo	Col, repollo
Col de Bruselas	Repollito de Bruselas	Col de Bruselas
Col o berza rizada sin cogollo (kale)	Col o berza rizada sin cogollo (kale)	Col o berza rizada sin cogollo (kale)
Encurtido	Pickle	Curtido
Escarola, achicoria común	Radicheta	Escarola
Fresa	Frutilla	Fresa
Fruta de la pasión	Granadiilla, maracuyá	Maracuyá
Guayaba amazónica	Guayaba, arazá	Guayaba

España	Sudamérica	Centroamérica y México
Guindilla, chile	Ají, ají de la mala palabra	Chile
Guisante	Arveja	Chícharo
Hueso (de la fruta)	Carozo	Pepa, cuesco
Higo chumbo, tuna	Tuna	Tuna
Judía, alubia, habichuela	Poroto	Frijol
Judía verde, vaina	Chaucha	Ejote, habichuela, poroto verde, frijol verde
Kumquat	Quinoto	Naranjita
Lino	Linaza	Linaza
Maíz	Choclo	Elote
Melocotón	Durazno	Durazno
Nectarina	Pelón	Nectarina
Okra	Chicombó	Gombo, okra
Patata	Papa	Papa
Piloncillo, rapadura	Panela, chancaca, raspadura, empanizao	Piloncillo, tapa de dulce
Pimiento	Morrón	Chile morrón, morrón
Piña tropical	Ananá	Piña
Plátano	Banana	Guineo, plátano, cambur
Polenta	Polenta, chuchoca	Polenta
Pomelo	Pomelo	Toronja
Puerro	Puerro, ajo porro	Poro
Remolacha roja	Betarraga, betabel	Betabel
Requesón, cuajada	Ricota	Requesón
Sésamo	Sésamo, ajonjolí	Ajonjolí
Tomate	Tomate	Jitomate rojo

INGREDIENTES ALTERNATIVOS

Cuando algún ingrediente no se halla disponible, se puede sustituir por ciertos ingredientes alternativos.

Ingrediente usado en esta obra	Ingredientes alternativos
Almendra	• Anacardo (cajú, marañón) • Nuez pecana
Anacardo (cajú, marañón)	• Almendra • Nuez pecana
Arándano	• Açai • Acerola • Goji
Acelga	• Hojas de mostaza • Hojas de col (kale)
Açaí	• Grosella negra • Acerola • Arándano • Uva negra
Albaricoque (Damasco)	• Mango • Melocotón (Durazno)
Berro	• Rúcula
Brócoli	• Col o berza
Cereza	• Acerola
Calabacín (zapallito)	• Chayote
Chayote	• Calabacín (zapallito)
Ciruela	• Litchi • Rambután
Espinaca	• Hojas de chaya (se han de consumir cocinadas, pues crudas son tóxicas) • Espinaca de agua
Frambuesa	• Açai • Acerola • Fresa (frutilla) • Grosella

Ingrediente usado en esta obra	Ingredientes alternativos
Fresa (frutilla)	• Frambuesa • Grosella
Grosella	• Açaí • Arándano • Uva negra
Guayaba	• Pera
Hinojo, bulbo	• Raíz de apio
Kiwi	• Fruta del dragón (pitahaya)
Limón	• Lima
Lino, semillas (linaza)	• Chía, semillas
Mango	• Melocotón (durazno) • Albaricoque (damasco)
Manzana	• Azufaifa • Ambarella, jobo indio (*Spondias dulcis*)
Melocotón (durazno)	• Mango
Mora (de la zarzamora)	• Mora (del árbol de la morera)
Nopal	• Judías verdes (chauchas)
Nuez	• Castaña de Pará (Nuez del Brasil)
Pera	• Guayaba
Rúcula	• Berro
Tomate	• Tamarillo (tomate de árbol)
Tuna (higo chumbo)	• Higo • Guayaba
Uvas pasas	• Açaí • Goji

UNIDADES DE MEDIDA Y ABREVIATURAS

ºC: Grados Celsius (centígrados).

Caloria: En esta obra equivale a kcal (kilocaloría).

ºF: Grados Farenheit.

g: Gramo. 1 g = 1.000 mg = 1.000.000 µg.

J: Julio. Unidad de energía en el Sistema Internacional de unidades. 1 J = 0,000239 kcal.

kcal: Kilocalorías. Unidad de energía usada habitualmente en nutrición. El prefijo "kilo" se suele omitir en la práctica. Habitualmente, las kilocalorías se designan como calorías. Otros sinónimos de kilocaloría son caloría grande, caloría dietética, caloría de nutricionista o caloría alimentaria.
Una kilocaloría o caloría es aproximadamente la energía necesaria para aumentar en 1 ºC la temperatura de 1 kg de agua. 1 kcal = 4,184 kj.
Las kilocalorías o calorías no forman parte del Sistema Internacional de unidades (SI). La unidad de energía en el SI es el Julio (J).

kg: Kilogramo. 1 kg = 1.000 g.

kj: Kilojulio. Unidad de energía equivalente a 1.000 J. 1 kJ = 1.000 J = 0,239 kcal.

l: Litro. 1 l = 1.000 ml.

mEq: Miliequivalentes

mg: Miligramo. 1 mg = 0,001 g = 1.000 µg.

ml: Mililitro. 1 ml = 0,001 l.

µg: Microgramo. 1 µg = 0,001 mg = 0,000001 g.

Onza: 1 onza = 28,35 g.

pág.: Página.

sin.: Sinónimo.

Medidas habituales

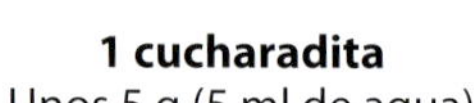

1 cucharadita
Unos 5 g (5 ml de agua)

1 cucharada
Unos 15 g (15 ml de agua)

1 taza o vaso
Unos 250 g (250 ml de agua)

VALOR DIARIO DE LOS NUTRIENTES

Se entiende por valor diario la cantidad diaria necesaria de cada nutriente en una dieta estándar de 2.000 calorías.

Valor Diario usado como referencia para los gráficos CDO

Nutriente	Valor diario
Azúcares	90 g
Calorías	2.000
Grasas	70 g
Grasas saturadas	20 g
Sodio	2,4 g
Proteínas	50 g
Fibra	25 g

Valor Diario usado como referencia para los cuadros de "Vitaminas y minerales"

Nutriente	Valor diario
Calcio	1.300 mg
Hierro	18 mg
Magnesio	420 mg
Fósforo	1.250 mg
Potasio	4.700 mg
Cinc	11 mg
Cobre	0,9 mg
Selenio	55 µg
Vitamina A	900 µg
Vitamina E	15 mg
Vitamina C	90 mg
Vitamina B_1	1,2 mg
Vitamina B_2	1,3 mg
Niacina	16 mg
Vitamina B_6	1,7 mg
Vitamina K	120 µg
Folato	400 µg

El valor Diario mostrado en estas tablas es el que se usa como valor de referencia para todos los cálculos de porcentajes de nutrientes de esta obra:

- En los gráficos CDO (ver su explicación en la página 8).
- En los cuadros de "Vitaminas y minerales por cada porción".

Índice de enfermedades

Enfermedades y trastornos tratados en esta obra, agrupadas por órganos, aparatos o sistemas.

Ojos
- Degeneración macular de la retina, 52
- Glaucoma, 54
- Retina, degeneración macular, 52
- Trastornos de la visión, 50

Nervioso
- Accidente vascular cerebral, 72
- Agotamiento nervioso, 56
- Alcoholismo, 74
- Alcoholismo, desintoxicación, 256
- Ansiedad, 58
- Ataque cerebral, 72
- Café, desintoxicación, 252
- Depresión, 56, 66-71
- Desintoxicación de la cafeína, 252
- Desintoxicación del alcohol, 256
- Desintoxicación del tabaco, 254
- Embolia cerebral, 72
- Enfermedad de Alzheimer, 64
- Estrés, 56
- Insomnio, 60
- Memoria, pérdida, 62
- Nerviosismo, 56
- Pérdida de memoria, 62
- Tabaquismo, 116
- Tabaquismo, desintoxicación, 254
- Trombosis cerebral, 72

Cardiovascular
- Arteriosclerosis, 88
- Corazón estresado, 76
- Corazón, ataque, 90
- Coronaria, enfermedad, 90
- Enfermedad coronaria, 90
- Hipertensión arterial, 78-87, 104
- Hipotensión arterial, 87
- Ictus, 72

Sangre
- Anemia, 94
- Carencia de hierro, 92
- Colesterol elevado, 100-105
- Desintoxicación de metales pesados y pesticidas, 258
- Hierro, carencia, 92
- Metales pesados, desintoxicación, 258
- Pesticidas, desintoxicación, 258
- Sobrecarga de toxinas, 96-99
- Talasemia, 104
- Toxinas, sobrecarga, 96
- Triglicéridos elevados, 106
- Trombosis, 108

Respiratorio
- Asma, 114
- Bronquitis, 110-113
- Infecciones respiratorias, 110
- Otitis, 110
- Respiratorias, infecciones, 110
- Sinusitis, 110
- Tos, 112

Hígado
- Hígado graso, 122
- Inflamatorios, estados, 198
- Inflamación del hígado, 118-122

Estómago
- Acidez de estómago, 126
- Digestión pesada, 124
- Estómago, acidez, 126
- Gastritis y úlcera, 130
- Helicobacter, 128
- Úlcera de estómago, 130

Intestino
- Cáncer de colon, 146
- Celiaquía, 144
- Colitis, 140
- Colitis ulcerosa, 104
- Colon, cáncer, 146
- Colon irritable, 142
- Constipación, 132-137
- Diarrea, 138
- Enfermedad celiaca, 144
- Estreñimiento (constipación), 132-137
- Gastroenteritis y diarrea, 138
- Gluten, intolerancia, 144
- Intolerancia al gluten, 144

Urinario
- Infecciones urinarias, 152
- Líquidos, retención, 148
- Litiasis renal, 154
- Pérdida de sales, 150
- Retención de líquidos, 148
- Riñones, piedras, 154
- Sales minerales, pérdida, 150
- Urinarias, infecciones, 152

Reproductor
- Cáncer de mama, 172-175
- Cáncer de próstata, 168-171
- Deseo sexual, disminución, 156-159
- Disfunción eréctil, 162-165
- Dismenorrea, 148
- Disminución del deseo sexual, 156-159
- Eréctil, disfunción, 162-165
- Fertilidad reducida, 160
- Hipertrofia de la próstata, 166
- Impotencia sexual, 162-165
- Infertilidad, 160
- Leche insuficiente, 176
- Mama, cáncer, 172-175
- Mama, lactación insuficiente, 176
- Próstata, cáncer, 168-171
- Próstata, hipertrofia, 166
- Regla, trastornos, 148
- Sexual, deseo, disminución, 156-159
- Sexual, impotencia, 162-165

Metabolismo
- Ácido úrico y gota, 192
- Delgadez, 182
- Diabetes, 184-189
- Gota, 192
- Metabólico, síndrome, 190
- Obesidad, 178-181
- Obesidad abdominal, 298
- Obesidad, en síndrome metabólico, 190
- Peso, aumento, 178-181
- Peso, pérdida, 182
- Síndrome metabólico, 190
- Sobrepeso, 178-181
- Triglicéridos, en síndrome metabólico, 190

Locomotor
- Artritis, 202
- Artrosis, 200
- Bajo rendimiento físico, 194
- Estados inflamatorios, 198
- Fatiga crónica, 196
- Osteoporosis, 204-207

Piel
- Acné, 214
- Celulitis, 210
- Eccema, 104
- Infecciones cutáneas, 212
- Piel seca, 208
- Piel, infecciones, 212

Inmunitario
- Alergia, 224
- Baja de defensas, 216-219
- Defensas, baja, 216-219
- Gripe, 220
- Infecciones bacterianas y víricas, 222
- Resfriado, 220

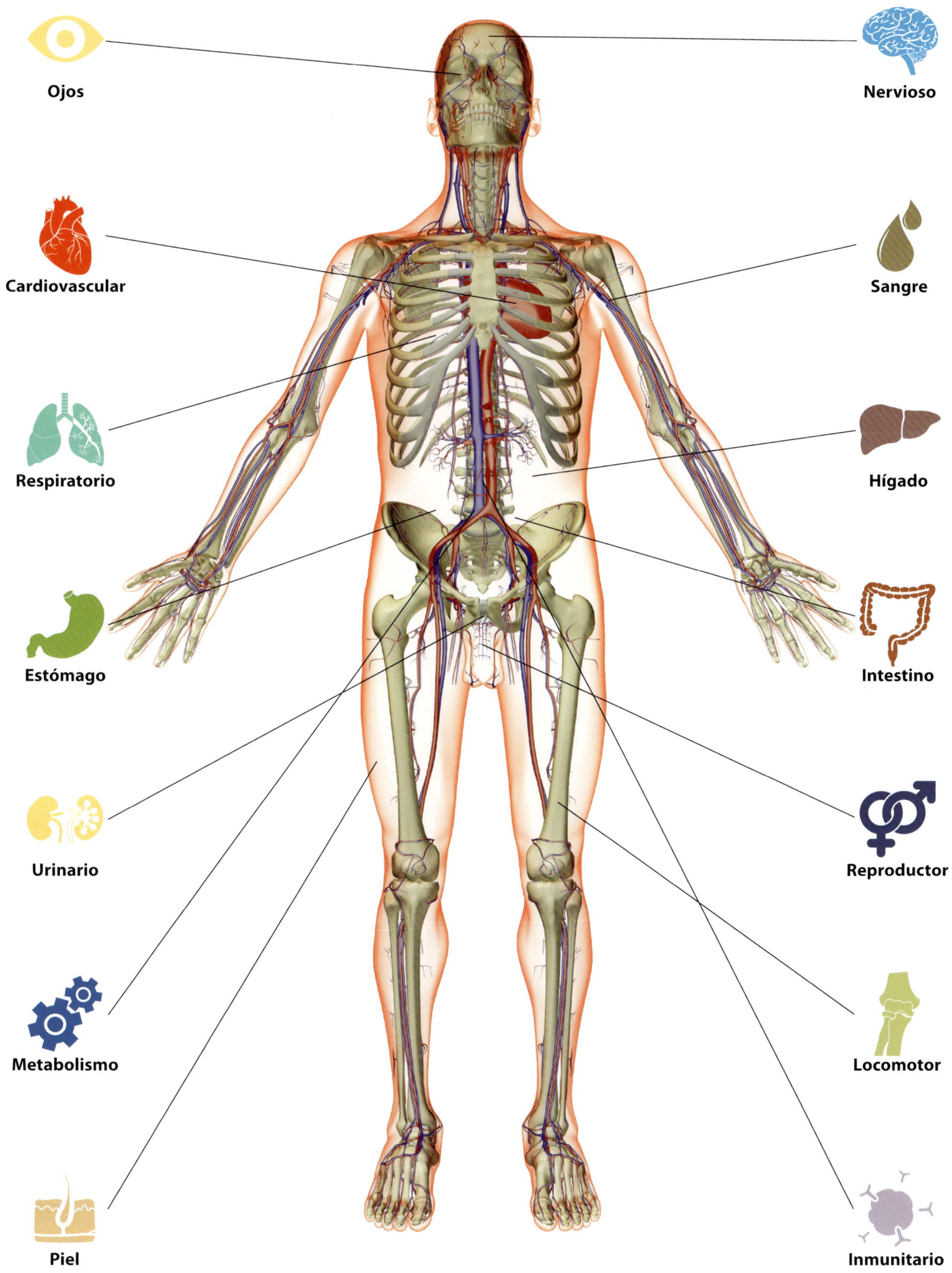
Ojos
Nervioso
Cardiovascular
Sangre
Respiratorio
Hígado
Estómago
Intestino
Urinario
Reproductor
Metabolismo
Locomotor
Piel
Inmunitario

Índice de tipos de bebida

Bebidas de esta obra agrupadas según su tipo.

Bebidas de cereales
- Atole, 27
- Chicha morada, 80, 26
- Emoliente peruano, 27
- Horchata mexicana, 138, 26
- Kurozu (vinagre negro), 27, 307
- Malta, 26
- Mote con huesillos, 27

Bebidas con inconvenientes
- Bebidas energéticas, 45
- Café, 44
- Guaraná, 45
- Kombucha, 45
- Leche de vaca, 42
- Mate, 45
- Refrescos, 43
- Té negro, 45
- Té verde, 45
- Tereré, 45

Bebidas perjudiciales
- Bebidas alcohólicas, 46

Bebidas sin alcohol
- Amargos, 35
- Cerveza sin alcohol, 35
- Vino sin alcohol, 34

Caldos
- Caldo antidiabético, 189
- Caldo depurativo total, 246
- Depurativo para el hígado, 121

Cócteles
- Bloody Mary, 36
- Capirinha sin alcohol, 245
- Cóctel de algarrobina, 39
- Mojito virgen, 40
- Piña colada virgen, 38
- Pisco sour virgen, 41
- San Francisco virgen, 38
- Terremoto sin alcohol, 37

Infusiones
- Agua de Jamaica, 86, 306
- Antiespasmódica, 143
- Boldo, sen e hinojo, 136
- Diente de león, 247
- Digestiva, 125
- Grosellero negro, 247
- Infusión de canela, 188
- Infusión de cardo mariano, 120
- Infusión de cola de caballo, 247
- Infusión de cúrcuma, 203
- Infusión de jengibre y cúrcuma, 87
- Infusión de pata de vaca, 189
- Ortiga verde, 247
- Sedante, 61
- Té rooibos o té rojo, 306

Jugos
- Açaí, 202
- Agua de limón, 244
- Agua va, 148
- Alcalinizante total, 198
- Antialérgico, 224
- Antiinflamatorio intestinal, 144
- Antiinflamatorio vegetal, 200
- Bebé satisfecho, 176
- Corazón verde, 90
- Cortafuegos, 126
- Cura de naranjas, 249
- Cura de uva, 249
- Disolviendo piedras, 154
- Estómago feliz, 124
- Hierba de trigo, 104
- Huesos fuertes, 206
- Inflamación superada, 166
- Integral de uva, 108
- Jugo de aloe, 212
- Jugo de apio, 296
- Jugo de caigua, 305
- Jugo de cajú, 197, 305
- Jugo de cereza, 60
- Jugo de manzana , 64, 297
- Jugo de naranja con baobab, 204
- Jugo de pepino, 296
- Jugo de pera, 297
- Jugo de piña, 296
- Jugo de pomelo (toronja), 98, 304
- Jugo de tomate, 168
- Limonada antiinflamatoria, 244
- Limpia mocos, 110

- Limpiador hepático, 118
- Piel de terciopelo, 214
- Piel tersa, 210
- Poder morado, 218
- Potencia al cubo, 162
- Protector gástrico, 130
- Protector intestinal, 146
- Regenerador hepático, 122
- Regulador de tensión, 82
- Respiración profunda, 112
- Riego aumentado, 72
- Riñones felices, 150
- Sangría sin alcohol, 102
- Senos a salvo, 174
- Simplemente naranja, 216
- Simplemente zanahoria, 88
- Sin humos, 116
- Super detox, 96
- Triple pigmento, 50
- Verde antidiabético, 186

Leches vegetales
- Antibiótico blanco, 222
- Leche de alpiste, 29
- Leche de almendra, 31
- Leche de arroz, 28
- Leche de avena, 32
- Leche de avellanas, 28
- Leche de quinoa, 33
- Leche de soja, 30
- Horchata de chufa, 29

Licuados (batidos)
- Agua de chía, 178
- Agua de tuna, 74
- Antiasmático, 114
- Banana exprés, 78
- Calma intestinal, 140
- Calmante urinario, 152
- Chayote y piña, 106
- Colesterol bajo control, 100
- Cura de cerezas, 249
- Cura de fresas (frutillas), 249
- Disco duro, 62
- Dulce despertar, 158
- Energía verde, 68
- Erradicador vegetal, 128
- Escudo mamario, 172
- Escudo prostático, 170
- Fibra a lo grande, 132
- Hierro al rojo vivo, 92
- Verde antianémico, 94
- Infatigable, 194
- Insulina tropical, 184
- Intestino ligero, 134
- Latidos firmes, 76
- Limonada antigripal, 220
- Limonada integral, 244
- Limpiador de ácido, 192
- No más cólicos, 142
- No más síndrome, 190
- Ojos libres, 54
- Pilas nuevas, 196
- Poder cerebral, 56
- Sangre clara, 106
- Serenidad dulce, 58
- Sonría, por favor, 66
- Suave y firme, 208
- Uno más uno son tres, 160
- Viagra natural, 164
- Vientre plano, 180
- Vista de águila, 52
- Volumen adicional, 182

Sopas frías
- Ajo blanco, 70
- Gazpacho andaluz, 84

Índice por ingredientes

Ingredientes utilizados en las bebidas de esta obra ordenados alfabéticamente para facilitar su localización.

Açai
- Açaí [Jugo], 202

Aceite de oliva
- Ajo blanco [Sopa fría], 70
- Gazpacho andaluz [Sopa fría], 84
- Jugo de tomate [Jugo], 168

Agua de Jamaica
- Vientre plano [Licuado], 180

Aguacate
- Insulina tropical [Licuado], 184
- Uno más uno son tres [Licuado], 160
- Verde antianémico [Licuado], 94

Ajo
- Ajo blanco [Sopa fría], 70
- Caldo depurativo total [Caldo], 246
- Gazpacho andaluz [Sopa fría], 84
- Limonada antigripal [Licuado], 220
- Riego aumentado [Jugo], 72

Albahaca, hojas
- Riego aumentado [Jugo], 72

Alcachofa (alcaucil)
- Depurativo para el hígado [Caldo], 121
- Caldo antidiabético [Caldo], 189

Algarrobina, jarabe
- Cóctel de algarrobina [Cóctel], 39

Almendra
- Ajo blanco [Sopa fría], 70
- Insulina tropical [Licuado], 184
- Leche de almendra [Leche vegetal], 31
- Pilas nuevas [Licuado], 196
- Sonría, por favor [Licuado], 66
- Volumen adicional [Licuado], 182

Aloe vera
- Calma intestinal [Licuado], 140
- Jugo de aloe [Jugo], 212

Alpiste
- Leche de alpiste [Leche vegetal], 29

Anacardo (cajú o marañón)
- Hierro al rojo vivo [Licuado], 92
- Ojos libres [Licuado], 54

Ananás: *ver* Piña

Anís, semillas
- Antiespasmódica [Infusión], 143
- Digestiva [Infusión], 125

Apio
- Agua va [Jugo], 148
- Caldo depurativo total [Caldo], 246
- Jugo de apio [Jugo], 296
- Piel tersa [Jugo], 210
- Regulador de tensión [Jugo], 82
- Riñones felices [Jugo], 150
- Super detox [Jugo], 96

Arándanos
- Calmante urinario [Licuado], 152
- Erradicador vegetal [Licuado], 128
- Poder cerebral [Licuado], 56
- Poder morado [Jugo], 218
- Sonría, por favor [Licuado], 66
- Triple pigmento [Jugo], 50

Arroz
- Horchata mexicana [Bebida de cereales], 138, 26
- Leche de arroz [Leche vegetal], 28

Arroz integral
- Kurozu (vinagre negro) [Bebida de cereales], 27, 307

Arroz, leche
- Antiinflamatorio intestinal [Jugo], 14
- Banana exprés [Licuado], 78
- No más cólicos [Licuado], 142

Avellanas
- Leche de avellanas [Leche vegetal], 28

Avena
- Colesterol bajo control [Licuado], 100
- Leche de avena [Leche vegetal], 32
- Poder cerebral [Licuado], 56
- Serenidad dulce [Licuado], 58
- Volumen adicional [Licuado], 182

Avena, salvado
- No más síndrome [Licuado], 190
- Protector intestinal [Jugo], 146

Banana: *ver* Plátano

Baobab, harina
- Jugo de naranja con baobab [Jugo], 204

Betabel: *ver* Remolacha roja

Boldo
- Boldo, sen e hinojo [Infusión], 136
- Emoliente peruano [Bebida de cereales], 27

Brócoli
- Antiinflamatorio vegetal [Jugo], 200
- Caldo depurativo total [Caldo], 246
- Erradicador vegetal [Licuado], 128
- Escudo mamario [Licuado], 172
- Protector intestinal [Jugo], 146
- Verde antidiabético [Jugo], 186

Caigua
- Jugo de caigua [Jugo], 305

Cajú: *ver* Anacardo

Calabacín (zapallito)
- Antiinflamatorio intestinal [Jugo], 144
- Cortafuegos [Jugo], 126
- Huesos fuertes [Jugo], 206

Canela
- Antibiótico blanco [Leche vegetal], 222
- Banana exprés [Licuado], 78
- Chicha morada [Bebida de cereales], 80, 26
- Cóctel de algarrobina [Cóctel], 39
- Colesterol bajo control [Licuado], 100
- Horchata mexicana [Bebida de cereales], 138, 26
- Infusión de canela [Infusión], 188
- Infusión de jengibre y cúrcuma [Infusión], 87
- Insulina tropical [Licuado], 184
- Limonada antiinflamatoria [Jugo], 244
- Sangría sin alcohol [Jugo], 102
- Suave y firme [Licuado], 208

Cardo mariano
- Infusión de cardo mariano [Infusión], 120

Castaña de Pará: *ver* Nuez del Brasil

Cayena
- Bloody Mary [Cóctel], 36
- Limonada antigripal [Licuado], 220

Cebada
- Cerveza sin alcohol [Bebida sin alcohol], 35
- Emoliente peruano [Bebida de cereales], 27
- Malta [Bebida de cereales], 26

Cebolla
- Caldo antidiabético [Caldo], 189
- Caldo depurativo total [Caldo], 246
- Depurativo para el hígado [Caldo], 121
- Gazpacho andaluz [Sopa fría], 84
- Limpia mocos [Jugo], 110
- Respiración profunda [Jugo], 112

Cedrón
- Tereré [Bebidas con], 45

Cereza
- Cura de cerezas [Licuado], 249
- Jugo de cereza [Jugo], 60

Cerezas
- Limpiador de ácido [Licuado], 192

Chaucha: *ver* Judía verde

Chayote
- Chayote y piña [Licuado], 106

Chía, semillas
- Agua de chía [Licuado], 178
- No más síndrome [Licuado], 190

Chufa
- Horchata de chufa [Leche vegetal], 29

Ciruela
- Fibra a lo grande [Licuado], 132
- Intestino ligero [Licuado], 134

Clara de huevo
- Pisco sour virgen [Cóctel], 41

Clavo de olor
- Chicha morada [Bebida de cereales], 80, 26

Coco, aceite
- Aceite de coco [Aceite], 307

Coco, agua
- Calma intestinal [Licuado], 140
- Corazón verde [Jugo], 90
- Infatigable [Licuado], 194

Coco, leche
- Calmante urinario [Licuado], 152
- Cóctel de algarrobina [Cóctel], 39
- Disco duro [Licuado], 62
- Piña colada virgen [Cóctel], 38
- Poder morado [Jugo], 218
- Serenidad dulce [Licuado], 58
- Suave y firme [Licuado], 208

Coco, rallado
- Antibiótico blanco [Leche vegetal], 222
- Horchata mexicana [Bebida de cereales], 138, 26

Cocu
- Tereré [Bebidas con], 45

Col (repollo)
- Corazón verde [Jugo], 90
- Estómago feliz [Jugo], 124
- Protector gástrico [Jugo], 130

Col china
- Huesos fuertes [Jugo], 206

Col lombarda (repollo morado)
- Limpiador hepático [Jugo], 118
- Poder morado [Jugo], 218

Col o berza rizada sin cogollo (kale)
- Alcalinizante total [Jugo], 198
- Verde antidiabético [Jugo], 186

Cola de caballo
- Infusión de cola de caballo [Infusión], 247

Coliflor
- Inflamación superada [Jugo], 166

Cúrcuma
- Infusión de jengibre y cúrcuma [Infusión], 87
- Infusión de cúrcuma [Infusión], 203
- Limonada antiinflamatoria [Jugo], 244

Dátil
- Fibra a lo grande [Licuado], 132
- Poder cerebral [Licuado], 56
- Volumen adicional [Licuado], 182

Diente de león
- Diente de león [Infusión], 247

Durazno: *ver* Melocotón

Espárrago
- Piel de terciopelo [Jugo], 214
- Potencia al cubo [Jugo], 162
- Riñones felices [Jugo], 150

Espinaca
- Alcalinizante total [Jugo], 198
- Energía verde [Licuado], 68
- Protector intestinal [Jugo], 146
- Triple pigmento [Jugo], 50
- Verde antianémico [Licuado], 94
- Verde antidiabético [Jugo], 186
- Vista de águila [Licuado], 52

Fresa (frutilla)
- Colesterol bajo control [Licuado], 100
- Cura de fresas (frutillas) [Licuado], 249
- Dulce despertar [Licuado], 158
- Escudo mamario [Licuado], 172
- Limpiador de ácido [Licuado], 192
- No más cólicos [Licuado], 142
- Pilas nuevas [Licuado], 196
- Poder cerebral [Licuado], 56
- Sangría sin alcohol [Jugo], 102
- Serenidad dulce [Licuado], 58
- Volumen adicional [Licuado], 182

Fruta de la pasión
- Vitalidad recobrada [Jugo], 156

Germen de trigo
- Banana exprés [Licuado], 78
- Infatigable [Licuado], 194
- Poder cerebral [Licuado], 56
- Serenidad dulce [Licuado], 58
- Sin humos [Jugo], 116
- Sonría, por favor [Licuado], 66
- Uno más uno son tres [Licuado], 160

Granada
- Cortafuegos [Jugo], 126
- Escudo prostático [Licuado], 170
- Senos a salvo [Jugo], 174
- Vitalidad recobrada [Jugo], 156

Grosella negra
- Ojos libres [Licuado], 54

Grosella negra, hojas
- Grosellero negro [Infusión], 247

Guaraná, semillas
- Guaraná [Bebidas con], 45

Guayaba
- Sangre clara [Licuado], 106

Hibisco (flor de Jamaica)
- Agua de Jamaica [Infusión], 86, 306

Hierba mate
- Mate [Bebidas con], 45
- Tereré [Bebidas con], 45

Higo seco
- Intestino ligero [Licuado], 134

Hinojo
- Alcalinizante total [Jugo], 198
- Bebé satisfecho [Jugo], 176
- Boldo, sen e hinojo [Infusión], 136
- Estómago feliz [Jugo], 124
- Respiración profunda [Jugo], 112

Jamaica: *ver* Hibisco

Jarabe de goma
- Pisco sour virgen [Cóctel], 41

Jarabe de granadina
- San Francisco virgen [Cóctel], 38
- Terremoto sin alcohol [Cóctel], 37

Jengibre
- Digestiva [Infusión], 125
- Infusión de cardo mariano [Infusión], 120
- Infusión de jengibre y cúrcuma [Infusión], 87
- Limonada antigripal [Licuado], 220
- Mojito virgen [Cóctel], 40
- Potencia al cubo [Jugo], 162

Judía verde (chaucha)
- Caldo antidiabético [Caldo], 189

Kale: *ver* Col o berza rizada sin cogollo

Kiwi
- Antiasmático [Licuado], 114
- Infatigable [Licuado], 194
- Intestino ligero [Licuado], 134
- Verde antianémico [Licuado], 94

Lima
- Capirinha sin alcohol [Cóctel], 245
- Corazón verde [Jugo], 90
- Mojito virgen [Cóctel], 40
- Sin humos [Jugo], 116

Limón
- Agua de chía [Licuado], 178
- Agua de limón [Jugo], 244
- Agua de tuna [Licuado], 74
- Agua va [Jugo], 148
- Ajo blanco [Sopa fría], 70
- Antiinflamatorio intestinal [Jugo], 144
- Bloody Mary [Cóctel], 36
- Capirinha sin alcohol [Cóctel], 245
- Calmante urinario [Licuado], 152
- Chicha morada [Bebida de cereales], 80, 26
- Depurativo para el hígado [Caldo], 121
- Disolviendo piedras [Jugo], 154
- Dulce despertar [Licuado], 158
- Emoliente peruano [Bebida de cereales], 27
- Energía verde [Licuado], 68
- Gazpacho andaluz [Sopa fría], 84
- Hierro al rojo vivo [Licuado], 92
- Horchata mexicana [Bebida de cereales], 138, 26
- Infusión de cúrcuma [Infusión], 203
- Infusión de jengibre y cúrcuma [Infusión], 87
- Jugo de manzana [Jugo], 64, 297
- Limonada antigripal [Licuado], 220
- Limonada antiinflamatoria [Jugo], 244
- Limonada integral [Licuado], 244
- Limpiador de ácido [Licuado], 192
- Limpiador hepático [Jugo], 118
- Pisco sour virgen [Cóctel], 41
- Poder morado [Jugo], 218
- Sangría sin alcohol [Jugo], 102
- Simplemente zanahoria [Jugo], 88
- Super detox [Jugo], 96
- Uno más uno son tres [Licuado], 160
- Verde antidiabético [Jugo], 186

Limón, corteza
- Antibiótico blanco [Leche vegetal], 222
- Limonada antigripal [Licuado], 220

Lino (linaza)
- Emoliente peruano [Bebida de cereales], 27
- Escudo prostático [Licuado], 170
- Fibra a lo grande [Licuado], 132
- Inflamación superada [Jugo], 166
- No más cólicos [Licuado], 142
- Sangre clara [Licuado], 106
- Senos a salvo [Jugo], 174
- Sonría, por favor [Licuado], 66

Lúpulo
- Cerveza sin alcohol [Bebida sin alcohol], 35

Maca
- Vitalidad recobrada [Jugo], 156

Maíz morado
- Chicha morada [Bebida de cereales], 80, 26

Maíz, estigmas (barbas de choclo)
- Emoliente peruano [Bebida de cereales], 27

Maíz, harina
- Atole [Bebida de cereales], 27

Mandarinas
- Antialérgico [Jugo], 224

Mango
- Banana exprés [Licuado], 78
- Disco duro [Licuado], 62
- Dulce despertar [Licuado], 158
- Insulina tropical [Licuado], 184
- Vista de águila [Licuado], 52

Manzana
- Antialérgico [Jugo], 224
- Antiasmático [Licuado], 114
- Antiinflamatorio intestinal [Jugo], 144
- Antiinflamatorio vegetal [Jugo], 200
- Bebé satisfecho [Jugo], 176
- Calma intestinal [Licuado], 140
- Colesterol bajo control [Licuado], 100
- Disco duro [Licuado], 62
- Huesos fuertes [Jugo], 206
- Jugo de manzana [Jugo], 64, 297
- Limpiador hepático [Jugo], 118
- Piel de terciopelo [Jugo], 214
- Protector intestinal [Jugo], 146
- Super detox [Jugo], 96
- Verde antidiabético [Jugo], 186

Manzana de cajú
- Jugo de cajú [Jugo], 197, 305

Manzanilla, flores
- Antiespasmódica [Infusión], 143

Marañón: ***ver*** **Anacardo**

Melaza
- Antiinflamatorio intestinal [Jugo], 144
- Capirinha sin alcohol [Cóctel], 245
- Cóctel de algarrobina [Cóctel], 39
- Dulce despertar [Licuado], 158
- Escudo prostático [Licuado], 170
- Huesos fuertes [Jugo], 206
- Infatigable [Licuado], 194
- Infusión de jengibre y cúrcuma [Infusión], 87
- Potencia al cubo [Jugo], 162
- Riñones felices [Jugo], 150
- Sin humos [Jugo], 116
- Sonría, por favor [Licuado], 66
- Verde antianémico [Licuado], 94
- Volumen adicional [Licuado], 182

Melisa, hojas
- Sedante [Infusión], 61

Melocotón (durazno)
- Latidos firmes [Licuado], 76
- Sangría sin alcohol [Jugo], 102
- San Francisco virgen [Cóctel], 38

Melón
- Disolviendo piedras [Jugo], 154

Menta
- Alcalinizante total [Jugo], 198
- Antiespasmódica [Infusión], 143
- Disco duro [Licuado], 62
- Jugo de naranja con baobab [Jugo], 204
- Limpiador de ácido [Licuado], 192
- Mojito virgen [Cóctel], 40
- No más cólicos [Licuado], 142
- Sin humos [Jugo], 116

Miel
- Agua de tuna [Licuado], 74
- Limonada antigripal [Licuado], 220
- Limpia mocos [Jugo], 110
- Respiración profunda [Jugo], 112
- Sedante [Infusión], 61
- Serenidad dulce [Licuado], 58

Moras
- Poder cerebral [Licuado], 56

Naranja
- Cura de naranjas [Jugo], 249
- Disolviendo piedras [Jugo], 154
- Fibra a lo grande [Licuado], 132
- Intestino ligero [Licuado], 134
- Jugo de naranja con baobab [Jugo], 204
- Limonada antigripal [Licuado], 220
- San Francisco virgen [Cóctel], 38
- Sangría sin alcohol [Jugo], 102
- Simplemente naranja [Jugo], 216
- Sonría, por favor [Licuado], 66
- Uno más uno son tres [Licuado], 160
- Vista de águila [Licuado], 52

Nopales
- No más síndrome [Licuado], 190

Nueces
- Poder cerebral [Licuado], 56
- Viagra natural [Licuado], 164

Nuez del Brasil (castaña de Pará)
- Uno más uno son tres [Licuado], 160

Ortiga verde, hojas
- Ortiga verde [Infusión], 247

Pan
- Ajo blanco [Sopa fría], 70
- Gazpacho andaluz [Sopa fría], 84

Papaya
- Calma intestinal [Licuado], 140
- Estómago feliz [Jugo], 124
- Vientre plano [Licuado], 180

Pata de vaca
- Infusión de pata de vaca [Infusión], 189

Patata (papa)
- Cortafuegos [Jugo], 126
- Protector gástrico [Jugo], 130

Pepino
- Agua va [Jugo], 148
- Gazpacho andaluz [Sopa fría], 84
- Jugo de pepino [Jugo], 296
- Piel de terciopelo [Jugo], 214
- Piel tersa [Jugo], 210

Pera
- Jugo de pera [Jugo], 297
- Limpiador de ácido [Licuado], 192

Perejil
- Agua va [Jugo], 148
- Caldo depurativo total [Caldo], 246
- Inflamación superada [Jugo], 166
- Regulador de tensión [Jugo], 82

Pimiento dulce (morrón)
- Gazpacho andaluz [Sopa fría], 84

Piña (ananás)
- Alcalinizante total [Jugo], 198
- Antialérgico [Jugo], 224
- Antiinflamatorio vegetal [Jugo], 200
- Chayote y piña [(Licuado)], 106
- Chicha morada [Bebida de cereales], 80, 26
- Erradicador vegetal [Licuado], 128
- Estómago feliz [Jugo], 124
- Jugo de piña [Jugo], 296
- Limpia mocos [Jugo], 110
- Mojito virgen [Cóctel], 40
- Piel tersa [Jugo], 210
- Pilas nuevas [Licuado], 196
- Piña colada virgen [Cóctel], 38
- San Francisco virgen [Cóctel], 38
- Suave y firme [Licuado], 208
- Terremoto sin alcohol [Cóctel], 37
- Vientre plano [Licuado], 180

Plátano (banana)
- Antiasmático [Licuado], 114
- Banana exprés [Licuado], 78
- Energía verde [Licuado], 68
- Fibra a lo grande [Licuado], 132
- Piña colada virgen [Cóctel], 38
- Serenidad dulce [Licuado], 58
- Viagra natural [Licuado], 164

Pomelo (toronja)
- Jugo de pomelo (toronja) [Jugo], 98, 304
- Limpiador de ácido [Licuado], 192
- Ojos libres [Licuado], 54
- Regenerador hepático [Jugo], 122

Quinoa
- Leche de quinoa [Leche vegetal], 33

Rábano
- Limpia mocos [Jugo], 110
- Regenerador hepático [Jugo], 122

Regaliz, raíz
- Digestiva [Infusión], 125

Remolacha roja (betabel)
- Infatigable [Licuado], 194
- Hierro al rojo vivo [Licuado], 92
- Potencia al cubo [Jugo], 162
- Regulador de tensión [Jugo], 82

Repollo: *ver* Col

Romero
- Infusión de cardo mariano [Infusión], 120

Sandía
- Escudo prostático [Licuado], 170
- Riñones felices [Jugo], 150
- Viagra natural [Licuado], 164

Sen, hojas
- Boldo, sen e hinojo [Infusión], 136

Sésamo, puré (tahini)
- Antiinflamatorio vegetal [Jugo], 200
- Bebé satisfecho [Jugo], 176
- Huesos fuertes [Jugo], 206
- Vista de águila [Licuado], 52

Soja, leche
- Atole [Bebida de cereales], 27
- Cóctel de algarrobina [Cóctel], 39
- Energía verde [Licuado], 68
- Escudo mamario [Licuado], 172
- Escudo prostático [Licuado], 170
- Horchata mexicana [Bebida de cereales], 138, 26
- Latidos firmes [Licuado], 76
- Leche de soja [Leche vegetal], 30
- No más síndrome [Licuado], 190
- Sangre clara [Licuado], 106
- Volumen adicional [Licuado], 182

Soja, yogur
- Pilas nuevas [Licuado], 196

Tilo, flores y hojas
- Sedante [Infusión], 61

Tomate
- Bloody Mary [Cóctel], 36
- Gazpacho andaluz [Sopa fría], 84
- Inflamación superada [Jugo], 166
- Jugo de tomate [Jugo], 168
- Regulador de tensión [Jugo], 82
- Riego aumentado [Jugo], 72

Toronja: *ver* Pomelo

Trigo
- Mote con huesillos [Bebida de cereales], 27

Trigo, germen: *ver* Germen de trigo

Trigo, hierba
- Hierba de trigo [Jugo], 104

Trigo, salvado
- Fibra a lo grande [Licuado], 132

Tuna (higo chumbo)
- Agua de tuna [Licuado], 74
- Latidos firmes [Licuado], 76
- Regenerador hepático [Jugo], 122

Uva
- Cura de uva [Jugo], 249
- Integral de uva [Jugo], 108
- Pisco sour virgen [Cóctel], 41
- Regenerador hepático [Jugo], 122
- Sangría sin alcohol [Jugo], 102
- Terremoto sin alcohol [Cóctel], 37
- Verde antianémico [Licuado], 94
- Vino sin alcohol [Bebida sin alcohol], 34

Uva pasa
- Disco duro [Licuado], 62
- Hierro al rojo vivo [Licuado], 92

Vainilla
- Dulce despertar [Licuado], 158
- Latidos firmes [Licuado], 76

Valeriana, raíz
- Sedante [Infusión], 61

Zanahoria
- Agua va [Jugo], 148
- Bebé satisfecho [Jugo], 176
- Caldo depurativo total [Caldo], 246
- Cortafuegos [Jugo], 126
- Limpiador hepático [Jugo], 118
- Piel de terciopelo [Jugo], 214
- Protector gástrico [Jugo], 130
- Respiración profunda [Jugo], 112
- Senos a salvo [Jugo], 174
- Simplemente zanahoria [Jugo], 88
- Sin humos [Jugo], 116
- Super *detox* [Jugo], 96
- Triple pigmento [Jugo], 50

Zapallito: *ver* Calabacín

Zapote mamey
- Suave y firme [Licuado], 208

ÍNDICE POR PROPIEDADES MEDICINALES

Propiedades medicinales de las bebidas que aparecen en esta obra ordenadas alfabéticamente para facilitar su localización.

Adelgazante
Favorece la pérdida de peso.
- Aceite de coco [Aceite], 307
- Agua de chía [Licuado], 178
- Agua de Jamaica [Infusión], 86, 306
- Infusión de cúrcuma [Infusión], 203
- Jugo de caigua [Jugo], 305
- Jugo de cajú [Jugo], 197, 305
- Jugo de pera [Jugo], 297
- Jugo de pomelo [toronja] [Jugo], 98, 304
- Kurozu [vinagre negro] [Bebida de cereales], 27, 307
- Leche de quinoa [Leche vegetal], 33
- Limonada integral [Licuado], 244
- Piel tersa [Jugo], 210
- Vientre plano [Licuado], 180

Afrodisiaca
Aumenta el deseo y el rendimiento sexual.
- Dulce despertar [Licuado], 158
- Infusión de canela [Infusión], 188
- Uno más uno son tres [Licuado], 160
- Vitalidad recobrada [Jugo], 156

Alcalinizante
Neutraliza el exceso de acidez en la sangre y en el medio interno.
- Agua de limón [Jugo], 244
- Agua va [Jugo], 148
- Alcalinizante total [Jugo], 198
- Bebé satisfecho [Jugo], 176
- Caldo antidiabético [Caldo], 189
- Caldo depurativo total [Caldo], 246
- Calma intestinal [Licuado], 140
- Cortafuegos [Jugo], 126
- Depurativo para el hígado [Caldo], 121
- Disolviendo piedras [Jugo], 154
- Energía verde [Licuado], 68
- Estómago feliz [Jugo], 124
- Fibra a lo grande [Licuado], 132
- Huesos fuertes [Jugo], 206
- Infatigable [Licuado], 194
- Inflamación superada [Jugo], 166
- Insulina tropical [Licuado], 184
- Intestino ligero [Licuado], 134
- Jugo de cereza [Jugo], 60
- Jugo de tomate [Jugo], 168
- Limonada antiinflamatoria [Jugo], 244
- Limonada integral [Licuado], 244
- Potencia al cubo [Jugo], 162
- Protector gástrico [Jugo], 130
- Regenerador hepático [Jugo], 122
- Regulador de tensión [Jugo], 82
- Respiración profunda [Jugo], 112
- Senos a salvo [Jugo], 174
- Simplemente naranja [Jugo], 216
- Simplemente zanahoria [Jugo], 88
- Sin humos [Jugo], 116
- Sonría, por favor [Licuado], 66
- Suave y firme [Licuado], 208
- Super *detox* [Jugo], 96
- Triple pigmento [Jugo], 50
- Verde antianémico [Licuado], 94
- Verde antidiabético [Jugo], 186
- Viagra natural [Licuado], 164

Ansiolítica
Calma la ansiedad.
- Serenidad dulce [Licuado], 58

Antiácida
Neutraliza el exceso de acidez en el estómago.
- Cortafuegos [Jugo], 126
- Estómago feliz [Jugo], 124
- Jugo de aloe [Jugo], 212
- Piña colada virgen [Cóctel], 38

Antiagregante plaquetaria
Frena la tendencia de las plaquetas de la sangre a unirse unas con otras para producir un trombo.
- Riego aumentado [Jugo], 72

Antialérgica
Frena las reacciones alérgicas y alivia sus síntomas.
- Antialérgico [Jugo], 224
- Antiasmático [Licuado], 114
- Cura de naranjas [Jugo], 249
- Grosellero negro [Infusión], 247
- Leche de avena [Leche vegetal], 32
- Leche de quinoa [Leche vegetal], 33

Antianémica
Favorece el aumento en el número de hematíes o glóbulos rojos de la sangre.
- Calmante urinario [Licuado], 152
- Cóctel de algarrobina [Cóctel], 39
- Cura de uva [Jugo], 249
- Hierba de trigo [Jugo], 104
- Hierro al rojo vivo [Licuado], 92
- Integral de uva [Jugo], 108
- Terremoto sin alcohol [Cóctel], 37
- Pisco sour virgen [Cóctel], 41
- Poder morado [Jugo], 218
- Potencia al cubo [Jugo], 162
- Protector intestinal [Jugo], 146
- Simplemente zanahoria [Jugo], 88
- Sonría, por favor [Licuado], 66
- Uno más uno son tres [Licuado], 160
- Verde antidiabético [Jugo], 186
- Verde antianémico [Licuado], 94

Antiasmática
Alivia las manifestaciones del asma.
- Antiasmático [Licuado], 114

Antibiótica
Combate las infecciones en el organismo.
- Antibiótico blanco [Leche vegetal], 222
- Calmante urinario [Licuado], 152
- Poder morado [Jugo], 218

Anticancerígena
Previene la aparición del cáncer y frena su desarrollo.
- Açaí [Jugo], 202
- Alcalinizante total [Jugo], 198
- Antiinflamatorio vegetal [Jugo], 200
- Bloody Mary [Cóctel], 36
- Chicha morada [Bebida de cereales], 80, 26
- Corazón verde [Jugo], 90
- Cura de cerezas [Licuado], 249
- Cura de fresas (frutillas) [Licuado], 249
- Cura de naranjas [Jugo], 249
- Cura de uva [Jugo], 249
- Escudo mamario [Licuado], 172
- Escudo prostático [Licuado], 170
- Erradicador vegetal [Licuado], 128
- Hierba de trigo [Jugo], 104
- Huesos fuertes [Jugo], 206
- Inflamación superada [Jugo], 166
- Infusión de cúrcuma [Infusión], 203
- Integral de uva [Jugo], 108
- Jugo de manzana [Jugo], 64, 297
- Jugo de pomelo (toronja) [Jugo], 98, 304
- Jugo de tomate [Jugo], 168
- Kurozu [vinagre negro] [Bebida de cereales], 27, 307

- Leche de soja [Leche vegetal], 30
- Limonada integral [Licuado], 244
- Limpiador hepático [Jugo], 118
- Ojos libres [Licuado], 54
- Poder morado [Jugo], 218
- Protector intestinal [Jugo], 146
- Riego aumentado [Jugo], 72
- San Francisco virgen [Cóctel], 38
- Senos a salvo [Jugo], 174
- Simplemente naranja [Jugo], 216
- Super *detox* [Jugo], 96
- Triple pigmento [Jugo], 50
- Viagra natural [Licuado], 164
- Vitalidad recobrada [Jugo], 156

Antidepresiva

Levanta el estado de ánimo y previene la depresión.

- Ajo blanco [Sopa fría], 70
- Energía verde [Licuado], 68
- Poder cerebral [Licuado], 56
- Sonría, por favor [Licuado], 66
- Verde antianémico [Licuado], 94

Antidiabética

Previene la aparición de diabetes y normaliza el nivel de glucosa en al sangre.

- Agua de chía [Licuado], 178
- Agua de Jamaica [Infusión], 86, 306
- Caldo antidiabético [Caldo], 189
- Chicha morada [Bebida de cereales], 80, 26
- Emoliente peruano [Bebida de cereales], 27
- Infusión de canela [Infusión], 188
- Infusión de pata de vaca [Infusión], 189
- Insulina tropical [Licuado], 184
- Leche de alpiste [Leche vegetal], 29
- Leche de avellanas [Leche vegetal], 28
- No más síndrome [Licuado], 190
- Verde antidiabético [Jugo], 186

Antidiarréica

Alivia la irritación del intestino y detiene la diarrea.

- Antiinflamatorio intestinal [Jugo], 144
- Cortafuegos [Jugo], 126
- Horchata de chufa [Leche vegetal], 29
- Horchata mexicana [Bebida de cereales], 138, 26
- Jugo de manzana [Jugo], 64, 297
- Leche de almendra [Leche vegetal], 31
- Leche de arroz [Leche vegetal], 28

Antiespasmódica

Evita los espasmos musculares en los órganos internos, principalmente en las vías digestivas y urinarias.

- Antiespasmódica [Infusión], 143

Antiflatulenta

Disminuye la producción de gas en el tubo digestivo.

- Amargos [Bebida sin alcohol], 35
- Antiespasmódica [Infusión], 143
- Boldo, sen e hinojo [Infusión], 136
- Calma intestinal [Licuado], 140
- Digestiva [Infusión], 125
- Estómago feliz [Jugo], 124

Antigotosa

Evita la aparición de la gota por exceso de ácido úrico.

- Cura de cerezas [Licuado], 249
- Cura de fresas (frutillas) [Licuado], 249
- Cura de naranjas [Jugo], 249
- Cura de uva [Jugo], 249
- Limpiador de ácido [Licuado], 192

Antihipertensiva

Previene la hipertensión arterial.

- Ajo blanco [Sopa fría], 70
- Cóctel de algarrobina [Cóctel], 39
- Gazpacho andaluz [Sopa fría], 84
- Hierba de trigo [Jugo], 104
- Inflamación superada [Jugo], 166
- Jugo de tomate [Jugo], 168
- Leche de alpiste [Leche vegetal], 29
- Leche de arroz [Leche vegetal], 28
- Mojito virgen [Cóctel], 40

Antiinflamatoria

Frena los procesos inflamatorios.

- Açaí [Jugo], 202
- Agua de tuna [Licuado], 74
- Alcalinizante total [Jugo], 198
- Antialérgico [Jugo], 224
- Antiinflamatorio intestinal [Jugo], 144
- Antiinflamatorio vegetal [Jugo], 200
- Corazón verde [Jugo], 90
- Erradicador vegetal [Licuado], 128
- Grosellero negro [Infusión], 247
- Inflamación superada [Jugo], 166
- Infusión de canela [Infusión], 188
- Infusión de cúrcuma [Infusión], 203
- Infusión de jengibre y cúrcuma [Infusión], 87
- Jugo de aloe [Jugo], 212
- Jugo de cereza [Jugo], 60
- Jugo de piña [Jugo], 296
- Limonada antiinflamatoria [Jugo], 244
- Limpia mocos [Jugo], 110
- Piel de terciopelo [Jugo], 214
- Senos a salvo [Jugo], 174

Antioxidante

Neutraliza a los radicales libres frenando el envejecimiento y degeneración de las células.

- Açaí [Jugo], 202
- Agua de Jamaica [Infusión], 86, 306
- Agua de limón [Jugo], 244
- Antialérgico [Jugo], 224
- Antiinflamatorio vegetal [Jugo], 200
- Bebé satisfecho [Jugo], 176
- Calmante urinario [Licuado], 152
- Chicha morada [Bebida de cereales], 80, 26
- Colesterol bajo control [Licuado], 100
- Cura de cerezas [Licuado], 249
- Cura de fresas (frutillas) [Licuado], 249
- Cura de naranjas [Jugo], 249
- Cura de uva [Jugo], 249 Vino sin alcohol [Bebida sin alcohol], 34
- Disco duro [Licuado], 62
- Disolviendo piedras [Jugo], 154
- Dulce despertar [Licuado], 158
- Escudo mamario [Licuado], 172
- Escudo prostático [Licuado], 170
- Erradicador vegetal [Licuado], 128
- Fibra a lo grande [Licuado], 132
- Hierba de trigo [Jugo], 104
- Hierro al rojo vivo [Licuado], 92
- Huesos fuertes [Jugo], 206
- Infusión de cúrcuma [Infusión], 203
- Insulina tropical [Licuado], 184
- Integral de uva [Jugo], 108
- Intestino ligero [Licuado], 134
- Jugo de cereza [Jugo], 60
- Jugo de manzana [Jugo], 64, 297
- Jugo de naranja con baobab [Jugo], 204
- Jugo de pomelo (toronja) [Jugo], 98, 304
- Limonada antiinflamatoria [Jugo], 244
- Latidos firmes [Licuado], 76
- Limonada integral [Licuado], 244
- Limpiador de ácido [Licuado], 192
- Limpiador hepático [Jugo], 118
- No más cólicos [Licuado], 142
- Ojos libres [Licuado], 54
- Pilas nuevas [Licuado], 196
- Poder morado [Jugo], 218
- Poder cerebral [Licuado], 56
- Potencia al cubo [Jugo], 162
- Protector intestinal [Jugo], 146
- San Francisco virgen [Cóctel], 38
- Sangría sin alcohol [Jugo], 102
- Senos a salvo [Jugo], 174
- Sonría, por favor [Licuado], 66
- Super *detox* [Jugo], 96
- Triple pigmento [Jugo], 50
- Uno más uno son tres [Licuado], 160
- Verde antidiabético [Jugo], 186

– Vista de águila [Licuado], 52
– Vitalidad recobrada [Jugo], 156

Antirreumática
Alivia el dolor y la inflamación de las articulaciones.
– Açaí [Jugo], 202
– Alcalinizante total [Jugo], 198
– Cura de cerezas [Licuado], 249
– Infusión de cúrcuma [Infusión], 203
– Jugo de cereza [Jugo], 60

Antiséptica
Destruye los microorganismos o impide su desarrollo.
– Infusión de pata de vaca [Infusión], 189

Antitrombótica
Previene la formación de trombos dentro de los vasos sanguíneos.
– Cerveza sin alcohol [Bebida sin alcohol], 35
– Cura de naranjas [Jugo], 249
– Cura de uva [Jugo], 249
– Integral de uva [Jugo], 108
– Jugo de tomate [Jugo], 168
– Riego aumentado [Jugo], 72
– Simplemente naranja [Jugo], 216

Antitusígena
Alivia la tos.
– Respiración profunda [Jugo], 112

Antiulcerosa
Previene la formación de úlceras.
– Protector gástrico [Jugo], 130

Antivirica
Inhibe le desarrollo de los virus.
– Antibiótico blanco [Leche vegetal], 222
– Limonada antigripal [Licuado], 220
– Simplemente naranja [Jugo], 216

Aperitiva
Abre el apetito.
– Amargos [Bebida sin alcohol], 35
– Bloody Mary [Cóctel], 36

Astringente
Deseca las mucosas y previene la diarrea.
– Calma intestinal [Licuado], 140
– Infusión de pata de vaca [Infusión], 189

Baja el colesterol
Reduce el nivel de colesterol en la sangre.
– Açaí [Jugo], 202
– Agua de chía [Licuado], 178
– Agua de Jamaica [Infusión], 86, 306
– Agua de tuna [Licuado], 74
– Colesterol bajo control [Licuado], 100
– Cura de cerezas [Licuado], 249
– Cura de fresas [frutillas] [Licuado], 249
– Cura de uva [Jugo], 249
– Depurativo para el hígado [Caldo], 121
– Emoliente peruano [Bebida de cereales], 27
– Erradicador vegetal [Licuado], 128
– Fibra a lo grande [Licuado], 132
– Hierba de trigo [Jugo], 104
– Inflamación superada [Jugo], 166
– Infusión de canela [Infusión], 188
– Insulina tropical [Licuado], 184
– Integral de uva [Jugo], 108
– Jugo de manzana [Jugo], 64, 297
– Jugo de naranja con baobab [Jugo], 204
– Jugo de tomate [Jugo], 168
– Kurozu [vinagre negro] [Bebida de cereales], 27, 307
– Leche de alpiste [Leche vegetal], 29
– Leche de almendra [Leche vegetal], 31
– Leche de avena [Leche vegetal], 32
– Leche de quinoa [Leche vegetal], 33
– No más cólicos [Licuado], 142
– No más síndrome [Licuado], 190
– Poder cerebral [Licuado], 56
– Regenerador hepático [Jugo], 122
– Sangre clara [Licuado], 106
– Sangría sin alcohol [Jugo], 102
– Verde antianémico [Licuado], 94
– Vitalidad recobrada [Jugo], 156

Calma las náuseas
Alivia los deseos de vomitar.
– Digestiva [Infusión], 125

Cardiotónica
Tonifica y fortalece el corazón.
– Agua de tuna [Licuado], 74
– Latidos firmes [Licuado], 76

Cicatrizante
Favorece la cicatrización de las heridas.
– Jugo de aloe [Jugo], 212

Colagoga
Favorece el vaciamiento de la bilis al intestino.
– Boldo, sen e hinojo [Infusión], 136
– Infusión de cardo mariano [Infusión], 120

Colerética
Aumenta al producción de bilis en el hígado.
– Depurativo para el hígado [Caldo], 121
– Diente de león [Infusión], 247
– Infusión de cardo mariano [Infusión], 120
– Regenerador hepático [Jugo], 122

Depurativa
Favorece la eliminación de toxinas de la sangre y de los órganos.
– Agua de limón [Jugo], 244
– Agua pura [Agua], 16, 137
– Agua va [Jugo], 148
– Ajo blanco [Sopa fría], 70
– Alcalinizante total [Jugo], 198
– Caldo antidiabético [Caldo], 189
– Caldo depurativo total [Caldo], 246
– Corazón verde [Jugo], 90
– Cortafuegos [Jugo], 126
– Depurativo para el hígado [Caldo], 121
– Diente de león [Infusión], 247
– Disolviendo piedras [Jugo], 154
– Dulce despertar [Licuado], 158
– Gazpacho andaluz [Sopa fría], 84
– Grosellero negro [Infusión], 247
– Infusión de cola de caballo [Infusión], 247
– Jugo de apio [Jugo], 296
– Jugo de pepino [Jugo], 296
– Jugo de piña [Jugo], 296
– Jugo de pomelo (toronja) [Jugo], 98, 304
– Limonada antiinflamatoria [Jugo], 244
– Limonada integral [Licuado], 244
– Limpiador de ácido [Licuado], 192
– Limpiador hepático [Jugo], 118
– Ortiga verde [Infusión], 247
– Piel de terciopelo [Jugo], 214
– Piel tersa [Jugo], 210
– Regenerador hepático [Jugo], 122
– Regulador de tensión [Jugo], 82
– Riñones felices [Jugo], 150
– Sin humos [Jugo], 116
– Super *detox* [Jugo], 96
– Verde antidiabético [Jugo], 186
– Viagra natural [Licuado], 164

Deshace los cálculos
Disuelve y favorece la eliminación de los cálculos en las vías urinarias o biliares.
– Cura de naranjas [Jugo], 249
– Disolviendo piedras [Jugo], 154
– Sin humos [Jugo], 116

Desinfectante
Combate los gérmenes causantes de infecciones.
– Agua de limón [Jugo], 244
– Jugo de aloe [Jugo], 212
– Limonada antiinflamatoria [Jugo], 244

– Limonada integral [Licuado], 244

Desintoxicante
Neutraliza las sustancias tóxicas en el organismo.

– Grosellero negro [Infusión], 247
– Hierba de trigo [Jugo], 104
– Jugo de aloe [Jugo], 212
– Jugo de pomelo [toronja] [Jugo], 98, 304
– Limpiador hepático [Jugo], 118
– Piel de terciopelo [Jugo], 214
– Sin humos [Jugo], 116
– Super *detox* [Jugo], 96

Digestiva
Favorece la digestión.

– Amargos [Bebida sin alcohol], 35
– Bebé satisfecho [Jugo], 176
– Cerveza sin alcohol [Bebida sin alcohol], 35
– Cortafuegos [Jugo], 126
– Depurativo para el hígado [Caldo], 121
– Diente de león [Infusión], 247
– Digestiva [Infusión], 125
– Emoliente peruano [Bebida de cereales], 27
– Estómago feliz [Jugo], 124
– Horchata de chufa [Leche vegetal], 29
– Infusión de canela [Infusión], 188
– Infusión de cardo mariano [Infusión], 120
– Leche de almendra [Leche vegetal], 31
– Leche de avellanas [Leche vegetal], 28
– Leche de avena [Leche vegetal], 32
– Leche de quinoa [Leche vegetal], 33
– Mojito virgen [Cóctel], 40
– Piña colada virgen [Cóctel], 38
– Protector gástrico [Jugo], 130
– Respiración profunda [Jugo], 112
– Suave y firme [Licuado], 208
– Vientre plano [Licuado], 180

Diurética
Promueve la formación de orina en los riñones.

– Agua pura [Agua], 16, 137
– Agua va [Jugo], 148
– Bebé satisfecho [Jugo], 176
– Caldo antidiabético [Caldo], 189
– Caldo depurativo total [Caldo], 246
– Disolviendo piedras [Jugo], 154
– Emoliente peruano [Bebida de cereales], 27
– Infusión de cola de caballo [Infusión], 247
– Infusión de pata de vaca [Infusión], 189
– Jugo de apio [Jugo], 296
– Jugo de pepino [Jugo], 296
– Ortiga verde [Infusión], 247
– Piel tersa [Jugo], 210
– Riñones felices [Jugo], 150
– Vientre plano [Licuado], 180
– Viagra natural [Licuado], 164

Emoliente [suavizante]
Suaviza la piel.

– Piel de terciopelo [Jugo], 214

Energética
Favorece el rendimiento físico del organismo.

– Agua de limón [Jugo], 244
– Atole [Bebida de cereales], 27
– Cura de naranjas [Jugo], 249
– Cura de uva [Jugo], 249
– Hierro al rojo vivo [Licuado], 92
– Infatigable [Licuado], 194
– Intestino ligero [Licuado], 134
– Limonada antiinflamatoria [Jugo], 244
– Limonada integral [Licuado], 244
– Malta [Bebida de cereales], 26
– Pilas nuevas [Licuado], 196
– Piña colada virgen [Cóctel], 38
– Pisco sour virgen [Cóctel], 41
– Terremoto sin alcohol [Cóctel], 37
– Verde antianémico [Licuado], 94

Favorece el rendimiento intelectual
Mejora la capacidad de razonar y memorizar.

– Disco duro [Licuado], 62
– Poder cerebral [Licuado], 56
– Serenidad dulce [Licuado], 58

Galactagoga
Favorece la secreción de leche en las mamas.

– Bebé satisfecho [Jugo], 176
– Cerveza sin alcohol [Bebida sin alcohol], 35
– Malta [Bebida de cereales], 26

Hidratante de la piel
Favorece al retención de agua en la piel.

– Antibiótico blanco [Leche vegetal], 222
– Suave y firme [Licuado], 208

Hipotensora
Reduce la presión arterial.

– Agua de Jamaica [Infusión], 86, 306
– Agua va [Jugo], 148
– Banana exprés [Licuado], 78
– Chicha morada [Bebida de cereales], 80, 26
– No más cólicos [Licuado], 142
– No más síndrome [Licuado], 190
– Regulador de tensión [Jugo], 82
– Simplemente zanahoria [Jugo], 88

Inmunoestimulante
Favorece las funciones del sistema inmunitario, particularmente las defensas del organismo contra las infecciones.

– Açaí [Jugo], 202
– Agua de limón [Jugo], 244
– Antiasmático [Licuado], 114
– Calmante urinario [Licuado], 152
– Cura de naranjas [Jugo], 249
– Erradicador vegetal [Licuado], 128
– Limonada antigripal [Licuado], 220
– Limonada antiinflamatoria [Jugo], 244
– Limonada integral [Licuado], 244
– Limpiador hepático [Jugo], 118
– Ojos libres [Licuado], 54
– Poder morado [Jugo], 218
– Simplemente naranja [Jugo], 216
– Triple pigmento [Jugo], 50

Laxante
Favorece la evacuación suave del intestino.

– Agua de chía [Licuado], 178
– Agua pura [Agua], 16, 137
– Boldo, sen e hinojo [Infusión], 136
– Cura de fresas (frutillas) [Licuado], 249
– Diente de león [Infusión], 247
– Emoliente peruano [Bebida de cereales], 27
– Fibra a lo grande [Licuado], 132
– Intestino ligero [Licuado], 134
– Jugo de naranja con baobab [Jugo], 204
– No más síndrome [Licuado], 190
– Sangre clara [Licuado], 106

Mejora el rendimiento físico
Aumenta la fuerza y la resistencia a la fatiga del organismo.

– Potencia al cubo [Jugo], 162
– Simplemente naranja [Jugo], 216
– Uno más uno son tres [Licuado], 160
– Viagra natural [Licuado], 164
– Volumen adicional [Licuado], 182

Mineralizante
Aumenta el contenido mineral del organismo.

– Agua de limón [Jugo], 244
– Ajo blanco [Sopa fría], 70
– Antibiótico blanco [Leche vegetal], 222
– Caldo depurativo total [Caldo], 246
– Huesos fuertes [Jugo], 206
– Infusión de cola de caballo [Infusión], 247
– Intestino ligero [Licuado], 134

- Jugo de naranja con baobab [Jugo], 204
- Limonada antiinflamatoria [Jugo], 244
- Limonada integral [Licuado], 244
- Riñones felices [Jugo], 150
- Triple pigmento [Jugo], 50
- Verde antidiabético [Jugo], 186

Mucolítica
Deshace las secreciones mucosas favoreciendo su expulsión.
- Limpia mocos [Jugo], 110
- Respiración profunda [Jugo], 112

Neuroprotectora
Favorece las funciones del sistema nervioso y evita que resulte dañado.
- Agua de tuna [Licuado], 74
- Disco duro [Licuado], 62
- Energía verde [Licuado], 68
- Infusión de cúrcuma [Infusión], 203
- Jugo de manzana [Jugo], 64, 297
- Poder cerebral [Licuado], 56
- Poder morado [Jugo], 218

Nutritiva
Aporta proteínas, grasas, hidratos de carbono, vitaminas, minerales y otros nutrientes necesarios para el organismo.
- Agua de chía [Licuado], 178
- Atole [Bebida de cereales], 27
- Banana exprés [Licuado], 78
- Malta [Bebida de cereales], 26
- Mote con huesillos [Bebida de cereales], 27
- Cóctel de algarrobina [Cóctel], 39
- Colesterol bajo control [Licuado], 100
- Disco duro [Licuado], 62
- Energía verde [Licuado], 68
- Fibra a lo grande [Licuado], 132
- Horchata mexicana [Bebida de cereales], 138, 26
- Huesos fuertes [Jugo], 206
- Insulina tropical [Licuado], 184
- Intestino ligero [Licuado], 134
- Jugo de naranja con baobab [Jugo], 204
- Leche de quinoa [Leche vegetal], 33
- Leche de soja [Leche vegetal], 30
- Pilas nuevas [Licuado], 196
- Poder cerebral [Licuado], 56
- Protector intestinal [Jugo], 146
- Sangre clara [Licuado], 106
- Serenidad dulce [Licuado], 58
- Sonría, por favor [Licuado], 66
- Suave y firme [Licuado], 208
- Uno más uno son tres [Licuado], 160
- Vista de águila [Licuado], 52
- Volumen adicional [Licuado], 182

Pectoral
Alivia los trastornos respiratorios y del pecho.
- Antiasmático [Licuado], 114
- Respiración profunda [Jugo], 112

Previene los cálculos [piedras] renales
Evita que se formen concreciones sólidas [cálculos] en los riñones.
- Agua de limón [Jugo], 244
- Limonada antiinflamatoria [Jugo], 244
- Limonada integral [Licuado], 244
- Ortiga verde [Infusión], 247
- Simplemente naranja [Jugo], 216

Protectora de la visión
Favorece las funciones de los ojos, particularmente las de la retina, evitando que resulte dañada.
- Ojos libres [Licuado], 54
- Poder morado [Jugo], 218
- Simplemente zanahoria [Jugo], 88
- Triple pigmento [Jugo], 50
- Vista de águila [Licuado], 52

Protectora de las arterias
Favorece la función de las arterias, evitando que se dañe particularmente su capa interna [arteriosclerosis].
- Açaí [Jugo], 202
- Agua de Jamaica [Infusión], 86, 306
- Ajo blanco [Sopa fría], 70
- Alcalinizante total [Jugo], 198
- Antibiótico blanco [Leche vegetal], 222
- Banana exprés [Licuado], 78
- Colesterol bajo control [Licuado], 100
- Corazón verde [Jugo], 90
- Cura de cerezas [Licuado], 249
- Cura de fresas (frutillas) [Licuado], 249
- Dulce despertar [Licuado], 158
- Escudo prostático [Licuado], 170
- Gazpacho andaluz [Sopa fría], 84
- Insulina tropical [Licuado], 184
- Integral de uva [Jugo], 108
- Jugo de tomate [Jugo], 168
- Ojos libres [Licuado], 54
- Poder morado [Jugo], 218
- Potencia al cubo [Jugo], 162
- Riego aumentado [Jugo], 72
- Sangre clara [Licuado], 106
- Sangría sin alcohol [Jugo], 102
- Simplemente zanahoria [Jugo], 88
- Viagra natural [Licuado], 164
- Vino sin alcohol [Bebida sin alcohol], 34
- Vitalidad recobrada [Jugo], 156

Protectora del corazón
Favorece la función del corazón, evitando que resulte dañado.
- Corazón verde [Jugo], 90
- Cura de uva [Jugo], 249
- Dulce despertar [Licuado], 158
- Escudo prostático [Licuado], 170
- Infusión de cúrcuma [Infusión], 203
- Integral de uva [Jugo], 108
- Jugo de manzana [Jugo], 64, 297
- Jugo de tomate [Jugo], 168
- Latidos firmes [Licuado], 76
- No más síndrome [Licuado], 190
- Riego aumentado [Jugo], 72
- Sangría sin alcohol [Jugo], 102
- Vitalidad recobrada [Jugo], 156

Protectora del estómago
Favorece la función del estómago, evitando que resulte dañado.
- Erradicador vegetal [Licuado], 128
- Inflamación superada [Jugo], 166
- Jugo de aloe [Jugo], 212
- Limpiador hepático [Jugo], 118
- Protector gástrico [Jugo], 130

Protectora hepática
Favorece las funciones del hígado, evitando que resulte dañado.
- Agua de Jamaica [Infusión], 86, 306
- Cura de uva [Jugo], 249
- Depurativo para el hígado [Caldo], 121
- Infusión de cardo mariano [Infusión], 120
- Infusión de cúrcuma [Infusión], 203
- Integral de uva [Jugo], 108
- Limonada integral [Licuado], 244
- Limpiador hepático [Jugo], 118
- Regenerador hepático [Jugo], 122

Reguladora de la tensión
Normaliza las cifras de tensión arterial.
- Infusión de jengibre y cúrcuma [Infusión], 87

Reguladora intestinal
Normaliza la función evacuadora del intestino.
- Colesterol bajo control [Licuado], 100
- Horchata mexicana [Bebida de cereales], 138, 26
- Volumen adicional [Licuado], 182

Saciante
Favorece la sensación de plenitud en el estómago.
- Agua de chía [Licuado], 178
- Fibra a lo grande [Licuado], 132
- Jugo de naranja con baobab [Jugo], 204

Sedante
Reduce la excitación y la tensión del sistema nervioso.

- Jugo de cereza [Jugo], 60
- Leche de avena [Leche vegetal], 32
- Mojito virgen [Cóctel], 40
- Sedante [Infusión], 61
- Serenidad dulce [Licuado], 58

Somnífera
Induce el sueño.

- Jugo de cereza [Jugo], 60
- Sedante [Infusión], 61

Suavizante
Alivia al irritación de la piel y de las mucosas.

- Antiinflamatorio intestinal [Jugo], 144
- Calma intestinal [Licuado], 140
- Leche de avena [Leche vegetal], 32
- Hierba de trigo [Jugo], 104
- Jugo de aloe [Jugo], 212
- No más cólicos [Licuado], 142
- Piel de terciopelo [Jugo], 214
- Protector intestinal [Jugo], 146
- Vientre plano [Licuado], 180

Suavizante intestinal
Alivia la irritación de la mucosa intestinal.

- Antiinflamatorio intestinal [Jugo], 144
- Calma intestinal [Licuado], 140
- Hierba de trigo [Jugo], 104
- Jugo de aloe [Jugo], 212
- Leche de avena [Leche vegetal], 32
- No más cólicos [Licuado], 142
- Protector intestinal [Jugo], 146
- Vientre plano [Licuado], 180

Termogénica
Aumenta la formación de calor en el organismo, consumiendo así más energía y favoreciendo al pérdida de peso.

- Antibiótico blanco [Leche vegetal], 222

Tonificante
Proporciona sensación de bienestar y favorece el rendimiento intelectual y físico.

- Energía verde [Licuado], 68
- Infatigable [Licuado], 194
- Infusión de jengibre y cúrcuma [Infusión], 87
- Jugo de cajú [Jugo], 197, 305
- Pisco sour virgen [Cóctel], 41
- Potencia al cubo [Jugo], 162
- Sin humos [Jugo], 116
- Sonría, por favor [Licuado], 66
- Uno más uno son tres [Licuado], 160
- Verde antianémico [Licuado], 94

Vasodilatadora
Dilata los vasos sanguíneos.

- Chicha morada [Bebida de cereales], 80, 26
- Integral de uva [Jugo], 108
- Potencia al cubo [Jugo], 162
- Regulador de tensión [Jugo], 82
- Viagra natural [Licuado], 164

Vitamínica
Buena fuente de vitaminas.

- Inflamación superada [Jugo], 166
- Leche de almendra [Leche vegetal], 31
- Malta [Bebida de cereales], 26
- Protector gástrico [Jugo], 130
- San Francisco virgen [Cóctel], 38
- Sin humos [Jugo], 116
- Triple pigmento [Jugo], 50

Índice general alfabético

Açaí (jugo), 202
Accidente vascular cerebral, 72
Aceite de coco, 307
Acelsulfame k, 24
Acidez de estómago, 126
Acidificantes y alcalinizantes, alimentos, 270
Ácido úrico y gota, 192
Acné, 214
Adelgazamiento, 182
 -bebidas, 294
 -cura, 310-325
  -alimentos sólidos, 312
  -bebidas a utilizar, 320
  -beneficios, 316
  -consejos generales, 310
  -contraindicaciones, 311
  -formas de seguirla, 314
Adelgazantes, jugos, 296
Adelgazar bebiendo, 290
 -con frutas, 292
 -en tres días, 322-325
Adicción a la comida, 318
Agave, sirope, 25
Agotamiento nervioso, 56
Agua, 14, 16
 -contra el estreñimiento (constipación), 137
Agua alcalina, 16
Agua de chía (licuado), 178
Agua de Jamaica (infusión), 86, 306
Agua de limón, 244
Agua de tuna, 74
Agua destilada, 17
Agua filtrada, 16
Agua ionizada, 16
Agua mineral, 16
Agua tratada mediante ósmosis inversa, 16
Agua va (jugo), 148
Agua, cuánta beber, 17
Aguas frescas, 15
Ajo blanco (sopa fría), 70
Alcalinizante total (jugo), 198
Alcalinizante, cura, 266
Alcalinizantes y acidificantes, alimentos, 270
Alcohol, 16
 -y cáncer, 46
 -desintoxicación, 256
Alcohólicas, bebidas, 46
Alcoholismo, 74
Alergia, 224
Alergia, cura, 283
Alga "chlorella", desintoxicadora, 259
Algarrobina, 25
 -cóctel, 39
Alimentos a evitar durante las curas, 261
Alimentos sólidos
 -durante las curas, 227
 -en la cura de adelgazamiento, 312
Almendra, leche, 31
Alpiste, leche, 29
Alternativas a las bebidas con cafeína, 44
Amargos, 35
Anemia, 94
Ansiedad, 58
Antialérgica, cura, 283
Antialérgico (jugo), 224
Antiasmático (licuado), 114
Antibiótico blanco (bebida), 222
Anticáncer, cura, 286-289
Anticoagulantes orales, interacciones, 19
Anticolesterol, cura, 276
Antidiabética, cura, 272
Antienvejecimiento, cura, 280
Antiespasmódica (infusión), 143
Antiinflamatorio intestinal (jugo), 144
Antiinflamatorio vegetal (jugo), 200
Antioxidantes en jugos y licuados, 20
Apio, jugo, para adelgazar, 296
Aplanar el vientre, 298
Arce, sirope, 25
Arroz, leche, 28
Arteriosclerosis, 88
Artritis, 202
Artrosis, 200
Asma, 114
Aspartame, 24
Ataque cerebral, 72
Atole, 26
Avellanas, leche, 28
Avena y gluten, 32
Avena, leche, 32
Ayuno, 242
Azúcar
 -blanco o refinado, 25
 -en jugos de fruta, 293
 -integral, negro o crudo, 25

Baja de defensas, 216-219
Bajar de peso en tres días, 322
Bajo rendimiento físico, 194
Banana exprés (licuado), 78
Baobab, harina, 303
Batidora, 22
 –de mano, 23
Batidos (licuados), 18
 –conservación, 21
 –elaboración, 21
 –máquinas, 22
Bebé satisfecho (jugo), 176
Bebidas, 12
 –alcohólicas, 46
 –con cafeína, 44
 –con inconvenientes, 15
 –de cereales, 14, 26
 –en la cura de adelgazamiento, 320
 –energizantes, 45
 –para el aparato locomotor, 194-207
 –para el aparato reproductor, 156-177
 –para el aparato respiratorio, 110-117
 –para el aparato urinario, 148-155
 –para el estómago, 124-131
 –para el hígado, 118-123
 –para el intestino, 132-147
 –para el metabolismo, 178-193
 –para el sistema inmunitario, 216-225
 –para el sistema nervioso, 56-75
 –para la piel, 208-215
 –para la sangre, 92-109
 –para los ojos, 50-55
 –para perder peso, 294
 –perjudiciales, 15
 –sin alcohol, 14, 34
 –tipos, 14
Belleza de la piel, cura, 282
Beneficios de la cura de adelgazamiento, 316
Bloody Mary, cóctel, 36
Boldo, sen e hinojo (infusión), 136
Bronquitis, 110, 112

Café, 44
 –desintoxicación, 252
Cafeína, bebidas, 44
 –desintoxicación, 252
Caigua, jugo, 305
Cajú, jugo, 305
Caldo
 –antidiabético, 189
 –depurativo total, 246
Caldos vegetales, 15
Calma intestinal (licuado), 140
Calmante urinario (licuado), 152
Cáncer
 –de colon, 146
 –de mama, 172-175
 –de próstata, 168-171
Cáncer, cura, 286-289
Cáncer, por el alcohol, 46
Canela, 308
Caipirinha sin alcohol, 245
Cardioprotectora, cura, 277
Cardiovascular, bebidas, 76-91
Carencia de hierro, 92
Carga ácida, 268
Cayena, pimienta, 308
Celiaquía, 144
Celulitis, 210
Cereales, bebidas, 14, 26
Cerebral, ataque, 72
Cereza (jugo), 60
Cerveza sin alcohol, 34
Champurrado, 26
Chayote y piña (licuado), 106
Chicha
 –del oriente boliviano, 27
 –morada, 27
 –morada, 80
 –morada del Ecuador, 27
Chilate, 26
Chlorella, alga desintoxicadora, 259
Chufa, horchata, 29
Coco, aceite, 307
Cóctel de algarrobina, 39
Cócteles, 36
Cola de caballo (infusión), 247
Colada morada del Ecuador, 27
Colesterol bajo control (licuado), 100
Colesterol
 –elevado, 100-105
 –cura para, 276
Colitis, 140
Colitis ulcerosa, 104
Colon irritable, 142
Colon
 –cáncer, 146
 –cura de limpieza, 264
Combinación de frutas y verduras, 49
Comida, adicción, 318
Conservación de jugos y licuados, 21
Constipación, 132-137
Copa, escarchado, 39
Corazón estresado, 76
Corazón verde (jugo), 90
Corazón
 –ataque al, 90
 –cura para, 277
Coronaria, enfermedad, 90
Cortafuegos (jugo), 126
Crisis curativa, 236
Cura
 –alcalinizante, 266
 –antialérgica, 283
 –anticáncer, 286-289
 –anticolesterol, 276

- antidiabética, 272
- antienvejecimiento, 280
- cardioprotectora, 277
- contra la hipertensión arterial, 279
- de adelgazamiento, 310-325
    - alimentos sólidos, 312
    - bebidas a utilizar, 320
    - beneficios, 316
    - consejos generales, 310
    - formas de seguirla, 314
- de cerezas, 249
- de fresas (frutillas), 249
- de limpieza hepática, 262
- de limpieza intestinal, 264
- de naranjas, 249
- de sirope de arce, 243
- de uva, 249
- detox (depurativa), 226
    - beneficios, 236
    - cuando hacerla, 234
    - modalidades y variantes, 238
- inmunoestimulante, 284
- neuroprotectora, 275
- para ganar peso, 278
- para la belleza de la piel, 282
- para la vista, 274

Curas, alimentos
- a evitar, 261
- sólidos, 227

Curas de fruta, 248
Cúrcuma, 309

Defensas,
- baja de, 216-219
- cura para las, 284

Degeneración macular de la retina, 52
Delgadez, 182
Depresión, 56, 66-71
Depurativa, cura, 226
Depurativo para el hígado (caldo), 121
Depurativo total, caldo, 246
Deseo sexual, disminución, 156-159
Desintoxicación
- de la cafeína, 252
- de metales pesados y pesticidas, 258
- del alcohol, 256
- del tabaco, 254

Desintoxicarse en tres días, 240
Destilada, agua, 17
Detox, cura, 226
Diabetes,
- bebidas para la,184-189
- cura para la, 272

Diarrea, 138
Diente de león (infusión), 247
Digestión pesada, 124, 125
Digestiva (infusión), 125
Disco duro (licuado), 62
Disfunción eréctil, 162-165
Dismenorrea, 148
Disminución del deseo sexual, 156-159
Disolviendo piedras (jugo), 154
Dulce despertar (licuado), 158
Durian, 303

Eccema, 104
Edulcorantes
- nutritivos (con calorías), 25
- no nutritivos (sin calorías), 24

Elaboración de jugos y licuados, 21
Eliminación, vías, 232
Embolia cerebral, 72
Emoliente peruano, 27
Endulzar las bebidas, 24
Energía verde (licuado), 68
Energizantes, bebidas, 45
Enfermedad celiaca, 144
Enfermedad coronaria, 90
Enfermedad de Alzheimer, 64
Engorde, cura de, 278
Enriquecer los licuados, 302
Envejecimiento
- acelerado por los refrescos, 43
- cura contra el, 280

Eréctil, disfunción, 162-165
Erradicador vegetal (licuado), 128
Escarchado de la copa, 39
Escudo mamario (licuado), 172
Escudo prostático (licuado), 170
Especias «quema-grasa», 308
Estados inflamatorios, 198
Estevia, 24
Estómago feliz (bebida), 124
Estómago,
- acidez, 126
- bebidas para el, 124-131

Estreñimiento (constipación), 132-137
Estrés, 56
Exprimidor, 23
Extractor de jugos
- por centrifugación, 22
- por masticación, 22

Fatiga crónica, 196
Fertilidad reducida, 160
Fibra a lo grande (licuado), 132
Fitoestrógenos, 30
Fruta,
- curas, 248
- jugos, azúcar, 293

Frutas y verduras, combinación, 49
Frutas, para adelgazar, 292

Ganar peso, cura, 278
Gastritis y úlcera, 130
Gastroenteritis y diarrea, 138
Gazpacho andaluz (sopa fría), 84
Germen de trigo, 303
Glaucoma, 54
Gluten
 -en la avena, 32
 -intolerancia, 144
Gofio de trigo, 302
Gota, 192
Gripe, 220
Grosellero negro (infusión), 247
Guaraná, 45

Harina
 -de baobab, 303
 -de trigo tostada, 302
Helicobacter, 128
Hierba de trigo (jugo), 104
Hierro al rojo vivo (licuado), 92
Hierro, carencia, 92
Hígado graso, 122
Hígado
 -bebidas, 118-123
 -cura de limpieza, 262
 -inflamación, 118, 120
Higo chumbo (bebida), 74
Hipertensión arterial, 78-87, 104
 -cura para la, 279
Hipertrofia de la próstata, 166
Hipotensión arterial, 87
Horchata
 -de chufa, 29
 -mexicana, 27, 138
Huesos fuertes (jugo), 206

Ictus, 72
Impotencia sexual, 162-165
Infatigable (licuado), 194
Infecciones
 -bacterianas y víricas, 222
 -cutáneas, 212
 -respiratorias, 110
 -urinarias, 152
Infertilidad, 160
Inflamación del hígado, 118-122
Inflamación superada (jugo), 166
Inflamatorios, estados, 198
Infusión
 -de canela, 188
 -de cardo mariano, 120
 -de cola de caballo, 247
 -de cúrcuma, 203
 -de jengibre y cúrcuma, 87
 -de pata de vaca, 189
Infusiones, 15
 -depurativas, 247
Infusiones y suplementos «quema-grasa», 306
Inmunitario, bebidas, 216-225
Inmunoestimulante, cura, 284
Insomnio, 60
Insulina tropical (licuado), 184
Integral de uva (jugo), 108
Intestino ligero (licuado), 134
Intestino
 -bebidas para el, 132-147
 -cura de limpieza, 264
Intolerancia al gluten, 144
Isoflavonas, 30

Jarabes, 15
Jugo
 -de aloe, 212
 -de apio para adelgazar, 296
 -de caigua, 305
 -de cajú, 197, 305
 -de cereza, 60
 -de manzana, 64
  -para adelgazar, 297
 -de naranja con baobab, 204
 -de pepino para adelgazar, 296
 -de pera, 297
 -de piña para adelgazar, 296
 -de pomelo (toronja), 98, 304
 -de tomate, 168
Jugos, 14, 18
 -adelgazantes, 296
 -antioxidantes, 20
 -conservación, 21
 -de fruta, contenido en azúcar, 293
 -elaboración, 21
 -máquinas, 22
 -nutrientes, 20
 -quema-grasa, 304

Kombucha, 45
Kurozu, 27, 307

Latidos firmes (licuado), 76
Leche
 -de almendra, 31
 -de alpiste, 29
 -de arroz, 28
 -de avellanas, 28
 -de avena, 32
 -de quinoa, 33
 -de soja, 30
 -de vaca, 42
  -innecesaria para los huesos, 204
Leche insuficiente, 176
Leches vegetales, 14, 28
Licores sin alcohol, 34
Licuadora de vaso, 23

Licuados (batidos), 14, 18
Licuados
-conservación, 21
-elaboración, 21
-enriquecer, 302
-máquinas, 22
-para reemplazar comidas, 300
Limonada
-antigripal (licuado), 220
-antiinflamatoria, 244
-integral, 244
Limonadas, 15, 244
-contra el ácido úrico, 192
Limpia mocos (jugo), 110
Limpiador de ácido (licuado), 192
Limpiador hepático (jugo), 118
Limpieza interior, 230
Líquidos, retención, 148
Litiasis renal, 154
Locomotor, bebidas, 194-207
Luo han guo, 24

Maíz, sirope, 25
Malta, 26
Mama,
-cáncer, 172-175
-lactación insuficiente, 176
Manzana (jugo), 64
-para adelgazar, 297
Máquinas para hacer jugos y licuados, 22
Marañón, jugo, 305
Masticador, 22
Mate, 45
Melaza (miel de caña), 25
Memoria, pérdida, 62
Metabólico, síndrome, 190
Metabolismo, bebidas para el, 178-193
Metales pesados, desintoxicación, 258
Miel de abejas, 25
Miel de caña, 25
Modalidades y variantes, 230
Mojito virgen, cóctel, 40
Mote con huesillos, 26

Néctares, 15
Nerviosismo, 56
Neuroprotectora, cura, 275
No más cólicos (licuado), 142
No más síndrome, 190
Nueces y semillas, 313
Nutrientes en jugos y licuados, 20

Obesidad, 178-181
-en el síndrome metabólico, 190
Ojos libres (licuado), 54
Ojos, bebidas, 50-55
Ortiga verde (infusión), 247
Ósmosis inversa, agua obtenida por, 16
Osteoporosis, 204-207
Otitis, 110

Páginas de la obra, explicación, 8
Pan dextrinado, 312
Panela, 25
Pasapuré, 23
Pepino, jugo, para adelgazar, 296
Perder peso, bebidas, 294
Pérdida de memoria, 62
Pérdida de sales, 150
Perjudiciales, bebidas, 46
Peso,
-aumento, 178-181
-bajar en tres días, 322-325
-ganar, cura para, 278
-pérdida, 182
Pesticidas, desintoxicación, 258
pH de un alimento, 269
Picadora, 23
Piel de terciopelo (jugo), 214
Piel seca, 208
Piel tersa (jugo), 210
Piel
-bebidas, 208-215
-belleza, cura para la, 282
-infecciones, 212
Pilas nuevas (licuado), 196
Piloncillo, 25
Pimienta de cayena, 308
Piña colada virgen, cóctel, 38
Piña, jugo, para adelgazar, 296
Pisco sour virgen, cóctel, 41
Poder cerebral (licuado), 56
Poder morado (jugo), 218
Polenta, 302
Pomelo
-interacciones con medicamentos, 99
-jugo, 304
Potencia al cubo (jugo), 162
PRAL de un alimento, 268
Probióticos, 142
Próstata
-cáncer, 168-171
-hipertrofia, 166
Protector gástrico (jugo), 130
Protector intestinal (jugo), 146
Proteína de soja, 302
Proteínas, fuentes, 313

Quema-grasa,
-especias, 308
-infusiones y suplementos, 306
Quinoa, leche, 33

Radicales libres, 231
Reemplazar comidas por licuados, 300
Refrescos, 43
-aceleran el envejecimiento, 43
Regenerador hepático (jugo), 122
Regla, trastornos, 148
Regulador de tensión (jugo), 82
Reproductor, bebidas, 156-177
Resfriado, 220
Respiración profunda (jugo), 112
Respiratorias, infecciones, 110
Respiratorio, bebidas, 110-117
Retención de líquidos, 148
Retina, degeneración macular, 52
Riego aumentado (jugo), 72
Riñones felices (jugo), 150
Riñones, piedras, 154
Rooibos o té rojo, 306

Sacarina, 24
Sales minerales, pérdida, 150
Salsa Worcestershire vegetariana, 37
San Francisco Virgen, cóctel, 38
Sangre clara (licuado), 106
Sangre, bebidas, 92-109
Sangría sin alcohol (jugo), 102
Sedante (infusión), 61
Semillas y nueces, 313
Senos a salvo (jugo), 174
Serenidad dulce (licuado), 58
Sexual, deseo, disminución, 156-159
Sexual, impotencia, 162-165
Simplemente naranja (jugo exprimido), 216
Simplemente zanahoria (jugo), 88
Sin humos (jugo), 116
Síndrome metabólico, 190
Sintrom, interacciones, 19
Sinusitis, 110
Sirope
-de agave, 25
-de arce, 25
-cura, 243
-de maíz, 25
Sistema cardiovascular, bebidas, 76-91
Sistema nervioso, bebidas, 56-75
Sobrecarga de toxinas, 96-99
Sobrepeso, 178-181
Soja,
-leche, 30
-proteína, 302
Sólidos, alimentos durante las curas, 227
Sonría, por favor (licuado), 66
Sopas frías, 15
Suave y firme (licuado), 208
Super detox (jugo), 96
Suplementos «quema-grasa», 306

Tabaco, desintoxicación, 254
Tabaquismo, 116
Talasemia, 104
Té, 45
Té rooibos o té rojo, 306
Tereré, 45
Termogénicos,
en la cura de adelgazamiento, 304-309
Terremoto sin alcohol, cóctel, 37
Tos, 112
Toxinas, 228
-eliminación, 230
-reducir la entrada, 231
-sobrecarga, 96-99
Trastornos de la visión, 50
Tratamientos naturales en la cura detox, 250
Tres días para desintoxicarse, 240
Triglicéridos
-elevados, 106
-en el síndrome metabólico, 190
Trigo
-harina tostada, 302
-hierba (jugo), 104
Triple pigmento (jugo), 50
Trombosis, 108
-cerebral, 72

Úlcera de estómago, 130
Uno más uno son tres (licuado), 160
Urinarias, infecciones, 152
Urinario, bebidas, 148-155

Variantes de la cura detox, 248
Verde antianémico (licuado), 94
Verde antidiabético (jugo), 186
Viagra natural (licuado), 164
Vías de eliminación, 232
-favorecer, 239
Vientre plano (licuado), 180
Vientre, aplanar, 298
Vino sin alcohol, 34
Visión, trastornos, 50
Vista de águila (licuado), 52
Vista, cura, 274
Vitalidad recobrada (jugo), 156
Vitamina K, 186
Vitaminas en jugos y licuados, 20
Volumen adicional (licuado), 182

Warfarina, interacciones, 19
Worcestershire, salsa, 37

Yacón, 24